U0426832

博雅史学论丛·海外中国史研究

制造中国

消费文化与民族国家的创建

China Made
Consumer Culture and the Creation of the Nation

北京大学出版社
PEKING UNIVERSITY PRESS

著作权合同登记　图字：01－2004－6680

图书在版编目(CIP)数据

制造中国：消费文化与民族国家的创建/(美)葛凯（Karl Gerth)著；黄振萍译.—2版.—北京：北京大学出版社，2016.10

（海外中国史研究）

ISBN 978－7－301－27649－5

Ⅰ.①制…　Ⅱ.①葛…②黄…　Ⅲ.①消费文化—影响—民族主义—研究—中国—20世纪　Ⅳ.①D669.3②D092.5

中国版本图书馆CIP数据核字(2016)第237050号

China Made: *Consumer Culture and the Creation of the Nation*, by Karl Gerth, was first published by the Harvard University Asia Center, Cambridge, Massachusetts, USA, in 2003. Copyright © 2003 by the President and Fellows of Harvard College. Translated and distributed by permission of the Harvard University Asia Center.

书　　名	制造中国：消费文化与民族国家的创建 ZHIZAO ZHONGGUO：XIAOFEI WENHUA YU MINZU GUOJIA DE CHUANGJIAN
著作责任者	〔美〕葛凯(Karl Gerth)　著　黄振萍　译
责任编辑	艾　英
标准书号	ISBN 978－7－301－27649－5
出版发行	北京大学出版社
地　　址	北京市海淀区成府路205号　100871
网　　址	http://www.pup.cn　新浪微博：@北京大学出版社
电子邮箱	pkuwsz@126.com
电　　话	邮购部62752015　发行部62750672　编辑部62756467
印 刷 者	北京中科印刷有限公司
经 销 者	新华书店
	965毫米×1300毫米　16开本　27.25印张　400千字
	2007年12月第1版
	2016年10月第2版　2020年6月第2次印刷
定　　价	69.00元

未经许可，不得以任何方式复制或抄袭本书之部分或全部内容。

版权所有，侵权必究

举报电话：010－62752024　电子信箱：fd@pup.pku.edu.cn

图书如有印装质量问题，请与出版部联系，电话：010－62756370

目录

目录

中文版序言

我在中国生活第一天的情景直到今天还历历在目。

二十年前,当我还是个大三学生的时候,我先后在南京大学和北京大学度过了一整年的中文学习生活。我们在天近暮色的时候进入美丽的南京大学校园。那个时候,南京的大街上几乎没有什么小汽车,也没有那么多的街灯以及五彩缤纷的霓虹牌。一眼望去,大街上除了公交车和在暮色中穿行的自行车、人流之外,鲜有可观之景。

由于时差的缘故,第二天一大早我就醒了。从这个上午开始,我就暗下决心,一定要利用好这个机会,多学些东西。于是,一大早,还没等小组其他成员起来,我就偷偷一个人溜出留学生公寓,想自己去找一辆自行车。对于当时将要面临的困难,我一无所知。我天真地认为,只要身上有钞票就行了。

因此,我认为得先换些人民币。我决定到唯一的一家专供外国人住的宾馆去看看。金陵宾馆在南京的市中心,那是一栋很显眼的、浑身发着亮光的乳白色建筑。那个时候,普通的中国人未经许可,是不允许入内的。在南京的外国人都传言,金陵宾馆的那些门卫可以根据脚上的鞋判断出谁是华侨谁是当地中国人。当然,那时在中国是看不到耐克(Nike)、锐步(Reebok)这样的品牌的。

在换好钱,吃了一顿非常贵的早餐之后,我买了一幅地图,看看怎么样可以到城市另一边的友谊商店。那时,出租车还很少,而且,我也坚持认为,像人类学家告诉人们的那样,自己应该“入乡随俗”。如果普通的中国人都挤公交车,我也应该这样。在翻来覆去折腾了好多次之后,我终于找到了友谊商店。

可惜,我来得太早了。那时中国老百姓还很少有机会接触到进口商品,如果要到友谊商店买东西的话,需要用外汇券。我一到商店的门口,就有好几个人走过来要跟我换钱。我用结结巴巴的汉语,试图向他们解释我刚到中国,不想违反中国法律。接下来,我用了将近半个小时的时间,才弄明白他们的答话。原来他们是说"你的中文讲得很好"。直至今日,我每每想起当时的场景就忍俊不禁:我竟然花了将近半个小时才弄明白一句夸奖我中文说得流利的话。

如同那时发生在中国的许多事情一样,进入友谊商店之后,又碰上了新麻烦。那时,购买自行车尚需购车券外加单位证明。我一样也没有。这样,我又花了好几个小时,与他们商量来商量去,说服他们卖一辆车给我。令我惊喜的是,他们最后的确找到了帮助我的办法。等到我的其他美国同学过几天后再去买车时,一切已经变得畅行无阻了。

那个不知姓名的钱贩子在友谊商店门口对我的夸奖,在很多方面概括了我二十年来试图理解现代中国的尝试,某种程度上也综括了我写作本书的研究经历:逐渐积累各种技能,广泛涉猎,精研材料,循序理解。当时,我压根也没有认识到学习中国语言和历史要花多长时间。我天真地以为,我也许能在一年之内学会中文,接下来我还可以学习其他的语言和题材。到我完成在南京大学和北京大学的学习的时候,我才意识到学习中文、理解中国对我来说将会是一个十分漫长的过程。回到美国之后,我辍学一年,在台湾教了六个月的英文攒了一点小钱,并用剩下来的六个月时间再次来到大陆旅行。我的足迹几乎踏遍了中国大陆的所有省份。自此之后,我每逢有机会,总是经常到中国旅行。为了获取更多的材料,我也花了近六年的时间学习日文,并在东京大学学习了两年中国历史,其间还在日本东京外务省的档案馆收集材料,进行研究。

尽管我在本书的序言中已经对帮助我写作本书的中国友人表示了感谢,不过在此,我想再次利用本书中文版面世的机会,对那些二十年来帮助过我的中国朋友表示诚挚的谢意:其中既有我到达南京的第一天迷路后不辞辛劳带我走回南京大学校园的老奶奶;也有我的第一个中国朋友,我在南京大学的室友王建宁先生,以及王建宁先生的朋友,他们总是那样津津有味地向我解释中国这个国家是如何运作的及其他令人兴趣盎然的话题;还有我的好多中文老师,他们不厌其烦地帮助纠正我的中文发音;以及那些图书馆的管理员,他们绕来绕去想方设法帮助、允许我复印了许多珍贵的文献材料;另有许多中国同行,他们对本书的内容也提出过宝贵的意见。最后,也感谢为本书中文版面世付出辛勤努力的友人张淼、艾英、孟悦、李承红;特别感谢清华大学历史系的黄振萍先生,他为翻译本书,牺牲了自己许多宝贵的研究时间;同时也要感谢杭州章太炎纪念馆的斯彦莉女士,她也为本书的翻译付出了大量心血。二十年来,是上述朋友以及其他许多没有提及的朋友的慷慨相助,使得本书中文版得以有机会与广大的中国读者见面,我再次对他们的帮助深致谢意。

英文版序言

20世纪80年代末期，美国媒体发出一片惊恐之声，一系列可靠的报告指出：来自日本的直接投资正在"入侵"美国。作为象征美国财富和权力的显著标志，例如曼哈顿商业区的洛克菲勒中心和好莱坞环球电影公司，都因为被日本收购而上了头条新闻。《新闻周刊》甚至有一期的封面是穿着和服的自由女神像。对于"外国人"控制"我们的"经济所引起的恐慌，引发了一场对于消费进口日货的激烈争论。

我亲身体会过那个时代的这种焦躁不安的情绪。一个夏日，我和朋友驾车穿越底特律，我强烈地意识到我们所开的车，是一辆日产车。我怀疑当地人是否会因为我们这样明目张胆招摇地开着日本车穿行在我们美利坚民族的汽车工业中心而袭击我们。从那以后，我开始不断关注美国的消费主义和民族主义之间的关系。近来电视广告谴责越野车(SUV，运动型多功能车)的拥有者，因为那些车耗油极多，这样那些指责者就认为他们为恐怖袭击者间接提供了资金，因而是一种叛国行为，他们要为"9·11"悲剧负责。这种恐惧和负罪感不足以使我(或者说是大部分美国人)停止购买日货或者使用汽油，但是，我认为还是产生了其他一些影响。

对于进口商品的担忧既不是新生的也不是美国独有的，本书讨论了20世纪上半期一些类似的社会焦虑在中国的发展。那个时候，中国面临着一种真正的主权威胁，也即攸关中国作为一个独立国家的生死存亡的问题。在这样一个庞大的国家中，民族主义和消费主义两者的联系通常是细微得几乎不存在的，因此，在这两者之间建立起联系是一项挑战。很自然，由此引起的反响也是多种多样的。

大多数人对此漠然置之。许多人，一如几十年之后像我这样生活在美国的外乡人，意识到这是一种义务，但是缺乏直接行动。考虑到当时中国的大众传媒的发展情况，数百万的中国人甚至从来没有听到过行动的号召。然而，关于这段担忧的大量历史材料揭示了各种各样的行动和示威运动,这些都共同表明民族主义是如何在中国变成消费文化的核心部分。

我从一个神经紧张的驾车者变成这本书的作者,这条转变之路始于哈佛大学。从研究所的第一个学期开始,孔飞力教授(Prof. Philip A. Kuhn)就慷慨地与我分享他的时间和知识。我把这本书看做我跟随他研究社会史,以及我通过柯伟林教授(Prof. William C. Kirby)的政治史经济史课程的一个结合成果,他们一直以来给予我的建议都是无价的。

许多朋友、同事和学生都给了我帮助。Frank Bechter、高马可(John Carroll)、齐凯南(Ken Chase)、Hyung Gu Lynn、米德(Rana Mitter)和罗皑丽(Allison Rottmann)对于整个初稿或者初稿的大部分提供了评论。其他帮助我的人,还有保罗·弗兰克(Paul Frank)、陈时伟(Chen Shiwei)、白梅瑞(Mary Buck)、李佳伦(Caroline Reeves)、程麟荪(Cheng Linsun)、罗安妮(Anne Reinhardt)、林郁沁(Eugenia Lean)、张力(Chang Li)、白思奇(Richard Belsky)、Marc Busch 和 Elaine Mossmann。

研究中国学的同道学者在不同方面给了我意见。可博文(Parks Coble)、高家龙教授(Prof. Sherman Cochran)、杜赞奇教授(Prof. Prasenjit Duara)、安东篱(Antonia Finanne)、入江昭(Akira Iriye)、濮德培(Peter Perdue)、威廉·罗教授(Prof. William Rowe)和叶文心教授(Prof. Wen-hsin Yeh)都给了我特别的帮助。几位研究美国消费主义的学者同样给过我建议,他们是:苏珊·斯特拉瑟(Susan Strasser)、劳伦斯·葛里克曼(Lawrence Glickman)、Katherine Grier 和 Kathy Peiss。我确信他们中的每一个人还将会提出不同意见。在南卡罗来纳大学,我尤其感谢 Patrick Maney、W. Dean Kinzley、Anna Krylova、Lynn Shirley、Eric Cheezum,也要感谢图书馆馆际互借部门的职员,在我的关于现代东亚地区消费文化的历史讨论班上的学生,以及历史系的所有成员。我还要感谢三位匿名的初稿评论者。

在日本、中国大陆和台湾地区,众多的个人和机构对于我的研究以及修订工作提供了支持。日本文部省给我提供了一份奖学金,使得我能够在东京大学,跟从滨下武志教授(Hamashita Takeshi)学习两年,他给了我无数建议。在日本,顾琳(Linda Grove)、川岛真(Kawashima Shin)和 Harald Fuess 也帮助过我。来自于哈佛大学的 Frederick Sheldon Fellowship、Graduate Society Fellowship 以及 the Weatherhead Center for International Affairs 使我能够三次远涉重洋到中国进行研究。

在上海期间,李义海和上海社会科学院外事处安排了其中两次行程。该院的许多学者花费时间为我提供了材料,包括黄汉民、程珍书和罗苏文。我十分感谢徐鼎新和潘君祥,在国货运动研究方面,他们提供了他们自己的资料。我还要感谢天津市档案馆、南京第二历史档案馆、上海图书馆的职员,尤其是秦飞。复旦大学历史系图书馆的傅德华给予了我最初的鼓励。在苏州档案馆,林志麟和沈惠英确保我能找到我需要的所有资料。美国富布莱特基金会给我提供奖学金,使我能够在中国台湾进行一年的研究。

我感谢"中央研究院"近代史研究所的学者和职员,尤其是林满红和张瑞德,他们让我觉得宾至如归。来自于哈佛大学历史系的 Harold Gross 论文奖连同南卡罗莱纳大学人文学院学术研究赞助基金以及台湾的蒋经国基金资助了我修订本书的经费。最后,我感谢我的家庭,尤其是柯仁雅(Pamela),谨以此书献给她。

图表目录

地图(Map)

表格(Table)

图(Figures)

导　论

当一个追求时髦的年轻人发现他最喜爱的产品都是从正在侵略自己祖国的国家进口的时候,他会怎么做呢?在中国著名作家茅盾撰写的短篇小说《林家铺子》(1932 年)里,茅盾描述说,一个小商人十几岁的备受娇惯的女儿,因为她的漂亮新衣服是用日本布料而不是中国布料做的,在受到同学和老师们批评之后,心烦意乱地从学校回到家里。这个女孩能理解他们的这种批评,她也知道日本一直以来都在进行侵略扩张,并逐步控制中国。她被要求抵制所有日货。尽管她的衣服、化妆品、铅笔、雨伞,还有其他许多东西都是从日本进口的,但她还是喜欢这些东西。她对于被迫放弃日货感到愤愤不平,但是,在社会的压力下,她妈妈要求她马上把衣柜里的衣服都换成国产布料做的。这位年轻母亲的决定显示出,在消费主义和民族主义之间存在一种普遍而深入的紧张关系,正如本书所要讨论的,这种紧张是影响中国成为近代民族国家的重要因素。

茅盾小说中的每一个人物都和这种带有民族意味的商品密切联系着。这位女学生的父亲因为出售日货,遭到地方官员的刁难。这位父亲认为这种刁难是一种随心所欲的敲诈勒索,因为每一家店铺都在出售日货,地方官员的真实意图并不是要努力促进民族消费文化,而是在诱使他行贿。然而,他别无选择。他开始向当地官员行贿,并试图赚更多来弥补他的损失,使他可以给女儿买新衣服。但是,他并没有从货架上撤去那些日货。相反,为了销售它们,他大胆地降低价格来陈列这些日货。顾客们欣然接受这个可以买到便宜货的机会,他们不再抵触这些进口商品,生意于是红火起来。可是,商业上的成功只不过让他不得不重新面对最初的问题,他的店铺引起另一个官员的注意,这个官员正以禁止售卖日货为借口寻找另一次受贿机会。迄今为止,其他地区的商人已经支付了贿赂,以确保他们能够获得出售日货的许可。真相逐渐大白于天下,只要商人们撕掉商品上的日本标签,官员们就会允许出售这些商品。于是,商人和消费者都参与到这场民族消费主义的猜谜游戏中来，这场游戏把这些经过这种伪装的商品当作是“中国产品”或“国货”，这些货物被认为是中国工人用中国的原料，在中国经理们的管理下，在中国自己的工厂生产的。在小说所描写的时代里，这种事情是众所周知的。[1]结果，当地市场日货泛滥，商品价格下跌，这些商人很快就破产了。

在茅盾这篇经典讽刺小说中，贪婪的商人、不道德的官员和利己主义的消费者都参与到这种民族消费文化中来，但似乎每个人又都不必为这种消费文化承担真正的义务。[2]很显然，一个新概念——“产品民族性”（product-nationality）——开始强制约束消费者，并且，人们可以通过唤起这种约束感来增进自己的利益。这种强制是真实的，没有人否认商品拥有民族性，或者说存在“消费的民族主义类型”（nationalistic categories of consumption）。实际上，茅盾虽然对那些自称爱国者的人哗众取宠地炒作这种消费类型深感厌恶，但他自己并没有直接挑战“产品民族性”这个概念。当我们对这种把商品定义为不是中国的就是外国的消费类型进行历史探索之后，就必须避免那种简单地给中国消费模式下定义的方式。中国商人们把“日本货”假冒为“中国货”并且销售出去的决定，远远不能成为对民族主义化的消费文化霸权的反抗正在形成的证据，相反却证实了消费的民族主义类型的实际存在。于是，对我们来说，这个问题就变成：“确实已经这样做了”和“应该这样做”之间存在的这种差异怎样为政治、社会和经济的各种各取所需创造了空间？

为什么在《林家铺子》中，消费者、商人和官员都尽一切可能维持民族消费主义的外表？这个故事确实真切地反映了中国的现实。例如，在商业史家高家龙对英美烟草公司和南洋兄弟烟草公司之间的竞争所做的经典性研究中，他写道：这两家公司都“意识到他们需要掩饰与外国的联系，并且尽可能地装扮成‘中国的’样子”（1980：211，218）。但是民族主义和消费主义是怎样并且为什么会交织在一起，从而产生这种深入而广泛的强制呢？是怎样广泛的社会语境使维持民族消费主义的外表变得如此重要？

20世纪初期的中国，正在兴起的消费文化既界定了近代中国民族主义，又帮助传播了这种近代中国民族主义。中国已经开始进口并制造成千上万的新的消费品，这些商品改变了数百万中国人每天的生活，他们使用它们、谈论它们并为之着迷。同时,这些涌入的进口货以及由这些商品所引发的欲望对中国的许多方面构成威胁,政治家们开始对贸易逆差及像吸食鸦片和麻醉品这样新的消费生活方式担忧起来,这些已经开始阅读西方政治经济学著作的知识分子们担心,在逐渐壮大的外国商品经济优势下,无疑会丧失国家主权。而制造商们面对价廉物美的舶来品,则是想知道他们能否维持或扩大他们的市场份额。

把中国作为有着自己的"国货"的"民族国家"这样一个概念正在逐渐形成,这影响了中国消费文化的形态。本书论证,消费主义在民族主义明晰化过程中扮演了一个基本角色,同时,民族主义对于界定消费主义也是如此。对所有商品进行"本国"和"外国"的区分,有效地产生了"叛国的产品"和"爱国的产品"这两个概念,这就使得民族主义塑造出了萌芽中的消费文化的基本形态。这种民族主义化了的消费文化就变成了一个表达场所,在这个场所里,"民族"这个概念和中国作为一个"近代民族国家"的概念是相关联的,他们都在被制度化,以及在被实践着。经由民族观念来解释商品消费,不但有助于形成"近代中国"的真正概念,而且也成为中国的老百姓开始认为自己是近代国家的公民这个概念化过程的主要途径。

创造民族消费文化的努力具有许多不同的社会表现形式,通过规模浩大而且影响广泛的社会运动,来自政治、经济和社会的各种力量给消费行为施加了一种文化上的强制感。当时广为人知的国货运动,使"国货"和"洋货"所具有的二重性的物质文明意义变得普及起来,并且使消费国货成为中国公民资格的一项基本内容。这项运动包括颁布新的限制奢侈消费的法令——这些法令要求服装使用中国制造的纺织品(第二章)、频繁进行反帝国主义的抵制活动(第三章和第四章)、举办大规模的展览会和发布无数广告来提倡消费国货(第五章和第六章)、举行妇女国货年(第七章)以及大量发行爱国商人的传记(第八章)。这项运动的方方面面创造出了民族消费文化,这种文化促使近代中国的民族国家形成。[3]

消费主义的作用在于说服中国人以近代民族国家的成员来看待自己,尽管这对理解近代中国很重要,但令人惊讶的是,当代学术界有关中国民族主义的研究几乎没有讨论这些内容。早期关于中国近代民族主义兴起的学术研究,试图把中国放置在从19世纪晚期延伸到20世纪早期的“从文化主义到民族主义”的谱系中。政治学者詹姆斯·陶森德(James Townsend)概括说:“核心观点是:一系列贴着‘文化主义’标签的思想支配着传统中国,它与近代民族主义的性质是相反的,并且它只有在遭受了帝国主义和西方思想的冲击下才屈服,才产生一种新的民族主义思考方式。”(Townsend 1996:1;也请参看 J. Harrison 1969)近年来,历史学家们已经大大拓展了我们关于中国末代封建王朝的知识,他们揭示了不同地域和种族之间的紧张关系从而质疑了那种认为晚清中国是文化统一体的观点(例如:E. S. Rawski 1998;Crossley 1999; Rhoads 2000)。尽管如此,学术界在检验(中国)近代民族主义的兴起时,通常采用两种模式:自上而下和自下而上。第一种模式探究了知识分子、军人和政治领导者在民族国家创建中的角色。〔4〕第二种模式则调查了在特殊语境下民族主义的发展,例如当地风俗习惯和宗教习俗的扩张使民族主义有更多的表现舞台,以及驱逐外国传教士或者围困外国商行这样零星的反帝主义行为的影响。〔5〕

通过消费主义来研究民族国家形成,使我们可以把中国社会各个阶层都联系在一起。本书延伸了自上而下的研究方法,以揭示更为广阔的制度环境和错综复杂的外部环境——正是在这种环境中,民族国家这个概念被构思出来、扩散开来并得到实施。同时,借由整合中国社会的不同阶层,以及把那些随着时间推移呈现纷繁复杂面貌的现象联系起来,本书通过消费主义来研究民族主义也发展了那种自下而上的研究方法。这种方法把中国民族国家形成的分析纳入消费主义中,如果不考虑20世纪早期中国民族主义化的消费文化高涨的情况,将难以想象这段时间内诸如中外关系、工商企业、领导人物的生活、流行的抗议活动、妇女运动、城市文化甚或1949年的共产主义革命等在内的种种历史发展。

国货运动的概况

为什么中国政府没有通过设置高额关税以禁止或限制进口商品,来提倡民族消费文化?答案很简单:因为帝国主义的存在,中国政府没有能力这样做。正如本书第一章中论证的,鸦片战争(1840—1842)之后,在帝国主义势力的连续打击下,深层次的、错综复杂的制度问题使中国政府病入膏肓,最后导致中国末代王朝在1911年分崩离析。帝国主义国家强迫中国签订了一系列不平等条约,使中国贸易对列强开放,这些条约连同其他的方法,剥夺了中国提高关税限制进口商品的权力。当中国在20世纪20年代末收回关税自主权的时候,就采用了国际普遍接受的保护民族消费文化的手段,立刻提高关税来限制市场开放。有人估计,1934年的税率是1929年之前的7倍(Zheng Yougui 1939:12)。然而,贯穿这里所讨论的整个时期,大约从1900年至1937年,中国眼睁睁地看着自己淹没在进口商品的汪洋大海中,却无权使用关税手段来迅速解决这个问题。作为解决这个问题的替代方案,有关人员试图以其他办法来限制外国进口和加强民族消费,国货运动就是他们经多种努力后所表现出来的形式。

实际上国货运动从来就没有一个中心控制枢纽。丝绸商人、示威学生、妇女组织、工商企业、政府官员以及普通市民都同样卷入到这场"国货运动"中来。此外,随着运动的风起云涌,它的名字、它的标语口号和它产生的国货消费的物品分类表,在城市中随处可见,甚至也在乡村出现了。它的表现包括:1912年颁布的纺织法、《国货月报》和许多其他的杂志、20世纪20年代末政府支持的"国货运动"、30年代官方的"国货年"(1934年的妇女国货年,1935年的学生国货年,以及1936年的市民国货年)、30年代中期一份主要的国有报纸(《申报》)每周发行增刊、成千上万的广告、定期的时尚国货展览,以及为了展览和销售国货特意组织数百万人参观博物馆、举办固定和活动的展览会,还有一大串的零售店。

在那时,这场运动不是有清晰界限的、实体性的,而是由一系列展开的、成长的并且具有互动性的协会、演说和机构所组成,他们寻找新的途径来联合那些对于参加运动有些勉强的生产者、商人以及最重要的群体——市民消费者进行合作。这场运动是少数人发动起来的,其他一些人把它扩大进入新的领域,又被另外一些人所利用,其中,很多人怀有多重目的,他们中的许多人与运动的支持者产生了直接的争执。参与者分布广泛,从领导组织这场运动的男人,到把组织这场运动当作参与公共生活的妇女,到踊跃在运动队伍里组织花车来贩卖产品的企业家,到操控运动行程来勒索消费者的土匪,到不管有意无意被纳入国货消费中的消费者。

国货运动的术语和标志

一个扩大国货运动的关键办法是创造和推广新名词术语,而这些新名词可以成为对消费进行民族主义式分类的基础。最重要的术语是“国货”和“洋货”。“国货”的英文翻译经常是 native goods 或 national goods。尽管我偶尔用“中国货”这个术语,并且为求变化也还使用其他术语,但我更喜欢“国货”这个词,因为这个术语包含了更多的含义,表明运动的参与者渴望把他们的产品与民族主义和工业制度联系到一起,而不是与地方主义和手工产品相关联。[6]基于同样的理由,我把“国货运动”翻译成英文 national products movement,而不是 native goods(或 national goods) movement(“土产运动”)。同样,正如我在第一章中指出的,输入的进口消费品被冠以前缀“洋”,一般来说,这更有助于传达“洋货”这个概念,含蓄地表达了中国的“国货”这一思想。[7]与此同时,被贴上“中国的”和“外国的”标签的货物在流通中就把“民族国家”这个概念灌输给了消费者,这是日常习见的,并且遍及整个中国。

那些正面的和负面的表示民族国家社会意义的词汇产生出来并付诸应用,这使得国货运动中使用的词汇更进一步地纷繁复杂起来。正如我在本书第七章中提及的,一位真正的中国妇女不消费进口货,唯恐自己因此背叛国家。1934 年妇女国货年的一名参与者甚至主张把那些不爱国的妇女称作娼妓,因为她们消费进口货而使得她们的肉体堕落。此外,几十年前,中华人民共和国的历史学家拿爱国的民族资本家和叛国的买办资本家进行对比,认为民族资本家的工作支援了国家,而买办资本家的工作则对外国公司有益。这场运动成为一个衡量平台,通过这个平台,就可以把诚实的爱国的中国资本家和代表外国利益的叛国买办自动区别开来。正如我在第八章的研究中显示的,真正的中国资本家不依靠外国的援助,使用中国的资本、劳力、原材料,经营生产的货物,他们的产品代替了进口商品,保卫了国内市场。

尽管我论证正在民族化的消费文化的进程是使中国的民族主义发展壮大的重要机制,但这并不是唯一的方式。通过在名字前加上“民族”或者“国”的字样,中国人生活的其他方面也在被民族化,并且被赋予了民族化的名字,包括“国药”“国语”“国父”(国父是指孙中山,也称孙逸仙,1866—1925)和“国剧”以及“国旗”和“国歌”。[8]这些用法不仅强化和支持那种以民族国家作为产品的根本分类标准的思想,而且还进一步推广了民族化国货的概念。在民国时期,通过种族竞争和优生学这两种思潮,关于民族和人种优生学的概念得到广泛传播,这反映出当时有一种纯粹经济和纯粹商品的概念。[9]这种联系并非偶然。国货运动的印刷品常常把商品描绘成“国血”,并且借用了优生学的口号。[10]人们创造出很多表达“纯粹”国货的方式,这些尝试有的类似优生学,甚至可能就来源于优生学。[11]

那些繁多的、一连串的和民族化有关的话语阐明了我的主要观点。我并不认为那些早期民族主义支持者完全通过国货运动而构思产生出这些关于民族化的观点。直到20世纪早期,不管是具体的个人还是特殊的论坛上,民族这个概念仍有着许多不同的表现形式。更确切地说,这场国货运动是遍及整个中国的民族主义情绪传布的背后驱动力。触目所及、伸手所触、每个人的席间谈论,都可以看到“民族”这个词。这场运动苦心经营的结果、这场运动的激烈表现以及这场运动的制度化,为进一步发展民族主义依次提供了新的平台和参照点。

国货运动的制度化概况

这场运动包含了比新名词和新称呼更多的内容。它的核心部分,是它也试图创造、引进和加强新的群体行为模式以及新的社会行为体系和秩序,并把它们整合成为新生的民族主义的消费文化。在第四章后半段中,我考察了国货的认证标准的发展,并以此作为个案来了解整个运动在制度化方面的精心设计。在早期阶段,没有简明的直接定义和识别国货的方法,各种各样的认证系统在无政府组织管理的情况下形成,这些认证系统只是权宜之计,为的是把那些在中国市场流行的外国货区别出来。之后,组织之间的联系日益紧密,这导致他们更渴望拥有一种单一的认证标准。频繁发生的反帝主义抵制活动强化了对明确标准的需求,因为需要使用这种标准来精确地鉴别哪一种产品是不是中国货以及需不需要抵制。1928年,新的国民政府终于正式颁布了国家认证标准,政府制定了关于这些标准的法令,为了促进这些法令的应用,还由专门机构给予奖励。

无疑,国货标准使产品民族性优先这一观念部分地法条化了,但是,消费者并不是自动地从这个角度来看待商品。所以,运动发展得越深入,那些不服从的个人就越来越企图用各种方法摆脱这些标准,因此,也就越需要为说服他们坚持运动的目标而作进一步的管理。这种物理和视觉空间——我称作“民族商品展览(nationalistic commodity spectacles)”——起到了论坛的作用,可以使中国消费者集中注意力,创造条件帮助他们认识国货,并大胆推广国货。因而,这场运动包含了一种社会化的特殊形式,或者说文化构造视角、一种民族国家的形象化,这种形象化的中心内容是训练眼睛来识别视觉线索,并且通过社会生活去分辨外国与本国之间的区别。[12]试图构建民族主义的视觉认知是整个运动的一部分,由于这个原因,这种视觉认知的例子在每一章中都会反复出现并被加以分析。举一个例子,1928 年的国货展览会通过创造一个完全民族化的视觉形象,以及试图把民族国家作为一个整体的物理空间,从而小型地真正实现了运动目标。从展览会墙上的广告到出席者的衣服、每件展览的商品、人们房间的毛巾,每一件物品都保证是国货。在这种国货造成的微型民族国家里,消费者们认识到,他们自身可以过一种物质上纯“中国”的生活。当然,在这种民族商品的展览环境里,想象或经历其他的生活都是不可能的。

参与者

那些卓越的商业和工业领导人冒着明显的经济利益的危险,仍成为遍及全国的运动的骨干。这些企业家是那个时代的鲜活例证,他们在运动中的两种普遍表达方式是:实业救国和设厂自救。

正如第一章中阐明的,他们设立了很多商业机构,这形成了新消费文化的基础。他们生产牙膏和肥皂这样的个人卫生用品、毛巾和丝质服装等纺织产品,以及例如灯泡、电扇这样的日用商品,还有这种文化的世界性象征物——塑料制品(Gu Weicheng 1996)。例如,江苏南通改革家张謇(1853—1926)几乎独立地使一个市镇工业化,以此试图挽救中国。他创办了许多公司,其中包括大生纱厂(Nakai Hideki 1996)。中国北方最活跃的运动参与者之一是宋则久(1867—1956),他在天津从事商业运动,创办了火柴和牙膏公司,还在当地设立一个关键的国货运动组织的分支机构。在参与这场运动的其他许多实业家领袖中,有强大的上海荣氏兄弟——荣宗敬(1873—1938)和荣德生(1875—1952),他们成为中国著名的"面粉棉花大王"(Huang Hanmin 1996),中国的"火柴大王"刘鸿生(1888—1956),中国近代化学工业的创始人上海的吴蕴初(1891—1953)(见第八章)和天津的范旭东(1883—1945)(Han Yin 1996)。

这项运动还包括无数不那么知名的实业家,他们生产的新消费产品直接与进口商品对抗。举例来说,方液仙(1893—1940)——中国化学工业社的创始人之一——制造蚊香、牙粉、食用香料和肥皂。他利用运动的意识形态来促进他的产品销售,后来在上海主要的街道南京路上开了一家商店,专门致力于销售国货(Ma Bingrong 1996b)。同样地,简氏兄弟成立了南洋兄弟烟草公司,他们的"中国"香烟与英美烟草公司的"外国"的香烟产品形成了强烈的对比(Cochran 1980)。家庭工业社的创始人陈蝶仙(1878—1940)也是一位重要的参与者,他以"天虚我生"为笔名撰写了大量有关国货运动和社会问题的文章。其他参与运动的人有宋棐卿(1898—1956),东亚毛呢纺织股份有限公司的创始人,他生产的毛线今天仍然在中国流行(Zhao Zizhen 1996),他还是三友实业社的创始人,在20世纪20年代,他制造和销售"自由布"和"爱国蓝布"(Li Daofa 1996)。项松茂(1880—1932)是中国最重要的批发商——五洲大药房股份有限公司的创始人,他后来是生产诸如肥皂和健康补品等药物产品的生产商,也成了积极的国货运动参与者(Xiang Zenan 1996)。当然,每一位参与到运动中的企业家采取的可能是这样的或是另外的一种方式。

在1927—1928年一个相对强大的政府再度出现之前,国货运动的组织和财政力量很多都来源于那些由拥有消费品工业的商业领袖所组成的经济团体。地方商会、同乡会以及那些新近专门设立的致力于国货运动的机构,有巨大的经济利益用以联合消费主义和民族主义来保护他们一致认为的"他们的"国内市场。我在第一章中说明,贯穿整个国货运动时期,中国的企业努力维持市场份额,并直接与进口货竞争,使其产品赢得承认。在第二章中说明,诸如丝绸和帽子制造业这样的经济利益集团,扩展了民族消费主义的概念。

然而,在意料不到的地方,我们也能找到参与者,许多其他行业的人也被卷入到运动之中,他们有时是不知不觉的,并且有时是有些不情愿的。第三章和第四章讨论了在频繁发生反帝主义的抵制外货期间,各个年龄段的学生加入到这场运动中来。他们中的某些人发誓不消费进口货,强迫商人拥护抵制外货运动,甚至只准他们制造和销售国货。并不是任何一个团体都决定打着民族主义的旗号,迫使中国群众进行爱国消费,本书把形成这种语境的多重论述和机构区别开来,借此揭示民族消费文化的结果,这种结果可能是运动最初的支持者和受益人所没有预见到的。

并不是所有参与者的动机都是一样的。正如我在第三章和第四章中显示的,热心的学生和某些机会主义的流氓经常利用国货和洋货的分类,来证明对那些拒绝抵制洋货的人施与暴力、对那些爱国组织给予捐赠是正当的。20 世纪 20 年代末期的福州南部沿海城市有位美国领事下结论说,他认为国货运动组织"经常是对敲诈团伙的一种委婉说法"。[13] 根据两位《纽约时报》的外国通讯员所说,"先是没收,然后再贩卖日本货,以及违法地'处罚'商人"是频繁发生的反帝主义的抵制外货运动的典型组成部分(Abend and Billingham 1936:45)。在一个声名狼藉的案例中,一个大的学生组织的领袖利用自身的地位,通过向商人敲诈钱财,使自己和他的同伙发财。一个更激进的学生团体——铁血团——被他的背叛激怒了,"代表我们四万万同胞"暗杀了他。[14] 可以说,某些负面的行为玷污了运动的声誉,但是巩固了这些概念的话语霸权:产品具有民族性,民族国家的公民必须忠诚于自己国家的产品。

我倾向于把社会运动和多种活动联系起来,比如那些显眼的行为,例如游行、煽动的传单和充满决心的口号,或者是像一场运动的组织捐款这样细小的举动,或者作为运动后盾的政治人物的支持。这场运动的特征是每位消费者都是参与者。连那些选择购买洋货的人也是否定意义上的参与者。因为每位消费者都可能选择支持运动,国货运动的目标是确保每位消费者——每位市民——支持国货运动。

“中国人应该消费中国货”

消费主义已经成为分析近代北美和西欧历史的一个关键概念。许多学科已经开始把个人日益增长的生活体验当作“消费者”生活在“消费文化”当中来理解。正如我定义消费文化那样,据说人们越来越通过消费有品牌的、批量生产的日用品来构建他们自己的身份。在美国历史上,这种文化意识形态也即消费主义被称为20世纪“真正的赢家”和“获胜的‘主义’”(Cross 2000:1)。[15]同样地,西欧的历史学家已经认定有这么一场伴随着的甚至比研究充分的工业革命还要早的“消费革命”(McKendrick et al. 1982)。历史学家继续把这场革命的起源追溯到几个世纪之前,并且把这种研究推进到性别史和劳动史这样的历史分支领域。[16]

尽管这些概念比较少地应用到对其他地区的研究,但如此类研究通常认定的那样,认为消费主义是独特的“西方”现象却是一个错误。[17]本书所讨论的消费主义是创建近代中国的关键,更重要的是,本书认为,消费主义在全球的发展不是一成不变的。在对消费主义进行的历史研究和经济学研究中,都会习惯性地强调市场在赋予个人自主选择权利时所扮演的角色(对于这个问题的经典论述,参见 Milton Friedman and R. D. Friedman 1982: esp. 7-21);实际上,正如社会学家兹玛德·保曼(Zygmund Baumam 1988:7-8)观察到的,甚至个人自由这一观念本身也是根据消费选择来定义的。[18]相反的是,在中国,消费主义甚至不主要是和个人自由、自我表达和愉悦情感相关,如果研究中国消费主义的学者得出这样的结论,那他们就大错特错了。中国的民族消费主义远不只是单单提供代理或自由的产生机制,它也把严厉的限制强加给个人。运动的目的是强调个人消费行为的民族内涵,一个消费者不是爱国的,就是叛国的。根据运动的口号(就如这部分的标题中举例说的“中国人应该消费国货”,是一个普通的口号),中国人,新的定义是“公民”或者“国民”,将以新的政治集合体的成员看待自己,这种政治集合体是通过消费国货而被称为中国人的“国家”的。[19]通过公民、民族、消费这三者之间的这一等式,运动否认了消费者在民族国家之外还有其他空间,因为经济和民族国家也紧密相关了。国货运动的支持者不承认存在一个抽象化的一体商品世界,

相反，他们认为商品世界本质上是由民族商品所构成。（参见图I.1）

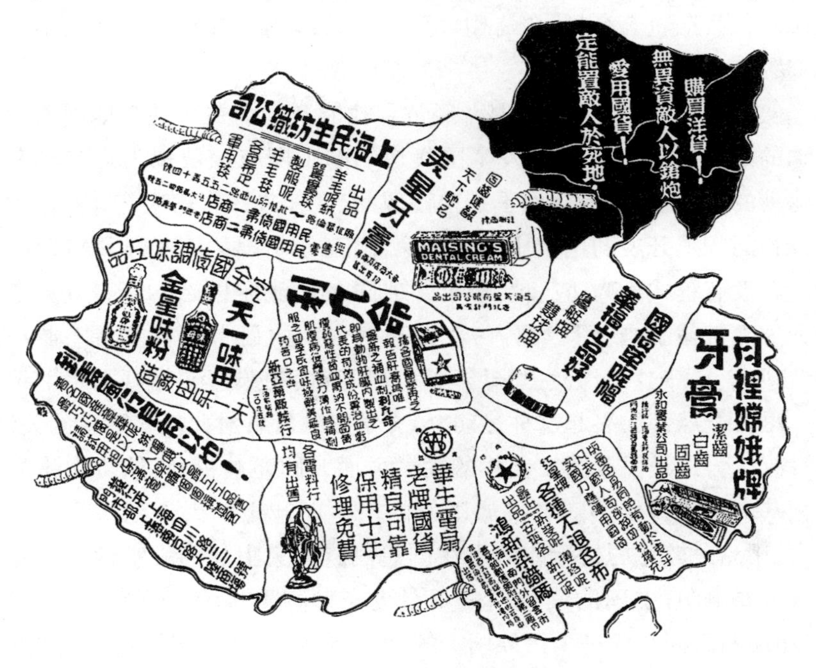

图Ⅰ.1　作为产品的国家

在20世纪30年代早期，这则广告定期出现在《申报》上，它阐明了国货运动的目的。这里汇集的国货代表着中华民族。这则广告反映了弥漫于群众中的害怕国家被瓜分的恐惧情绪，有预言说帝国主义势力将把中国瓜分蚕食。写汉字的位置是1931年实际上已经被日本并吞的伪满洲国（右上角），警告消费者“购买洋货”就相当于武装中国的敌人，如果消费国货则会置敌人于“死地”。这个隐喻把生产、流通和消费国货比喻成杀虫剂，通过防止洋货（蚕）逐渐征服中国市场（桑叶），以确保拯救国家。

从世界上消费主义的发展历史来看，市场自由可能更是一种例外，而不是通则。中国不是唯一试图把消费文化民族化并约束个人选择的国家，印度的抵制英国货运动（“属于我们自己的国家”）以及不合作运动（1904—1908，1920—1922）是中国国货运动最著名的而且已经有充分研究的参照物。同样，美国历史研究者已经意识到美国从殖民时代后期以来民族主义和消费主义两者之间的联系。[20]这些都不是孤立的例子，日本、爱尔兰、韩国、英国、法国、德国、尼日利亚和西班牙以及其他国家,从殖民时代后期直至今日,在建构民族国家的过程中都经历了程度不等的“国货运动”。[21]

实际上,中国的运动提倡者经常寻找能激励消费者的其他国家相似运动的活动报告。[22]那么,发生国货运动的中国应该被视为众多具有相似运动的国家中的一员,而不是独特现象,尽管这并非意味着这些运动都是以相同方式开展的。相比其他国家而言,使中国的例子显得特别的是中国并没有正式沦为殖民地,但也缺乏许多方面的主权,包括设立关税的权力。更直截了当,用中国人普遍习惯的说法,那就是中国是“半殖民地”,进而,由于这个缘故,运动不是也不可能是仅仅由政府主导的。

尽管全球都在兴起这种运动,历史学家既没有对此投入更多的关注,也没有认为这是民族国家创建的关键方面。即便被提及,消费文化的民族化基本上被看作是随着民族国家的产生而产生的天然副产品。实际上,日用品民族化的目标和结果在创建民族国家中起了决定性作用。我在这里要申明,中国的民族国家不是先于“中国产品”这个概念而存在的,相反两者同步演进。民族国家的创建包括学习(或者被迫学习)以创造那些被称为中国民族国家的东西,以及远离那些被视为外国的东西——这一进程经由制度上的努力而被强化。

大多数关于消费主义的讨论并没有把它放置在民族主义的中心。和中国情况最相近的是印度,但关于印度的研究也没有提供关于国货运动的全面论述,仅有的研究习惯认为国货运动要么从属于某一商业战略(例如,孟加拉纺织生产者为保护他们的市场份额所进行的尝试),要么从属于甘地(1869—1948)试图通过自力更生促进精神的复活运动。[23]实际上,国货运动提倡的内容与甘地所强调的简单生活和传统形成了强烈的对比。[24]同样,关于民族主义的调查介绍很少试图阐释民族化的消费文化(例如可参见 Smith 1998)。最后,经济民族主义的研究集中于经济和政治领导人的政治话语,而不是一个广泛而多维度的社会运动。[25]

那种把消费主义和民族主义结合起来的研究强调消费活动中的自愿参与(比如看电影、读报、打保龄球),因为那样的消费是“共同享有的”,有助于形成共同享有的民族认同的基础(例如 L. Cohen 1990)。与此相反的是,中国的消费通常是被迫的。国货运动致力于创建民族国家,它不仅仅是通过传播一种新的建立在大众品位和生活习惯基础之上的消费文化(也就是说,是在共同享有基础上的全国性的消费),而且试图通过排外性的消费限制,只允许消费国货,并为此经常使用暴力手段。此外,还根据“国货”的原材料、劳动力、经营者和资本四个方面来衡量考察它包含多少民族国家的内容。我的研究重点大大不同于那些对19世纪晚期和20世纪早期的美国消费文化的研究,在学者们对消费在构建美国民族身份过程中的角色进行的这些研究中,他们往往只强调消费某一特定商品或只注意国内发生的某一特定活动。[26]在中国人的国货运动方面,仅仅阅读相同的全国性流行报纸和想象同样的民族国家事件,对于中国的国民来说是不够的。更确切地说,不管事件是否被报道或被评论,国民期望他们读到的报纸是中国报纸工厂印刷出来的产品,是由中国工人和经营者生产管理的,而且是由中国资本家所拥有的,他们为执行这些原则增加了很多特别机构和法规。从这个意义上说,近代中国不是简单地“想象”出来的——它是实实在在地由中国制造的。

突出产品民族性带来的问题

国货运动的参与者清楚地看到自己卷入一场用他们自己的术语来说叫作“雪国耻”(或者简称“雪耻”)的运动之中,这场运动的部分内容是把外国元素从中国产品和市场中强行驱除出去,从而产生“真正”“纯正”“完全”的中国产品。这是一种很难实现的理想,尤其在中国经济和政治发展到的那个关头。在1949年共产主义革命胜利而再度出现一个强有力的中央集权政府之前,毫无疑问,这也是不可能完全实现的。

尽管如此,国货运动的中心问题仍然是:在这样一个颇成问题的背景之下,如何使得产品的民族性突出出来,或者说如何使得民族性成为人们对一种商品最关心的方面,也即如何将消费文化民族主义化。价格和质量肯定会挑战产品的民族性这一至高无上的霸权。认为消费者只想买最便宜和质量最好的商品,而这些通常是批量生产的进口货的想法,并不奇怪。

对品牌的忠诚,包括忠诚于外国品牌,也阻碍了国货运动声称民族产品具有优越性能的行动能力。的确,1937年,在中国建立首家广告公司的人员之一卡尔·克劳认为中国消费者通常会仔细观察产品的品牌和包装,以避免经常存在的假冒商品:“(一旦他们)已经习惯于某种品牌,不管它是香烟、肥皂还是牙膏,他们是世界最忠诚的消费者,他们有着让制造商心花怒放的始终如一和忠诚来支持该品牌。”(Crow 1937:17-18)

在20世纪初期的中国,对于许多城市的消费者来说,考虑商品的风格也是十分重要的。实际上从日本、英国、美国、法国和其他帝国主义国家引入的外国流行时尚,给中国造成了很大影响。通商口岸的外国居民、留学回国的中国学生、内陆地区的传教士以及繁多的新的中外媒体使众多中国人有机会接触、了解到许多在市场上可以对突出商品民族性构成挑战的品牌样式。结果,无形之中,中国社会在一段时期内形成了在购物品味上“崇洋媚外”的风尚,而这种风尚还常常压倒“购买国货”的风尚。于是,“巴黎”或更一般意义上说“西方”与国产类似物品比较起来,常常具有无可比拟的影响力。

国货运动面临的问题是怎样把产品民族性推进到整个运动的中心,如何使它超过所有的竞争者,成为中国消费者考虑的首要因素。正如我讨论过的,国货运动从一开始就提倡爱国主义。但是因为国民和爱国者这两个概念是全新的,这种呼吁基本上没有成功。国货运动很快转向了更多地从法规制度到强制执行的策略。在中国建构起民族国家意识是一个长期而又复杂的过程,国货运动在这个过程中起到了关键作用,但是这个运动并不是在所有时期和所有地方都是一致的运动,也不是一个未受干扰的成功故事。运动在上海成功了,在南京未必成功,更不用说那些地处偏远、信息闭塞的内陆地区了,而短暂成功之后结伴而来的也有失败。

消费文化的民族化并非指仅仅因为产品不是起源于中国就把产品或产品要素都否定掉。正如拉丁美洲进口商品史的一本论文集所证实的,国货概念实际上是一个“几乎具有无限可塑性的概念”(Orlove and Bauer 1997:13)。“中国”和“外国”这两个概念都具有弹性空间。随着时间的流逝,外国的定义在变化,以便能够精确地确认该妖魔化的商品、公司和消费者(比如,对于任何冠之以“西方”的事物都采取敌对态度的两个极端时期是1899—1901年的义和团兴起和1966—1976年的“文化大革命”)。为了表述简单起见,我使用的“进口货”和“洋货”这两个术语含义是相同的。然而,在国货运动中,"洋货"这个术语的含义扩展到包括在中国制造的某些商品。与此类似,正如我在第二章研究中显示的,在中国男人和妇女对"真正的风格"的争论中,运动反对提倡某些衣服的流行风尚,不是因为这些款式起源于中国之外,而是因为他们没有(或者很少具有)那四种能被定义为国货的关键因素:原料、劳动力、经营和资金。实际上,传统中国制造的服装很容易被要求按照这些标准进行检查,相反,如果西方发明的产品达到了国货运动所要求的产品标准,它们就可能被人们穿着而不用接受检测。最后,国货运动按照上述有关确证国货的四大因素,确定了划分有关产品国货程度的七个等级标准。

这种在外国货和国产货之间划分出明确界限的事情不是中国才有的,直到今天仍很普遍。"民族文化内容"的规则在全世界通常用以保护民族特性。比如,法国要求剧院每年保留二十周的时间放映国产影片。同样,澳大利亚要求国产节目时间占电视时间表的55%。在加拿大,35%的无线电台的日间播放时间表必须用于播放加拿大的内容。加拿大的例子中,"加拿大内容"的音乐的定义不用考虑形式、乐器或者歌词内容,但是要依据它的生产环境来确定,这十分类似于这里讨论的中国国货的定义方法。"加拿大"的歌曲由加拿大人作词、作曲和演奏;歌曲的主题或者中心思想似乎是不受限制的。[27]与此类似,在国货运动中,具有国货商标的晚礼服和电扇取得了完全"中国货"的资格(参见图Ⅰ.2)。

这种识别商品的复杂性不是个新问题,正如卡尔·马克思观察到的,对商品的分析表明商品是"一种非常奇怪的东西,富于形而上学的微妙和神学的精密"(1967,vol. i:71)。当然,马克思和中国后来的马克思主义者"反对盲目迷恋"商品,他们批判资本主义和帝国主义,论证说商品使人与人之间的社会关系成为一种物与物之间的关系,从而容易使工人和产品之间的关系异化(参见 Jhally 1990:24-63)。对马克思来说,劳动是商品的最重要的含义。中国的马克思主义者与国货运动中的商人有比人们想象得到的更多的共同点,二者都把注意力集中于产品。但是运动的支持者强调产品的出处,而不是包含在产品中的个人劳动,并把这作为最重要的民族认同原则("中华民族消费者团结起来!")。基本来说,中国的马克思主义者通过驱除他们认为帝国主义在中国的具体表现——外

图Ⅰ.2　什么是中国的?

在这张20世纪30年代早期的日历宣传画中打小小高尔夫的上海妇女身上,什么是“中国的”?什么是“外国的”?国货运动教消费者分析产品的“民族性”并将此当作产品的卓越品质。更多的是产品生产环境而不是货物的风格或类型的来源国决定了产品的民族性。纯粹的“中国产品”是用中国原材料,由中国工人,在中国人的管理下,在中国人拥有的工厂里制造的。因此,高尔夫俱乐部可以比丝质旗袍更轻易地具有“更多中国性”,因为旗袍很像是用日本丝制造的。

国商品,来支持20世纪20年代和30年代的运动。参与运动的企业和政府领导人并没有领马克思主义者的情,他们宣称为了有利于发展民族经济,“劳动力”和“资本”应该“劳资合作”,罢工是“不爱国的”。

显然,可以给商品赋予无数可能的含义。今天,各种各样的社会运动在继续探索,提高对于市场中占优势地位的其他因素的关注(参见 Monroe Friedman 1999)。例如,环境保护运动提出“生态影响”这个概念作为商品的主要内涵,环境学保护者批评制造商(和消费者)破坏了他们的环保计划。同样地,美国民权运动采用了这样的口号——“不购买你不能工作的工厂生产的东西”,试图通过消费者的抵制来促进种族平等。当美国人开始关心大型公司中妇女的“玻璃天花板”问题(译者按:指晋升到某一职位以上的障碍,这种障碍看不到却又实际存在)时,约翰·肯尼斯·加尔布雷斯(John Kenneth Galbraith 1990)创造了一个虚构人物,他提出一个设想,要求在所有产品商标上标出“女性经理和管理者所占比例”。

相比于这些以及所有其他可以想到的标准,国货运动的支持者自称发现了一个与此不相同但却真实存在的商品优势:民族性。它的倡导者试图使消费者确信产品——就如同中国的消费者自身一样(实际上,如同任何国家的消费者)——具有本质上的或不可分割的民族特性。运动坚持相信在富裕而强大的工业化西欧(还有日本)已经建立起产品民族性的无上霸权。国货运动的提倡者,正如刚才提到的其他社会运动一样,试图推广一种带有普世色彩的主张。然而,国货运动的主张却恰恰也将这个世界特定化了。

本书概要

正如前面讨论所暗示的那样,运动有着多个维度。在这本书中,我并不想提供一种详尽的国货运动的研究,而是用四个部分探索国货运动的主要方面。第一部分(第一章和第二章)回答了运动什么时候开始、为什么开始以及如何开始这些难题。为什么中国人1900年开始依据民族性来界定物质文明?是什么样的背景使得运动试图把消费民族化,并强加了民族主义的视觉想象?第二章通过展示发型和衣服式样是怎样构建成为爱国主义和通敌叛国的视觉暗示,准确地把焦点集中在探讨特定的物品和生活习惯是怎么成为"民族的"或"中国的"。第二部分(第三章和第四章)考察了作为频繁发生的反帝主义抵制外货运动基础的国货运动,这种抵制外货运动使民族主义和消费主义之间的联系广为人知,也使得反帝主义的抵制活动确实愈加扩大到所有中国人中。第三部分(第五章和第六章)探讨了民族主义的商品展示的方式,例如产品展览会、百货商店、博物馆和广告,这些方式产生并界定了消费主义和民族主义之间的微妙联系。较少争议的是,本书的最后部分(第七章和第八章)通过国货运动中的两个重要的原型——"叛国的、奢侈的女性消费者"和"爱国的男性生产者",来揭示国货运动是如何界定性别规范的。

随着运动的扩大,消费者作为公民应该自动忠诚于国货产品这样的观念获得了广泛传播。渐渐地,界限开始被划分出来,由于获得了社会中革命基础力量的有力支持,一个新生的国家政府变得乐意并且能够强化民族主义的消费行为。因此,国货运动的重要性不仅在于甚至不主要在于它的影响可以马上传达到市场——一旦有了选择权,许多消费者恐怕仍然愿意购买廉价进口货胜过爱国的"国货"。相反,国货运动的真正意义在于,它使得替代选择越来越不可即。国货运动的逻辑坚持产品是"民族的",这容易被用来颠覆那种认为因为买卖货物而得利应该是"私人事情"的观念。国货运动的影响横贯中国的整个20世纪。

注 释

〔1〕 实际上,相当于《牛津英语词典》的汉语词典正是用这个故事来给"国货"下定义(Luo Zhufeng 1990, vol. 3:641)。

〔2〕 在使用"消费文化"(consumer culture)这个术语时,我与托马斯·理查德有着相同的担心,因为这个术语"听起来好像有某种关于消费的独特的现代意味"(1990:268)。通过将这一文化概念予以限制并将其置于特定的背景之中(特别参考第一章),我希望能避免这种混乱。"物质文化(material culture)"这个术语范围更广,指的是"我们生存的自然环境中,通过文化决定了的行为可以改变的那部分环境"(Deetz 1996:35)。我把消费文化定义为一种具体的、可以批量生产的、以商品为中心的物质文明形式。关于术语"消费"(consumption),

参见 D. Miller 1995c:30 和 D. Miller 1998。

〔3〕 因为“民族国家建立”(nation-building)这个术语暗含着民族国家是一个自上而下的专制结构,所以,我使用“民族国家形成”(nation-making)来强调更为广泛的社会参与。关于“民族国家建立”和“民族国家形成”之间的差别,以及这里所强调的“民族国家”(nation)这个术语的用法的讨论,参见 R. J. Foster 1995a。

〔4〕 因为自上而下的方法是研究中国民族主义兴起的主要方法,可以把许多研究罗列在这里。这种研究方法最著名的例子是列文森在 1965 年所做的研究,参见 F. G. Chan 在 1981 年所作的介绍。对于这些方法近期的评论,参见 Mitter 2000:7-15。

〔5〕 两个很好的研究例子是 Watson 1985 和 M. L. Cohen 1994。一项有关变化中的礼仪角色对创造一种对中国区分种族和民族主义的新认识方面的影响的最新研究,参见 H. Harrison 2000。关于在民族主义者的叙述中,不同地方社会群体中兴起的同一性力量的研究,参见 Duara 1995: 115-146。

〔6〕 我也喜欢通过使用术语“产品”(products)或“商品”(commodities)来强调商品的交换和符号价值。关于构建这种价值的更广阔的社会途径,更详细的内容请参考 Appadurai 1986a 和 Baudrillard 1998。关于 Baudrillard“符号价值”这个概念的明晰介绍,参见 Kellner 1989。然而,为了避免重复,我也用“货物”(goods)这个术语。需要注意的是,“商品”(commodities)这个术语包含了更多当代意义,用来表示所有可交换的货物,而不仅仅是像粮食那样的初级原料。有关这些区别见 Rowling 1987:7。

〔7〕 另一个表示“外国产品”的中国术语是“外国货”,通常简称为“外货”。国货运动也用明确带有嘲讽意味的术语来称呼进口产品。那些“非中国的”产品一般被称为“仇货”,尽管在 20 世纪 20 年代晚期,这种术语通常特指日货。国货运动也用术语“劣货”作为“进口货”的一个别称。

〔8〕 有关“京剧”变成“国剧”的记载,见 Goldstein 1999。对中国民族主义者来说,也许最重要的“国家的”术语是“国粹”。关于清末从日本输入词汇的历史,见 Schneider 1976,新近的材料见 L. H. Liu 1995:239-256。类似的民族化名词的补充例子,见 Mathews et al. 1996:550-552。在 1931 年运动高潮时编辑了最早的中国内地汉英字典。

〔9〕 例如,学者和改革家梁启超(1873—1929),用种族的术语把所有历史进行概念化:“什么是历史?简单说就是种族发展和种族冲突的历史。”(转引自 Pusey 1983:196)有关中国种族话语的传播,参见 Dikotter 1992:98-115。关于东亚情

况更一般性的论述,参见 Dikotter 1997 和 Kaiwing Chow 1997,2001 的论文。关于种族竞争意识的流行在中国民族主义形成中作用的概述,参见 Mitter 2000:158-165。关于中国卫生学和清洁的讨论与消费品之间有何种联系还未得到研究。然而,关于在欧洲和美洲的这种联系的一个启发性介绍,可以参见 Forty 1986:156-181。关于中国的优生学,参见 Dikotter 1998:104-118。

〔10〕 比如,国货运动的出版物《机联会刊》,它是运动中最大的组织之一的正式杂志,整齐地印着这样的口号:“注重优生学为强国之初步”。见《机联会刊》44 期(1931 年 10 月 16 日):50。

〔11〕 其他民族的语境中也有这样的情况,Ohnuki-Tierney(1995)注意到日本的“白米”(hakumai)广为人知的说法是“纯米”(junmai),并且“成为表示日本人自身纯洁的有力比喻”(见前引书,232 页)。她进一步注意到,日本的认同最初是用来反对中国大米的概念,后来则是构建在反对西方的肉食基础上。也请参见 Ohnuke-Tierney 1993。社会学家很早就已经认识到这种文化认同的文字现象,见 Bourdieu 1977。

〔12〕 关于视觉的文化心理作用,参见 Walker and Chaplin 1997 和 H. Foster 1988。

〔13〕 福州领事萨缪尔·索克宾(Samuel Sokobin)给美国国务卿的报告,1929 年 8 月 21 日,File 893. 504/62,国务院,RG59(国家档案馆)的中心记录(此后简称为 CRDS):3。

〔14〕 福州领事给美国国务卿的报告,1920 年 12 月 10 日,CRDS File 893. 43B62。铁血团散发了一份解释此事的传单,并且正式通知了其他“卖国贼”。还有大量像这样的强制要求进行抵制活动的组织的报告。例如可参见有关对上海小报报纸《大京报》编辑的攻击的报纸剪辑,见上海市政警察署档案(此后简称为 SMP)5790,1934. 4—5:《反日运动——小报报纸办公室受攻击》以及其他文章。我在第二部分研究了国货运动公然强制的一面。

〔15〕 克罗斯(Cross)接着说:消费主义是那种认为商品能够给个人以及他在社会中的角色赋予意义的信仰,虽然消费主义没有哲学形式,没有党派,也没有明确的领导人,但消费主义取得了胜利。美国的历史学家已经开始透过消费主义这面镜子,重新考虑国家历史中的每一主要方面。有代表性的论文集,参见 Glickman 1999。

〔16〕 消费主义已经被解释为西欧社会的重要组成部分,可以追溯至文艺复兴时期(见 Jardine 1996)和古典时期(见 Davidson 1999)。有关消费和性别的关系,参见 de Grazia and Furlough 1996 和 Scanlon 2000 的大量论文及文学评论。关于劳动,参见 Glickman 1997。

〔17〕　许多这样的研究开始的时候并没有证据说明他们的概括只适用于“西方”，见 de Grazia 1996：1，Paul Glennie（1995：164）研究得更为详细。他写了关于消费研究的研究历史的评论，指出，他的概括由于缺少欧洲和美洲以外历史学者的研究而受到限制。了解欧美之外的情况，参见 Burke 1996；想要了解对这个概括的批评，参见 Clunas 1991：3。

〔18〕　同样地，唐·斯拉特（Don slater）确定了消费主义和自由观念之间的普遍等式：“消费文化表明了一种社会安排，在这种社会安排里，活生生的文化和社会资源之间、有意义的生活方式及其所象征的和所依靠的物质资源之间的关系，是通过市场调节的。消费文化规划出了一个系统，在这个系统内，消费是被日用品消费所主导的，并且，在这个系统内，通过在日常私人生活圈内实施自由个人选择，文化再生产在很大程度上可以理解为得到了实现。”（1997：8）对于把美国民主和市场论述联系起来论述的严厉批评，参见 T. Frank 2000。

〔19〕　国货运动的文学表达形式明确给出这样的等式，比如，“‘国货’和‘国民’”，以及“中国货先要中国人自己用起来”。关于国民和国家这些概念之间的关系，可以参考由记者所作的介绍，参见 Judge 1996：esp. 83-99。

〔20〕　关于美国殖民地后期历史中国货运动的最好研究，参见 Schlesinger 1957 和 Breen 1988。对于从革命开始以来“购买美国货”运动的调查，参见 D. Frank 1999。

〔21〕　其他国家使用的术语与“民族化的消费文化”这个术语语义有重叠，正如我在这里使用的，包含了“本国化”“本地主义”“家庭化”“进口替代”“非殖民化”“自给自足”和“非外国化”的意味，参见：W. J. MacPherson 1987：32；Constantine 1981；Robinson 1988：92-100；Nelson 2000；Balabkins 1982。对遍及非洲的“本国化”过程中运用的各种各样方法所进行的调查见 Adedeji 1981，南美洲的调查见 Orlove 1997，东南亚的调查见 Golay et al. 1969。与此类似，消费运动也产生并且巩固了除了民族性之外的社会群体建构范畴，比如非洲裔美国人中的种族觉醒（参见 Skotnes 1994 和 C. Greenberg 1999）。或者，他们可能确实既包含了国籍也包括了种族的情况，就好像德国在二战之前的反犹太主义运动一样（见 Barkai 1989）。

〔22〕　例如可参见《爱用国货风气之普及》。

〔23〕　见 Sarkar 1973 和 Chandra 1966：122-141。关于甘地结（Gandhi's ties），参见 J. M. Brown 1989：89-90，163-164，203-205 和 Bean 1989。然而，一位著名的印度学者在一次简短的演讲中强调了抵制英国货运动的强制成分，参见 Guha 1991：1-18。对于抵制英国货运动起源的详细介绍参见 Bayly 1986。在中国的

例子中,文学作品提供了精神上极其复杂的参与者形象。1919 年,诺贝尔奖获得者印度作家泰戈尔在他的小说《家和世界》中,描述了抵制英国货运动中的强制性方面。

〔24〕 想要了解甘地思想中反物质主义的概述,参见 Misra 1995。尽管甘地强调限制物质欲望并且创造自给自足的村庄,但他的思想和运动的基本论点是一致的。他们都拒绝简单接受资本主义的看重价格而不是原产地的观点。甘地批评那些争论是否使用比工厂制造的布料更为昂贵的手工织物的人,说假如费用是最重要的问题,那么根据同样的逻辑,我们应该杀掉我们年老的父母和年幼的孩子,因为"我们不得不在没有任何物质回报的情况下养活他们"(转引自 Misra 1995:35)。

〔25〕 此外,一些研究注意到了"民族性"是消费的重要范畴,但是却没有解释这种情况的历史起源。比如,约瑟夫·托宾(Joseph Tobin)注意到"在日本,在评价一种食物、一件衣服或者一组家具是好或坏、昂贵或便宜之前,先得确定它是外国货还是日本货"(1992a:25-26)。

〔26〕 早期有影响的研究包括:Boorstin 1973:89-164; Ewen and Ewen 1982; Fox and Lears 1983。关于民族主义研究中这种更普通的方法,参见 Anderson 1983:39,比如阅读报纸这样的活动。

〔27〕 关于界定"民族性"的问题,参见 Anthony DePalma《成为加拿大人不是那么简单的:保护文化的强硬规则导致混乱和意外》,《纽约时报》1999 年 7 月 14 日:B1-2。举例来说,非加拿大人莱妮·卡瓦兹的歌《美国女人》要比加拿大歌手席琳·迪翁的《我心依旧》更为加拿大化。和迪翁的歌不同的是,那是加拿大人为"美国女人"写的歌词和谱曲。

第一部分

语境与个案研究

第一章

商品危机及国货运动的起源

人们为安康和生计所需的一切东西,无论是食物或衣物,乃至珍肴美味和奢侈品,都在王朝疆域内大量生产,不用从异域进口。

——被反复引述的17世纪欧洲关于中国经济具有惊人财富和自给自足特征的论述

(转引自 Lach and van Kley 1993:1593)

$219,213,000

——1905年中国的贸易赤字

追溯民族化消费文化起源的努力可以从19世纪的一场商品危机开始。在中国人的理解中,他们是至尊文明的成员,生产着世界其他国家渴求的茶叶、瓷器和丝绸。到19世纪这种意识才开始减弱。他们开始把自己视做弱小"国家"的成员之一,不能控制进口商品涌入中国,也没有办法控制中国传统出口货物的市场被别国取代的情况。货物开始具有了民族性,在中国生产的商品被称为"中国产品"(Chinese products)或"国货"(national products)。中国是从世界的文化中心——中央王国——转变成世界上众多平等的民族国家之一,这种意识上的转换不只是简单地因为多次战争失败所导致,至少重新界定商品也同样重要。因为进口商品增长和出口商品市场份额下跌而产生的焦虑与日俱增,越来越多人觉察到,中国的物质文明在不知不觉中被进口商品普遍而深入地渗透了。实际上,由于19世纪晚期多种舶来品的俗称前带个"洋"字[1],这些与众多进口商品相关联的名称也是较早的那个自我想象瓦解的表现之一。

有两次事件反映了19世纪以来长期的经济危机。1793年,乾隆皇帝(1736—1796在位)对英国的商品无动于衷,他拒绝了英国国王乔治三世提出的外交要求,这段今天很出名的话是这样说的:"其实天朝德威远被,万国亲王,种种贵重之物,梯航毕集,无所不有。尔之正使等所亲见。然从不贵奇巧,并无更需尔国制办物件。"[2]许多欧洲人认同英国国王的感受,当时的欧洲人评论此事时,经常换个说法:"中国能够生产人类生活所有的必需品,因此不需要与外国进行贸易。"(Lach and van Kley 1993:1593)[3]然而,正如我在本章中所论证的,在19世纪的发展进程中,中国物质文明具有优越性的意识明显衰落。欧洲和美国以及后来日本的工业化成果——连同低廉的运输成本——使中国人对除了鸦片以外的许多洋货产生了渴求,最显著的是对西方军事武器的需要。一个多世纪以后,中国蒙受的耻辱达至顶峰。通常被嘲讽地称为"倭寇"的日本不仅在

(1894—1895 年的)战争中打败了中国,而且到 1909 年,在丝绸这种数千年以来事实上含义与“中国”等同的产品出口量上,日本超过中国,成为最大的丝绸出口国(L. M. Li 1981:83-84)(参见图 1.1)。[4]

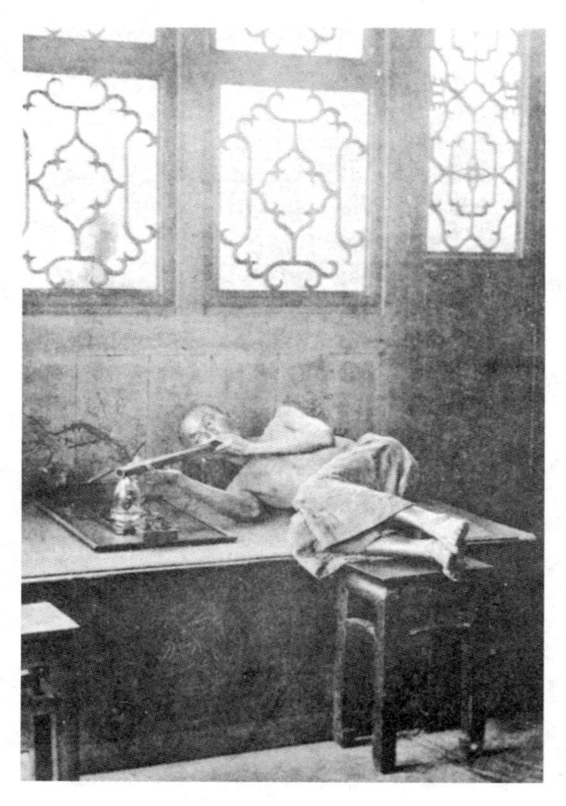

图 1.1 消费者和消费

(John Thomson 1874:vol. 1)

在 18 世纪晚期到 20 世纪早期的这段时期内,在外国人和中国人的头脑中,中国的形象从一个武力令人畏惧、产品令人叹服的帝国,转变成一个由装备低劣的士兵和懒惰的消费者组成的帝国,那种典型的挥霍无度的中国消费者的例子是吸食“洋烟”(鸦片)堕落成瘾的普遍图景。

尽管关于“国货”的未来的焦虑越来越强烈,但是,要使中国消费文化民族化却是困难的。在中国城市中,从男人和女人关于美的观念,到运动和娱乐形式,到建筑风格和个人外表风格,到政府、商业和休闲的新机构，表面看来，处处认为“外国的”就意味着“较好的”，那种尝试把消费民族化的努力就在这样的环境中进行。甚至（也许特别是）像广东这样以“排外”著称的城市，舶来品同时引发了羡慕和憎恶两种情绪（参见图 1.2）。[5]

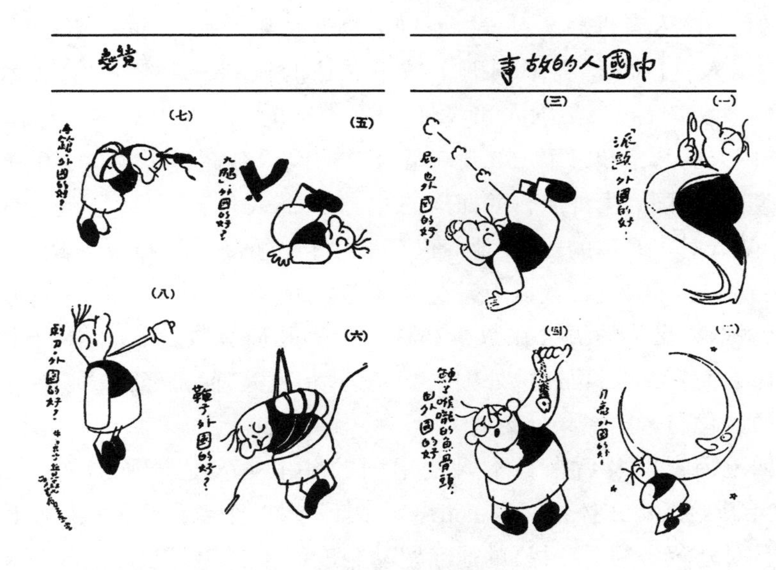

图 1.2　崇洋媚外

（《机联会刊》169 期，1937 年 6 月 5 日）

在试图将消费文化民族化的努力中，人们通常坚持认为风格来源不是问题。只要产品是中国生产的，任何风格（无论中国的或是西方的）都可以被接受。同时，国货运动者反对那种 19 世纪在民间流传很广的认为所有外国货都比中国货好的说法，认为这种说法助长了对舶来品的需求。让我们从上到下、从右到左阅读这份《中国人的故事》的海报，八条说明是：“（一）派头，外国的好！（二）月亮，外国的好！（三）屁，也外国的好？（四）鲠了喉咙的鱼骨头，也外国的好！（五）被外国长靴狠狠踹的感觉如何，美妙吧？（译者按：这是作者翻译的英文，汉语原文为：‘大腿，外国的好？’）（六）鞭子，外国的好？（七）手枪，外国的好？（八）刺刀，外国的好？”

外国人的出现

中国的民族国家意识确实是在与西方人和西方思想直接打交道的过

程中成长起来的,然而,更重要的是,在与西方物质文明打交道的过程中,中国的民族国家意识也间接发展起来。在19世纪,欧洲人和美国人要求进入中国,并最终通过诉诸武力达到目的。随着在中国生活的外国人数量增加,中国人有机会面对一种不同的物质文化。到19世纪70年代中期,外国人首次获得在中国五个城市居住的权利三十年之后,大约有4000个西方人(包括美国人和欧洲人)在中国生活。至1911年辛亥革命时,外国人的数量超过了150,000;至1927年,人数超过了3,000,000。[6]在这期间,中国到国外旅行并回国的外交官、商人和学生的数量也越来越多,伴随着对于改革的热情,他们也分享并了解了新产品和新技术。举例来说,到1911年为止,数以万计的学生已经从海外学成归国。[7]19世纪末,接触西方事物的机会在数量和种类上呈几何级数增长。[8]对于大多数中国人而言,不必再通过外国士兵、官员和商人,而是经由认识一种新的物质文化与帝国主义打交道。

西方国家以及后来日本入侵中国的基本史实是众所周知的。从1757年开始,“广东体系”(canton system,译者按:主要指清朝在广东设立的进行对外贸易的十三行)的通商贸易制度严重制约了西方国家与中国的经济关系。[9]在这个制度下,中国政府把西方商人限制在广州南部城墙外的一片区域内,禁止这些外国商人携带家眷,并规定他们只能和政府允许的数量有限的中国商人进行贸易来往。从18世纪末开始,大不列颠帝国多次试图就更好地进入中国市场进行协商。但是,1793年马戛尔尼使团(引起了上文提及的乾隆皇帝的回应)和1816年阿美士德使团的努力都遭到拒绝,中国拒绝改变贸易成规,不愿意开放更多港口,不允许外国外交官进驻北京(参见 Mui and Mui:1984)。

尽管如此,到18世纪末,贸易关系已经开始发生转变。在后来20世纪早期多次重复的贸易模式中,西方人第一次发现有一种产品能刺激中国市场的需求,于是接下来就用它来打开通向中国市场的大门。对英国而言,鸦片贸易迅速变成了获利丰厚的三角贸易(印度—中国—英国)的关键的最终链条,整个帝国都依靠这种贸易。[10]到19世纪30年代,中国每年从英国进口鸦片超过35,000箱(大约每箱130—160磅)(Morse 1910, vol. 1:173-174, 209; Hsin-pao Chang 1964:223)。到19世纪中期,鸦片几乎占中国进口商品总量的一半，直到1890年，鸦片仍然是中国的主要进口商品。17世纪，中国以出口商品交换获得的银两拉动了经济增长。然而，鸦片进口的增长导致了银两出超，这种趋势给中国纳税人造成了灾难性后果，他们不得不用每天使用的铜圆以越来越不利的比率交换银两（Morse et al. 1908：323-351）。在这种非法的鸦片贸易中，白银外流，再加上大小官员勾结串通、贪污腐败，引起了中国人中的有识之士的警觉，他们意识到鸦片在各个社会阶层的消费增长将带来深远的政治、经济和社会影响。[11]

18世纪中期，中央政府认为它有足够的力量通过禁止舶来品以及禁止吸食鸦片这种典型的奢侈消费品来控制消费。朝廷颁布数次法令禁止栽种、交易和吸食鸦片（M. Greenberg 1951：110）。但是问题仍在继续，到19世纪20年代，中国的"瘾君子"超过了100万。[12]清政府的政策变得更为严厉，1839年，道光皇帝（1820—1850年在位）任命林则徐（1785—1850）到广州查禁鸦片贸易。[13]林则徐的处理办法很快从对英国政府进行道德呼吁，逐步加强到暂停西方贸易以及强制禁运。在林则徐没收英国商人的鸦片存货后，英国政府诉诸武力以获取进入中国市场的许可。从1840年到1842年的一系列军事入侵中，英国令人信服地证明了他们在物质文明的军事方面的优势，并且以此迫使中国人寻求解决方法。不久，英国将把他们的物质文明的其他方面也引入中国。

为结束鸦片战争所签订的《南京条约》（1842）成为众多非互惠性"不平等条约"中的第一个条约，它放宽了外国进入中国的入口。这些条约要求中国开放更多数量的"通商口岸"，并且割让或者出租土地作为外国商团在中国的基地；支付巨额赔款，这使得清政府无钱改制；放弃设置关税的权力（"关税自治权"）；交出对居住在中国的外国公民的司法权（"治外法权"）。《南京条约》标志着通过限制进口来管理消费这一政府主导下的积极主动的"林则徐方式"之可能性的结束。接下来的百余年，条约的限制阻止了中国精英用任何直接或简单的办法通过政府提高关税来调节市场准入。因此，中国的民族主义者不能使用传统方法确保他们的中国同胞只消费国货——他们不可能依靠政府对消费文化强制实行民族主义的阐释。此外，外国对中国的侵略和蚕食体现在以《南京条约》为首的长达一个世纪的一连串条约的签订方面,这些条约中包含了很多或公开或含蓄地挑战中国主权的内容。

创建西方消费文化的活动的橱窗

关于“中国开放”的历史研究很少强调无数通商口岸的开放不仅使外国人,而且使他们的物质文化可以不费力地进入中国。《南京条约》中保证的五个通商口岸——上海、宁波、福州、厦门和广州——立即成为引入西方货物、风俗以及思想的最重要的通道。通商口岸的开放以及其他割让或出租的领土也吸引了越来越多的外国人来华,不仅仅是商人,还有传教士、教师、冒险家和投机分子,以及他们的家庭,更不必说那些为保护外国公民新近获得的合法权利而必须设置的军队了。这些外国人成了外国商品的活的广告和展示。[14]的确,进入中国内地的传教士成为“外国入侵中国的最好的具体表现”,这导致了1860年后的排外主义的增强(P. A. Cohen 1963:269)。到1911年辛亥革命时,通商口岸的数量已经增加到将近五十个。几年以后,数量增加到几乎将近一百个,分布在整个中国的海岸线以及主要河流沿岸(见地图1.1)(Feuerwerker 1976:2)。[15]

当通商口岸日益成为新鲜的、西方精神的、工业消费文化的扩张和交互性的展示窗口时,它们也为中国其他地区提供了西方商店里到底有些什么的视觉展示。这些活动的橱窗给中国带来了第一手资讯,不仅带来了外国的技术和思想,而且通过百货商店、广告、药房、博物馆、动物园、公园、餐厅、舞厅和许多其他商业形式,以及其他最初服务于外国人的娱乐形式,也带来了西方的消费者和视觉文化。许多机构有中国经理人,他们很快学会了创建同样的娱乐设施来满足中国顾客的需要。但是,中国来自任何社会阶层的人只有进入城市才能体验到这种新文化的各个方面。[16]当19世纪末至20世纪城市化进程加速,他们确实进入城市了[17],不管有没有带上新的生活消费品和消费习惯,越来越多寄居在城市的人返回自己的农村老家时,都会把这种基于城市文化的故事带回去。[18]

遍及中国的新媒体也在传布这种文化认知。比如,19世纪末的上海出现了知识分子阶层,他们靠“吟花弄月”维持生计,普及了上海是一个

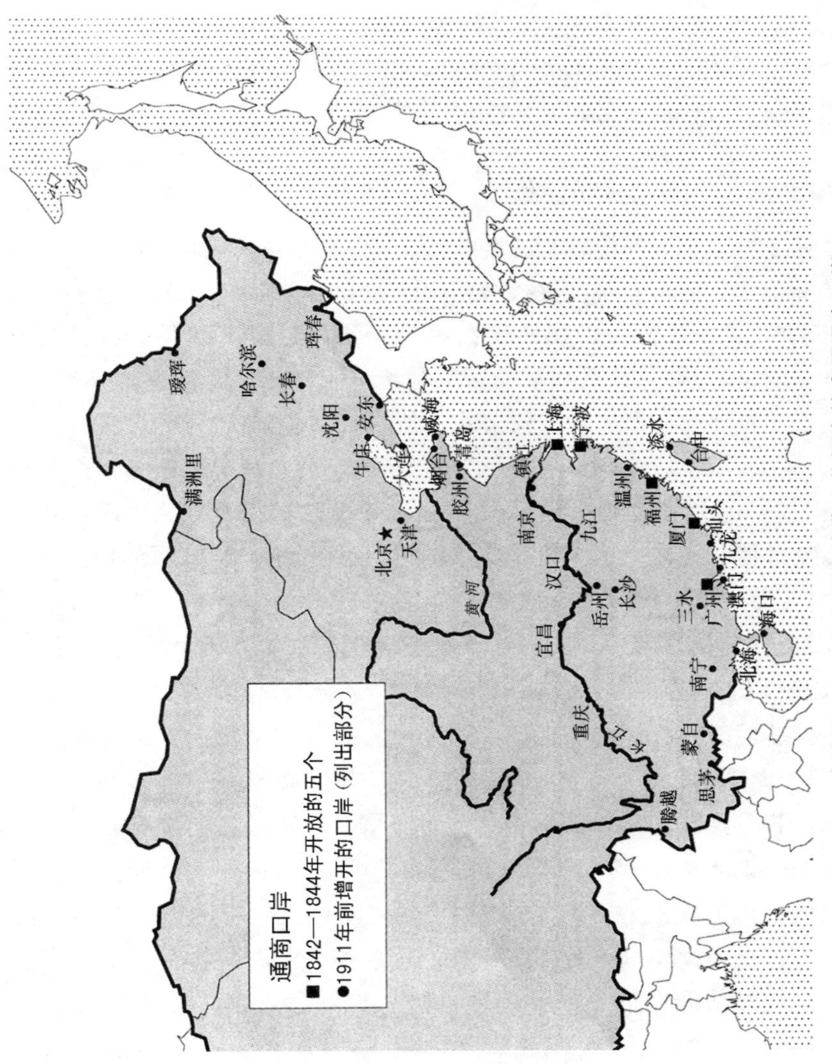

地图1.1　作为西方消费文化橱窗的中国通商口岸

“大乐园”这样一种观念(W. H. Yeh 1997:421-427)。[19]这些言辞和图片通过报纸、期刊这些快速膨胀的大众媒体以及小说和书籍在整个中国传播。[20]到1910年,信件、报纸和杂志在中国的流通量是1901年的25倍(M. C. Wright 1968:30)。[21]甚至那些不识字的人也都盯着广告和插图中的新文化图像看。不久,新的视觉和听觉的大众传播工具出现了,包括电影、收音机、留声机和西式话剧。[22]

中国内地的消费文化传教士

遍及整个中国的传教士的出现扩展了西方消费文化在通商口岸以外的传播范围,甚至在签订条约之前,基督教徒已经在中国布道传教——首先是耶稣会、方济各会和16—18世纪的多明我会,以及19世纪早期的新教徒。但是,他们的数量和活动区域被严格限制。然而,《南京条约》允许传教士在通商口岸进行传教,《北京条约》(1860)扩大了允许传教士传教的活动区域。19世纪末,几千名外国传教士散布在中国各地。到1919年,中国1704个县之中除了106个之外,有将近10,000名天主教徒和新教教徒散住在各地。这些基督教传教士可能拥有多达数百万的信徒。此外,数十万中国小孩通过传教士学校(这些学校的学生并不要求皈依入教),通过慈善机构比如医院、基督教青年会和基督教救世军,接触到西方人和西方的物质文化(Feuerwerker 1976:39,42-43)。[23]

这些传教士在引导人们改变信仰成为虔诚的基督徒方面也许成败参半,但是,他们在影响通商口岸之外的中国人接触并了解西方消费者和西方视觉文化中所扮演的角色却十分重要。通过他们带有西方文化背景的服饰和举止,传教士实际上充当了可以行走的广告,他们不仅仅在新的信仰形式上为中国人提供了选择,而且在以新的商品为中心的生活方式上也为中国人提供了选择。这些传教士的住所为当地人提供了更多接触新的物质文明和生活方式的机会。[24]在很多实例中,传教士甚至还传入了外国商品(例如草帽、花边和发网)的生产技术,用以减轻乡村的贫困。

西方人把他们的物质文明带给中国,中国人接受了它。甚至在签订开放通商口岸的条约之前,外国公司就已经雇用了中国人。当然,1842

年后雇用人数增长了，到18、19世纪之交，大约有20,000中国人为外国企业工作（Hao 1970:102）。这些人成为“新都市精英”的基础，到19世纪中叶，有超过100万的此类“富裕企业家”（Bergère 1986:20）。反过来，他们雇用数百万的中国人做帮手和雇工，通过他们的雇主，这些帮手和雇工有了直接体验新文化的经验。精确的数字不如现实更有意义，特别是在1905年废除了中国过去数千年来获取社会名望的主要途径——科举制度之后，富裕群体和他们的竞争者转而以消费活动来表示并强化他们的社会名望。

直到20世纪早期，中国人经历了将近六十年直接或间接接触欧洲人和美国人以及他们的物质文明的历史。这些中国和外国之间的互动不仅为中国的老百姓，也为正在兴起中的消费文化及其表现提供了使用新民族国家概念的思想资源和社会基础。

主权丧失的象征

到19世纪的最后三十年，越来越多的中国人认识到，伴随着越来越明显的军事对抗，中国面临外国的商业入侵。在国货运动普及推广之前的几十年，在政治精英人物和知识分子圈中关于贸易统计的讨论已经成为理解中国缺乏主权的主要途径。在这场讨论中，一个简单的数字——贸易赤字——象征着中国的衰弱。在这场成为国货运动基石的讨论中，关税自主和外国人享有不正当地进入中国市场的权利被单独挑选出来作为破坏中国主权的例证。这场讨论的参与者把焦点指向中国的关税史。近一百年以来，中国的关税税率保持在货物估价的5.0%—7.5%。另外，不考虑通货膨胀，评估进口货的价值所用的价格表是几十年前的旧的价格表，这导致了实际税率甚至更低。[25]一旦支付了关税，那么这些进口货就免除了所有其他进一步的税收，包括国内的过境税（或称为“厘金”）。给进口货这样的特权，使进口货和它们的中国竞争对手比较起来有明显优势。[26]在《南京条约》签订后的最初几年，关税控制看起来好像不是一个重要问题，中国人甚至连是否已经放弃了这些控制权都不清楚(M. C. Wright 1957:178-179)。当民族国家开始把关税控制权看作国家主权的核心时,收回控制权便成为中国民族主义和反帝主义的焦点问题。[27]

在贸易统计的讨论中,中国和帝国主义霸权进行了一场关于中国市场的零和博弈(zero-sum game)。所有进口货的到来损害了中国国内经济的发展。在政治经济方面,中国占主导地位的普遍观念是恢复经济主权比扩大经济活动和提高人均收入更为重要,中国人控制中国经济被认为比外国人控制经济发展更为重要。并不令人吃惊的是,历届中国政府和一般民众反复要求外国政府坐到谈判桌前来讨论关于中国关税的控制问题。然而,直到1925年,条约的缔约国一直拒绝和中国商谈恢复关税自主问题,甚至拖延达成一项最后协定。结果,中国直到20世纪30年代初才取得关税自治权。[28]

当贸易赤字增长时,对于缺乏关税自主权的愤怒也随之增长,贸易统计数字成为国家健康程度的众所周知的晴雨表。1864年,外国负责管理中国海关的官员开始公布每年的贸易统计数字,通告中国每年的贸易统计数据。具有讽刺意味的是,尽管贸易赤字直到1887年后才存在,这些外国统计表格却强调它们是如何地科学客观(Hazama et al. 1996:21; Hou 1965:93-94)。[29]官员很早就开始担忧银两外流,并产生了紧张不安的情绪,正是这种紧张导致了鸦片战争(Hsin-pao Chang 1964:95-96)。19世纪80年代,像薛福成(1838—1894)和马建忠(1845—1900)(都是清廷封疆大吏李鸿章[1823—1901]的手下)这样的著名中国官员、学者利用贸易统计数字指责对外贸易使得中国的贫困加剧。直到著名学者严复(1854—1921)翻译的亚当·斯密的《国富论》在世纪之交出版之前,中国的精英人士认为贸易赤字是一个关键问题,是他们持续关注的经济衰退的象征。[30]这个简单的问题成为所有人关注的焦点,包括不愿意探究贸易和商业这个冷酷世界的重要性的知识分子也注意到了,比如后来的著名学者梁启超(1873—1929)。恢复关税自主权以使中国能够扭转贸易赤字,成为一个具有广泛共识的目标,特别是在1895年甲午战争中国败给日本后,更是如此。这也是国货运动的一个关键目标(参见表1.1)。[31]

表 1.1　中国对外贸易:进口与出口数据,1900—1937 年

(1900—1932 年以海关“两”为单位,1933—1937 年以中国“元”为单位)

来源:Hsiao Liang-lin 1974:23-24

年份	净进口	出口	对外贸易总额	贸易差
1900	211,070	158,097	370,067	-52,074
1901	268,303	169,657	437,960	-98,646
1902	315,364	214,182	529,545	-01,182
1903	326,739	214,352	541,092	-112,387
1904	344,061	239,487	583,547	-104,574
1905	447,101	227,888	674,989	-219,213
1906	410,270	236,457	646,727	-173,813
1907	416,401	264,381	680,782	-152,021
1908	394,505	276,660	671,166	-117,845
1909	418,158	338,993	757,151	-79,165
1910	462,965	380,833	843,798	-82,132
1911	471,504	377,388	848,842	-94,166
1912	473,097	370,520	843,617	-102,577
1913	570,163	403,306	973,468	-166,857
1914	569,241	356,227	925,468	-213,015
1915	454,476	418,861	873,337	-35,615
1916	516,407	481,797	988,204	-34,610
1917	549,519	462,932	1,012,450	-86,587
1918	554,893	485,883	1,040,776	-69,010
1919	646,998	630,809	1,277,807	-16,188
1920	762,250	541,631	1,303,882	-220,619
1921	906,122	601,256	1,507,378	-304,867
1922	945,050	654,892	1,599,942	-290,158
1923	923,403	752,917	1,676,320	-170,485
1924	1,018,211	771,784	1,789,995	-246,426
1925	947,865	776,353	1,724,218	-171,512
1926	1,124,221	864,295	1,998,516	-256,926
1927	1,012,932	918,620	1,931,551	-94,312
1928	1,195,969	991,335	2,187,324	-204,614
1929	1,265,779	1,015,687	2,281,466	-250,092
1930	1,309,756	894,844	2,204,599	-414,912
1931	1,433,489	909,476	2,342,965	-524,014

(续　表)

年份	净进口	出口	对外贸易总额	贸易差
1932	1,049,247	492,989	1,542,236	-556,258
1933	1,345,567	612,293	1,957,860	-733,274
1934	1,029,655	535,733	1,565,399	-493,932
1935	919,211	576,298	1,495,510	-342,913
1936	941,545	706,791	1,648,336	-234,754
1937	953,386	838,770	1,792,156	-114,616

这张中国对外贸易表应更多地被当作示意图而不是直接可用的数据表。就像本书中复制的其他国货运动图表一样,这些贸易统计数字被用来形象地传达一种认知上的事实。国货运动使外国人所公布的贸易统计数字广为人知,他们确定中国每年的贸易赤字,并以此来作为中国缺乏主权的体现。这些数字代表着他们所认为的摆在中国面前的两个问题:第一,贸易赤字代表中国人对中国控制力的缺乏或虚弱,说明国家没有能力阻止进口;第二,它证明中国是一个消费者极度缺乏爱国情感的国家。国货运动寻求解决这两个问题,并不断地用这些赤字来"恫吓"消费者。

"中国市场神话"的重要性

到20世纪初期,高度公开的贸易统计数字和外国控制下的工业成为支撑中国经济已经沦落为外国所控制的观点的主要事实依据。举例来说,1900年到1905年之间,中国的贸易赤字增加了四倍。在中国的外国投资迅速膨胀,外国人的影响力可以由此进一步窥见。在1902年到1914年第一次世界大战之前的一段时间内,外国投资几乎双倍增长。[32] 同样,英国、美国、法国、俄罗斯以及日本在中国经营的公司数量在20世纪最初的十几年中从1902年的1000家多一点,增长到1912年的将近10,000家。[33]

这些数字给论辩的双方进行长期辩论提供了论战材料。首先,在中国有外国产品的市场吗?假如有,那么外国人是否从中得利呢?其次,在进入中国市场的过程中,外国人是在"剥削"中国吗?研究中美关系的历史学家通常认为,那种认为1890—1915年间的中国具有贸易潜力的说法是过于乐观了,换而言之,可获利的中国市场只是一个神话。[34] 无论外国商业的实际情况怎么样,历史学家们承认,正如20世纪30年代一本畅销书的标题《4 亿消费者》(Crow 1937)所许诺的那样,西方人匆匆赶往中国是希望去发现一个具有 4 亿消费者的国家。[35]

由于外国卷入中国经济而产生的实际经济影响不是本书要讨论的问题,这里提供的信息不能解决外资是否通过使中国手工业破产,迫使中国农业部门重组,或者把在中国赚取的利润送回国而使中国经济成为"漏卮",从而破坏了中国经济这个问题。[36]出于同样的原因,这里讨论的主要问题不是有关外国企业在资本、技术以及训练管理方面的优势使得外国企业和国内企业比较而言占据"不公平"的优势。[37]

更确切地说,中国人对于被外国剥削的认知才是一个关键问题,中国市场神话毕竟也有中国的一方面。与较早一代主要试图揭穿这个神话的学者形成对比,我赞成这样的观点,即外国公司的实际经济影响与这个神话在中国国内所引起的反响相比就没那么重要了。这种日益增长的中国已经丧失经济主权的看法对于形成近代中国民族国家的概念至关重要。外国资本进入一个基本上以农业为主的国家,其规模可能微小到只占国内总产值的百分之一。[38]然而,它仍有着巨大的象征意义。中国人相信外国资本已经淹没了中国,认为外国公司通过在中国生产获得了无穷利润,还认为外国已经设计了一场对于中国经济的"充满敌意的接管",这些观念影响了中国有关国际商务方面的概念的形成。关于贸易统计数字的讨论加强了这种中国越来越受外国控制的看法,这种统计数字常常被作为论证外国控制扩张的无可置疑的证据来引用,在国货运动期间还被用于攻击那些"没有爱国心"的舶来品消费者。[39]

外国对于近现代工业的控制

外国对于新的影响很大的产业的控制通常被解读为中国经济整体上被"外国统治"。例如,在 20 世纪最初的十年中,外国航运公司控制着超过五分之四的商业航运市场(K. C. Liu 1962)。中国人迅速地把这种控制解释成帝国主义的产物,因为不平等条约允许外国企业的船进入内陆港口和内陆水道。尽管中国政府和个人联合创建国内官商合办企业来努力与国外企业抗衡,例如创办招商局轮船股份有限公司(1872 年成立),但直到第二次中日战争(1937—1945 年)前夕,外国公司仍继续控制着中国的主要航运市场。20 世纪 30 年代,有大约 30 家外国航运公司、超过 700 艘船只在中国港口运营(Hou 1965:60)。

一种国外行业的引入常常需要另一种行业的创建或扩张,例如,航运刺激了煤矿开采业的增长(Tim Wright 1984: 50-76)。国外轮船业主为了避免进口大量蒸汽轮船所需要的煤,需要本地质优价廉的煤矿资源。因此,采矿业成为由外国利益集团掌控的工业的另一个象征。再次说明一下,19 与 20 世纪之交是外国资本卷入中国经济的一个转折点。1895 年到 1913 年之间,外国人开办了二十多家煤矿公司,采矿也导致外国经济行为在没有被不平等条约许可的通商口岸以外地区扩张,甚至深入到了中国内陆。[40]

商业银行的情况与此类似,直到 1898 年近代中国第一家银行建立之前,外国银行完全控制了国际贸易的资金以及外汇买卖。甚至在中国政府银行开始发行纸币之后,中国人继续偏爱更为坚挺的外币。因为时局导致政治和经济具有不确定性,直到 20 世纪 30 年代的民国时期,外币依然受到人们的欢迎(Hou 1965: 52-58)。这些都是外国“控制”中国经济在日常生活体现出来的有说服力并且是普遍存在的象征。

外国公司试图在中国修建铁路的尝试引起了恐慌,人们担心外国控制的技术会轻易地打开中国经济的大门,担心引入的技术会替代依靠人力运输的劳动者,会允许更多的外国军队进行活动,会破坏本地的风水,另外,修建铁路会产生更多对进口货的需求(C. -A. Chang 1943)。经过开始几次的不成功之后,到 1895 年第一次中日战争结束的时候,列强开始疯狂抢夺,让清政府在铁路方面让步(L. Cheng 1935; Yang Yonggang 1997)。帝国主义列强把铁路线作为划分势力范围的关键,到 1911 年辛亥革命,俄国、日本、法国、德国和英国拥有超过 2000 英里的铁路,或者说拥有相对来说较为贫乏的中国铁路总里程的 40%。(Huenemann 1984: 37-80; Hou 1965: 65)[41]

中国制造,但不是“中国货”

外国掌控最早的工业项目——航运、采矿、银行业和铁路——成为中国努力“收复”国内经济控制权的首要目标。然而,在世纪之交,外国公司卷入中国的制造业生产成为帝国主义在中国的一种更为普遍的象征。如此不仅形成了针对进口货的焦虑,而且还形成了针对外国公司在中国境内生产商品的焦虑。国货运动初期,外国公司在中国境内生产的商品不是“中国货”。任何外国资本的存在都有重要的象征意义,并且随着外国投资的增加,这种象征意义也增强了。

进口量的增长和贸易赤字的增大不是外国商品和资本扩张现象的唯一标志。19 世纪晚期,当外国人开始寻找进入国内市场的更好的入口和更低廉的劳动力成本时,在中国境内的外国制造业公司的数量和种类都在迅速增长。1895 年以前,已经出现了一百多家外国人拥有的“工厂”。[42]在第一次中日战争结束并签订《马关条约》(1895)后,条约同意给予日本巨额赔款和割让中国领土,工厂的数量急剧地增加了。更进一步的是,随后一年订立的另一项条约给予所有缔约国在中国建造工厂的合法权利,这导致了现代工业在中国的迅速扩大。由于这个原因,历史学家通常把 1895 年作为中国现代工业的开始。[43]

这些公司并没有把他们所有产品销往中国国外。19 世纪中期,外国公司已经开始为国内消费需要而生产产品,首先提供给居住在通商口岸的外国人,然后逐渐提供给新兴的中国市场。例如,19 世纪 50 年代几家外国公司制造药品、化妆品和肥皂。19 世纪 60 年代,其他公司制造西洋食品、糖果、酒和面粉。在接下来的几十年间,上海的外国公司开始生产冰、玻璃、砖块、混凝土和家具。外国人时常在当地建立公司给中国人提供产品,满足中国人由于进口货刺激而产生的需求,火柴、纸张、肥皂、香烟以及棉纺织品都进入这类产品名单中。因为中国对进口棉制品有巨大的市场需求,1895 年外国人获得在中国建立工厂的合法权利后,许多外国纺织品厂迅速建立起来。1911 年辛亥革命后,外国人瞄准地方市场,继续创办各种消费品生产工厂。[44]

作为民族主义途径的新商品

20 世纪早期,新商品在数量、品种和用途方面有引人注目的扩大。[45]在中国城市萌芽的消费文化与社会、政治的变化密不可分，其中最重要的两件事是1905年废除科举制度和1911年不仅仅推翻了清王朝帝制的辛亥革命。废除科举制度结束了传统的获取财富、权力和地位的主要道路，几十年来，发展出了多种替代方式，最显著的是进入近代学校和留学国外。然而，结束科举制度一下子消除了官员通过传统礼法来巩固自身地位的基础，这种传统礼法通过礼仪制度规范官员在公众生活中的各个方面，包括从官员以及其妻子穿着的衣服到官邸的建筑式样。废除这种确定身份的主要方式，结果导致了符号象征体系的重新构建，这个问题将在以下章节中讨论。[46]

1911年辛亥革命后的十年，中国人开始使用不同商品来改变他们的个人仪表，以此在视觉上表明他们的社会地位。因而出现了一系列新的中国工业，它们致力于生产新的商品并服务于这些新的需要。越来越多的中国人从头（帽子）到脚（鞋和袜子）改变了他们的外表，这种转变影响到诸如手表、眼镜和手杖这样的附属物品的生产。新的卫生观念也伴随这些特殊商品进入中国。这些改变甚至深入影响了中国人有关应该如何保持身体健康的观念。与此同时，牙刷和牙粉、香水和肥皂以及新化妆品被生产出来以满足新的需求。在起先的十年中，工业开始形成是为了供应这些消费品。简言之，1911年辛亥革命前后的十来年见证了中国国民在个人外表上的转变。

中国政府的资料来源介绍了这次兴起的消费文化中新的或者改良的商品。1935年一本江苏省经济指南中的“工业部分”列举了工厂生产的纺织品（例如轧棉、纺纱和织布、制丝和纺丝、针织、皮革）、食物（面粉、大米和榨油）、化学制品、建筑材料（水泥、制砖和制瓦）和发电厂，并以此命名几种基本门类。在商品流通过程中，这些产业和其他产业生产的商品逐渐占据更多的百分比，例如服装、加工食品、调味品、医药制品、教育用品和五金器具。此外，这些产业提供了许多消费类产品，这些产品开始被认为是奢侈品，但是后来经常成为人们的生活必需品：香烟；帽子；纽扣；雨伞；眼镜；梳洗用品如肥皂、香水、牙刷和梳子；家庭用品如冰块、火柴、保温瓶、电灯泡和毛巾。[47]

关于实际生活中物质文化整体上的转变的最好描述来自于文学作

品,尤其是茅盾的作品。茅盾在他的拥有广泛读者的小说《子夜》(1933)中,抓住了这种意义深远的转变,并把它作为时间、空间和视觉上的切入点。小说一开始,中国内战迫使小说一位主人公的父亲逃离他舒适的乡村住宅来上海居住。通过一位乡村长辈对于儿子奢侈的都市生活方式的反应,茅盾描述了新的物质生活。这位父亲受到一种完全不同的富裕的物质文化的打击(例如,仅在儿子的家中,就包括了从西洋家具到电风扇的一切物件),他在进入中国最时髦和最世界化的都市后几小时内就突然死去了。当然,《子夜》的中心不仅仅是参与到这场转变中的富裕家庭,许多普通的中国人观察到这种物质文化的转变,并且参与其间,尽管他们常常只能参与廉价的新休闲方式,或者只是讨论讨论和做做白日梦而已。[48]例如,贫穷的都市居民可能看过刊登了新文化广告的杂志,但是他们自己并没有购买产品。同样,他们通过那些花费较少的活动参与到这种新文化中来,比如,香烟作为旱烟管的代用品而兴起,就使得参与变为可能,这一转变是由烟草公司推动完成的。[49]

增长的模式

西方消费品进入中国以及在中国传播都遵从一种模式:首先,一种新玩意满足了中国境内的外国人的需求;其次,市场扩大到必须建立工厂以迎合国内需求。最终,尤其是在第一次世界大战期间,中国公司进入了这个市场。这些产业和他们的产品大多数在19与20世纪之交之前都不存在。然后,在中国迟来的、迅速的、不平衡的工业化启动之后,国货运动开始了。

公司和宗教团体介绍到中国的许多典型的外国产品,很快被中国人改造为“国货”。例如,19世纪末,法国传教士教中国姑娘和妇人如何在家制作花边,由此把花边工业引入上海(NII 1935:446)。实际上,传教士建立了许多学校传授这项技艺,这迅速成为某些地方地区经济的一个重要成分,比如山东省的烟台,直到1919年,还是中国最大的花边出口地(Dingle and Pratt 1921:report no.116)。

许多项目都是这种模式。比如,在世纪之交,德国制造商开始在中国出售内衣和袜子。德国的成功吸引了来自日本、美国和英国的一大批竞争者。正如许多中国消费工业一样,在第一次世界大战爆发后不久,当时实际上停止从欧洲进口货物,中国公司迅速崛起,提供这些进口货物的替代品。例如,在一战开始后的二十年内,单在上海就有 136 家工厂。进出口统计数字证明以上海为基地的内衣和袜类产品市场发生了巨大转变。第一次世界大战前夕,单是上海就进口了 1,786,296 套内衣。然而,1918 年战争结束时,进口货物已经跌落到不到原进口量的三分之一。其间,国内制造商不仅赢得了本地顾客,而且在这期间形成了内衣出口销售网络,到 20 世纪 20 年代,每年有超过一亿套内衣远销海外。[50] 日本人也帮助引进很多新的消费产品,并且启动了这种模式。例如,快到清末的时候,日本人开始出售机织毛巾,这种毛巾比在那时候还控制着市场的棉布毛巾更受欢迎。世界大战再一次为中国最主要的竞争者创造了机会,因为直到 1917 年,这家公司还没有开始这样运作。[51]

在中国,实际上是整个东亚地区,最激烈的竞争发生于另一种新引入的产品——草帽(即平顶的硬草帽,不是几个世纪以来农场主戴的圆锥形帽子)。草帽起源于 17 世纪末的欧洲,并迅速在全世界传播,在独立战争前夕传至美国。19 世纪 60 年代,草帽在中国出现,居住在福建省的外国人引入了制作这种帽子的工艺,在这些地区工作的传教士使用这种草帽。这种夏天纳凉的方法在其他地方也受到欢迎,通商口岸宁波成为早期生产帽子的中心。这些草帽从 19 世纪 60 年代后期开始出口,在十年内,草帽工业雇用数千名妇女和孩子作为工人,并且每年大约出口 1500 万顶帽子(Allen and Donnithorne 1954: 87; Dingle and Pratt 1921: report No. 93)。

1911 年辛亥革命之前,戴这样的帽子的中国人还不常见。例如,上流社会的人们喜欢戴黑色瓜皮帽,这有助于使辫子保持在适当的位置。然而,辛亥革命后,人们被强迫剪去辫子。草帽——尤其是硬草帽——风靡一时,传遍整个国家,所有阶级的人都乐于戴它。[52] 与西式服装相比较,这些帽子成为新的西洋/现代服装的象征,有了廉价的日本进口货后,人们在价格上负担得起,也很容易买到。从很多方面来说,这种新商品是理想的民族产品:它易于制作,只需要少量的技术。[53] 此外,国内可以提供原料,因为大多数编织草帽所用的麦秆来自北方省区——山东和河北。

最初,妇女在家制作帽子,因为做的帽子质量被认为不如欧洲和日本产品,她们逐渐被集中起来制作产品。因此,到 20 世纪 30 年代早期,单在上海就有近 90 家工厂,制作将近 100,000 顶草帽。在频繁发生的反帝抵制运动期间,日本帽子成为抗议者共同抵制的一个目标。[54]

像草帽一样,雨伞被普遍作为现代/西方服装和新的生活方式的附属物品。在中国,伞的历史也揭示出中国消费文化有另一种更为显著的转变:时尚的民主化。在清代,阳伞主要是有钱人在使用,而穷人通常戴一种宽大的草帽(中国并不区分阳伞和雨伞,在传统概念里,这两者都是由油纸粘胶在竹骨上制成的)。新式雨伞的传播也遵循这种惯常模式。首先,外国人向中国人介绍新式雨伞。德国和日本的商人把由丝绸或布料粘胶在金属伞骨而制成的西洋雨伞引入中国,但是,正如其他很多西洋时尚一样,在 1911 年辛亥革命后的几年,西洋雨伞才开始流行。[55] 20 世纪最初十年间,中国人几次尝试建立公司与进口货竞争。和在国货运动期间建立的许多公司一样,公司名称反映出民族主义者的经济计划。例如,第一家在上海制造西式雨伞和阳伞的中国工厂叫作民生洋伞厂(1912 年建立),当地出产的一种兼有阳伞和雨伞功能的伞被称为“爱国伞”。国货运动初期,中国生产商公开使用一些外国的零部件,“爱国伞”用的甚至是日本的伞骨架,传统的纸制雨伞制造厂使用德国的染料和日本的棉线。然而,国货运动持续给这些公司施加新的压力,使他们生产纯粹的中国货,如 20 世纪 20 年代中期,三家著名的中国公司以手工制成的伞杆、伞骨和支杆替代日本进口货。(NII 1935: 486-489)

肥皂、现代化妆品、牙刷、牙膏(或牙粉)的市场,以及其他洗涤化妆用品的市场在 20 世纪初大大地扩张了。尤其是在通商口岸城市以及中上阶层的人群中,这些物品迅速替代了早期的类似物品。到 1921 年,几乎所有上海地区和江苏部分地区所使用的牙刷都来自日本。那一年,赵铁桥(1886—1930)创建了双轮牙刷公司,其他中国企业家很快追随其后。尽管生产的牙刷大多数用于满足当地需求,仍有少量出口到海外的华侨社区,尤其是东南亚的华侨社区。20 世纪 20 年代末之前,上海每年出口将近 750,000 把牙刷。(NII 1935: 515-517)[56] 与此类似,近代化妆品市场也在 20 世纪初开始繁荣,这导致 1911 年在上海创立了多家中国公司。在这些公司创立之前,化妆品是奢侈品。然而,在城市中,化妆品很快就成为越来越多的妇女的一种日常必需品。[57]

在20世纪初,中国人不仅改变了他们的穿着,而且也改变了他们的饮食。新商品成为每天生活的一部分,这样的地区越来越多。用机器研磨大米和小麦以及提炼植物油比传统的方法更为省力。举例来说,把稻谷研磨成可食用的面粉,意味着要除去稻谷的外皮和棕色薄皮,然后撵碎米粒,用石粉漂白它们。(NII 1935: 521-526)[58]近代中国的面粉生产始于1886年德国人在上海创办的工厂。第一家与之竞争的中国工厂建立于1898年(Lieu 1936: 41)。到第一次世界大战,中国已经有将近十家近代面粉厂,外国人拥有其中的大多数工厂。像上海这样的主要城市输入这些工厂生产的面粉。然而,和其他本地工业一样,战争刺激了那些属于中国人的工厂的发展。1917年到1922年间,中国人创办了26家面粉厂。食用油制造业也经历了同样的转变,在战争期间,中国人接手了大量的外国工厂,比如1910年德国人创立的恒宇公司。(Bergère 1986: 72-73)

在这种迅速转变的消费文化中,香烟的定位是介于时尚装饰、食品以及药物之间的。在中国,外国人拥有的卷烟业的发展也追随其他产品的模式。首先,进口货扩大了国内市场。[59]外国公司很快意识到在中国建立国内工厂,满足中国人的需求,成本会更为低廉。1890年,香烟通过美国烟草公司的代理老晋隆洋行从英国第一次进口。次年,老晋隆洋行(Mustard & Company)开始在中国制造香烟。香烟生产的规模引人注目地扩大,1902年,刚合并的英美烟草公司在中国投入生产。(Hou 1965: 87-88)到1934年,大约300,000中国家庭在种植美洲烟草(Hou 1965: 88)。香烟公司致力于扩大销售市场。国内市场销售量的增长——从1902年的3亿增长到1933年卖出超过880亿——证实了外国商人的成功(Cochran 1980: appendix table 9, 234)。例如,英美烟草公司在上海附近建立了主要的工厂,同时在汉口、青岛、天津、哈尔滨以及其他城市拥有分厂,雇佣的工人超过25,000人(Allen and Donnithorne 1954: 169-172)。在国货运动期间,吸香烟这种简单行为本身就是一种新实践,它把数百万中国人直接置于刚兴起的消费文化的民族化战争中。[60]

国货运动的观念和制度基础

中国工业竞争力的日益增强加剧了贸易紧张。[61]理解国货运动的起源的关键既不是外国投资水平,也不是基于新工业中新的中国公司数量和利润贡献而形成的实际增长水平。关键问题是中国实业家以及他们在政治上和公众中的支持者越来越确信如果没有帝国主义,中国公司的数量将会大幅度增长。中国实业家成为国货运动议程的普及背后音量最大的传声筒,同时也是最有力的财政赞助者,这一点也不令人惊讶。

近代轻工业中的中外竞争开始于国货运动发动前后。1911 年辛亥革命之前,不到 600 家中国人拥有的企业使用机械动力。然而,不到十年时间,大约 2,000 家工厂雇用超过 270,000 名工人。(Feuerwerker 1977：16-17；Chen Zhen 1957-1961, vol. 1：55-56)[62]这种快速增长使得国货运动的参与者(和后来中华人民共和国的历史学家一样)把第一次世界大战前后的这段时期铭记在心,几乎把这段时期当作近代自给自足经济发展的黄金时期。[63]尽管近代工业经济增长迅速,但是它在整个经济中还是只占极小的一部分,1933 年只占整个国内生产总值的百分之三(T. -C. Liu and K. -C. Yeh 1965：66)。然而,其重要性在于它蕴涵的能量是中国未来的象征。不管实际的外国投资规模有多大,中国的改革者和后来成为新的中国自有工业领导者的人们成为国货运动的最坚定的支持者,他们在随后几十年的国货运动中把"外国存在"等同于"外国统治"。甚至有历史学者认为黄金时期之前的几年实际上成就更为灿烂辉煌(参见 Xiao 1999),即便如此,这并不否定我的观点:在中国流行的看法(通过国货运动表达出的看法)相信,中国经济增长(即国家拥有财富)与限制外国参与到中国经济中来,这两者密切相关。确实,中国著名的经济学家方显廷回想起这段时期,将之作为"中国工业化历史中最好的时期",也是一个"不得不暂停进口外国货而且本地产品价格暴涨"的时期。(Fong 1975：9)

19 世纪末,新兴工业化国家美国(以及后来的德国)以"国内市场观念”(home-market ideology)或贸易保护主义为手段来保护国内市场不受廉价且批量生产的进口货的冲击(参见 Crapol 1973; Wolman 1992: 1-16)。同样,中国的精英人士开始相信如果不对外国进入中国市场加以控制,将会破坏国家维护主权和建立工业经济的能力。这种信念成为“商战”(commercial warfare)话语的基础,并且传播迅速,成为体制改革的基础。[64]通过这些精英人士清楚有力地阐述中国与外在世界的关系,商战话语提供了新的词汇和概念。此种话语也提供了意识形态框架,在这种框架下日益增长的贸易赤字成为国民经济下降的主要指标。[65]此外,此种话语也为 20 世纪初期的国货运动期间消费文化民族化的努力提供了意识形态基础(参见图 1.3)。

图 1.3　牙膏防御战

(《申报》1935 年 6 月 3 日)

这则广告给流行的商战观念作了图解。这里画的中国民族产品是一支先施牙膏,牙膏被画成一门做好开火准备的大炮,以阻击运送进口货的西洋船只。横幅上写着:“国货先施牙膏。”左下角的口号明显借用了商战的术语:“提倡国货,挽回利权。愿我国人,共同努力。”此广告阐明了国货运动中几个关键的张力点。首先,越来越难把中国和外国的物品分离开。先施是一家以进口货为特色的大型百货公司。在国货运动渐涨的压力下,这家公司开始生产和销售国货。因而,这则广告提醒消费者和运动积极分子也要这样做。其次,就如商标上产品名称突出的外国译名所暗示的,这则广告也说明了长久以来人们希望商品看起来像洋货的愿望。

具有改良思想的著名官员曾国藩 1862 年首先提出“商战”的概念。曾国藩以古代法家“耕战”或“农战”(agricultural warfare)的观念建立他的思想体系。这种“耕战”观念起源于公元前 4 世纪时商鞅的哲学体系。

商鞅鼓吹通过向商业活动征税来支持战争，但同时要给予商人更多增加收入的活动空间。曾国藩修改了这些想法来适应他的时代，他把国际贸易视为弱化中国经济、使外国能够军事征服中国的一种武器。清王朝的监察御史李璠发展了这些想法，1878 年，他主张商战政策中应把中国的精力集中在发展本国工业和商业上，并且逐渐消除外国经济统治中国的潜在可能。（Pong 1985）此时任上海道台的丁日昌（1823—1882）支持这种想法，他认为如果中国采用商战的策略，外国人在中国将会无钱可赚，不久就会离去（Hao 1986：166-167）。

在 19 世纪 70 年代末和 80 年代，买办学者郑观应（1842—1921）写了许多文章（后来编撰成《盛世危言》［约 1893］一书）来普及“商战”的概念。[66]这本传播甚广的书深刻地影响了青年时代的毛泽东，至今仍在重印再版。它改变了对“国防工业”的看法，认为工业本身就具有国防性质，也明确阐明了进口货所造成的威胁（郑观应 1998：292—298）。[67]依照郑观应所述，贸易呈现出一种更为隐秘的战争形式，因为它的表现形式是缓慢而和平的：“被军队消灭是一种人们容易察觉的灾难，但是，国家被商业包围征服是看不见的。”（转引自 Fewsmith 1985：26）因此，中国的国家缔造者必须超越那种只集中于和防御相关工业的狭隘“自强运动”，必须把全国作为一个整体来发展经济，特别是发展近代工业部门。只是建造战舰、竖起炮塔、建立兵工厂和组建近代军队是不够的。郑观应反复强调的一句话是：“习兵战不如习商战。”为了在商战中生存下来，郑观应争论说中国需要通过提高出口量并减少进口量，来“振兴实业”以及实行“重商政策”。这将会防止中国资金“外流”。（Hou 1965：93-94，131）首要的是，中国政府需要意识到商人在民族存亡过程中可以起到的重要作用。

意识到商业的重要性

19 世纪末，中国地方领导人逐渐加大了对工业发展的支持，最初集中于支持制造设备，特别显著的是诸如铁路、采矿和军事器械这样的重工业。从 19 世纪 60 年代初期开始，一直延续到 19 世纪末，改良派的领导人物，比如曾国藩、李鸿章、左宗棠（1812—1885），努力发展西方军事技术,由此开始了"自强运动"或曰"洋务运动"时期。他们逐渐接受这样的看法:中国需要改良军事武装,提高对于近代科学技术的了解,来保护国内秩序和抵制帝国主义。[68]19 世纪 70 年代,自强运动或曰洋务运动的范围扩大,从集中于生产军事器械扩大到和外国公司竞争。例如,清朝的改革者建立了中国招商局轮船股份有限公司以挑战西方国家对于沿海航运的控制,建立了开平煤矿与外国人在采矿上进行竞争(Hao 1986: 167; Carlson 1957)。[69]

当中国开始进口诸如香烟和纺织品这样的货物时,商战意识就开始席卷这些消费品。直到 19 世纪 70 年代末,政府主办的工业包括以获取利润为目的轻工业,这些轻工业被设计用来生产国家主要进口货的替代品,尤其是机器制造的棉纱织品。李鸿章对这些事情特别积极努力,上海机器织布局(1878)成为众多李鸿章主导之下成立的新的"官督商办"企业之一。[70]创办这些企业标志着一项重要的转变,即向"有意识的开发专业技术和寻求政策上的自愿合作"转变(Fewsmith 1985: 28)。与政府和商人之间早期在食盐专营上的合作形成对比的是,政府在新企业中的角色是鼓励工业和商业的发展。理论上,这些企业在政府的保护下运作,并且被授予专卖权以确保盈利。实际上,这些试验在经济上并不成功。[71]

尽管这些企业作为经济企业是失败了,但是它们作为民族经济早期形式具体化的有力象征,出现在国货运动中。这些企业宣传这样一种观念:中国公司应该避免外资进入,以及中国公司应该服务于国家,阻止外国控制本国市场。同样,尽管商人在"官督"下工作非常困难,但是也认识到在面对激烈的外国竞争和缺少强大的法律制度情况下,他们需要在政府保护下生存并兴旺起来。因此,像张之洞这样的改革派官员对于私人投资者施加了更多控制(Bays 1978; Ayers 1971),他采取了"官督商办"模式的另一种形式:"官商合办"。两家采取这种形式的企业是湖北棉布厂(1889 年建立)和湖北棉纺厂(1894 年建立)。尽管开始的时候很有希望,然而,这些努力依然要面对老问题:再投资的低水平和官商之间争夺控制权。这些失败不断地影响商人对政府指导企业的信心,政府进一步的努力,比如张之洞试图增加地毯厂的资金,遭遇到商人冷淡的回应(W. Chan 1978:433)。最终,像盛宣怀(1844—1916)、聂缉椝(1855—

1911）、周学熙（1866—1947）这些20世纪初期的官商已经开始成立他们自己的“商办”公司。与官场的联系使他们在经营过程中受政府的控制较少，这是很重要的进步，尽管他们这样的努力也因为资本有限而受到妨碍（W. Chan 1977：9）。[72]

与此同时，像上海、广州这样的主要城市，新的商人阶层在努力争取得到更多的控制权。逐渐地，认为私人负担经费和私人经营近代工业能够有助于中国繁荣富强的观点被广为接受。

国货运动前夕商业的制度支持

中国在1895年甲午战争中耻辱地败给日本之后一段时间里，私人企业发展很快，政府支持其与外国进行“商战”。1898年夏天，维新运动的参与者提倡制定版权法和专利法，奖励发明者，鼓励商业。最著名的维新思想家——康有为（1858—1927）深受“商战”观念的影响，提议中国应遵循日本明治维新的榜样，创办商业学校，组织商会，出版商业杂志。他也赞同创立一种政府机构来促进商业和工业的发展，比如商务局、省贸易办事处和地方商会。（K. -C. Hsiao 1975：311-312，319-331）尽管顽固的官僚利益集团很快推翻或破坏许多改革方案，但挫折只是暂时的（Kwong 1984；K. -C. Hsiao 1975）。

在新政期间，晚清政府（1901—1910）在体制上支持商业在国家、省份、地方几级引人注目地扩张。在国家层面上，清政府建立了新的官僚机构来发展中国经济，包括新的金融、工业、商业、教育部门（Reynolds 1993：1）。[73]省一级的官员遵循张之洞的范例，建立商务局。清王朝这些针对商业的政策变化延伸到地方层面，尤其表现在制定商会的法律体制、创建奖励体系和给投资近代企业的人以奖励和荣誉称号方面（W. Chan 1977：25-26）。在20世纪第一个十年的后半期，政府进一步制定法规以支持工业，出台了一系列处理专利、破产、合并连同其他事务的商业法律规范。[74]在十年内，成立了一千多家商会，有25万会员，这些商会散布在中国以及海外华侨社区中。[75]“政府承认私营经济具有合法性，它的领域和政府有区别，并且超出政府的活动范围”（Fewsmith 1985：35），这在中国历史上是第一次。

早期社会运动中的国货运动先驱者

20 世纪最初几年,以经济民族主义为中心的错综复杂的社会运动越来越多,这直接导致了国货运动的开始。20 世纪初期,逐渐增多的引人注目的外国存在引起了当地中国人的反对,他们举行的抗议将外国在中国的经济活动政治化,并坚持中国人自己应该控制自己的经济。到 20 世纪最初十年,描述中国困境的词汇继续增多,比如"国家主权"和"恢复主权"这样的词语看起来"几乎每本书的每一页纸上都有"(M. C. Wright 1968:4)。这些词汇和为此采取的行动在一些社会运动中汇合在了一起,这些运动常常是由当地绅士兼商人领袖领导的,包括抵制俄国的运动(1901—1905)、收回路矿权利运动(1905—1911),以及 1905 年的反美爱国运动。

外国在中国的存在是个极不稳定的政治问题,在最后的十年中,它们不断被用来反对清政府,也被用来反对后来的中国政府。20 世纪初期,清政府没有能力保护中国的经济利益和领土完整,这成为越来越多的批评的焦点。例如,义和团运动末期,俄国军队拒绝从中国退出,俄国显然打算迫使清政府签署条约以巩固他们对满洲、蒙古和新疆的控制。在抗议运动中,上海地区的中国精英人士和商人组织会议并且分发传单抗议俄国的侵略行为,要求中国政府拒绝俄国的要求。许多城市,例如上海、北京、天津、杭州、苏州、东京、旧金山和新加坡的中国学生和精英人士成立拒俄会。(K. -S. Liao 1984:57-58;也可参见中国社会科学院近代史研究所 1979)在日本,中国学生抗议俄国进一步侵略东北,甚至在 1903 年春成立了"拒俄义勇军"(Harrell 1992)。[76]

尽管国货运动的起源可追溯至 1905 年之前,1905 年的反美爱国运动是强调这一年为国货运动起点的最显而易见的原因。[77] 为了抵制有歧视性的美国移民入境政策,遍及中国和海外的中国商人在 1905 年夏天兴起了一场抵制美货运动。正如本书第三、四章详细阐述的,这场运动和接踵而来的抵制运动是国货运动的主要部分。这场第一次全国性的抵制运动揭开了十年中逐步增强的反帝主义的序幕,这一反帝主义是通过消费行为或者更确切地说是不消费行为的方式展开的,它促成了运用民族国家来作为主要特征鉴别商品和消费者的行为的广泛传播。

地方上努力从外国人手中回收采矿权和铁路许可权,被总称为“收回利权运动”。这一运动通过鼓动大众参与来反对帝国主义和反对政府依赖外国资本(E. -H. Lee 1977; Tim Wright 1984),使铁路所有权具有了政治性。外国人早在几十年前就已经开始修建铁路,但是,在中日甲午战争后,争取在中国修建铁路的特权成为帝国主义的关注中心。对于修建中国铁路的经费竞争成为西方国家和日本“争夺许可权”的部分内容。大众的愤怒情绪日益高涨,从四川地区开始并且迅速蔓延到湖北、湖南和广东,导致省和地方试图在没有政府支持的外国协助的情况下修建铁路。(Esherick 1976: 82-91; Mi 1980)这种抵制在初期获得成功,比如,从美国公司手中收回了广州至汉口的铁路修建权。受到鼓舞的学生、商人、海外华人以及积极参与抵制运动的其他人在夺回国民经济主导权方面起到了直接作用,他们认购发行的低价股份来支持广东省铁路部门。(Rhoads 1975)

尽管基于爱国主义的经济发展很快遭遇到财政、技术和管理方面的种种问题,但是这些努力促进形成了一种外部环境,即:越来越多的中国人意识到他们需要从外国人手中收回中国经济控制权(M. C. Wright 1984: 117-138)。在政府最高层,这些情绪使得清政府在1910年任命盛宣怀为邮传部右侍郎,他设计出一个折中方案。他用外国贷款和技术援助修建全部干线,并使之运作,1911年主干线被收归国有,但剩下的支线铁路权为各省所有。由此设定了整个国货运动都可以看到的一种模式,这一模式凸显出一种重要的改变,即对地方精英分子的抵制活动来说:像广东省早些年那样,直接攻击外国人和外国经济利益的日子一去不复返了。[78]现在,地方上的精英人士使用更为复杂的策略,比如,用国际法取代儒家学说,在地方上对付外国人以策略制胜,而非诉诸武力。反对外国控制的做法和观念在同乡会和新的商会的支持下遍及全中国。(Yu Heping 1995: 329-340)对于经济民族主义的这种表达方式,使人们更加不信任清王朝,反清情绪高涨,促进了革命外部环境的形成。

许多新商品在20世纪初期被引入,它们进入中国的历史进程揭示了由国货运动所形成的整个循环。首先,正如接下来的一章论证的,诸如丝绸、缎子行会等传统中国工业组织在国货运动的领导下反对在服装上的改变。然而,国货运动后来开始承认国内制造的西式物品——比如纽扣和帽子——是国货,例如,纽扣工业始于第一次世界大战期间的上海。1917年,两家新的中国公司开始用国内材料生产纽扣,特别是使用牡蛎壳和动物骨头。虽然这些中国产品被国货运动的参与者误解而遭到周期性的攻击,但是生意始终兴隆。然而,直到20世纪30年代,国内制造商才具有足够的竞争力开始使纽扣的进口量下降。(NII 1935:477-480)所有这些新的中国公司,生产着看似“西洋”的产品,实则成为促进他们自己的产品和其他国货消费的积极参与者。

对于1900年左右处在国货运动开始时的中国来说,这种修正了的以商品为中心的“中国寻求现代化”的故事,究竟揭示了什么?最重要的是,在中国出现的外国事物深刻地影响了这个国家,但是这种情形常常被忽略了。实际上,外国在中国的直接投资是有重要意义的,其原因不同于那些通常被引用的说法。通过引进和认可消费文化,不管外国政府到中国来的目的是什么,外国人使人们对传统经济的信心有了变动,并且激发了人们对于洋货的新的需求和渴望。然而,中国人积极地寻找途径来为他们自己的目的而利用这种新文化,每天存在的洋人和洋货成为提醒中国人中国缺乏主权的醒目标志。在国货运动前夕的日俄战争(1904—1905)中,两个外国在中国的领土上打仗,这清楚地表明中国缺乏主权。从政治领袖到地方精英人士到中国学生都把经济主权定义为中国人控制中国经济,经济主权成为帮助人们解读中国走向自立和富强之路的主要途径。到1900年时,改革者开始要求更多的政治参与权利,他们也希望大众通过消费或拒绝消费越来越多种类的日常消费品参与到“商战”中来。[79]国货运动成功的真正标准是国货产量逐渐增长,这不仅仅象征和推动消灭帝国主义、形成民族认同和自豪感,也象征和推动恢复中国昔日的荣耀,即:中国是一个拥有人们渴求的商品的国度,而不是外国商品销售的目的地。在接下来的几十年中,在近代民族认同的统一原则下,国货运动对这场“战争”的参与者逐渐增加了强制性。

注　释

〔1〕 比如,“洋火”是火柴,“洋油”是煤油,“洋针”是进口针。其他例子包括“洋皂”“洋纱”“洋线”和“洋灯”。更多的例子见 Mathews et al. 1966:1084。正如我下面讨论的,不仅仅舶来品的种类增加了,而且数量也增多了。我引用一个例子来说明这一点,从 19 世纪 60 年代中期到 19 世纪 90 年代中期,进口的“洋针”数量从大约每年 2 亿枚增长到每年超过 24 亿枚。此外,此类商品进入了中国市场,和奢侈品不同的是,它们也进入了乡村市场(上海百货公司等 1988:4—6)。同时期其他受欢迎的进口商品有花边、毛巾、手绢、短袜、化妆品、香水和糖果等等。这些批量生产的进口生活消费品的种类和数量在中国海关的档案中有详细记录。这个时期的海关由外国人掌控,主要是由英国人管理。这些繁多的统计报告在许多著作中有概述,例如可参见 Hsiao Liang-lin 1974.

〔2〕 乾隆皇帝 1793 年“给英国国王的谕旨”,英文翻译见 Teng and Fairbank 1954:19,Hevia 1995 中多次引用。Hevia 重新解释了这段名言的上下文和含义,他下结论说,乾隆皇帝并非拒绝和英国进行贸易,而更多地是宣称这是由英国君主送来“贡品”(同上:188, 238-239)。

〔3〕 欧洲传教士在中国晚明和清初观察到,中国有令人印象深刻而且丰富的物质文明。莱齐(Lach)和万・科雷(van Kley)注意到:“传教士对肥沃的土地和富饶的物产的一般反应通常是感到惊奇。”(1993:1593)

〔4〕 实际上,“丝绸”这个术语来自希腊语中对于被认为是中国(Seres)的地区的命名,他们相信丝绸发源于中国。在中国的出口商品市场中,茶(这是来源于中国方言的英语词汇)是另一种含义与“中国”等同的商品,其市场也在 20 世纪初崩溃了,这同样成为焦虑的主要原因(Gardella 1994:8, 142-160)。近代日本还通过负面的形象描述,重新构建了“中国”这个词,例如可参见 Fogel 1996:75-78。

〔5〕 关于广州民间对于“西方”的矛盾感情的研究,参见 Ho 1991。这种对进口货的迷恋并不完全是新生事物,关于唐代(618—907)对域外舶来品的兴趣和进口货在中国的流行情况,参见 Schafer 1963。

〔6〕 这些数字是粗略的估计,并没有精确地统计 1917 年十月革命后白俄罗斯人进入中国的数量,在鸭绿江中国边境一侧的朝鲜人的数量,以及随着日俄战争(1904—1905)而进入伪满洲国的越来越多的日本人的数量(Feuerwerker 1976:16-17)。

〔7〕 留学生产生的影响不能过分强调。归国留学生是以 1855 年留学回国的容闳(1828—1912)为开端的。容闳后来加入著名改革者曾国藩(1811—1872)的幕

府。这些学生在介绍新的思想和制度中起到了关键作用,诸如许多本章所讨论的这样的改革。1895 年甲午海战败于日本大大加速了政府改革,此类改革包括支持派遣学生到国外留学。早期阶段的研究,参见 La Fargue 1942。关于留学生在民国时期的影响,参见 Y. C. Wang 1966。例如,在日本留学的中国学生数量,从 1898 年前的十来人增加到 1900 年的成千上万(Saneto 1939:544)。

〔8〕 关于迅速增加的美国公司和个人在中国的投资的综合研究,参见 Luo Zhiping 1996。

〔9〕 关于这样的贸易的自由争论比我们一般设想的要多一些,参见 Hao 1986:14-33 有关修正主义的论述。

〔10〕 "英国贸易的整个帝国主义体系巧妙地保持平衡,此种平衡依靠的是它可以通过鸦片以税收或利润的形式从其他商品贸易中榨取资金。"(Brook and Wakabayashi 2000a:7)关于鸦片在英国贸易体系中的地位,参见 J. Y. Wong 1998 和 Blue 2000。

〔11〕 鸦片是社会各阶层大量消费进口货的绝佳例子,每一个社会群体的成员,从太监到皇家贵族,从卖苦力的到耕田的,好像都在消费鸦片。

〔12〕 有关吸食鸦片成瘾的人数和他们所处区域的讨论,参见 Lodwick 1996:17-26。

〔13〕 关于这种解决鸦片问题的方法背后的政治问题,参见 Polachek 1992。

〔14〕 当中国人对于条约体系的憎恨在 19 世纪晚期和 20 世纪初期越来越强时,一些外国人逐渐明白条约允许他们进入中国的权利也给他们的产品(包括商业和宗教)造成了不好影响。经常毫无防卫地在中国内地工作的基督教传教士,恐怕是其中最公开反对治外法权和条约体系的。例如美国长老会传教士吉尔伯特·里德(Gilbert Reid,857-1927)的案件,参见 Tsou 1996:87-88。

〔15〕 后来的总数中包括了条约中开放给外国人的,以及中国人在有限制范围的基础上自愿开放给外国人的港口。中国海关在上述港口中的近五十个设有机构。

〔16〕 实际上,甚至在这些通商口岸城市中,我称之为"活动的橱窗"(living showcases)的外国形象也是集中在一小部分地方。举例来说,在广州,外国人聚集在沙面。当地人认为沙面不仅是帝国主义的象征,也羡慕它的美丽和秩序井然,认为它是"西方创造力和改造力量的产物"(Ho 1991:89-90)。

〔17〕 例如,上海的人口从 1910 年的近 130 万增加到 1937 年的超过 380 万。(Zou 1980:1-14, 90-91)

〔18〕 实际上,整个 20 世纪的上海,大多数人口来自其他地区(同上 114-117)。关

于生活在上海的中国人和他们的来源地之间的联系的制度基础研究，参见 Goodman 1995。

〔19〕 叶文心和我一样注意到，上海“既代表了中国的耻辱，又代表了中国的世界现代性”（W. -H. Yeh 1997：421），同样，我认为进口货同时代表着耻辱感和现代性。

〔20〕 广告的广泛使用对于数千份 1911 辛亥革命前后创立的报纸和期刊起到了关键作用，一些出版物给予广告的空间比文章更多。到 20 世纪早期，甚至政府公报都印有广告。（Zhen 1997：40-44）

〔21〕 关于清末印刷媒体的迅速发展，参见 L. Lee and Nathan 1985。

〔22〕 这种文化成为学者们越来越感兴趣的题目，相关概述参见 L. Lee 1999：3-42。关于中国新闻业在上海的迅速膨胀，参见 Ma Guangren 1996。关于留声机的引入和流行音乐市场的产生，参见 Jones 1999。最初，大多数电影都是进口的。不过，到了 20 世纪 20 年代中期，上海有三百多家电影公司，至 1937 年，这些公司制作了一千多部电影（Rimmington 1998：24）。

〔23〕 最综合性的研究仍然是 Latourette 1929，也可参见 P. Cohen 1963。关于基督教青年会，参见 S. Garrett 1970。

〔24〕 基督教传教士关于中国的无数回忆录中都叙述了把这些新商品和以商品为中心的生活方式介绍到中国。比如，长老会传教士玛格丽特·莫宁格（Margaret Moninger）长期在海南岛居住，她通过严格的工作日程，甚至更多是通过非正式但有意义的方式，比如生日晚会，来向当地居民介绍有关时间的新观念。传教士的生活方式成为当地茶余饭后的话题，就这样，她和其他传教士向好奇的中国妇女打开大门。（Lodwick 1995：85，89）当然，这并不意味着传教士没有接受中国物质文化的诸方面，参见第二章和 Stapleton 2000：43-45。

〔25〕 关于中国试图恢复关税自主权，或者至少是和外国重新谈判以获取更高的税率，参见 S. F. Wright 1938。中国仔细观察了日本的经济政策，形成对比的是，日本成功地在从 19 世纪进入 20 世纪的时候开始提高关税，并且在 1911 年正式恢复关税自主权。到 1908 年，日本的平均进口税由 3.6% 增加到 16%，到 1911 年，增加到了 20%（Hirschmeier and Yui 1975：146-147）。中国的政策制定者不能以有差别的税率对货物征税，因此，进口的奢侈品和原料是征收同样的税率。中国的领导人尽管知道日本对进口烟草征收 355% 的税以保护国内的烟草市场，但中国没有这样的能力。这种差别使得像英美烟草公司的烟草这样的消费品毫无阻碍地进入了中国市场，而与之形成鲜明对比的是，该公司的产品在日本没能获取市场份额。（Cochran 1980：41-42）

〔26〕 从清末开始,中国人要求关税自主权,同样地,这些中国人也敦促废除厘金,这直到1931年都没有完成(Mann 1987:145-151)。

〔27〕 正如较早一位注意到关税自主权和民族主义之间关系的学者总结的,中国缺乏关税自主权这种不利形势被"中国知识分子敏锐地感受到",这个问题被领导人孙中山用来"唤起爱国情感"(Loh 1995:71-72)。同样地,20世纪30年代,正处在工业化过程中的国家的政治家意识到了保护性关税对于加强国内经济的民族主义的作用——一位同时代的观察家称之为一个国家的"主要武器"。条约体系不仅否认中国对于关税的控制权,而且也禁止中国拥有其他"武器",包括对于定额、禁运、国际汇率的控制等等。有关美国研究这个问题的当代著述的概要,参见 Hodgson 1933 (此处引自第8页)。

〔28〕 1928年,新建立的国民政府取得了经济主权,并且恢复关税优先权。中国外交部长王正廷 (1882—1961)宣布新政府在1928年终止所有单方面不平等条约,最终强制解决这个问题。作为回应,美国议定了一项新协议,此后不久几乎所有的其他缔约国都这样做了。新条约于1929年开始生效,承诺结束关税问题不平等条约的时代。然而,甚至在这点上都没有达成一项解决办法,因为美国规定"最惠国"条款继续有效。新条约直到中国和其他列强就关税自主权都重新谈判后才生效。但日本已经享有了许多低税率带来的既得特权。尽管按照承诺,中国政府早在1929年就公布了新的税率,但直到1930年5月日本同意之前,这样的税率并不能完全实施。在收回关税自主权后,南京政府提高了关税。参见 Kubo 1980。

〔29〕 Feuerwerker (1969:50)指出,直到1887年,因为把从香港进入中国的进口货都包括在内,所以会夸大中国进口量并低估它的出口量。

〔30〕 严复在1900年翻译完成了《国富论》。他重新阐释了斯密的"公众利益"和"社会"的概念并把它们的意思转化为"国家利益",参见 Schwartz 1964:113-129。士大夫们关于贸易和商业的作品涌现出来,包括马建忠的《富民说》、陈炽(1855—1900)的《富国策》和汪康年 (1860—1911)《论中国求富强宜筹易行之法》(见 W. Chan 1977:251n41)。

〔31〕 有很多文章把国货运动和贸易联系起来,参见 Lu Shouqian《提倡国货之原因》。我很感谢上海的历史学者徐鼎新允许我复印他个人收集的有关运动的材料,包括这篇文章,同样见 W. Chan 1977:26-33,250-251n32。

〔32〕 从1902年的7.879亿美元增长到1914年的16.1亿美元。到1931年,外国投资总额粗略算来已经再次翻倍,达到33亿美元(Remer 1933a:58)。然而,如果以批发物价指数来作调整,则第二个时期(即国货运动期间)增长率明显

低于刚才提到的数目:“从 1914 到 1931 的这十七年期间里,大约只有 20% 。”(Hou 1965:211)可是,著名的中国历史学者吴承明(1958:45)使用了更为宽泛的“外国投资”的定义,发现了甚至更为巨大的外国投资数额。

〔33〕 这些从海关数据汇编而成的统计数字只是非常粗略的估计,从小商店到有很多分部的大公司都包括在“公司”这个名义下(Feuerwerker 1976:17-18)。

〔34〕 高家龙(Sherman Cochran 1980:10)曾有保留地尝试把中国市场描绘成很大程度上只是一个投入很大而回报率低的神话,因为他在关于中外竞争的研究中注意到英美烟草公司在卷烟工业上获得了巨大的利润。关于“中国市场的神话”的杰出研究参见 Varg 1968: esp. chap. 3 和 M. B. Young 1968。

〔35〕 外国对中国经济的影响情况等相关问题引起了更多的争论。正如经济史家托马斯·罗斯基(Thomas Rawski)所说:“就农业产出的规模和组成结构、货币供应量、资本形成的水平、现代化部门的发展模式和速度、利率、政府预算规模等其他重要的经济指标来看,外国行为的直接和明确的影响一般是很小的。”(1989:4)根据罗兹·墨菲的研究(Rhoads Murphey 1970),外国人在通商口岸以外的地方很少做生意。

〔36〕 近来关于这场论争的概述,参见 Xiao 1999:3-16。

〔37〕 至于对此的概述,参见 Cochran 1980:1-9,也可参见 Feuerwerker 1968 撰写的关于共产党历史编纂的论述。Feuerwerker 与 Cheng 1970 介绍了 1949 年之后的头十年内中国历史学家撰写的论述外国剥削的著作。

〔38〕 或者,用经济史家阿尔伯特·费惟凯(Albert Feuerwerker)的话说是“甚至到了 20 世纪,外国贸易和投资在中国经济中所起的作用仍然相对较小”(1977:92)。

〔39〕 一个典型的例子见 Yu Zuoting 1935。国货运动的有关材料经常把进口统计数字分类,以此将对那些购买舶来品的特殊消费群体的攻击合法化。举例来说,正如第七章显示的,化妆品和香水的统计数字被当作妇女叛国的证据。尤其是在 1931 年后,统计数字也被引用来证明日本的威胁越来越大。例如可参见 Shiyebu 1933,他提供了 46 张曲线图、示意图和表格,以证明日本在中国经济中所扮演的不断扩张的角色。在本书中我还提供了其他例子。

〔40〕 1895 年,法国人在云南省西南部获得了第一项开采权。不久以后,俄国人和清政府达成在东北采矿的有关协定。在此之后,日本人、德国人和英国人在各自的势力范围内安排采矿事宜。受到影响的省份包括新疆、蒙古、河北、河南、山东和四川。参见 Hou 1965: 68-79 对于外国早期在中国采矿的综述。

〔41〕 此外,外国为许多“中国所有”的铁路线提供贷款资金,见 Morse 1910, vol. 3:

449。俄国的目的在于控制东北和华北,德国想要保障其在山东的利益,英国则专心于长江三角洲和建设一条通向缅甸的铁路,日本对福建虎视眈眈,法国有在云南扩张的计划,湖广总督张之洞(1837—1909)担心铁路成为列强瓜分中国的手段。关于外国投资在中国修建铁路的综合图表,见 Yang Yonggang 1997: 169-177。

〔42〕 这些公司的目录,见孙毓棠 1957, vol. 1: 234-241。1895 年以前,在通商口岸以外的各种类型外国公司的运作方式,见 Allen and Donnithorne 1954: 31-51。

〔43〕 詹姆斯·瑞尔顿-安德森(James Reardon-Anderson)总结 1895 年所产生的冲击说:"工业领域如同其他领域一样,1895 年标志着一个转折点,此后,中央权威下降,新力量登台。这意味着新的产品、方法、管理形式和专业技术在各地涌现,从长远看来将会彻底动摇中国。"(1991: 169-170)关于此次经济扩张的精确规模,参见 Wang Jingyu 1957: 2-13,以及 Feuerwerker 1969: 38-39 的表格。

〔44〕 例如,在二战之前的几十年中,日本和英国创办了一百多家机械厂,遍及整个中国,生产从自行车到电器到发动机到其他机器的所有机械产品(Hou 1965: 83, 85)。

〔45〕 不幸的是,在这里所讨论的新的中国商品极少有其文化史及影响的全面研究,这种缺乏与美国史学界形成鲜明对比,美国甚至连塑料容器(比如塔珀家用塑料制品)的流行方式都有相关的学术论文(Clarke 1999)。

〔46〕 在中国,如同世界其他地方一样,清末社会结构日益增长的流动性无疑导致新服制法的需要和兴起。从清王朝中有科举功名的人参加议会选举的百分比就可以看出 1911 年辛亥革命以来中国社会结构发生的戏剧性转变:在辛亥革命前夕,浙江省议会中百分之七十的成员有清王朝的科举功名,然而到 1921 年,只有不到百分之三的人有科举功名(Bergère 1986: 125)。

〔47〕 "工厂"包括了相对先进的棉纺织厂和较为简单的手工车间,因为只要有几个人工作在一个普通场所,就被认定是工厂(NII 1935: xxii-xxiv,"制造业"的目录)。有关大多数这些中国工业的介绍,见 Dingle and Pratt 1921。

〔48〕 关于改良后的休闲新形式的普及化,尤其是吸食鸦片,参见 Des Forges 2000。到 19 世纪末,单在上海就有数千箱鸦片供应社会各个阶层的人的需要。

〔49〕 关于伦敦女仆和佣人在时尚趋势的发展过程中的至关重要的角色,参见 McKendrick et al. 1982: 9-33。

〔50〕 这些统计数字没有在国内制造商中区分出受中国人控制还是外国人控制,见 NII 1935: 429, 443。

〔51〕 这家公司是三友实业社,他们后来成为国货运动的主要支持者,这家企业以三角牌产品而闻名(NII 1935: 451-459)。

〔52〕 据一个外国观察者说,像草帽这样的东西“即便苦力”也能负担得起(van Dorn 1932: 259-262)。

〔53〕 只有两个简单的步骤,包括筛选和缝合用以编织草帽的麦秆(McDowell 1992: 52, 60, 83)。

〔54〕 一些工厂也生产更为昂贵的毡帽,是由澳大利亚或者中国的羊毛制成的,见Yang Dajun 1933: 572ff 和 NII 1935: 471-474。

〔55〕 根据毛泽东(1893—1976)在华南寻乌县乡村做的调查,1911 年辛亥革命之前,西洋式雨伞控制了百分之三十的市场,但是到 1930 年,已经上升到占有百分之七十的市场(Mao 1990: 96-97)。他的这个报告还包括了一张 131 项在乡村出售的西洋式物品的列表(同上: 69—70)。

〔56〕 有关肥皂和香水,见 NII 1935: 498-508。

〔57〕 两个最重要的以上海为基础的制造商(方液仙的中国化学工业社和陈蝶仙的家族企业)与国货运动有很深的关联,他们在整个中国和东南亚出售自己的产品。

〔58〕 即使在 20 世纪 30 年代,公司仍继续使用像靠手来推磨石压碎谷粒这样简单而古老的技术,见 NII 1935: 527-528。

〔59〕 尽管香烟是消费文化兴起的一个新因素,但烟草不是。连同其他美洲的农作物一起,中国早就开始种植烟草,有几百年的历史,但是,中国人用旱烟管吸食烟草。实际上,生活中的这种习惯帮助形成了 19 世纪鸦片的市场,因为“中国吸食鸦片的习惯是由吸食烟草而衍生和发展出来的”(Spence 1992: 231)。香烟在中国的历史是所有这里讨论到的商品中研究得最好的,见 Cochran 1980。

〔60〕 NII 1935: 在 1925 年“五卅惨案”发生之后的 622 份报告指出,随后的反帝抵制运动强化了“大众情感认为吸食外国香烟就是没有爱国心”的看法。作为响应,许多中国烟草公司涌现出来为那些爱国烟民服务。在上海地区香烟公司总数量上升,从惨案之前的只有 14 家上升为三年后的 182 家。

〔61〕 关于中国工业发展的实际水平仍有争论,但是,应该指出的是,这个问题与本书基本没有关系。(以往追溯到这个时期的)学术研究强调北洋军阀时期(1912—1927)的经济停滞(见 Yang Quan 1923 和 Eckstein 1977)。根据这种阐释脉络,认为政治的混乱破坏了经济增长的可能性,例如可参见 Ch'i 1976 和 Sheridan 1975。中国国内外的学者都证明那个的时期经济比起以往公认

的解释有高得多的增长。比如,Hou Chi-ming 发现"1937 年之前,无疑存在一种朝向'经济现代化'重要趋势"(Hou 1965: 125)。John K. Chang (1969: 71)在他修订的整个民国时期(1911—1949)十五个工业部门的工业产品指数表中,发现存在着高速的增长率。Xiao Yanming (1999: 10-11) 比 Chang 做了进一步的研究,他认为 1912 年到 1927 年之间的增长率平均达到 15%,1912 年到 1915 年的增长率甚至还要高。同样,对这个时期进行研究后,经济史家托马斯·罗斯基(Thomas Rawski)得出结论说:"人均出口量的持续扩大成为 20 世纪初期中国人经济生活的平常特征。"(1989: 344)对于这个时期外国投资作用的正面评价,见 Dernberger 1975: 46 和 Perkins 1969: 133。

〔62〕 这些公司大多数位于上海,根据 D. K. Lie 颇具影响的估算(Liu Dajun 1937),有 1,186 家。1929 年工厂法中把"工厂"定义为使用机械动力且雇佣工人不少于 30 人的公司,这个数据由此计算而得。关于这一年之前大型企业创建数量的详细表格,见 Du 1991: 107。到 1933 年,3,000 多家中国工厂雇用超过 50 万工人。工业细目分类见"1933 年华商工厂统计",Chen Zhen 1957-1961, vol. 1: 57。

〔63〕 最为全面的说明,见 Zhou Xiuluan 1958 和 Bergère 1986: 63-98。

〔64〕 关于中国 19 世纪末"商战"中普遍的经济意识形态,见 P. Cohen 1987: 185-208。柯文发现王韬(1828—1897)"几乎全身心地投入所有非农业项目:运输、采矿、制造,尤其是商业"(同上: 185)。

〔65〕 1886 年到 1905 年间,中国对外贸易不平衡从大约 1000 万海关银两增长到 2.2 亿。也见 Guo Xianglin et al. 1995: 65-83。

〔66〕 关于曾国藩和中国精英人士中这种观念的传播,参见王尔敏 1995: 233-381, C. -C. Wu 1974: 96-152 和夏东元 1985。近来包括曾国藩在内的买办研究的综述见 Xie Wenhua 1994。

〔67〕 毛泽东对埃德加·斯诺(Edgar Snow)说郑观应的书"刺激了我继续研究的欲望"(Snow 1968: 133-134; 也见 Spence 1999: 5-6)。当时毛泽东住在湖南农村,都可以阅读到这本书,足见该书和它的思想传播范围之广。

〔68〕 这些变化包括创办政府支持下的重工业集团,包括几十家近代地方兵工厂,比如江南机器制造总局(1865 年建立)和福州船政局(1866 年建立)。1861 年到 1894 年间,创办了 25 家以上各种规模的兵工厂,遍及整个中国。相关概述见 Liao Heyong 1987: 58-78。

〔69〕 有趣的是,在国货运动开始之前的三十年就已经制定了这样的操作标准,招商局轮船股份有限公司的创始人要求在股份证明文件上公开股东的名字和

籍贯,以此尽力确保外国人不拥有任何公司股份。

〔70〕 关于李鸿章创办这些企业的重要性,见 Lai 1994。

〔71〕 政府支持的专卖权的存在压制了国内竞争,阻碍了国家发展工业的目标。由于缺乏竞争,私人投资者很少有动力把获得的利润再向新兴企业投资。企业完全任凭政府官员摆布,这些官员常常把项目当作私人的摇钱树。管理位置常常是因为官员的裙带关系和亲信关系而被任命。到 19 世纪 80 年代末时,越来越少的中国商人愿意投资这些项目,这些企业中的大多数最终转向依靠外国专业技术和资本才得以幸存。

〔72〕 最完整的论述参见 Feuerwerker 1958。

〔73〕 创办商部的历史,参见 W. Chan 1977: 161-169。著名外交官和政治家伍廷芳(1843—1922),是国货运动中一位杰出的参与者,在他的努力下创办了商务局(Pomerantz-Zhang 1992)。

〔74〕 有关这些改革的综述,见张玉法 1992: 13—21。有关公司法及其影响,见 Kirby 1995。

〔75〕 在第一个十年期间,新商会创办的年度分布表,见马敏 1995: 256。民国早期,伴随着商会的形成,出现了新职业和很多专业组织(参见 Xu Xiaoqun 2001)。

〔76〕 到 1901 年中期,运动开始消散。然而,1903 年 4 月,当俄国拖延从东北撤退军队的时间时,反俄浪潮再一次爆发。许多城市的学生组织了“爱国会”,中国涌起了指责俄国的声浪。在 1903 年的反俄运动中,有一个有名的事件,《苏报》公开刊登了反对清政府的文章,尽管清政府当权者想要逮捕写煽动文章的作者,但是没能得逞。具有讽刺意味的是,那些被指控叛国的人住在上海的国际租界中,那里是清朝法律无法触及的地方。另一具有讽刺性的是,清朝没有能力从帝国主义控制下的避难所引渡这些被告,这进一步破坏了清朝的威信,使得这些批评者更为大胆。(Lust 1964)在 20 世纪第一个十年中,呼吁表达类似情感的更多其他实例,参见 Rankin 1971。

〔77〕 因为这次抵制运动,中国的相关书籍常常把 1905 年定为国货运动开始的年份。正如本章中阐明的,国货运动开始的年份很容易就能追溯至 19 世纪。

〔78〕 例如,对三元里抗英事件(1841)的描述见 Wakeman 1966。

〔79〕 当然,允许商人正式参与过去只为政府掌握的领域,这只是增加精英人士参与到国家管理中的种种努力的一部分,最显著的是“地方自治运动”,见 Kuhn 1975, Thompson 1995, Zhu Ying 1991a 及 1991b: 225—239。正如兰京(Mary Rankin)所指出的:“一种城市精英参与者的文化正在不断发展,他们的议程和政府官员设想的并不总是完全一致的。”(1990: 273)

第二章

男人形象的民族化

剪辫、易服、革命

——1911 年辛亥革命期间的普通标语

地位尊崇的人不情愿改变他们毕生的生活习惯,或者说,他们也觉得没有必要通过改变服饰和发式来表明政治态度的变更,但他们常常被迫顺从新派人士的成见。

——珀西·肯特(当时在北京的一位英国律师)(1912:289-290)

“非国货不穿”

——国货运动中的流行标语

国货运动是从把中国物质文化的某些特定方面进行民族化开始的，它以创造、宣传并强化男人外表的新正统为开端，这是一种新的民族主义的视觉认知。我在前一章考察了国货运动的一般起源，本章则把重点放在男人的外表形象，尤其是其直观表现上，以此为中国物质文化民族化过程所遭遇的错综复杂情况提供一个个案研究。这个个案集中体现了国货运动的几个关键方面。首先，它证明了物质文化通常具有不稳定性，各种事物具有高度的伸缩性、多重性和关联性。这种现象使得国货运动得以给物质文化尤其是商品制造赋予诸如民族性这样的新意义。然而，要维持这种解释却是困难的，直接诉求并不总是奏效。其次，本章强调了国货运动的阐释所强加的自觉自愿，甚至把暴力行为以"民族存亡"的名义合法化。再次，因为政府在国内和国际两方面都很软弱，国货运动不能只依赖法律或关税这样的手段来强制进行民族主义消费，它必须寻找新的办法来使大众参与进来。然而，在缺乏强有力的国家机器（这在1949年以后才出现）的情况下，国货运动的成功是有限的和暂时的。

到1912年初，革命力量已经遍及华南，推翻了中国末代王朝，并且在南京建立了临时政府。就像法国、美国和其他国家的革命党人一样（见Ribeiro 1988；Lauer and Lauer 1981：171-201），1911年辛亥革命的领导人通过服装和个人外表所表现出的民族主义视觉认知，来推进和强化他们的政治进程，命令中国男人剪去辫子是新政府的首要举措之一（参见图2.1）。[1]对于新的领导人而言，辫子这种发型是清王朝（1644—1912）强制实行的最显而易见而又令人讨厌的风俗，它如实地体现了中国的落后。然而，辫子只不过是众多被认为要取消的陋俗中的最显著标志。伴随着反清革命的兴起，把辫子阐释为非中国人甚或反中国人的标志，这种阐释方式是对男人形象所有方面进行重新阐释的庞大内容的一部分。[2]对这些革命者来说，通过重新确定男人的标准形象来给人一种

图 2.1　强制服从和辫子

(Harlingue-Viollet)

在创造新的视觉和物质文化的努力背后,我们能发现高压政治和暴力的存在。1911 年辛亥革命期间,中国的男人或自愿剪去辫子,或被革命军人和革命支持者强迫剪去辫子(如上图)。辫子给人许多联想,对于很多人来说,一条梳洗整洁的浓密辫子是男人阳刚之气和斯文有礼的象征。然而,新的民国政府使一种新的阐释成为标准并加以强化,这种阐释认为辫子是一种落后的象征,并且颁布法令要求所有男人立刻剪去辫子。

全新的民族主义视觉认知,是建立近代民族国家不可避免的一部分。

并非所有人都同意这一新的标准形象。结果,男人统一改变外表形象的情况并没有马上出现。与辫子不同的是,和强大经济利益相关的既得利益者反对男人外表其他方面的任何改变。[3] 首先,是男人穿用的西洋风格的服装款式的兴起,比如,背带裤和夹克是用进口毛料制成的,代替了中国丝绸制成的“长袍”,这威胁到强大的丝绸行业。丝绸行业的成员恰当地利用了革命者的民族主义和反帝主义，重新阐释丝绸的含义来为己所用。中国丝绸——不是诸如丝绸之类的或由丝绸制成的专门服装——成为检验产品民族性的真正指标。在这个意义上，中国丝绸生产商宣称自己是使中国走向现代化的真正革命性力量，这个宣言的前提是把世界划分成众多“民族国家”。然而，由于清政府的服制法没能得到强制实施，这带来了不确定性，使得消费西洋风格和原料的行为加剧了东西方服饰在地位上的竞争，这也使得把“中国的”丝绸提升到优先选购产品的位置变得更为困难[4]，劝阻精英人士不要转向西方物质文化需要有组织地做大量工作。

上海行会（或称公所、会馆、同乡会）的一个组织立刻对挑战做出回应，他们成立新的组织，这个组织就是国货运动组织的原型。1911 年 10 月辛亥革命爆发后不久，来自上海 8 个大公所的代表创办了中华国货维持会，它是当时众多国货运动组织中的一员，有计划地宣传这样一种观念，即：保护国内制造商的经济利益和中国作为一个独立国家的生存是密切相关的。[5]1911 年 12 月 12 日，在中华国货维持会的成立大会上，参与者之一梅作侣作了一场简短的演讲，当他强烈要求群众把他看作新组织的宗旨恰到好处的体现时，他阐述了产品和爱国主义之间正在兴起的联系，正如他对大家说的：“人们应该支持我作为爱国主义和标准外表的范例，因为我的便帽、长袍和棉鞋都是由国产材料制作而成的。”（参见图 2.2）（ZGWH 1912：9a）

这些服饰的标准物件被当作爱国热情和民族国家形成要素的新标志，其重要性最初是不明显的。虽然梅作侣的外表特征在临时政府的观念中是标准的，但这并不符合新民国政府早期的情形，新政府已经迅速而且强有力地为男性形象制订了新标准，即：无辫子的发型、前额不剃发、穿着西式服装（参见图 2.3）。

1911 年辛亥革命前后通过成功实现象征符号的转换，这一组织对中国物质文化实现更广泛的民族化做出了贡献。在这个过程中，中华国货维持会把男人外表形象中基本并且长期联系在一起的两个方面——辫子和衣服式样分离开来。为了提高成员们的兴趣，中华国货维持会寻求把穿着中国式样的衣服作为爱国主义的明显标志，并且与那些与传统服饰

图 2.2　重新阐释清代男人的衣饰

(Kent 1912)

伍廷芳是政治家和中华国货维持会未来的会长,他头戴无檐帽,身穿丝绸长袍,配以丝绸背心和棉鞋,这是清代上层阶级男性典型的服饰打扮。1911 年的辛亥革命不仅仅要求人们剪去辫子,采用西式发型,而且还把这种传统衣服式样阐释成中国落后的象征。然而,中国强大的丝绸行业领导了一场战斗,他们把这种传统服饰重新阐释为近代中国民族主义的象征。

图 2.3　新的标准男人？

（Tang Weikang and Huang Yixuan 1991：8）

革命家孙中山（坐着的）和他的儿子孙科（1891—1973）在 1911 年辛亥革命前夕的合影。1911—1912 年清王朝覆灭后，国货运动的参与者担心这张照片中的服装款式将会很快成为新的标准，并成为盲目效仿工业化西方的正在兴起的视觉认知的依据。在这种视觉形象中，男人的外表都是没有辫子的，前额也未剃头发，穿着西式毛料服装和皮鞋。

相关联的反动分子、前朝遗老和满族贵族进行斗争。该组织想达到的目标还有：穿着西式服装就是不爱国的，甚至认为那些穿着由进口布料制成的衣服的人是叛国者。最终，这第二个目标将取代其他所有目标，成为运动的中心。该组织反对西方款式，并不是因为“款式”本身是“外国的”，而是因为进口棉织品具有摧毁中国主要工业的威胁。对于中华国货维持会和其他每一个国货运动组织来说,民族化的消费文化就意味着根据中国本身是否有能力制造某一特定产品来决定是否支持或者吸收新奇的西方产品。

中华国货维持会提倡民族主义消费的行为准则来作为与中国市场上的外国企业进行竞争的战略的一部分,为了理解构建这个行为准则的过程,我们必须考察对"物质文化"的各种相互竞争的阐释中所蕴含的高度紧张的冲突,以明白为什么日常用品可以被灌输民族主义的重要性。像中华国货维持会这样的运动组织使消费行为成为创建新的中华民族国家的强有力的中心,通过消费中国产品,民族国家和个人实质上联系在了一起。

本个案研究探讨了消费和民族主义之间的这些联系的发展情况,上半部分考察了对于男人的清代发式和服装具有的意义所进行的争论。清代对男性形象的权威解读以及对此种男性形象权威解读的挑战的历史,说明在民族国家形成过程中,男性形象及其素材在社会、经济和政治层面中扮演的变幻角色。在围绕革命而产生的矛盾的视觉认知之间有紧张的竞争关系,这证实了在民国重新把清朝发式作为时髦的民族主义样式是很困难的。在本章的下半部分,我将回过头来研究中华国货维持会,解释中华国货维持会对于外表的阐释是如何成功地挑战了优势的民国标准形象。通过揭示一个国货运动的组织是如何开始给事物贴上"中国"和"外国"的标签——也就是说,它如何开始把消费文化民族化,将为理解新生的国货运动提供基础。

清代对男人外表形象赋予的含义

个人的外表从来就不只是个人的事情。和"外表"一词联系在一起的是那些观众的想法,是一个人显示给其他人看。外表的含义从来不是单方面的或者直接的,它不是毫无疑问处于"发送者"的控制之下,除此之外,外表总有能力使不同的"受众"感受到许多东西。因此,中华国货维持会想努力通过中国男性外表来突出表现产品民族性,这一做法将是困难的(如果不是不可能)。不管在哪个地域或时代,人们对衣服、发型、身体姿势、装饰品和外表的其他方面所赋予的含义,是(建构)性别、年龄、阶层、等级和种族等(社会身份的基础),实际上可以说是建构各种各样社会文化主体性身份的基础。[6]

长期以来,中国的男性标准外表是中国人不同于外国人的主要标志。几千年来,中国和它的亚洲内陆邻居之间的很多文化差异是根据个人的外表、习俗、礼仪等来界定的。实际上,《论语》中一段经常被引用的话集中体现了外表在确立文化差异中的作用:"微管仲,吾其被发左衽矣!"(《论语·子路》)留辫子和穿左边开口的衣服实际上是采用"野蛮人"的方式,在革命时期被认为是"蛮夷的交往形式和所有鞑虏的言说方式"[7],共和革命者最初将这种外表形象解读为异族帝国外来强制统治的标志,这使得中华国货维持会为之进行辩护是一项艰难的工作。随着清王朝统治秩序的崩溃,服饰和其他物件的使用依然是把单个中国人整合成一个更大的共同体的关键,但是有一个根本区别。不只是简单强调织品的类型或服装的款式,中国的生产者和商人希望劝说人们把织品的最初国家来源作为最重要的方面,要达到这一点所进行的尝试将最后要求他们的参与者进入到一场更为广泛的政治和文化战役中来。

和以前的历朝历代一样,清政府通过确立和强化个人形象的标准阐释,加强了它的军事霸权,重新建立了它的统治权威。关于个人形象的研究通常聚焦于清代发式或清代服饰,而没有把这两者结合起来。[8]这是错误的,因为这两者具有共同的历史背景,并且形成了一个相互强化的符号系统。这个符号系统的历史包括清代早年对该意义系统的最初强制执行,革命党人后来多次对此进行挑战,比如19世纪中期的太平天国,最后,在20世纪20年代,随着清王朝的覆灭,这个符号系统也消亡了。

使人的身体外表(尤其是头发)强烈地政治化,这在整个清代历史中是显而易见的。当满族人横扫西南时,强迫那些被征服的人留辫子作为投降和顺从的明确标志,而不是像明代(1368—1644)那样,允许人们把所有的头发养长后盘成一个顶髻(Kuhn 1990: 12, 52, 58-59)。[9]满族的统治者——摄政王多尔衮(1612—1650)——最初并不愿意把满族人的发型强加给被征服的汉族人,他们占了男性人口绝大多数。但是,到

1645 年中期,多尔衮强迫所有的非满族人都必须改成满族发式。(Wakeman 1985, esp. vol. 1: 646-650)[10]这场有关发式含义的较量一直延续到 1912 年满族统治者退位以后。

这场较量进行得非常紧张,因为中国社会的许多阶层对于这个问题争议很多。反清的中国人觉得外表改变的意义更甚于改朝换代,拒绝采用这样的发式迅速成为反抗的号召。抵抗异族有很多方式,一些中国人忠诚于刚覆灭的明王朝,他们以死抗争;其他中国人拒绝对"受之父母"的身体发肤进行改变的不孝顺行为,认为这种反抗是正当的。[11]有些中国男人利用法令中的漏洞,寻求以不那么激烈的方式来躲避剃发令。因为法令豁免佛教徒和道教徒,所以有相当数量的汉人去当僧侣和道士来躲避残害。(J. C. Lynn 1928: 157)

作为回应,清王朝使用政府所有力量强化了对辫子的官方阐释。由于拒绝剃去前额的头发、拒绝留辫子就意味着叛乱,清王朝严格强化了剃发令,有个说法通俗地表达了这种情况:"留头不留发,留发不留头。"清帝国的权力最终消灭了这种明显的抵抗,中国男人留起了辫子。然而,以割辫改变发型来象征发泄反清情绪却贯穿整个清代,例如,台湾和太平天国的反抗就可以证明这一点。清帝国的领导者把抵制剃发作为政治上反清叛乱的前兆,予以密切关注。[12]

头发界限的淡化

在征服者和被征服者之间,最初有一股痛苦的抵触情绪,但清王朝剃发令的压倒性政治意味在逐渐淡化,取而代之的是,这种发式成为表现和加固社会地位的一种视觉上的方式。正如一位外国观察者在 19 世纪末注意到的:"比起中国人服饰的任何特征,现在他们为他们的辫子更感骄傲,只在广东和福建的土民中还有仇恨清王朝剃发令的深重仇恨,他们一度用头巾来掩盖民族耻辱。"(A. H. Smith 1894: 118-119)

的确,当关于辫子的风俗、传统、规章甚至迷信都对辫子在中国社会中的位置给予支持的时候,辫子作为身份象征的重要性在清王朝发展过程中越来越大。社会惯例认为,一个人辫子越长,他的社会等级就越高。有些人购买额外的头发来增加辫子长度,其他人则通常加上一条黑色绳子使辫子长度增加，在特定的时候，把绳子的颜色改成传统上表示哀悼的白色。结果，辫子通常长及膝盖甚或长及脚踝（Godley 1994：62n52；Ball 1911：13）。其他有关身体毛发的规则强化了一条粗长且完整的辫子的身份象征意义，比如，45岁以下所有男性禁止有胡子，甚至到了那时男人也只能养一簇山羊胡子。[13] 正如很难保持清洁的白色衣领在工业社会中被看作地位的象征一样，发式的保养有助于识别社会身份，强化社会划分。完全剃光的前额部分的头发长度透露出一个人能够保持前额整洁的经济能力，干净的前额需要频繁光顾理发店（Ball 1911：18）。[14] 工作时，男人通常把辫子卷成一个结放在颈后或是脑后，或在头顶周围松散地盘绕着（参见图2.4）。然而，这被认为是不正式的，正如一位西方观察者所说："这相当于我们西方只穿一只衬衫袖子的情况。"在地位较高的人面前，人们应该完全露出整条辫子。（Ball 1911：14）

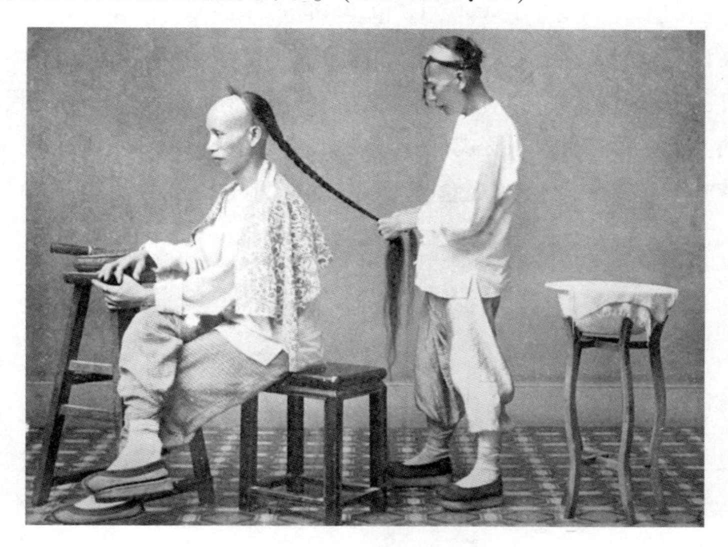

图2.4 对辫子的两极阐释

（Ball 1911：12）

19世纪中叶，当满洲人征服中国时，他们强迫汉人采用辫子作为屈服的象征。整个清代，发式具有多重且对立的联想。反清叛乱者通常剪去辫子，并且让他们前额长出头发来，以此作为反抗的一种象征。然而，对于其他男人而言，围绕辫子的风俗、传统、规章甚至迷信都把长辫头发式样转变为身份象征。

通过规章来管理辫子强化了头发的等级,实际上,没有辫子所带来的社会耻辱是强烈的,没有辫子的人成为人们嘲笑的对象,被认为是“最下贱的乞丐”(Crow 1944: 23)。虽然这个规章普遍用于世俗人士,但是在一种重要的情况下例外:对于罪犯例外。在监狱服刑或被判有罪的男人不允许留有辫子,他们经常被嘲笑为“无辫”。正如一位观察者所说,那些从监狱里释放出来的人不得不采取戴“假”辫子的方式来逃避社会侮辱(Gutzlaff 1838, vol. 1: 479-480)。[15]

因为没有辫子与身份低贱相关联,那些终生在中国的耶稣会传教士,常常选择留辫子。驻扎内地的新教徒通常选择戴假辫子,当他们离开社会公众时,就卸下假的辫子。天主教徒和新教传教士认为实行这样的办法是必要的。一位西方观察者说,没有人怀疑最著名的基督教传教士保罗(Paul)也已接受这种习俗,唯一需要争论的是,他留的是真辫子还是使用买来的假辫子(Crow 1944: 23; 也见 Peterson 1994)。辫子所产生的文化意义说明清廷的军事力量不是仅有的支持辫子的力量,正如对清代主要造反的有关研究表明,对清代标准形象的阐释所进行的挑战是频繁的、激烈的。[16]尽管如此,头发式样很显然把自己卷入了流行文化之中。关于服装式样和布料等级的观念甚至更加深入地进入了中国社会内部。

中国服装的视觉和经济意义

尽管辫子是标准形象最显著的象征,清政府也还通过法令和习俗来管制服装。[17]在给非满族人发布了必须普遍采用满族发式的剃发令之后不久,朝廷规定中国官员必须采用清代服装款式。由于最初规定不严格,1653年初,朝廷再一次规定汉人的服装必须遵照清代款式。法令中说:“……一代冠服,自有定制,本朝之制,久已颁行。近见汉官人等,衣带服色,以及袖口宽大,均不如制。夫满洲冠服,岂难仿效,总因汉人狃于习尚,因而滞濡。以后务照满式,不得异同。”(转引用自 Yan Changhong 1992: 238)[18]

如同辫子的法令一样,关于服装的规章也被严格实施。官员们必须遵守所有有关服装、帽子和饰物（包括款式和材料）的细则（E. T. Williams 1923：479-480）。[19]白天，官员们穿着朝廷礼制规定的夏天和冬天的全套服装，以及在官帽上佩戴表明等级的特殊纽扣和羽毛（Hardy 1905：chap 12，esp. 130-137）。[20]另一方面，女人、孩子、佛教徒、道教徒和艺人以及寺庙中的塑像被允许穿着前朝式样的服装（J. C. Lynn 1928：157；Vollmer 1977：21）。

在整个中国社会，织物也是有地位等级的，丝绸享有最高盛誉（Vollmer 1977：16）。国内外都认为丝绸是一种珍贵商品，中国人和外国人拿丝绸代替货币来交换使用（Rossabi 1997：7）。数千年以来，丝绸在中外贸易中起到关键作用：丝绸是中国人赠送给外国外交使节的主要礼品，还用于以物易物交换蒙古马匹，和日本硬币做交易。最重要的是，从16世纪中期到18世纪，丝绸通过马尼拉出口到南美市场，由此获得了大量墨西哥和秘鲁的银圆，这深层次地改变了中国经济（L. M. Li 1981：62-65；Yu Ying-shih 1967：158-159；Atwell 1977）。

虽然大多数中国人穿棉布或者麻布衣服，但是，官员和富人以及妇女穿着丝绸用品，包括帽子、长袍、衬裙和可拆卸的衣领（L. C. Johnson 1995：43-44；V. M. Garrett 1994：12）。几个世纪以来，丝制品的发展导致丝绸被大量消耗，丝绸也由于这样的使用而加强了在社会中的优势地位。作为奢侈品和上层社会生活重要物品的丝绸似乎没有受到戴上或剪去辫子的革命的影响，也就是说，直到19世纪末和20世纪初期，反清军队的毛料服装和卡其布制服的出现，才开始威胁到丝绸的特殊地位。

因为这些直接或间接地涉及丝绸工业，这对于国货运动初期的发展很重要，值得注意的是，中国人生活中对丝绸的担忧在日渐增长。当丝绸长袍转换成毛料服装时，中国在世界丝绸市场的份额在下降，更为廉价、优质的进口丝绸（以及后来的人造纤维）可能破坏国内市场，这些现象向国人发出警报。[21]

丝绸不仅仅是深深植入中国物质文化的象征，而且是中国经济的关键部分，尤其对于盛产丝绸的江南地区（长江以南地区）和广东更是这样。很容易想象，为什么丝绸工业可能被破坏引起了这样的焦虑，许多人会失去他们的生计，丝绸生产的每一步骤都是极端的劳动密集型工业。[22]从种植栽培桑树到养蚕到缫丝到编织，每一个步骤都需要投入大量劳动，甚至在机器引入之后也还是这样。

例如，丝绸生产在长江三角洲下游的太湖地区极其重要。明清时期，丝绸成为当地经济的基础。并不令人惊讶的是，清政府明白养蚕在缓解由于人口快速增长而对田地产生的越来越大的压力方面扮演了重要角色，于是努力促进养蚕业。政府鼓励种植桑树，从农夫那里购买蚕茧，并且招募专家训练当地的养蚕人。（Shih Min-hsiung 1976：5-7）丝绸工业也为淡季和妇女劳动者提供了主要收入和重要的额外收入机会。随着美洲白银流入中国以及市场经济的发展，丝绸和丝绸纺织品成为许多地方经济的越来越重要的部分。

丝绸工业在这些地区和人们的日常生活密切相关，它远远不止是影响小部分人口命运的一种奢侈商品。当地的社会风俗和禁忌反映出蚕桑的极端重要性，因为蚕茧对于天气条件敏感，并且是很贵重的，养蚕户通常把蚕茧置于室内，消耗宝贵的能源，冒着风险使用油灯和炭炉保持室内温度。在有些地方，妇女用自身的体温孵化蚕卵。养蚕户把蚕卵放在毛毯下保持温度（Ball 1925：574）。在煮蚕茧和生丝缫丝的最关键的几周时间里，正常的社会交往完全停止，当地习俗禁止"社交拜访、打听某个邻居家养蚕的方法、在蚕房中大声说话或说亵渎的话、征收税款、举行婚礼或葬礼"（Shih Min-hsiung 1976：10）。

19世纪末20世纪初是中国丝绸工业的混乱时期，中国丝绸工业已经开始了巨大的变革。[23]19世纪70年代，正当丝绸业从太平天国的叛乱中恢复时，蒸汽动力的缫丝机(用于蚕茧绞丝)被引入中国，纺丝机促进了家庭作坊向工厂化生产转变。这种快速的转变使得手工缫丝和以前那些手工作业被取代了，尤其是在出口市场中，那些机缫生丝绸可以卖到更高的价格。到1900年，第一台蒸汽动力的缫丝机引进后的大约三十年，在广州出口的丝绸97%来自这些现代工厂。[24]由此引起的失业引发了广泛的社会骚动，但是这并不能终止新的蒸汽技术传入主要的丝绸生产中心。

国货运动期间经常重复这样一种模式，中国一项产业接着一项产业地指责"外国"（尤其是日本）的竞争既导致了中国竞争力的相对下降，又阻止了中国公司和外国公司进行有力的竞争。如第一章提及的，中日甲午战争的后果之一是外国人取得了在中国创办公司的权利。有了更好的资本入口的外国人和中国人拥有的制丝厂以及后来的纺织品公司进行激烈竞争。

对于中国而言，在丝绸生产和出口上占优势的日本威胁到中国此类工业的长期生存，这种情况引起了江南丝绸产商相当大的恐慌，甚至当绝对生产量增长时仍然是这样。在日本人的公司能够在中国城市里合法创办工厂之前，日本已经为取代中国成为世界丝绸的主要供应商铺平了道路。1911 年辛亥革命之前十年，中国生产的丝绸占据世界需求总量的 41.5%，到 1914 年跌落到 26%。相反，日本在 1900 年占据 20.7% 的份额，到 1914 年则上升到 44.5%。两个国家的命运反差如此之大。与此类似的是，日本丝绸生产规模 1883 年到 1912 年间扩大了将近六倍。(Shih Min-hsiung 1976：66，70）虽然如此，中国生丝和绸缎的生产和出口量在这个时期也在扩大，并且超越 1887 年持续下跌的茶叶出口量而成为中国主要出口项目（L. M. Li 1981：72-81）。具有讽刺意义的是，这种扩大反而使越来越多的中国人的命运与这一支柱产业的生存和繁荣联系在一起。

晚清男性形象的阐释

快到清朝末期的时候，来自各个方面的压力迫使官方对男性形象的改变重新作出阐释，这种压力不仅仅来自满族统治者内部。[25]满人和非满人官员都急切地想把清政府的统治和最新的符号体系联系起来，中国精英分子中的一些成员开始主张清政府应该允许剪去辫子。官员们提倡改革外在形象，通常忽视了放弃一种和满族朝廷相关联的发式在政治性上的象征意义，取而代之的是，他们争辩说，辫子和现代化形象不协调，和讲究卫生（留辫子结果之一是会在衣服后背留下深黑色的印痕）以及生活便利是矛盾的。对这些改革的鼓吹者来说，这样的形象改革是在清王朝权限内试图保护它的国民的幸福，没有必要认为这是反满情绪的标志。(Li Shaobing 1994：51)[26]

清军为重新阐释形象提供了一种强大的来自国内的压力。在晚清政府的“新政”期间,新军的制服遵照西方军队的式样,采用日本使用的普鲁士式样的制服。[27]举例来说,到1905年,晚清军队中两位最重要的军事首领袁世凯(1859—1916)和段祺瑞(1865—1936)开始穿着西式军队制服。随后剪掉了辫子,因为留辫子就很难戴西式军帽,并且因为养护辫子麻烦,军队反对留辫子。(E. T. Williams 1923: 478-479)对一些人而言,留存辫子仍然是一种“忠诚的标记”,最著名的例子是军阀张勋(1854—1923)的军队,因为他的士兵保持传统的发式而获得“辫子军”的称号。

很多外交家、学生和官员在国外期间都注意到了辫子的负面形象,他们中的一些人试图为形象改变赋予适当的意义,并且强化清王朝政府作为改革者的形象。例如,从国外旅行回来后,权力很大的清皇室成员——清皇帝的孙子载泽(1868—1930)“也迫切要求放弃辫子和民族装束,因为这种习惯与现代世界充满活力的生活不适应”(*NCH* 1906. 8. 31)。到1910年开始的时候,许多皇子和高官支持在服装式样方面作有限的改动。支持者和反对者聚会讨论这件事情,最后提交了一份报告作为结论,报告要求朝廷允许外交官、军官、警察剪去辫子,接受西式服装。然而,他们明确禁止学生也作这样的改变(《改变装束》, *NCH* 1910. 1. 7)。不久以后,摄政王决定命令中国男人在第二年改变他们的衣服式样(《改变装束》, *NCH* 1910. 1. 14)。

整个国家和海外华侨社区要求改变外表的压力越来越大。一位观察者说,整个国家都在讨论辫子问题,这种讨论几乎使政府瘫痪。尽管报纸上关于这个主题的文章说中国大多数人赞成放弃辫子,但是仍有反对意见。一种谣传认为剪去辫子会使外国人得益,因为随着人们剪去辫子,不可避免地将会改变衣服。头发和衣服之间这种关联假设使得杭州帽子制造商反对剪去辫子,因为他们害怕中国拜倒在“变幻莫测的时尚女神”(*NCH* 1910. 9. 30)的石榴裙下。

没有辫子但依旧忠诚:一个改革派的解释

著名的中国外交家和政治家伍廷芳,担任过1913年到1916年的中华国货维持会的会长,他为早期重新定义中国视觉文化维度的努力提供了一个好的例子。[28]他建议朝廷批准剪去辫子,他的想法给清政府提供了一个办法,把具有潜在革命意义的剪辫活动变得合法起来。然而,对于国货运动的目的而言,尤其重要的是,他较早地努力把辫子和中国服装的关联意义分离开,并为它们赋予截然不同的意义。1910 年春,从美国回到上海以前,伍廷芳开始游说放弃辫子但是保留中国传统服装样式。[29]即便在 1911 年辛亥革命后,他仍没有改变他的想法,甚至依旧提交了一份请愿书给朝廷,继续提倡他关于外表的阐释:一个人可以没有辫子,同时他也忠诚于朝廷,但是,一个人不可能穿着西式服装,同时却仍然爱着他的祖国。

为了支持自己的剪去辫子并不具有政治意义的观点,伍廷芳提及在其他国家的华侨居住区的做法。伍廷芳根据他访问过的遍及南美和北美的华侨社区的情况,推断百分之八十到九十的海外华人已经剪去了他们的辫子,其余的人把辫子卷成一圈隐藏在帽子下。对于这些人,他说辫子是一种没有政治意义的"空洞形式",剪去辫子是一种实际的选择。辫子不卫生并且有危险性,妨碍了工厂生活所需的灵活性。此外,伍廷芳主张中国应追随日本和欧洲列强的先例,不许留长头发。最终,下令剪去辫子将是"中国向世界显示革新的标志",对中国民众是一种鼓励,这表明中国政府愿意作出实际的改革。

当伍廷芳试图在否认剪辫有政治含义的情况下重新阐释中国人头发的意义时,他强调服装的深层次意义,反对对服装样式作出改变。正如伍廷芳对朝廷报告的,服装是身体政治性的主要部分。他写道,在这个领域,政府不应该允许出现"实践上的分歧",服装"绝不能改变"。中国服装在各个季节都是适用的,与"外国人上过浆的衣领、硬挺的袖子、皮靴和大礼帽"是不同的。简而言之,中国服装有它自己的传统,并且更舒适、更优雅,何况价格不那么昂贵。和其他改革者一样,伍廷芳指出日本可以作为改革先例,中国应该追随其后。根据伍廷芳的说法,日本大多数人继续保持传统的服装式样,但是已经剪去了他们的辫子(《剪去辫子》,*NCH* 1910. 8. 5)。朝廷拒绝对这些有争议的外表问题进行重新阐释,也没有实施伍廷芳首份关于服装的请愿书中的想法(Pomerantz-Zhang 1992: 188)。他在 1910 年 7 月写了一份更长的请愿书对此问题作答,文中详细说明保持中国服装式样的重要性。

其他改革者想要同时剪掉辫子和改革传统服装式样,皇子载振从国外归来后,成为一个大声疾呼废除辫子并且革新中国服装的倡导者。载振注意到中国人因为他们的外表(比如看起来“滑稽的”辫子和朝服)而受到洋人恶劣的对待。在回京的路上,载振要求他的父亲支持剪去辫子以及革新服饰,“将这个问题视作至关重要的问题”。尽管载振没有得到他父亲的支持,他还是使摄政王确信衣冠改制的重要性,并且劝说摄政王把他的建议交给内阁。最终,资政院接受了这一草案。(《皇子载振的建议》, *NCH* 1911.8.26)

随着要求外表改革的压力渐渐增大,经济利益走先一步,开始推动它们自身对外表进行阐释。1910 年,这些力量赢得了最初的胜利,此时新召集的资政院接受了这个提议。1910 年 12 月,资政院通过了一项决议,废除辫子并且建议变革服装式样。这引起了中国服装制造业的一场恐慌。(Pomerantz-Zhang 1992: 188)在北京商业团体的压力下,朝廷在 1910 年 12 月 21 日颁布一项法令,禁止剪去辫子并且拒绝批准服装变革的要求,说那样的改革将对本国工业造成有害的影响。作为回应,资政院再次通过一项决议,请求变革发式和服饰。然而,在清王朝最后覆灭的前夕,朝廷再次拒绝认可外表上的任何改变,并且坚持认为要求剪去辫子、改变服式就是煽动暴乱的明显迹象。满族统治者继续把清王朝与越来越落后及其他不受欢迎的特征的相关符号联系在一起,而反清革命者则掌握了这种强大的具有象征性的武器。

剪辫议程合流

政府之外要求变革衣冠的压力继续增长,伍廷芳上书朝廷推动改革的努力遭受挫折之后,他开始支持无视朝廷法令的单方面行动。1911 年 1 月 15 日,超过 40,000 的中国人和数百名外国观察者在上海最著名的公园——张园——举行集会。在伍廷芳的信中,他告知集会的人他已经剪去辫子,并且鼓励集会的人也追随其后剪去辫子,大约有一千人照做。这只是许多类似的公开挑战晚清政府权威的行动中的一项,这些行动贯穿整个冬天延续至 1911 年春天。(*NCH* 1911.1.20; Rhoads 1975: 205-206)

革命进行得如火如荼的时候,朝廷通过批准改变个人外表,做最后的努力来消除革命党人对改变外表所赋予的革命含义。在朝廷拒绝了资政院10月的废除辫子提案后,第二次会议再次提出辫子问题(见日本*Weekly Mail* 1911.11.25, 12.9 and 12.16; E. T. Williams 1923:478-479)。[30]然而,这次皇帝同意了。在1911年11月12日诏令中,批准立刻剪去辫子。"吾等众奴仆臣民据此诏令,凡自愿,准予剪辫。"(《辫子和议会议程》, *NCH* 1911.12.16)[31]但是批准得太迟了,以至于朝廷自己都没有时间来实施这些高度紧张的变革。

外形的革命,1898—1911

按照一种旧的模式强迫人们接受一种新的、革命性的男性标准形象,试图创建一种物质文化的标准阐释,这个模式在国货运动期间一再重复出现。到19世纪晚期,清代标准形象的各个方面已经获得、丢失和重新获得经常相互矛盾的多层面的含义。一个单纯的身体标志可能被赋予许多意义:满人的发型对于革命者而言,意味着落后和屈从;对于清朝官员而言,意味着忠诚和顺从;对于外国人而言,意味着野蛮古怪;对于一个农夫而言,意味着中国人身份认同的核心。当他们的拥护者尽力利用——或者说维持——对中国的认同时,这些阐释日益发生冲突。

新一代反清的民族主义者获得了强加阐释的权力,剪辫人数的增长成为革命时代的标志。广为人知的反对辫子和反满口号越来越多地融入革命词汇中,反清革命者迫切要求国民接受他们所阐释的物质文化,接受他们的政治见解:"起来反抗,剪去你的辫子,推翻清王朝。"(Yue 1994:62-64)此外,正如中国伙伴之间开始呼朋引伴一样,革命者鼓动同胞接受他们对剪掉辫子的阐释,认为这是在表达民族主义。随着皇权的倾覆和新政府批准外表革新法令的诞生,这种冲突达到极点。就像大约二百七十多年以前的清政府一样,新的统治者强制实行新的标准,包括发式和服装。没有辫子和没有剃去前额的发式迅速成为拥护民国的证明。然而,新的服饰标准花了更长时间才得到确认。

1911 年辛亥革命的领导人孙中山已经在 19 世纪后期逐渐察觉到辫子和服饰的重要象征性。继 1895 年中国败于日本,以及 1898 年皇帝支持下的戊戌变法失败后,孙中山逃离中国,环游世界。因为清政府悬赏要他的人头,有一次,在日本的孙中山寻找到一种隐匿身份的方法,采用西式发型和日本同事提供的欧洲服装。正如一位历史学家观察到的,丢弃辫子是最终对君主立宪制的否认。自此以后,没有辫子且穿着西服的孙中山更被认定是民主革命者了。(T'ang 1930:23)

革命者举办了无数的演讲来积极宣传他们对清代形象的阐释,激烈地把辫子和留辫子的人扔到落后的垃圾堆里,认为那些为清代式样进行辩护的人是叛逆者。[32]一份在香港流传的小册子提供了革命者传播的对辫子进行阐释的典型例子。这份小册子讲述了一个讽刺故事,一位"有辫子的神"在梦中拜访一位中国人,神细说了辫子的实际用途,并且说假如中国人继续剪去辫子,中国人种将会灭绝。小册子讽刺性地描写了想象中辫子的有益用途:一位妻子可以系一根线在丈夫辫子上,以跟踪她不守规矩的丈夫;一位有辫子的中国人可以模仿一条狗,以避免被其他狗攻击;辫子还可以保护主人挡住兀鹫和鹰,兀鹫和鹰看见风吹起的辫子时,会误认为那是一条蛇,因而不会袭击那个男人。在这份小册子中,神也提醒中国男人说,辫子能减缓对脑袋的撞击,保护大脑;当人们爬树或爬墙的时候,辫子还可当作一根安全绳。有一本书直率地认为有辫子的中国男人是动物,神建议他们把脱落的头发出售给外国人。最后可以进一步利用头发,神对于剪去头发给了一个合理的理由:卖掉头发,等头发再次生长,继续收获头发,就像一个牧羊人和他的羊一样。(《辫子的用途》,*NCH* 1911.6.3)[33]

命令并强制执行新的标准形象

当反抗清朝统治的革命蔓延开来时,革命者迅速寻找巩固他们成果的办法,他们强迫中国人以改变外表的方式和清政府划清界限,最值得注意的是强迫人们剪去辫子这根联结他们与前朝政治和文化秩序的脐带。甚至在 1911 年末成立临时政府之前,新近独立的省已经颁布了有关辫子和衣冠的命令,比如,湖北省军政府首长发布了一系列市民服装规范,禁止穿着清代服装。在北京,人们不允许穿着朝服。

新成立的民国政府首先调整了发式。1912 年 2 月,清朝皇帝正式退位后,袁世凯总统亲自剪去辫子,3 月开始强制实行新的标准形象,内阁明确发布法令要求中国男人剪去辫子。这项法令中讲了三个主题,首先,改革的拥护者强调发式具有政治上的重要性。法令告诉群众,政府不是简单地要求移风易俗;相反,它提醒中国人,是满人把满族式样的发式强加给汉人。法令中也提到许多中国人英勇就义,誓死抵抗强加给汉人的满族发式。换句话说,清朝的个人外表确实有一种负面的政治意义。其次,剪去辫子的法令是努力革新习俗的一部分,这些习俗与陈旧法令有关。旧式衣冠被明确认为是庞大的清朝遗产的一部分,新的政府认为在建立现代政体之前,一定要"扫除"掉这些遗产。再次,正如清政府当年所做的那样,法令证明了政府期望的处理这个问题的威权方式:它来自上层,要求人们立刻服从,并且威胁处罚那些不服从的人。[34]当政府意识到剪去辫子的尝试开始时受到了广泛的抵制时,此项法令催促那些不愿意剪去头发的人应该"效仿城市居民",并且马上这样做。政府安排内务部让省会军队长官命令手下无论到哪里都贯彻执行此项法令(《剪辫子运动》, *NCH* 1912. 5. 4)。市民们有二十天的时间服从法令剪去辫子,拒不执行者被威胁将受到处罚。[35]

关于民国时期标准形象的定义,争论非常多。早在国家和地方法令宣布之前,那些反对清王朝、支持民国的人就已经剪去了辫子。然而,并非每一个人都热心于遵从新形象。正如一位观察者注意到的,对于大多数中国人而言,强制剪去辫子是一种"令人感到羞辱的毁容"。在他们眼里,辫子很少被认为是一种"征服的标志",更多地被认为是一种民族和身份的标志。(Crow 1944: 22)这些中国人已经忘记了最初被强制剃发留辫子的时期,而且不知道辫子意味着对清王朝效忠。正如一位观察者提及的,这些人对于"时尚背后的深奥含义"并不感兴趣,他们更多地担心当前政府强制改变"个人口味"(《剪辫子运动》, *NCH* 1912. 5. 4)。[36]的确,大约六十年后,著名的中国经济学家方显廷回忆,他 8 岁那年,生活在一个沿海城市宁波,为了逃避剪去他"修长而美丽的辫子",躲在家里开的珠宝商店的柜台下。只有他了解到辫子是一种"奴役的象征"后,他

才剪去了辫子。(Fong 1975:2)

对于目标和习俗所进行的新的标准阐释证明暴力手段是正当的,把那些不服从的人含蓄地分类识别出来,强制他们顺从。在民国建立数月之后,像他们的前任清政府一样,革命者们积极地强制实行新的发型。虽然很多男人自愿剪去他们的辫子,但在一些城市中,军队设置路障,强迫那些不愿意剪去辫子的中国男子理发;“上层阶级的男子”被护送至理发室。(《剪辫子运动》[南京]1912年1月1日,CRDS File 893.1044)以“敢死队”著称的革命党人的志愿者常常不征得别人同意就剪去别人的辫子,还认为他们的行为是爱国的(Crow 1944:25)。遍及全中国的同时代的报纸报道了剪辫子的队伍(例如《申报》1911年12月4日、12月12日,1912年1月6日)。广东省的男子迅速剪去他们的辫子,在特别积极的一天内就有超过200,000人剪去辫子。和许多中国城市和乡镇一样,在湖南省省会长沙,保留辫子被看作效忠清政府,是明确的叛逆标记,一些学生和其他人剪去了同学以及行人的辫子。(Yue 1994:62-63)

与革命军的狂潮席卷中国类似,有关辫子的战役打响了。在上海附近的一群人创办了一个社团,鼓励人们再次接受辫子。这个社团的成员不必表示效忠清政府,更多的是对政府干涉当地生活表示普遍反对。(*NCH* 1912.9.7)来自山东省淄博的报告显示出当地人抵抗剪辫运动的深度。一天夜里,在1,000条辫子被迫剪去后,商人们拒绝开门营业,因为过分热心的剪辫者把本地商会领导人的耳朵给弄伤了(*NCH* 1912.7.20)。事态变得很严重,以至于有居民发电报到北京,警告当局,士兵和民众之间的摩擦将会逐步增多。(*NCH* 1912.7.20)另一位观察者证实,新政府遭遇到来自社会各个阶层的反对,强制工人剪去辫子、采用新的发式已经引起了“一大堆麻烦”(Pott 1913:130-131)。

一位男子决定剪去辫子,这种个人化的改变外表蕴涵了多种意味,导致了进退两难的局面。辫子的长度和质地曾经是一个男子骄傲的资本,但是现在他的辫子意味着令人尴尬的落后,他想作些改变,决定剪去辫子。然而,他家族中的头脑人物——他母亲持不同意见。对于他母亲而言,剪去辫子是一种危险的外国时髦玩意,这种时髦玩意将会杀死她儿子。她也承认剪去辫子具有革命意义,并且警告儿子,正如半个世纪前的太平天国被镇压一样,清政府的军队最终将会平息叛乱,屠杀叛乱的拥护者,那些没有辫子的人会很容易被认为是叛乱的追随者而被杀。他母亲的权威暂时还能阻止这位四十岁的儿子剪去辫子,在朋友和威胁他剪去辫子的陌生人无情的压力下,他最终决定剪掉辫子。(Crow 1944: 25-26)

需要重新界定服装

像清政府以及更早的王朝一样,革命者不仅寻求控制发式,而且也努力对人的一般外表作戏剧性改变。当皇权和辫子在整个中国衰落时,围绕中国人应该穿什么的问题展开了混乱且竞争激烈的论辩。一些中国人主张回到清代以前的服装式样,包括在明代最著名的小说《水浒传》(Yan Changhong 1992: 239-240)中详细提到的服装。其他人提倡西式服装,他们辩论说这是构建现代西方制度的组成部分。这导致的混乱在中国城市随处可见,一份报纸报道说:"男人穿得像女人,女人像男人,妓女像女学生,反之亦然。"大多数国人担忧具有几千年传统严格管控的官服失去控制,"平民的穿着像官员,而官员穿得像平民"(《申报》1912 年 3 月 20 日,引自 Yue 1994: 49)。这种局面一直持续到十年后中山装成为流行趋势的时候才结束。

革命者推广新服饰,服装规范特别受到具有破坏性的挑战。革命期间以及革命之后,西式服装,尤其是民国军人穿着的卡其布制服成为新规则的象征。这期间的口号是"剪辫易服"。新兴的标准似乎是西式服装,中国的主要城市经历了一场"洋服热"。政府迅速通过范例、法律和军队加强法令的实施。

外表民族化

中华国货维持会踏入了这个围绕个人外表而产生的沼泽,他们推广他们关于中国男人应当怎么穿着的阐释。1911 年末,中华国货维持会举行成立典礼。通过割断发型和服装的联系,并对上述两件东西都赋予清楚的意义,中华国货维持会设法使政治和社会变化的经济影响由它每个成员的产业来分担。这种努力确实帮助了中国制衣产业生存下去,但是,消费和民族主义之间的联系还存在一种长期的、微妙的意义。

本章的余下部分通过叙述国货运动的关键组织的早期历史,考察了民族主义消费的行为准则的发展过程。这种强大的集团以及它的操作规程和传播渠道的产生,揭示了国货运动和民族主义消费文化逐渐趋于一致。正如我们将看见的,在中华国货维持会(以及其他运动)推动下的民族主义的服装阐释在19世纪20—30年代继续被讨论,并且把像梅先生那样穿着传统服装的中国男人(他的爱国服装在上文提到过)吸收到国货运动男性统一服饰的象征和符号体系中。

中华国货维持会的角色

消费文化的民族化是发生在中国的许多变化的内在组成部分。比如,导致中国末代王朝覆灭的1911年辛亥革命,颠覆了政府象征体系、机构和意识形态。然而,不止一个集团为权力的更替而斗争。这些角逐权力的人急于巩固自己的势力,在地方上,他们的斗争经常表现在诸如反缠足运动、剪辫、易服、通过设立假期和引入阳历来重建时间表示系统(Li Shaobing 1994)这样的象征系统方面。[37]这些不同的国家建构方略之间的冲突通常一方面表现在政治、军事和社会底层的思想精英之间,另一方面表现在学生、秘密社会和其他形式的群众抵抗运动方面。然而,强大的经济利益也调动各种资源来重新建立新的政府象征体系。这些活动强化和扩展了在叙述民族、国民和"救国"路线等方面的竞争。[38]

在新的民国政府积极剪掉男人的辫子并为男人们引进西式服装的时候,中华国货维持会就有了把消费和中国民族主义结合起来的迫切要求。因为辫子和中式服装之间有着密切联系,中华国货维持会顺理成章地关心处在严重危机中的国产丝绸行业。中华国货维持会直接的目标是阻止整个中国的政治领导人同意在剪去辫子时改变服饰,并且他们成功地游说政府下令中国服装必须用国产材料制作,尤其是丝绸和缎子。这种直接的经济目标也许具有一种象征性的结果。在这一重组过程中,该组织设法阻止传统款式的服装和辫子在意义上有什么联系。最重要的是,中华国货维持会帮助把中国式的长袍重新阐释为爱国款式。这样的重新阐释不仅确保了中国服装业得以生存下去,而且也构建了一种民族消费主义的行为准则,这种行为准则将把其他产品也界定为民族利益所在。

为了防止因服装式样改变而产生的危险,中华国货维持会中大的同业行会迅速建立了一个复杂机构。清政府的衰亡使经济利益形成新的格局,该机构立刻寻求办法利用由于清政府衰亡而产生的大量机会,他们对同业行会的关注甚至超过了新近引入的商会。实际上,辛亥革命爆发后不久,驻上海的中国各种机构(或者同乡会)终于组成了中华国货维持会,经过两个月的筹备工作之后,1911 年 12 月 12 日,中华国货维持会在上海钱江(杭州)会馆(《申报》1911 年 12 月 9 日)正厅举行成立典礼。[39]

尽管中华国货维持会最终成为拥有数百会员,以同乡会、行会、学生和其他团体为代表的大型组织,但是它是从小型临时的,由来自 8 个同乡会、每个同乡会 4 名成员组成的一个 32 名成员的团体开始的。(ZGWH 1912:4b-5b)[40]这些组织代表着受服装变革威胁最大的三个行业——丝绸/缎子、帽子和典当行业,它们都处于富裕的沿海省份江苏和浙江。[41]这三者之中,丝绸行业是影响最大的。[42]尽管最初的人员不多,但是成员增长迅速,最初几年中每年有很多成员加入,从第一年人数达到 100 稍多,到第二年增加至拥有将近 500 成员。这些团体也积极鼓励妇女参加。(SZMA File 454:0, 12,20-21)该组织最初的内部章程规定要求严格审核会员资格(ZGWH 1912:3b)。然而,随着 1915 年初日本对华提出“二十一条”,由此反帝主义狂潮汹涌澎湃,成员的范围扩大到同乡会、商业和工业行会以及个人。另外,在下一章中将会详细解释,1915 年之后,国内工业成群结队地加入到中华国货维持会和类似组织中,来强化他们作为中国公司的身份。[43]

传播的层次

从一开始,中华国货维持会就面临着三个主要的障碍。第一,中华国货维持会需要国家领导人的支持。第二,中华国货维持会需要地方军政领导人的支持,许多军政领导人已经认可了服装方面的变化。中华国货维持会最初集中精力培养与上海和上海周边地区的领导人的关系,在这些地方,中华国货维持会的影响是最大的。第三,中华国货维持会必须获得超出政治经济精英人士的小团体以外的支持。随着皇权的坍塌和区域权力中心的成长,中华国货维持会的成员明白他们不能只依靠政府和精英人士的庇护。在培养遍及整个中国的个人和组织关系的过程中,中华国货维持会直接促成了全国性国货运动的产生。

中华国货维持会珍惜那些有影响力的爱国者的支持,并且努力获得有影响的政治家的认可。中华国货维持会邀请上海领导人、县级和省级官员以及军队、政界、商界、学术界的代表出席中华国货维持会的就职典礼,并刻意突出他们的角色。在就职典礼之后的几个月时间里,中华国货维持会通过写信、发电报游说军政界上层人士,并且鼓励他们在该组织中担任职务。这些努力获得了来自著名人物比如孙中山和上海军政府督军陈其美(1876—1916)表示支持的公开信。中华国货维持会创立后不久,收到了伍廷芳询问有关成员资格的认可的来信。中华国货维持会立刻邀请他加入该会,值得注意的是,不到一年的时间,他就被推选为会长。[44]这种早期支持有助于建立起中华国货维持会的合法性,并使它扬名天下。

从一开始,中华国货维持会就希望为中国类似的组织提供一个典范,它立刻开始培养与商会以及其他省份的当地政府的关系,通信的目标不仅仅是为中华国货维持会的议程获得可靠支持,而且也推动其他城市和乡镇创办类似的团体,在地方上宣传共同的经济目标,游说地方、地区和国家的权威人士。为了协助这些组织的创立,中华国货维持会把该组织各个方面的材料广为传播。最早最全面的材料是1912年的一本小册子,这本小册子提供了新团体的详细信息,包括最初的成员花名册、内部细则以及来自就职典礼的演说稿副本。[45]小册子还提供了用于游说地方、地区和国家的权威人士的信件,国货运动的其他组织用中华国货维持会的模板作为创立他们自己的组织以及书写呈文的基础。[46]

中华国货维持会的呼吁立刻在全中国的省份和城市中成功地得到响应,其中包括天津、福州、长沙、通海、安庆、北京、南京、嘉兴、镇江、汉口和济南,这里提及的还只是小部分。到20世纪20年代中期,涌现出数百个类似的组织。[47]以上海为基础的中华国货维持会和这些组织之间的接触程度一直有变动,它和一些组织的创办有直接的关系;对于其他组织,中华国货维持会只交换公文往来和官方文献。中华国货维持会与在苏州的团体关系尤其密切,1912 年 7 月,苏州成为最早遵从中华国货维持会的城市之一,在其领导下创办了一个组织来促进国货运动的发展。由于苏州有三分之一的人口从事丝绸业,所以,如果丝绸工业继续向下滑落,苏州会有很大损失。[48]一个在丝绸贸易中有影响力的苏州地方协会——云锦公所与上海的中华国货维持会的创办有关,该公所通过苏州总商会进行工作,监督成立了中华国货维持会的地方分支机构。

在写给江苏省地方长官和城市当局的公函中,新成立的苏州团体的 8 名成员说明了他们的目的,并且请求官方认可一份直接以 1912 年中华国货维持会为模板的请愿书。比如,这份请愿书中,指责进口物品(尤其是毛织品)导致了国家的经济问题以及对国外的依赖,在这方面,苏州分部并且认为毛织品对于中国工业遭到破坏也是有责任的。此外,请愿书把丝绸业的利益和整个中国联系在一起,提醒江苏的官员“国家的富裕从商业开始”,政府对于中国的财富“塞漏溢”般流到国外去是有责任的。除了承认需要进口丝制品外,请愿书强调通过改革关于服饰的中国法令,来改变国人“渴求洋货”的现象。(SZMA File 840: 8-12, 27)

运动普及过程

从一开始,中华国货维持会从不同的渠道普及运动议程,包括正式的(信件和请愿书)和非正式的(公所中的口耳相传)两种,以及新方式(电报、报纸、期刊)和传统方式(茶馆、餐厅和公所礼堂的会议)两种。[49]在最基本的层面上,中华国货维持会通过表彰引入新成员的会员来展开工作。例如,就职典礼上的参与者同意在月底之前恳请公所成员中的伙伴参加中华国货维持会。给予那些能引入新成员的会员一定的地位,这在许多组织的新成员名单中都是显而易见的,名单旁边详细记录了招募者的名字(例如,ZGWH 1932:“会务记录”部分,5—8)。

从一开始,中华国货维持会就尽可能把它的讯息传递给尽可能多的中国人。例如,在上面提及的信息指南的小册子里,有一篇是一份提要,是关于在中国通俗表达中如何称呼中华国货维持会的“使命声明书”的(ZGWH 1912: 24a-25b)。另外,中华国货维持会频繁地打印散发传单、小册子,并且在报纸上刊登全国性的广告,向海外招收会员,为中华国货维持会作宣传,增加国货运动的意识,提倡具体的国货用品。随着主题和年份不同,宣传品越来越多,从数千种到几万种。各种文艺宣传品的总数在每年几万到几十万份之间变动。(ZGWH 1932:"Huishi" section, 16-18)[50]到20世纪30年代早期,中华国货维持会宣称,因为努力宣扬"国货"概念,已经成功地使购买国货的重要性"妇孺皆知"(ZGWH 1932:"Huishi" section, 2)。

在上海,中华国货维持会也组织讲座,并且在各种各样的论坛上发布他们的信息。1911年12月的就职典礼上,成员们决定举行一场"国货宣讲会",当时有超过3,800人参加。受到这个事件成功的激励,中华国货维持会的成员发起在每周六晚举行演讲,教导国人购买国货是中国人的责任。这种集会开始的时候进展缓慢:第一次演讲只有4人参加。组织者逐渐学会了怎样通过变更演讲时间和邀请著名人物发表讲话以吸引人群,参加者很快上升到数千人。(ZGWH 1932:"Kaihui" section, 13)[51]随着更多其他把消费民族主义化的公开演讲涌现出来,在每年举行的国货救亡大会的开幕仪式上,这些努力所产生的影响达到了顶点(参见第五章和第六章)。

大众媒体被认为是形成舆论的一种有效工具,中华国货维持会通过迅速扩大的大众媒体宣扬自身的规程。中华国货维持会在就职典礼上就开始运用媒体进行宣传,在就职典礼期间,几位记者发表讲话表示支持中华国货维持会。中华国货维持会邀请记者参加了随后的会议,并且力促其成员撰写新闻稿件,在期刊中安插广告。(ZGWH 1912: 15a-16b)此外,当地报纸摘要刊登了中华国货维持会的消息,从而使中华国货维持会和它的规程产生了更广泛的影响。[52]

正如我们将在随后的章节里看到的,中华国货维持会运用更多的策略以使消费文化民族主义化。例如:该会找到验证国货的方法,设立只销售国货的商店,帮助当地厂家销售产品到外地,并参加有组织的国货展览会。运动组织的工作网络迅速传播中华国货维持会对于中国人服饰的阐释,并且发动和传播中华国货维持会反帝主义抵制外货的活动以及其他支持中国厂商的活动。简言之,在建立努力将中国经济中的进口货和进口产品要素清除出去的机构方面,该组织和它帮助建立的网络起了作用。

民族主义消费的行为准则要素

通过这些繁多的渠道传递的信息表明中华国货维持会以及运动议程的核心是民族主义消费的行为准则。这种行为准则强化了从19世纪后期(参见第一章)以来持续发展的商战意识。实际上,中华国货维持会的早期档案和该组织的早期活动表明,他们通过赞成保留中国式样服饰决议的同时,也支持废除辫子,以及中华国货维持会是如何努力从改革中国服饰问题中把废除辫子的问题分离出去。中华国货维持会的目标是通过在丝绸行业的利益和整个国家的利益之间建立联系,来拯救中国丝绸行业。中华国货维持会想表明服饰不仅仅是少数行业兴旺的问题,更是一个民族的生存问题。为了加强这种联系,中华国货维持会进一步融合经济的、政治的、象征的以及民族主义的论证,来努力使加入运动的中国人的范围更加广泛。

经济兴旺和国家安宁的结合是民族主义消费的新行为准则得以被生气勃勃地谈论起来的基础,例如,比起穿西服想在外国人面前显得"时髦",中华国货维持会则强调转向毛料织品的经济后果,认为这对中国更加重要。正如运动的出版物和演说家时常警告的那样,因为在中国经济中,丝绸担任着决定性的角色,废弃棉质和丝质礼服将对中国经济产生毁灭性的影响。又因为中国几乎不生产毛料织品,这种在没有发展出替代的产业时就向毛料织品的转变将会毁灭中国一个关键产业。[53]原料将不得不进口,至少得持续到中国能发展羊毛工业。同时,中华国货维持会的文献告诫大家,丝绸工业被破坏将导致数以万计的人失业,并影响到整个中国经济。

就个人层面而言,中华国货维持会的经济论点对关心自己钱包的听众也有号召力,因为他们说把衣服换成西服将会花费每个人一大笔钱。数百万的中国人准备转变他们的穿着方式,这种观念现在看起来可能很滑稽,但是当革命党人对外表的阐释兴起时,实际上,正如孙中山早期偏爱的服饰表明的那样,这种转变服饰的建议具有可行性,至少在上层阶级中,被认为是即将来临的事情。

中华国货维持会的文献也时常论辩说,国际贸易比起那种零和游戏(zero-sum scenario),所包含的意味对于国家更为有害,即:购买外国产品不仅仅会损害中国产品的国内市场,而且帮助了中国的敌对国家。为了强调这种主张,该组织定期宣传商战的概念。如第一章中提及的,19世纪晚期这种主要且普遍的观念是郑观应在《盛世危言》一书中主张的,他提出国际贸易关系对于中国是一种威胁,这种威胁更甚于帝国主义势力对于中国领土的野心。为了在这场商战中得以生存,中国需要“刺激商业”。中华国货维持会借助这个说法来提高经济中坚分子的社会地位,给政府施加压力促使其采用重商主义的政策。

然而,中华国货维持会和国货运动给商战概念增加了更新的和更普遍的含义。尽管郑观应已经向中国精英分子提出他的建议,是近代大众传播媒体通过鼓励中国消费者加入这场“商战”,不购买1915年后逐渐开始被称为是“仇货”的产品,从而扩大了这个观点的波及范围。[54]在商战观念传播的同时,中国的贸易赤字越来越让人感到烦恼,贸易收支情况继续充当唯一最重要的衡量“商战”进展的尺度。正如上文提及的,有关中国对外贸易的表格、图表、线图以及评论一再印刷和重印,这其中出现了一种贸易统计的论述。[55]在中华国货维持会的开幕典礼上,贯穿该组织历史的关键人物王介安作了一场演讲,表明当务之急是“利权外溢”和“漏卮”——商战意识形态中的两个重要术语(王介安是苏州同乡会的成员。苏州同乡会有着悠久的历史,代表丝绸行业的利益。王介安担任中华国货维持会及国货运动的领导人达数十年之久):

> 今天我们召集该组织是为了保护民族产品。中国地大物博,完全可以自给自足。那么为什么中国的商业和经济陷入如此窘迫的泥潭?全是因为中国不谙商战之道么?洋人说:“兵战强商战富。”但是,中国不谙商战,一直以来,我们是出口原材料和进口成品,使利润流入洋人手中……当利润以这种方式外流时,中国就在商战中失败,所以经济陷入低潮。同胞们应该研究怎样改良半成品并且销售成品,每个人应该以保护民族产品作为主要目标,而非简单轻率地遵循流行趋势。以这种方式,民族产品才得以保存扩大……尽管响应号

召的人群范围现在很小，但是我希望能达到所有的省份，并号召大家都来保护民族产品。（ZGWH 1912：8b）

但是，像王介安这样的中华国货维持会领导人也了解仅靠“购买国货”的运动不能使中国经济增强，成功的最关键之处在于使中国工业增强竞争力。中华国货维持会成员张紫荫甚至说找到了中国丝绸新的用途近乎珍爱“黄族国粹”（ZGWH 1912：7b）。然而，在过渡期间，成员们从进口替代的观点出发，试图阻止进口货破坏他们的工业。这些领导人明白没有关税自主权，中国不能使用保护性关税来保护国内市场。在缺乏金融上能支持经济发展的强有力政府的情况下，中国商业和工业的领导人想办法通过鼓励本民族生产的布料制成的服饰来建立非关税贸易壁垒。

中华国货维持会也把它的利益和政治高层人士结合到一起，他们警告说服饰上的任何转变，都会造成广泛的经济混乱，而这将立刻引起政治反响。这一系列的连锁反应以丝绸工业产生巨大混乱为发端，将动摇中国，使数百万的人挨饿，并且开始在乡村流浪、寻找食物。况且，允许外国人以中国经济为代价而得到利益，将使政府丧失合法性。在重建政治秩序时，革命党人不应该允许群众擅自改变他们自身的文化。[56]

最初的几个月，中华国货维持会围绕服饰问题试图传达一种紧迫感。正如一位发言者所描述的：“群众利用革命创造的机会去除旧的习俗和服饰习惯。”结果导致混乱，因为没有人知道什么是新的标准。（ZGWH 1912：5b）由于革命者全神贯注于重建政治秩序，他们实在太忙了，无法强制实行新的标准，他们扔下群众，群众只有在关于文化变迁的那些互相冲突的信号中进行选择。（ZGWH 1912：1）结果，许多中国人接受了进口毛料制成的西服。

除了引起政府注意这个决定性的结果之外，中华国货维持会领导人设法说服他们的“同胞”使用中国布料。通过民族主义消费的行为准则，像中华国货维持会这样的组织，寻求建立一个有界限的中国人的市场，这个市场是以消费泯灭了所有汉族与非汉族之间区别的中国产品为基础的。从第一任中华国货维持会会长起，运动组织的领导人们不断强调促进中华国货维持会的发展“四万万同胞都有责任”(ZGWH 1912: 5b)。除了攸关国家的经济运行良好之外,中国人的独立自主处在非常危险的境地,因为把衣服换成毛料的,不仅将使外国经济受益,而且鼓励了帝国主义势力进一步侵占中国。正如下一章探讨的,1915 年初日本提出“二十一条”后,这种焦虑快速提升。

游说人们穿着民族服饰

新政府毫不留情的剪掉辫子的努力和辫子服装之间长期存在的联系这两者共同作用,使中华国货维持会有理由关心这两者是否将一同消亡,由此将摧毁中国丝绸工业。中华国货维持会的直接目标是防止整个中国的政治领导人在剪掉辫子的同时准许服饰上的改变。[57]另一个目标是以法律规定中国的服装必须用国内生产的原料,尤其是丝绸。如上所述,中华国货维持会的成员试图得到政治上的支持,他们立刻开始递发请愿书和信件给那些官员、商业组织以及海外华人。

在就职典礼后不久,中华国货维持会给上海、江苏和浙江的军政府长官寄送了请愿书。在这份后来全中国传阅的长篇大论中,中华国货维持会一再强调丝绸工业对于中国的重要性,提醒政府管理者,服装、帽子以及典当行业都严重依赖丝绸工业,并把丝绸工业当前的不稳定状态归咎于废除辫子以及变更服饰所带来的冲击。它也鼓励中国新的领导人思考日本的例子:尽管明治维新在大约四十年前就发生了,但是,日本的普通民众仍然坚持明治维新以前的服装款式(ZGWH 1912: 10b-11b)。一份送往广州和其他商会的电报草稿精练地概括了中华国货维持会的信息:

> 我们建立组织是为了提倡剪去辫子和反对变革常服。此外,服装和礼服应该完全由国产原料制成。我们已经向各地的首脑人物请求贯彻这项提议。我们希望贵组织将通过这些提议,并传达给所有的团体,这样我们就能共同保护民族产品并防止利润大量外流,这对整个中华民族大有裨益。(ZGWH 1912:12a)

1911 年 12 月 20 日出现了政府早期支持的迹象，当时一份有影响力的上海报纸《申报》对中华国货维持会的呼吁发表了一篇回应，而这份回应来自一周前参加中华国货维持会就职典礼的沪军都督陈其美。在信中，他向中华国货维持会以及读者保证，礼服和常服以及军队警察和其他团体的制服将作调整，并许诺临时政府成立后，确保使用民族产品的规章制度将被制订出来。除了公开签名支持中华国货维持会议程之外，陈其美还采纳了中华国货维持会信中的术语和专有名词以及逻辑思路。在这样做的过程中，他进一步认可并推广了中华国货维持会希望能在服饰争论中传达的术语。最根本地，他屡次重复中华国货维持会的论点，即：从中国丝绸转换成西方毛料将招致“国货”的毁灭，从而使“经济权力落入洋人之手”。（《申报》1911 年 12 月 20 日）[58]

几个月后，更为重要的支持来自孙中山亲自回应中华国货维持会的信件。为了提高组织的地位，宣传它的目标，中华国货维持会重新打印了这份信件，并把这份信件分发给全中国的商业和政府组织以及海外的中国社区。在回复中华国货维持会的信中，孙中山总结说，有团体劝说孙中山要小心，不应在中国人选择穿着服饰方面给予过多的自由。尽管中国国货维持会信件的作者同意人们最终有权决定自己穿戴什么样的服饰，也费尽心思地不表现出专断，但是，他们迅速补充说从传统服饰转变至任何新款式服装，必须有清楚的程序。中华国货维持会的信件警告说，人们会对政府权威的缺席感到无法适应，从而盲目放弃旧习俗和惯例，不管它是否存有优点。中华国货维持会建议新政府发布指导方针逐步恢复秩序，这样人们就不会愚蠢地开始穿着由进口毛料制成的西式服装。（临时政府公报［南京］1912 年 2 月 4 日）

虽然孙中山的回应强调了中华国货维持会的地位，却离充分的支持还有很远的距离，孙中山本人毕竟已经开始穿西服打领带。首先，孙中山承认当前的服装款式存在混乱，并且承认穿着礼服和常服是政府的一项重要事情。其次，他也承认西式服装有“许多需要改进的地方”，而且它也许并不适合中国。最后，他接受中华国货维持会把使用国货和国内经济状态之间联系起来的观点。他做出结论说，常服以及非正式服装都应该用中国原料制造。但是,他忽略了最重要的问题——在这个过渡时期,中国人应该穿什么。他建议中华国货维持会进行更多的调查,以寻找干净和卫生的服装,以及考虑穿着该服装后行动的灵活性和低廉的服装价格,而不是拥护清朝的衣服和礼服。他甚至为中华国货维持会提供了几位做西式服装的裁缝的名字。(临时政府公报[南京]1912 年 2 月 4 日)

到 1912 年夏天,政府权力由孙中山转移至袁世凯的手中,这使国家决定服饰变革的权力也由南京转移到了北京。1912 年年中,新政府看上去平静地发布了有关服饰的规章(《政府公报》1912 年 8 月 1 日)。然而,最初的草案鼓励同时使用丝绸和毛料。为了避免政府赞同使用毛料导致的灾难,中华国货维持会立刻派副会长吕葆元进京,游说新创立的政府通过制定明确规章来保证在中国服装制造中使用本民族生产的布料(特别是丝绸)。正如中华国货维持会早些时候宣传的情况那样,吕葆元的请愿书强调了服装和政府之间的密切联系:

> 吾等始建吾国,新订冠服之制,国民均着国货所制之新服,原非易事,吾等敬请临时议会省代表提议延续传统服制,以孚众望,但望提议此冠服应为纯国产丝绵所制。

吕葆元也特别提及了来自毛料的威胁,他写道,从民国成立那天起,中国人就焦急地等待澄清服饰问题,单是服饰问题的不确定性就已经损害了浙江省和江苏省的丝绸及相关行业,规章允许同时使用丝绸和毛料将会带来比我们能想象到的更大的害处。尽管试行条例并不提倡使用外国毛料,但是,因为中国的羊毛工业仍然在起步阶段,这将无意中产生不好的结果。对吕葆元而言,爱国主义和穿着之间有一种清晰的联系——没有哪个中国人可以穿着毛料而同时又是爱国者。每使用一次毛料都会减少丝绸的使用,增加进口量并减少中国境内的工作量及财富,这种出入给中国带来的是双重损害。吕葆元指出,至少有几十万人以丝绸工业为生,他论证说中国应该采取其他国家实行的办法,使用国内产品生产衣服进入国内市场。简言之,他迫切要求以法律手段禁止用“羊毛”生产服装。[59]

中华国货维持会的努力开始获得其他组织给予协助的回报,不同的团体开始使用中华国货维持会的文献来游说政府当局。对中华国货维持会事业最重要的支持来自于北京的同盟军，控制京城相关贸易的绸缎行给京师商务总会递交了一份请愿书，京师商务总会把这份请愿书转送至国务院。[60]这份转发的请愿书的原始文本上，京师商务总会加了批注，要求政府采取措施，迅速采纳请愿书的建议，以保证丝绸工业得以“维持”。(《政府公报》1912 年 8 月 1 日)[61]

请愿书在用语中反映了中华国货维持会关注的问题，绸缎行反复论述这样的观点，即通过剔除“共同使用丝绸和毛料”字样，不强调在服装生产中使用毛料。绸缎行的请愿书中注意到当前中国不能供应羊毛，而且，强调毛料的使用只会导致不断涌入大量进口毛料，国内工业将衰退，并更加混乱。尽管洋货的入侵以及毛料代替国内的丝绸在辛亥革命以前早已开始，请愿书含蓄地指责革命者使形势恶化，因为他们没能成功地颁布新的服装法令。绸缎行迫切要求政府尽快发布并强调使用“纯”国内原料的法令，来处理以上两项事情。此外，绸缎行敦促外国布料的反对者为了国家利益积极行动起来，努力保持“利权”。最后，请愿书提醒政府，丝绸的税收能帮助支付士兵和官员的薪水，对新政府的自身利益是有吸引力的。(《政府公报》1912 年 8 月 1 日)

与中华国货维持会较早递送给孙中山的那份关于服装的请愿书不同的是，这一份由京师商务总会递送的请愿书明确反对变更中式服装。这对那些毛料的支持者认为绸缎不适合春秋两季穿着的观点是一种挑战。请愿书还鼓励中国人继续保持穿着毛皮的传统习惯。对于冬季服装，请愿书建议在绸缎制成的外层之下，使用毛料作为内衬，并且还自信地推断说改良并扩大这些中国原料的使用比抛弃它们要好，这将避免中国对进口毛料的需求。任何一种服装法令都应该强化这些目的。(《政府公报》1912 年 8 月 1 日)

游说成功了，1912 年 10 月，袁世凯总统宣布服制案(参见图 2.5)[62]，这项法令确保了中华国货维持会和影响国家政策的丝绸行业的成功。实际上，这项法令中止并且推翻了最初着重于西方服饰和织物的官方政策。相反，这项法令允许甚至鼓励穿用中国款式的服装，尤其是中国制造的织物做成的商品。中华国货维持会立刻出版了一本阐述新法令

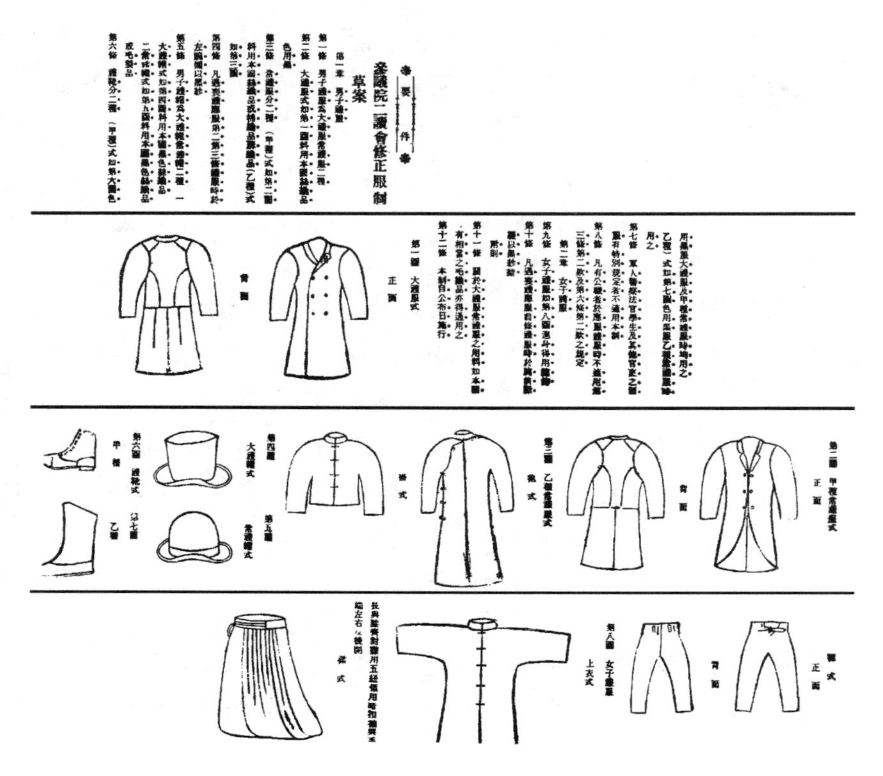

图 2.5　1912 年的服制案

(《申报》1912 年 8 月 20 日头版)

1912 年国货运动的参与者成功游说新的国民政府通过一项服制法,以上为该草案的复印件。这项法令通过批准他们继续同时穿用西式服装,确保了传统服装款式的生存。然而,对于这项运动而言,最重要的胜利在于法令的措辞,法令要求所有的服装,无论款式如何,都必须由中国原料制成。

的 18 页的小册子,这本广泛传播的小册子解释了丝绸工业的重要性,持续地支持中国款式的服装（ZGWH 1912）。这项法令以及中华国货维持会的努力象征性地阻止了政府封杀清式服装的命运,使它得以在新国家里继续生存下去,达几十年之久(尽管已经没有了同一套行头)。

需要确定的是,这项法令并不是中华国货维持会完全的胜利。法令把男人的礼服和常服分成正式场合穿着的大礼服和普通场合穿着的常礼服,规定大礼服应该由双排扣礼服和裤子组成,但是要求整套服装由黑色的中国丝绸制成。对于普通穿着的衣服,男人们可以选择黑色礼服和裤子或长袍马褂。这两种款式必须使用三种本民族生产的布料:丝绸、棉布或者亚麻(亚麻布)。依据这样的分类,一个男人可以戴一顶大礼帽或者一顶丝绸或棉布的硬圆顶礼帽。法令重申以旗袍和百褶裙作为妇女服装的款式,这几乎是事后添加的。这项法令准予学生、士兵、警察、法官、官员和其他一些需要特殊服饰含义的人例外,这也表明政府工作人员平常不用穿着长袍马褂。中华国货维持会在接下来的年份指责这些例外。

民国政体下民族化外表的遗产

成功地说服政治精英同意使用国产布料,并且使他们不再支持西式服装,是一种给人深刻印象的胜利。然而,这仅仅是部分胜利。法令没有要求强制实施的条款,即便法律已经包含了罚款和惩处的条例,但是,民国政府派系之间脆弱的利益联盟是否能够提供必要的时间和精力来执行法令是令人怀疑的。因此,新法令的直接影响并不清楚。不过,民国的新国会迅速接受了这项变革。一位长期在北京的西方政治观察家概括了这项法令的影响:

> 清朝法律根据每一位男人和妇女的阶层规定了他们正式服装的微小细节。既然中国正在进行现代化,在引进西方政治制度的同时,西方习俗也会随同进入,这也许并不是奇怪的事情。因此,一份提交并通过的议案规定了政府官员穿着的服装种类——西装、晨礼服、非正式的无尾晚礼服和燕尾服,笔挺的衬衫、衣领、领带、丝绸帽子、圆顶硬礼帽和鞋子,提供了所有这些服饰的式样。国会形象的变革是令人吃惊的,1911 年和 1912 年国会的新成员穿着亮色绸缎长袍。(Williams 1923: 479-480)[63]

到 1913 年,所有的成员穿着规定的全套西式服装。但是同一位西方观察者误解了这些服装:"变革更多是苦恼,因为服装式样没有被内地城市中的一些裁缝理解。黑色的缎面裤子以及礼服大衣触及脚踝……”这位观察者没有理解变革的目的。变革的意图并非是看起来更“西化”，而是为了支持中国经济。依照法律，这些人穿着丝绸制成的西式服装本身是一种在西方形式和中国内容之间的妥协方式。

正如民国官员最初制定的变革一样，中华国货维持会和运动中其他参与者害怕的并不是大众接受此种服装变革。更准确地说，他们担心在政府最高层变革服装款式——在北京的立法者倒在“服装的咒语下”——将使整个中国类似的变革加速并合法化。他们也极大地关切那些漠视使用中国布料法规的人以及西式服装的更为流行将会继续破坏中国丝绸工业。这些焦虑激发了广泛的担心和愤怒，尤其是那些游说反对议会通过服制案草案的丝绸、帽子以及其他工业。在整个中国城市的公众集会中，新的服装被强烈指责为不适合穿着。（Wu Tingfang 1914：158-160）

中华国货维持会早期著名领导人伍廷芳长期以来关注此问题，他引导反对者走向这一趋势。在协助游说新民国政府改变关于服制的法令后，他促使政府允许两种不同的服装形式存在——一种是西式服装，另一种是较为传统的服装。伍廷芳开始改变服制案里有关正式穿着的规章。新的法令规定人们在正式场合穿礼服，然而，它没有定义“正式场合”。法令中模糊的含义使伍廷芳感到担心，他害怕法令规定得不清楚，比如那些军队制服，而每个人将在参与诸如婚礼和葬礼这样的正式场合时穿西式服装，这将对国货不利。作为妥协办法，也许是出于赞同西式风格，伍廷芳敦促政府找出一种中西合璧的服装。在伍廷芳递交给袁世凯总统的一份厚厚的请愿书中，他非常认真，甚至说明了某种中西混合服装的精确式样、颜色以及布料；与此同时，他始终强调使用中国原料的重要性。（Ding Lanjun and Yu Zuofeng 1993，vol. 2：615-618；伍廷芳 1915：62—65；Pomerantz-Zhang 1992：186-188；Crow 1944：125-126）他也试图通过设计一种替代服装——这种服装看起来似乎有些西式，但利用了中国款式，更重要的是，它由中国丝绸制成——来阻止人们穿着西式礼服（参见图 2.6）（Wu Tingfang 1914：160）。

尽管保护中国重要的工业部门是反对接受西洋款式的核心内容，支持中国款式服装的人还用其他论据来支持这种观点。例如，伍廷芳抨击西洋服装所声称的优越性——西洋服装经常被提及的是它是更健康的、更卫生的以及更适合现代工业生活所需的灵活性要求的。他认为穿衣有四个理由——使人在恶劣天气下得到保护、舒服、适度和装饰,并论辩说在每一方面中国服装都等同或优于西洋服装。伍廷芳声称,西方人遭受更多的病痛是由于服装没有很好地防止恶劣天气的侵袭。他说,中国人很少感冒,从不受中暑之苦。伍廷芳对妇女的紧身胸衣提出了最尖锐的批评,他认为这既不方便又很危险,并说"假如不穿胸衣和其他紧身带,那么美国妇女的死亡率将会下降"。关于适度问题,他认为这是一个相对概念,如果中国人发现西方人穿着中式服装,将会感到震惊,反之亦然。他感到中国人选择衣服基于实用性而非时尚,他称时尚这个现象是"魔鬼的杰作"(the work of the devil)。(Wu Tingfang 1914: 131-132, 140-141, 157)

和那些认为中国服饰使国家显得落后的人一样,伍廷芳把服饰当作文明和理性的准绳,但是他把前面倾向于西方人的看法完全颠倒过来,提出中国人的服饰是先进的,西洋服饰是劣等的和有缺陷

图 2.6　外交官的新制服
(伍廷芳 1914: 160)

在20世纪最初十年里,伍廷芳充满热情地赞成继续使用中国服装式样。伍廷芳是中华国货维持会的一位早期领导者,他深知使用丝绸制作衣服对于中国经济的健康以及国家富强是必不可少的。同时,他承认与帝国主义列强进行交易时,中国人需要作出妥协。伍廷芳以前是一名外交人员,他设计出以上全套服装,这套服装混合了西方(裤子和鞋子)和中国元素(长袍和短上衣),以此作为中国外交人员的制服。

的。西方男人的高领以及紧身衣服非常不切实际。相反,中国人穿衣习惯是较好的,因为“服装款式由气候决定”。伍廷芳开玩笑地说“由于穿着不合适的服装而致人死亡”这样的字眼应该在西方许多死亡鉴定书中出现。因此,美国人应该采取中国人的服装款式。当然,伍廷芳知道自己在进行一场正在走向失败的战争。正如他所说的,在服装款式方面“强权就是正确”。(Wu Tingfang 1914: 141, 154-157)此外,因为帝国主义势力渗入中国,中国人正在模仿西方列强的劣等服装款式,这个过程随着清政府覆灭而加速进行。尽管如此,他希望使他的同胞相信,军事力量并不决定缝纫的品质。

伍廷芳提供的是一个解决问题的方法,这一问题从 19 世纪下半叶开始就在中国争论:中国人需要在多大程度上接受伴随当代西方而来的生活方式中的重要服饰?伍廷芳认为,生活在海外的中国人,尤其是外交家,穿西洋服饰可以理解,也是实用的(Wu Tingfang 1914: 160)。西方对中国服饰存在的偏见简直难以克服。然而,他坚决反对中国采纳西洋服饰。伍廷芳的解决办法可以在他一位朋友对他的观点的概述中找到。他的这位朋友在美国留学并穿着西洋服饰,刚一归国就恢复穿中国服装。伍廷芳引用了这位朋友的解释:“如果我们保持我们自己的生活方式,这并不是出于盲目的保守主义。与普通欧洲人的想象相比,我们的方式显得更为合理。例如,正如你看到我穿的‘袄’,它分成几个部分,允许四肢自由活动——比起你们的巴黎的时尚裙装来,这样的服装显然更合理、更舒服。”伍廷芳自己没有作出更好的解释。他承认在伦敦读法律专业期间,迫于英国同班同学的压力,他自己也穿着西洋服饰。这样做使他冬天感冒、夏天中暑。此外,他的皮鞋使他的脚长出鸡眼。当他返回中国,重新穿上中国服装时,所有的这些毛病都消失了。(参见图 2.7)(Wu Tingfang 1914: 139-140)

努力使形象民族化

服制案和伍廷芳的努力没有涵盖企图通过新的服装法规以使消费文化民族化的所有尝试。民国初年,中国行政部门相继核准或重新发布与国产服饰有关的法令法规,许多法规是针对政府部门最容易控制的政府

图 2.7　中山装的妥协
(Tang Weikang and Huang Yixuan 1991：54)

清王朝覆灭之后,像孙中山这样的革命者开始从完全支持西式服饰的立场上后退。中山装(后来在英文中被称为 Chairman Mao suit)代表了一种像孙中山这样的政治人物在服装剪裁上的妥协(本照片摄于 1924 年 11 月,孙中山死前一个月)。在民国早期,政治家和其他中国人发现要选择一种服装款式非常困难。一方面,对帝国主义以及代表它的西式服装的敌意越来越强,这种敌意产生在国货运动早期。另一方面,清式服装显得过时了,而且使人联想到腐朽的王朝官僚作风。中山装似乎是从德国借道日本传到中国的,由于没有一种清晰的民族认同,这种款式成为颇有吸引力的折中样式,特别是当它为孙中山所认同,以及国货生产商开始用这种款式占领市场之后。这三种款式(西式、中式和折中风格)没有表现出特定阶段:孙中山使用了所有这三种风格。孙中山不是通过服装款式表达反帝主义的唯一的世界领袖。中国人知道甘地选择的服装也是从西式演化而来,并且强调是本国生产(参见 Tarlo 1996)。在国货运动的文献中,甘地是通过爱国服装来反对帝国主义的典型人物。

雇员。最早的法规是针对那些涉及法官、检察官和律师的制服,这项法规在1912年1月颁布。同年秋天,政府颁布了新的军队制服规章,并在1913年春天,宣布该服装法规适用于地方公务员、外交官和法律顾问。到1915年,针对采矿业官员和监狱官员也出台了相似法规。1918年,中国海军制定了新制服。(Huang Shilong 1994:235)

政府和国货运动组织继续重申市民着衣要求使用国货的法规,尤其在频繁的反对帝国主义抵制运动期间。[64] 1928年南京国民政府成立之后,中华国货维持会成功游说新政府对服饰进行控制,以保护国内制造商的利益,并由此加强民族主义的消费活动。[65]当中国反对帝国主义的斗争持续进行的时候,此种非政府组织的努力也增加了。从1915年签订"二十一条"后,像天津的宋则久这样的实业家们在市场中销售"爱国布",用以和日本进口纺织品进行竞争(Rinbara 1983:29-42)。1931年,在日本入侵东北之后,机智的商人在市场中销售"雪耻布"(Fang Xiantang 1996:436)。同样,国货运动提醒中国人他们需要通过选择中国布料来抵制日本帝国主义。[66]中华国货维持会多次请求中央政府发布命令要求所有省份审查"奇装异服",以加强对服装的控制。[67]妇女开始成为国货运动努力的主要目标(参见第七章)。而学生们经常被要求言行一致,以个人的具体行为来实践他们的爱国号召。例如,1930年春天,南京教育部规定全中国教育机构命令学生必须穿着由中国布料制成的制服。[68]与此类似的是,上海市政府要求所有公务员只购买国货布料。[69]规章在不同地方有变化,在山东省,公务员不仅被要求穿国货,而且被要求登记他们持有的任何一件非国货服装。[70]国货运动的组织和出版品运用诸如"不是国货,就不穿""穿国货,救中国"这样的标语,提醒中国人在民族危急时刻的法令和他们的职责(参见图2.8)。[71]

从1644年清朝建立到1911年辛亥革命,中国人的发型和衣服式样经历了从一成不变、让人感到失落和被赋予多重意义的过程。通过检验中国确立视觉认知的政治意味,我们可以清楚地阐明在人体形象和被赋予的特性之间存在一种谈判关系。本章提出,尽管符号象征和它们的实际指代之间一直存在微妙的关系,但是,这种关系在政治、经济和社会风云突变中,变得特别地不稳定。民国领导人和他们的支持者认为建立并

图 2.8　西式中制的服装

(《商业杂志》1930 年第 7 期；SSGC 1930)

当中国公司开始生产羊毛衣和西式服装，国货运动继续它在辛亥革命中所提倡的对男性服装的最初阐释要容易一些了(产品国籍才是问题，而不是款式)。这也使得运动参与者更加容易接受西式服装，甚至包括婚纱和睡衣，这可以被上图所确认——在 1930 年上海国货时装秀上，一些妇女正在当婚纱模特。长袍实际上依然是运动的男性制服。然而，国货运动也利用广告、时尚秀(下图)以及其他展览会来提倡由本民族生产的西式服装。

强化他们自己的标准形象，对新国家是意义重大的事业。然而，政治家和知识分子都没有界定他们自己的新民族视觉认知。国货运动早期历史中至关重要的组织——中华国货维持会阐述了参与到这个进程中所具有的巨大经济利益，通过建立消费国货和民族主义之间的联系，以及禁止消费标有"洋货"的产品来抵制帝国主义，重建经济、社会和政治三者之间的关联。

更广泛地说，这个事例强调了物质文化在界定和维持民族主义过程中的重要性。对中华国货维持会来说，诸如布料和服装款式这样的物质文化，在联结个人和国家中起了直接作用：每个人的身体是民族象征符号的关键表现场所，因而，就可以以此来构建现代中国人的民族主义。国货的迅速增长不仅仅改变了生活方式，而且提高了中国经济社会中每个成员的自觉意识。这些商品使得更多的中国人意识到存在一个新的日益增长的全球经济体系，"成为中国人"开始与穿"中国的"服装联系起来。至关紧要的是，服饰的国籍日益取决于服装的质地而不是款式，取决于是否使用中国的劳动力、管理、原料以及资金，而不是指服装的外形是不是中国式的。

随着清王朝的消亡，中国的精英和组织开始寻找新的方式来界定个人外表。他们现在已经是众所周知了，他们把中国的"国民"这个概念整合成新的整体，来反对"洋货"的象征符号阐释和经济渗透。比如像梅作侣这样穿着他所认为的全套爱国服装的人，开始进行长期的努力，在"民族"消费和新生的中国民族意识之间建立联系，使民族消费文化制度化，并且以一种可见的形式支持它。这样做并不容易，也并不是没有受到挑战。例如，面对有冲突的种种需求的时候，城市精英可能选择普世主义而不是爱国主义。尽管如此，民族化物质文化的过程进行良好，在随后几十年中，一次广泛的运动大大地促进了这个进程。

尽管经常有各种警报，民国时期从来没有见证男人服装革命的发生。虽然许多中国男人转向（或者仅仅是偶然穿着）西洋款式的服装和正式的穿着，在 20 世纪 30 年代中期中华国货维持会的领导人已经有充分理由宣告胜利。然而，从国货运动无情地攻击进口纺织品来判断，中国式样的服装并不一定确保使用了像丝绸那样的国内原料。但是，到了 20 世纪

30年代,虽然中国绸缎工业面临着新的威胁,比如人造丝的威胁,中华国货维持会的成员通过改良传统的以丝绸为基础的款式取得成功,以此尽力保护中国工业以及成千上万人的工作。[72]

通过抢救传统款式和重新赋予它们"爱国"含义,保守的中国经济精英成功地把他们自身彻底改造成文化仲裁者、民族主义美学的阐释者。较之其他竞争者,他们既有提供给政府新象征符号的产品的兴趣,也有赋予产品意义的更好途径。他们不但把"国货"置于新的民族阶层的顶端,而且他们自己(包括他们的同类)也是最佳的消费者。直到1949年共产主义胜利,一种不同的视觉认知的新制服得到使用之前,这些款式成为实际上的运动制服,持续强化着国货布料和民族主义之间的联系。

注 释

〔1〕 全书中,"辫子"是指编织头发而成的长的单根的辫子,包括了被刮去头发的前额和头皮前半部分。

〔2〕 尽管我的研究集中于头发和服饰,但是围绕"个人外表"变革的辩论扩展到帽子(形状和质地)、鞋子(传统的棉布鞋与新的皮鞋)和装饰品(皮带、手表、香烟和许多其他的"西洋"物品)。此外,我把"个人外表"看作"自我亮相"的一种子范畴,而这种自我亮相包括了1994年在伊莱亚斯(Elias)讨论的例如握手、擤鼻子、餐桌礼仪这样的行为和日常活动。民国政府早期主持下的中国的象征符号的转变,包括与头发、服饰、日历、旗帜、姿势、礼节以及更多相关的含义,关于这方面的介绍参见Harrison 2000: esp. 14-85。

〔3〕 支持保留辫子的经济力量是相当虚弱的,这一发型需要理发师几乎不间断的关注,他们不仅必须把辫子编了又解、解了又编,而且必须时常刮去前额的头发。根据一位到过清王朝的欧洲旅行家所言,理发师对清王朝的征服和强制剃发扎辫子的行为心存感激,因为这样他们才能更好地生存(引自Lach and van Kley 1993: 1695-1696)。然而,直到雍正皇帝(1723—1736在位)正式废除阶层差别,理发师在中国是最低微无权的合法阶层成员之一,被称作"贱民",这个阶层还包括妓女、戏子、小贩和政府的皂隶。(Ch'ü 1961: 128-135)最近,哈里·汉森(Harry Hansson,1988: 50)把理发师、轿夫、厨师和少量其他种类的劳动者划归到"半贱民"(semi-mean)一类人中,他发现,尽管他们受到低人一等的对待,但理发师并不被正式法律禁止参与科举考试。汉森也列举了理发师身份低微的原因,例如,他们的工作和头发打交道,被认为是"不洁净的",并

且他们和同性恋、妓院有关联。

〔4〕 这种利用消费获得并维持一定地位的做法在中国并不是新鲜事物。像他们的欧洲同行一样,晚清学者已经开始研究在更早一些世纪的消费模式中,近代消费文化的起源。这项研究概要说来就是,认为现在流行的消费品也即那些曾经被看作是奢侈品的东西——诸如茶叶、烟草、食糖这样的农产品、纺织品,还有诸如书籍这样的特殊物品,直到19世纪初期,中国都还与欧洲水平持平或超过欧洲水平。参见 Pomeranz 2000:116-127,138-142。他也指出,正如欧洲的情况一样,这种消费方式的重要性和普遍性由于地域而有很大不同(同上:149)。例如,在江南地区,直到16世纪末期,这种消费方式是精英士人身份象征的必要组成部分(Brook 1998:218-222)。

〔5〕 把"中华国货维持会"(National Products Preservation Association)的中文名字翻译成英文颇成问题。我选择了两种翻译法——描述这个组织的目的与寻找一种更为直接的译法——的折中,把"维持"翻译为 preservation,觉得比翻译成更普通些的词语(例如 promote)要好,preservation 与经常在"亡国"这样的词组中出现的词形成对比,含蓄地表达出相反的意思。Preservation 意味着不仅仅是维持包括在中华国货维持会中的行业,而且通过 preservation 所有行业来保存中华民族,而这正是运动的核心宗旨。中华国货维持会的资料从1925年起把组织名字翻译作 China Products Improvement Association(SZMA File 397),尽管改进中国产品质量是中华国货维持会这样的运动组织章程的清晰的核心部分,但 product improvement 这个词没有像 promoting Chinese products 这个词那样充分反映洋货的威胁。"中华国货维持会"的其他一些翻译是 Chinese Product Protection Society 和 Society to Encourage Use of National Goods(Pomerantz-Zhang 1992:235)。

〔6〕 社会科学的主体中关于时尚含义的文献是庞大的,而且还在日益增多。想要了解一般性的介绍,参见 Barnard 1996 和 F. Davis 1992:24-26。正如随后的引文表明的,专门撰写以阐释中国时尚含义的文章还相当少。

〔7〕《剃发的起源》,参见 *NCH* 1914. 7. 25,同见 Shiratori 1929。

〔8〕 有关服饰的研究,参见 Valery Garrett 最近的任何一本新作,特别是 Garrett 1987。也请参考 C. Roberts 1997b。关于辫子的研究,参见:Qiu 1936, 1938; W. Cheng 1998; Godley 1994。

〔9〕 历史学家孔飞力认为"满族人采纳这种发型可能是为了避免骑马时干扰视线"(1990:243*n*6)。尽管头发编辫子在蒙古人统治的元朝末期已经在汉人中流行,但明朝迅速制止了这个趋势。希望被认作是"汉人"的中国人被命令停止

使用这样的发型,并且恢复那种更为“汉化”的发型,即留长发并在头顶束紧(Godley 1994: 55)。关于明清时期发型和服饰的图解和描述,参见 Zhou Xibao 1996: 378-532 和 Huang Nongfu and Chen Juanjuan 1995: 312-383。

〔10〕 佛教徒和道教徒是例外。后来,清朝的法规对于那些没有获取度牒,为了逃避剃发而去当了僧道的人给予了严厉处罚(W. C. Jones 1994: 106)。

〔11〕 萧一山《清代通史》上册第一部分: 294。在江南的抵抗格外激烈,江南是中国的时尚中心,例如可参见 Dennerline 1981 和 Struve 1984。“身体发肤,受之父母,不可毁伤”这句话表达了这种情绪,也参见 Hua 1989: 76。

〔12〕 清廷对即便只剃去部分辫子引起的潜在煽动性也非常敏感。对于这个问题的探讨,参见 Kuhn 1990。

〔13〕 通过在外套纽扣上悬挂一把小梳子,以及捋着长长的胡子,通常可以增强威望。只有 65 岁甚至更老的老人才被允许留满腮的胡子。这些关于毛发的规矩中有一个例外,即痣上的毛发允许自由生长(Ball 1911: 15; Conger 1909: 51-52)。

〔14〕 对一位典型中国理发师的访问和他经受的痛苦的记述,参见 Ball 1911: 16-17。

〔15〕 这样的例子,见 Hardy 1905:130-137。相反,清朝法律也规定了对剃去他人头发的处罚。剃光他人头发的处罚是“打六十大板和一年劳役”(W. C. Jones 1994: 285-286)。

〔16〕 最著名的对清朝标准外表的挑战是在太平天国期间(1851—1864),据他们自己称,这些“发贼”的基本社会政策包括剪除辫子和变革服饰。想要了解这些变革的调查报告,参见 Li Wenhai and Liu Qingdong 1991: 31-52。

〔17〕 到 18 世纪后期,性别、身份、等级、职务、场合与季节决定了服装的 48 种官方分类。这些分类大多数专门用于皇帝和皇室(Guoli lishi bowuguan 1988: 5)。本书包含了这些款式的图解。

〔18〕 18 世纪中叶,乾隆皇帝重新审查并强化了所有官员的礼仪规范,并在 1759 年颁布了《皇朝礼仪图示》,参见 Medley 1982 和 G. Dickinson and L. Wrigglesworth 2000。关于各个社会阶层服饰礼仪的普遍惯例,参见 Walshe 1906: 12-13。

〔19〕 关于几千年来官员服饰规章的概述,见 Yang Shufan 1982。

〔20〕 这些规章的最佳描述见 V. M. Garrett 1990。

〔21〕 关于中国丝绸出口市场份额的下降,见 Allen and Donnithorne 1954: 60-68。

〔22〕 想要了解养蚕和耕作的精彩记述,见 C. A. S. Williams 1933: 127-128。

〔23〕 这些变革的总结见 Shih Min-hsiung 1976：29-32。和缫丝业形成对比的是，直到 1911 年辛亥革命前夕，纺织业基本上保持手工业的状态（L. M. Li 1981：30-33）。

〔24〕 资料来源于清帝国海关的《十年报告》，Shih Min-hsiung 1976 编辑：table II. 1：17。

〔25〕 其他东亚国家在男人头发问题上也面对类似的复杂情况，关于朝鲜剃去发髻的论战，见 Jang 1998。关于整个东亚这些变革情况（尤其是中国）的概述，见 Ryū 1990。

〔26〕 1890 年以来，最初的服饰变革有许多这样的论点，这样一些观点在王尔敏 1981：61-65 中被大量地引用。例如，1898 年"百日维新"期间，礼部一位低品级官员提交了一份奏折，为振作羸弱的朝廷提出了很多建议，包括废除辫子以及用西式服装代替中国式样的服饰（A. H. Smith 1901，vol. 1：145-146）。他并不是唯一提出这样建议的改革者，实际上，变法的精神领袖康有为主张中国在改革服饰和发式方面应该遵循日本的先例（K. -C. Hsiao 1975：341*n*146）。

〔27〕 我采用道格拉斯·雷诺德（Douglas Reynolds 1993）使用的术语"革命"（revolution），来强调深远的改变在这个时期开始发生。

〔28〕 伍廷芳的简略传记，见 Boorman and Howard 1967-1971，vol. 3：453-456。书中对伍廷芳与中华国货维持会的关系以及辫子服饰的改变只是作了简短的记述，Linda Pomerantz-Zhang 的传记（1992）则介绍了他的生活和改革努力。

〔29〕 伍廷芳关于头发和衣服问题最完整的陈述是《奏请剪发不易服折》，《东方杂志》1910 年 8 月 25 日，重刊于 Ding and Yu 1993，vol. 1：358-360，同见 Pomerantz-Zhang 1992：186-187。

〔30〕 较早的命令曾允许外交官剪去辫子，见王《辫子的废除》，《大西洋月刊》1911 年 6 月。

〔31〕 这次会议也要求采用阳历，同见 CRDS File 893.763（1911.12.8）。

〔32〕 一张为剪掉辫子进行辩护的传单说："油污弄脏你的肩。"见南京的中国社会党的传单，CRDS File 893.1044。

〔33〕 要看其他例子，参见 Thomson 1913：69-70，81。他指出："曼谷（旧称暹罗）的中国人，提倡剪辫的方法非常幽默。民国的三色旗悬挂在山顶，在这根旗下挂着 200 条闪闪发亮的辫子，然后升起旗杆。"（同上：81-82）

〔34〕 临时政府公报 No. 29（1912 年 3 月 5 日），重刊于 Luo Jialun 1968：628。

〔35〕 同上。

〔36〕 来自山东的报告表明,像淄博这样的城市里的居民害怕如果剪去辫子,在外国势力控制该省发生冲突的时候,他们会被误认为是日本人。见《淄博的剪辫》, *NCH* 1912.7.20,以及《剪辫子军》, *NCH* 1912.7.20。

〔37〕 这些变化中,许多是由新政府发动的,包括把阴历改为阳历、改变称呼、禁止缠足。关于这个问题的概要,见 Yue 1994。关于用阳历代替王朝纪年系统的争论,见 Wang Ermin 1981:66-70。

〔38〕 确切地说,与其他的选项相比,我认为民族主义消费的行为准则是非常具有竞争力的,对于正在形成的占主导地位的历史叙述方式的产生贡献良多。关于民族主义的观念以及他们与近代中国历史的关系,见 Duara 1995:3-82。

〔39〕 组织者的目的是创立一个常设团体,他们规定了新组织的各个方面,包括名称、成员规章、周转资金、招聘募集和选举程序。关于预备会议的信息,见 ZGWH 1932:"Huiyi jilu" section。许多学者称中华国货维持会为第一个国货组织,例如,Pan Junxiang 1989:55 和 Yang Tianliang 1991a:348。然而,参加中国国货维持会就职典礼的一名记者告诉在场人士说上海已经有三个小型组织,见李州韵(Li Zhuoyun)在 ZGWH 1912 的简短演讲。我讨论的大多数同乡会位于上海和江南,"同乡会"包含了会馆和公所,是由旅居商人创建的机构。关于这些术语,见 Goodman 1995:39。

〔40〕 这份资料(ZGWH 1912)清理了在一些中华国货维持会创建时期二手的,实际上是主要的文献中的混乱,即同乡会和成立团体中代表的确切数目不清楚。在二十年周年纪念册上,中华国货维持会官方清单为 10 个公所和 40 名成员,见 ZGWH 1932:"Huiyi jilu" section。这个会馆成员的数目由 Pan Junxiang 1989:55 和 Xin Ping et al. 1991:348-349 提供。有几位学者认为该组织的创建日期是 1914 年或 1915 年。例如,Chen Zhengqing (1987)认为是 1915 年,Linda Pomerantz-Zhang (1992:235)认为是伍廷芳在 1914 年组织的该团体。

〔41〕 对于典当行的威胁可能不是那么明显。大多数抵押的物件是衣服。据有人估计,衣服"或许占百分之九十的价值,百分之九十九的要求储存的空间和劳动成果"。穷人和富人可能没有空间或者时间照看他们的衣服,经常把这些典当行当做共有的阁楼,参见 *NCH* 1914.7.4 和 Gamble 1921:281。

〔42〕 中华国货维持会首次选举的结果表明了丝绸行业的重要性。根据章程,中华国货维持会在就职典礼上要举行一次选举。典当行业的代表姚涤源得到最多的选票,张紫荫和何驾甫当选为副主席。然而,姚涤源说因为中华国货维持会面临的最紧迫问题和丝绸行业相关,应该由丝绸行业的人领导组织,因此,他让位于张紫荫(ZGWH 1932:"Kaihui" section,13;ZGWH 1912:6b,

8a）。

〔43〕 例如，参加中华国货维持会的公司数量从1915年的49家，增长到1920年末的109家（ZGWH 1932："Huishi" section，12）。

〔44〕 孙中山给中华国货维持会的信件公开发表于南京临时政府公报（1912年2月4日）；陈其美向中华国货维持会保证将管制服饰，见他给中华国货维持会的信件，该信件重印于《申报》1911年12月20日，且在上海社会科学院1981：423—424再版。关于伍廷芳，见ZGWH 1932："Huiwu jilu" section，3。中华国货维持会早期也接受来自低级官员的支持信件，包括一份来自上海市政府工商局主任的来信，见ZGWH 1912：2。

〔45〕 小册子上每一份发言都着重强调在全中国城市中帮助创建相似组织的重要性。例如，ZGWH 1912：9a上李州韵（Li Zhouyun）的发言。这里存在许多潜在的联系，如第一章提及的，到1911年末，在中国有超过一千个地方的、乡镇的和省级规模的商会。

〔46〕 确实如此，国货运动的组织寄送他们规章制度的另一份副本和组织文献成为一种惯例。与此类似的是，报纸和国货运动的出版社也重印这样的材料。

〔47〕 关于有这种组织的城市的部分目录，见Huang Yiping and Yu Baotang 1995：182。中华国货维持会ZGWH 1932开始逐年把这些团体的创建情况录入列表，这份列表中编辑的目录见Pan Junxiang 1996c：19-20。这份列表也显示了中华国货维持会和全中国以及海外华人往来的深度。国货运动的组织的数目在不断变化。关于各种国货运动组织在1925年春活动的一份综合概述，见Jiang Weiguo 1995：75-83，这份概述把中华国货维持会当做一个"生产/营销"的运动组织（76—77）。关于天津的中华国货维持会，见Rinbara 1983：21。

〔48〕 关于苏州中华国货维持会分支的创立及它与当地丝绸工业的关系，见Wang Xiang 1992。

〔49〕 中华国货维持会也不断开拓新的渠道，例如在随后章节里讨论的示威游行、展览会和期刊。关于这些渠道的简介，见Pan Junxiang 1989：55-59。

〔50〕 见ZGWH 1932"会务记录"部分，数百个印刷的传单实例、函件、具体的有关丝绸和其他产品的"样本"以及其他宣传物品。例如，在第一年（1911年12月到1912年12月），中华国货维持会散发了超过5,000份传单鼓励中国人使用国产丝绸。

〔51〕 会议在钱江（杭州）和宁波同乡会举行。从1912年到1924年，中华国货维持会举行了59次这样的演讲。第一次这样的集会在1912年7月举行，同年9

月举行了三次。一直到 1914 年 1 月,演讲几乎每周都举行。中华国货维持会记录下了这些发言者的名字和他们发言的简短摘要。

〔52〕 关于这些集会的一个很好的综述,见《申报》1912 年 11 月 4 日。中华国货维持会在 1912 年 11 月 4 日召集第 15 次会议,从下午 8 点开始到 10 点结束,地点在杭州同乡会钱江会馆。超过 200 位男人和妇女参加了会议,其中有 9 位发言。

〔53〕 在中国用于制作衣服的纤维中,羊毛“引人注目地缺席”(Vollmer 1977: 16)。例如,江苏第一家羊毛厂建于 1906 年,在辛亥革命之前停业。几十年后在该地区才有了可与进口羊毛织品相竞争的厂家。(NII 1935: 429)关于这个成长中的市场,见 Bard 1905: 198。

〔54〕 关于国货运动中广泛使用的军事比喻,见第七章。

〔55〕 典型的例子是把贸易统计当作国货运动的成绩记分牌,见广东建设厅 1930。

〔56〕 例如,见张紫荫在 ZGWH 1912: 5b 的发言。

〔57〕 在预备会议、就职典礼和后来的会议中,发言者强调必须寻求政府参与。例如可参见:《申报》1911 年 12 月 9 日; SZMA File 404; ZGWH 1912: 9b;《申报》1912 年 1 月 12 日。

〔58〕 同时,陈其美主张中华国货维持会应想办法用绸缎制作服饰,对日益流行的西方服饰作出回应。

〔59〕 《维持会代表吕立基呈参议院文》,《申报》1912 年 7 月 19 日。

〔60〕 绸缎行位于元宁东馆,一处给南京来的人员的临时住所(Richard Belsky, pers. comm., Jan. 20, 1996)。

〔61〕 中华国货维持会也得到其他同盟的支持。例如,1912 年夏,苏州丝绸行业就有关使用国产丝绸的重要性,多次发电报给工商部。工商部的领导王正廷在 7 月 2 日作了回答,再次保证政府的利好决策即将出台:“内阁正在考虑服制案,此项法案决定以促进国产丝绸的使用为基础,在各省临时议会通过此法案后,将被公布出来。”

〔62〕 积极促进中华国货维持会和国货运动的《申报》在 1912 年 8 月 20 日的头版公布了含有图示的服制案,打击了《政府公报》。

〔63〕 同见 Farjenel 1915:183。

〔64〕 关于 1925 年抵制外货运动期间中华国货维持会提倡穿着中国制造的服饰,见 SZMA File 367: 6a-b。关于中华国货维持会给政府的要求扩大并强化服饰法规的另外一封请愿书,见 SZMA Files 752: 47 和 1020:16-18.

〔65〕 关于在苏州这些法规的实施,参见 SZMA File 1332: 78-81 和 NJ 613.463,后

者还描述了民族主义者试图为国会运动建立保护组织;NJ 613.462:28,叙述了新政府的努力;《申报》1928 年 7 月 10 日:8;《国货礼服运动之推进》;山东省国货陈列馆 1936:57—58。同见 H. Harrison 2000:191。

〔66〕 这些穿着中国制造的衣服的提倡者尤其普遍,他们在诸如 1931 年“九·一八事变”的周年纪念日上发表意见,“九·一八事变”导致日本正式吞并中国东北地区,例如见《9-18 与服装》,《申报》1933 年 9 月 18 日:19,以及提倡民族主义消费的无数广告。

〔67〕 《国货维持会电请中央例行国货服制条例》,《申报》1936 年 5 月 22 日。

〔68〕 《中国学生必须穿着国产布》,*CWR* 1930.5.24:500。5 月 16 日,南京教育部命令各级全国公立学校指示学生他们的制服必须由国产布料制成,他们也应该力图避免购买进口货。关于用法令解决“穿衣问题”的讨论,见 Wang Keyou 1931:1-4 的论文。

〔69〕 相同的法规也禁止在正式场合消费进口货,尤其是酒和烟,所有的办公用品必须是国货(见《上海市政府提倡国货使用实行办法》)。

〔70〕 见《申报》1934 年 11 月 12 日的“一周间国货新讯”,报道政府给各种组织的只穿国货的命令。

〔71〕 实际上,每次运动的出版品都会再现这些口号。关于日本侵略和这些口号之间的联系,例如可参见 Lu Baiyu 1931。同见《国货指导》(1931)和《服装救国》(1933)。

〔72〕 ZGWH 1932:“Huishi” section 2 声称中华国货维持会努力拯救这两个行业并维护了几十万人的生计。中华国货维持会努力阻止使用尼龙,以及由尼龙制成的进口货的实例,见《国货会请女界勿用外货》(1934)。

第二部分

作为抵抗的消费

第三章

国货运动和反帝抵货运动,1905—1919

永远铭记，勿忘5·9

——1915年的一张用作者鲜血书写的海报

（照片见知耻会1915）

日本欺压我们，自私是它的宣言
是的，抵制所有日货
是每个人永远的责任

——1915年的一首抗议诗歌

（《新闻报》1915年4月1日）

国货运动倡导者面对的主要问题是说服他的同胞"购买国货"。如何说服人们根据产品国籍来考虑呢？如何打动那些想要购买洋货的人？一种解决办法是进行反帝抵制外货运动。抵制外货运动在灌输如下概念的过程中起到关键作用，即：每一产品都有民族性，而且应由产品国籍决定购买意愿。频繁的抵货运动不仅影响到消费者，而且影响了商家和制造厂家。商家通过不卖进口货或者对进口货进行伪装，来促进民族视觉认知的形成。厂商把"洋"元素从他们的商品中清除出去，使之尽可能看起来像是中国的产品。

在20世纪最初的三十年间，抵货运动在中外关系史上有显著的地位。在这时期，抵货运动促成或者说伴随着中国和帝国主义列强之间关系的重要转折点——在1905、1908、1909、1915、1919、1923、1925、1928、1931年，几乎持续到抗日战争期间，都发生过有影响的抵货运动。有学者认为，抵货运动背后的政策甚至可能引发了与日本的战争（Jordan 1991）。换言之，在鸦片战争"打开"了中国市场后的一个世纪，日本害怕一场成功的抵货运动将严重限制其进入中国市场，于是发动了新的战争以确保它至少能部分进入中国市场。

本章和下一章把抵货运动作为一系列关联事件，以及作为广泛而持续地将消费文化民族化的努力的一部分来研究。[1]个人抵制外货不仅仅是独立事件，它们不是完全独立自足的循环，在这个循环中，外来的"耻辱"促成了广泛的抗议，包括抵货运动，当政府从上往下进行镇压时，民间反应迟钝，加之商人的牟利动机破坏了参与者的承诺，这些抵货活动就结束了，然后，在随后遇到相似的情况时，反复发生同样的循环。[2]抵货运动的支持者在这种"循环"之间仍活跃不已，与当时外国观察者宣称的相反的是，他们促进民族化消费文化的努力并非纯粹是为抵货运动作"掩饰"。这些努力并不是在抵货运动结束时为使持续的"排外"运动的目标合法化而出现(尽管运动的口号肯定会这样用)。[3]更确切地说,我认为在民族化消费文化的多方努力中,抵货运动只是最明显的和最激烈的方面。[4]

抵货运动是国货运动中持续的反帝情绪表达的一部分,它们其来有自,不仅仅是对外国侵略中国的情绪反应。中国人一直以来都积极抗击外敌入侵。如果考虑到19世纪晚期的商战观念是国货运动的深层根源,再虑及国货运动组织把民族主义和消费主义结合起来所进行的细致工作,那么抵货运动便仅仅是创建民族主义消费文化这一更深的意识形态承担的一个特别明显的宣示而已。国货运动为各类抵制外货运动提供了共同的社会、经济、观念基础。通过从国货运动,也即提倡拒绝购买舶来品,尤其是日益增长的日货的运动的视角考察抵货运动这样的事件,我们能更为准确地理解中国对日本和其他国家所进行的群众性反抗。[5]实际上,孤立地观察个人抵制活动会降低中国民族主义和在全中国产生的反帝主义形式的重要程度。[6]消费活动的社会舞台是反抗的主要场所。通过把频繁发生的反帝主义抵货运动放置在更大的国货运动的背景中,我希望能显示出它们是怎样作为一种强制力量在行动着,这种强制力给中国正在形成的消费文化普及、灌输以及强加了民族主义的阐释。中国人把外国人的行为都解释为侵略活动,并且谆谆劝导不要消费“洋货”来作为适当的反应。

制度化:1905年的反帝主义抵制外货运动

正如第一章提及的,1905年爆发了反帝主义抵货运动,是把国货运动的开始年代放在这一年的主要原因。像随后的抵货运动一样,这次抵货运动有一个可以确认的爆发原因,它是和美国移民政策发生摩擦的直接结果。19世纪晚期,美国国会针对所有中国人制定日益严格的限制移民标准,此种排华浪潮由1904年制定的在十年内拒绝任何中国工人的法案而达到顶点。尽管协议承认工人和中国精英人士之间有区别,但是两者经常被同样苛刻地对待。[7]这激怒了中国所有阶层的人,特别是华南地区,立刻进行抗议,促使中国政府与华盛顿进行谈判。为了表达他们的极度愤怒,也为了对美国政府施加压力,1905 年夏天,中国城市中的商人开始抵制美货。(Field 1957)[8]尽管美国给清政府施加压力,使清政府在 8 月底发布命令平息了华南以外的城市中的抵货运动,但是抵货运动仍然持续到了 1906 年。[9]

这场抵货运动对于国货运动发展至关重要,有四个原因:第一,它引发了一连串的反帝抵货运动。第二,它是在全国范围内发生的。早期反对洋人的抵货运动有相当大的局限性。[10]1905 年,整个中国至少有十个省份和许多主要城市(以及海外的中国社区,例如旧金山)参与进来。第三,抵货运动跨越了阶层界限。因为美国移民局官员不公正地对待所有中国人——从体力劳动者到贵族,所有社会阶层都支持抵货运动,美国成为公敌,而不仅仅是同乡会或个别行业的敌人。[11]第四,如同这十几年间其他社会运动的情况一样,抵货运动培养了大批反帝主义和救亡运动的大众参与者。[12]

在编列出了产品黑名单后,抵货运动的领导人采用许多方法传播他们的宗旨,又驱使参加者进行各种活动,例如:写海报、修改流行歌曲、捣毁库存的美国产品、征集参加抵货运动的签名、撕毁美国货物的广告画、散布谣言(比如美国雪茄有毒)、通过发布广告说明产品是中国的并鼓励消费中国货(Cochran 1980: 46-51)。抗议者使用不同媒体,传达到尽可能多的人群中去,报纸的目标是文化精英,用歌曲、演讲、标语口号、戏剧表演以及画有不公正对待中国人的卡通画来影响更广泛的读者群,用白话写传单、小册子和布告则是让普通人群了解(Wong Sin-kiong 1995: 12)。

抵货运动的各方面预示着未来的发展。抵货运动通过同乡会和新兴商会使商人具有了政治性,他们要为抵货运动的发生负主要责任(Xu Dingxin and Qian Xiaoming 1991: 67-92)。正如政治学家约瑟夫·福史密斯(Joseph Fewsmith)在他研究商人激进主义的著作中注意到的,这是“商人们第一次试图用他们的集体力量影响国家政治问题”(Fewsmith 1985: 42)。[13]此外,尽管抵货运动在中国各个城市里的发展情况不尽相同,但是它的广度证明了民族协调合作与同舟共济的可能性。[14]这些参与者中的学生在随后的几十年中成为各种运动的常客。抵货运动向未来的中国企业家和政策制定者证明了把外国资本排除在外的效果——在外国竞争者缺席的情况下,中国自己的企业涌现出来,并且把他们生存的原因归功于强制使来自外国的竞争对手缺席。[15]

正如所有抵货运动一样,估算1905年事件对经济的冲击几乎是不可能的,我们不能断言在没有抵制的情况下长期的进口统计数据将会如何。在这种特殊情况里,中美贸易居然达到了顶峰。尽管1904年到1905年这段时期内的每月统计数据已经不存在了,但是,1905年间来自美国的进口货物增长超过250%,这表明抵货运动惨遭失败。然而,运至基本没有受到抵制影响的地方的三种进口产品——铜、普通棉被单、棉花条播机——占了这些增长的大部分。与此形成对比的是,美国出口统计数据显示在4月和10月间出口物品减少超过50%,研究再次表明这可能不单单是抵货运动的后果。(Remer 1933b: 36-39)[16]在其他地方,尤其是广州和上海,抵货运动效果显著[17],的确达到了部分目的。尽管美国继续排斥中国劳动者,但是它开始带着更多敬意来款待非劳动阶层的中国访问者(Remer 1933b: 34-35)。

更重要的是,抵货运动开始在中国消费者中普及产品民族性的意识,并且通过消费和不消费这两种行为,人们那种被授予权利的意识在增长,这成为国货运动得以扩展的基础。正如一位外国观察者提到的:“中国人抵制美货是老大帝国反对外国的不公正和入侵的愤恨情绪在觉醒的显著证据。”(J. W. Foster 1906: 118)然而,这种“觉醒意识”的长期意义对同时代的人而言并不总是显而易见的,例如,查尔斯·雷麦(Charles Remer)关于中国抵货运动的经济成本所做的杰出研究说:“如果它的确很有效,那么国家采取抵货运动的代价是昂贵的。”为了支持这个观点,雷麦的研究引用了中国官员吹嘘他们为了劝说其他人支持抵货运动而发送电报所花费的大量钱财,在美国的中国商人耗费在抵货运动中所捐赠的钱款和其他物资(Remer 1933b: 35)。然而,这里和后来的抵货运动中发生的事件都强调对经济民族主义这种形式所需承担的义务在增长,以及对创造一种持久且受到普遍支持的抵货运动的渴望。

早期反日抵货运动

接下来的抵货运动的直接原因是外国在中国境内侵犯中国主权,而不是在海外冒犯中国人。一次重大反帝抵货运动在几年后发生。1908年初,广州的中国官员查封了一艘日本船——辰丸二号,官员们相信该船走私武器给反对清政府的革命者。[18] 为了使扣压合法化,这些官员用中国旗帜替换了日本旗帜,日本政府抗议这种行为,认为这是对日本国旗的侮辱,要求立刻释放该船,进行赔偿,并要求正式道歉,详细说明缘由。经过长时间的谈判后,中国人同意了。

这个协议激怒了华南地区的中国人,他们认为清政府站在日本人一边。冲突很快演变成了“事件”,成为另一次通过商品表达民族主义和反帝主义的机会。例如,广州的商会和同乡会主张抵制日货,直到所抵制的货物总价值相当于对日赔款总额。沿海地区的中国人拒绝给日本船只卸货,地方船运公司发誓不用这些船只,商人们焚烧日本货物。与其他抵货运动一样,他们设立了专门机构来支持此次运动。抵货运动蔓延到其他城市,特别是那些拥有众多来自广州的商人的城市,例如上海以及海外社区,比如檀香山、马尼拉甚至日本的长崎。(*NCH* 1908.4.24)参与者并不都是自愿的,正如在香港由于欺骗导致了骚乱所证明的那样(*NCH* 1908.11.7)。

同样,强调抵货运动的经济效果将使人误解,雷麦关于抵货运动的研究显示出这种解释框架的局限性:“海关报告中和新闻里涉及抵货运动的参考文献是如此之多,以至于很难相信贸易没有受影响。”(Remer 1933b: 45)但是,雷麦的结论没有考虑到,不管对贸易是否带来冲击,抵货运动取得了另一种象征性的胜利:日本试图平息中国的批评,召回了负责谈判的官员。此外,这次抵货运动通过示范如何由广泛的社会联盟快速形成地方抵货运动组织,为日益制度化“抵货运动”提供了更多根据。[19] 运动尤其值得注意的一个特别方面是,这些联盟同时促进了抵货运动和中国工业的发展。例如,广州72位商人领袖被要求投资创办一家大型商业公司,这家商业公司将从各地收集各种各样的商品,并以指定价格销售,以此来支持和帮助中国工业(Matsumoto 1933:19)。即使是暂时的,抵货运动也会打破那种已建立的贸易关系,因此也就为国内产品将来取代日本舶来品提供了可能性。例如,抵货运动允许杭州雨伞制造商在市场取得主导权,直到那时,市场上占控制地位的是日本制造的雨伞(Lieu 1927:669)。[20]最重要的是,抵货运动持续提醒人们,在政府之外的中国人能把对外政策掌握在自己手里,并且通过商品来表达民族主义和反帝主义(*NCH* 1910.12.30)。外国商人试图在梦想的"中国市场"销售货物开始看起来更像是场噩梦。

抵货运动不是抵制日本的唯一一次运动,正如第一章中所讨论的,20世纪最初的十年发生了几次波澜起伏的社会运动,包括推翻清王朝的革命运动,以及收回利权运动。在运动中,抗议外国占领主要是以反对日本对东北的侵占为号召的。1909 年开始的抵货运动是对日俄战争之后在东北的日本势力和影响引人注目地增长的回应(参见 Kikuchi 1974:107-152)。8 月,日本以中国在朝鲜边境延迟驻军为理由,宣布它将享有从沈阳到安东铁路建设的完全控制权。这次抵货运动从居住在日本的中国学生开始,随后扩展到其他海外华人社区,最后蔓延到中国的东北和华北。在东北的城市——沈阳、安东、抚顺、长春,抵货运动最为强烈,但是,小型的抵货运动也在上海和广州发生了。

参加抵货运动的人创造性地改变他们的消费习惯来表示他们的抗议,例如,参加抵货运动的中国学生使用打火石和火绒来取代广泛使用的日本火柴(Orchard 1930:254)。在日本的压力下,清王朝的满洲将军最后发布了禁止抵制的法令。正式的抵货运动是从 8 月开始,于 10 月结束,没有持续很久。尽管如此,这种抗议形式已经被引入中国其他地区,并且马上就被一再重复。

国耻和 1915 年的消费活动

中国与日本在第一次世界大战期间签订的条约,尤其是 1915 年的"二十一条",引发了第一次全国性的、长时间的抵制日货运动。运动把政治投机主义、最后通牒、要求、威胁以及1915年中日之间众多的摩擦等等作为抵抗日货的原因,来创造有力的反日象征符号。从国货运动组织活跃分子的观点以及前一章讨论过的民族主义消费的行为准则来看,1915年具有更深层次的重要性。那一年的抵制日货不是简单的暂时性事件,不是如同外国人和许多中国人经常嘲讽所说的是"5分钟热度",而明显是有充足准备的、发展着的运动。在抵货运动消散很久以后,学生组织解散了,更轻松的中日经济交流才重新开始,而中华国货维持会和为数渐多的类似组织还在继续宣传对1915年抵货运动的阐释,在这种阐释中把反帝主义与消费国货联系起来了。

日本悍然提出和中国接受"二十一条"背后的政治形势是复杂的,但基本内容很简单(参见Li Yushu 1966, Dickinson 1999, Yamane等1996:109-115)。1915年1月18日,日本秘密交给民国总统袁世凯分为五部分的一系列要求,前四部分规定正式承认德国在山东的权利转交给日本,延长日本1905年从俄罗斯手中赢得的租约和权利,共同控制汉冶萍公司,以及中国承诺不把领土割让给第三国。然而,最后一部分要求尤其引起了中国人的强烈反抗,因为日本人通过在政府所有分支机构内安排日本顾问,在部分地区实行联合治安,与中国签订修建铁路的合同,为日本在福建设立特别经济区,实质上侵犯了中国的主权。[21]谈判拖延了五个月。在压力下,日本收回了第五部分的要求,但是提出保留其余条款,最后通牒时间为5月7日,中国人在5月9日被迫接受。

运动迅速把这两个日期增加到国耻日历上,并且规定每年要专门纪念5月7日和5月9日。[22]全中国的组织和个人迅速传播这一事件,公开谴责日本这一"最新、最严重的羞辱"。[23]地方报纸每日印刷提示标语"不忘国耻"。在一份送至全中国商会和报纸的宣言里,北京商会表达了中国人对于此事件最普遍的回应,这份宣言是中华国货维持会帮助在上海地区进行传播的:

> 日本正利用欧洲战争打开它通向东亚的道路,5月7日发布的最后通牒,是这种政治投机的最佳表演。如果中国要活得像一个人,就决不能忘记5月7日的耻辱……我们应世代相传,直至永远。5

> 月7日之后,我们4万万中国人应勠力同心,建设国家。我们的肉体可能被消灭,但我们的精神永存,我们一定要永远牢记这个耻辱。[24]

除了把这些日子包含在扩大范围的国耻之内,像这样的公众舆论还含蓄地或明确地表示要如何雪耻。

从国耻到抵抗

国货运动的目标是保持和引导民众的愤怒。“二十一条”的冗长谈判使中国人有足够的时间越来越不耐烦,这也给了他们时间创造新方式(或是采取合适的旧方式),采取从激烈的抵制到拒绝日本流行发型这样的行动来表示抗议,组织抵抗日货的活动。[25]各种抗议形式表达了不同阶层的人们承担起民族主义消费的行为准则,所有这些行为都对国货运动有所促进。对此的解释一旦确定下来,这些事件就成为拒绝消费日货的信号。

地方政府也采取了国货运动中的抗议形式,完全不得人心的“二十一条”使政府陷入困境。一方面,地方和各省领导得到一连串来自上级的镇压游行示威和民众骚动的命令,因为他们担心游行示威和民众骚动可能会进一步激怒日本,或进一步挑战北京的中央政府的合法性。另一方面,地方政府经常对民众倾泻反日情绪表示同情,不愿意尽力镇压所有抗议的游行示威,因为袁世凯不愿意对抗日本,其他人则想要进一步削弱袁世凯日益下降的威信。北京政府十分了解愤怒越来越强烈,官员们不断用关于谈判的乐观声明来试图使不安的民众安下心来。[26]

同时,地方政府通过镇压公开的游行示威,试图在听从命令和屈服于公众压力两者的紧张状态之间保持平衡。他们禁止并驱散公众集会,没收煽动性的信函,阻止拆除日货广告的行为,提高在日本商行附近的治安警戒(《新闻报》1915年3月27日、29日、31日和1915年4月1日)。但是更多小型的抗议形式活跃起来。日本人肯定得到了消息。1915年3月,上海的一位日本店主由于被参与抵制运动的中国人所阻止,没能在他的店外张贴如下诗歌:

我们是最强大的国家
为什么我们要怕你们这些杂种
当前抵制日货
只是空谈
假如你们继续用这种方法抗议
我们将命令你们的总统镇压
就如在青岛、台湾和朝鲜
不,我们没开玩笑
很快汝国将成为一个濒临灭绝的国家
并且你们毫无疑问会成为我们的奴隶

(《时报》1915 年 3 月 29 日)

这首诗表达出日本店主的出离愤怒和虚张声势,它被重新刊印在一份中国报纸上,这份中国报纸采用了被认为是日本人写的东西,从而清楚地表达越来越多的中国人对日本的愤怒和对日本意图的怀疑。这首诗提供的证据表明:日本被十年前在日俄战争中令人吃惊的成功冲昏了头脑,现在认为自己已经是世界强国,能够在亚洲推行它的计划;它仅仅是寻找一个进一步羞辱中国的理由。这首诗里面提及的日本帝国扩张的三个最近事例,是对中国命运的明确预言——即长久以来让人恐惧的"亡国灭种"。[27]此外,这首诗也强调了中国人的无能为力,嚣张地认为中国的抵货运动和政治家们都仅仅是中国不可避免的亡国命运的短暂障碍。

通过重新印刷这首煽动性的诗,中国报纸也含蓄地进行了恰当的回应,即向日本帝国主义发出挑战,要加倍地抵抗,并证明日本人大错特错,这是行动的号召。5 月事件证明中国人不能依靠他们的政治人物来保护中国的直接利益,更不用说国家的领土完整了。尽管政府方面的压力在增加,但是像中华国货维持会这样的运动组织找到了办法向日本的威胁发出信号,并将其与期望中国人以民族主义消费行为准则的形式作出响应联系起来。

通过借用日本来表征民族主义消费

来自政府的压力越来越大,国货运动的组织和个人创造出巧妙的方法来表示“日本”,而又不指明。甚至在正式的抵货运动和政府压力平息之后,这些说法仍继续存在。抵货运动提及日本是提醒中国人不要忘记日本人造成的耻辱,以及中国人抵制日本产品和服务的必要。[28]这些日期及其后的国耻都是生动而普遍的象征符号,比如,数字“5·9”明确代表5月的第9天——5月9日。在某种程度上,单是书写“5·9”就表示“日本带来的耻辱”。这些数字被广泛地用做全中国海报、插图和传单里的象征符号。当然,这些符号通常不仅仅是代表一个信息,比如,在运动中,“5·9”也逐渐意味着对于国耻的反应:不要购买日货。通常来说,这样的标志会被明确地联想到这些,尤其是在广告和产品名字中。在几个月内,几家公司已不约而同地选择了“5·9”这个符号进入产品的名字,包括香烟和丝绸产品(参见图3.1-2)。

随着日本对中国政府施加压力,要求镇压抵货运动,运动的参与者使用了许多不是那么明确,但同时又很好理解、不那么敏感的方式来提及日本,传播抵制日货的信息。一个普遍的常用说法是“某帝国”,比如,在广州的中国报纸经常收到来自读者的信件,说提供资金支持武装抵抗来反对“某帝国的无端侵略”(*NCH* 1915.3.27:895-896)。同样,中国人也被吩咐不要购买“劣货”,这连同“仇货”一起成为日货的代名词(Reinsch 1922:373)。

最初,“某帝国”的说法是提醒国人日本给中国造成的耻辱。然而,这些说法逐渐意味着关于反抗形式的适当回应和指示。一份制作精巧的写有简单诗歌的小册子可以有几种解释,乍一看去,小册子讨论的是日本人在中国引起的诸般问题,但仔细阅读之后,发现它是饱含激情的宣言:“我们国家正在成为第二个朝鲜!”最具鼓动性和关键性的信息要从右往左读,而不是像平常那样从上读到下:“公民们,不要购买日货。”(*NCH* 1915.4.10:84)

当流言散布开来的时候,气氛骤然紧张,上海警察变得更加气势逼人,经常搜寻房子里有无回来的学生,尤其是那些曾经去过日本的学生,

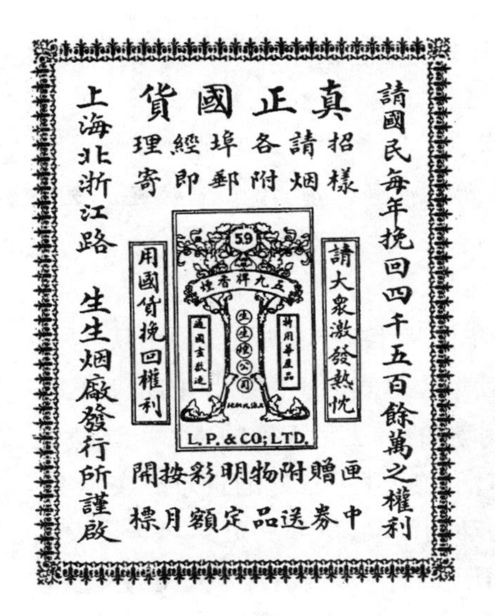

图 3.1　1915 年对国耻的市场反应

(Wang Hanqiang 1915: 64)

这则广告来自 1915 年一家中国烟草公司。这幅图说明中国公司是怎样立刻把国耻的提示融入商标与广告的。这里的烟草商标是“5 · 9”牌,这来源于 1915 年 5 月 9 日,当时正是日本要求中国同意“二十一条”的时候。这则广告也采用国货运动的观念,把抵制外货与消费“真正国货”结合起来,图片中线框里面写道:“请大家激发热情,用国货挽回权利。”

图 3.2　1920 年对国耻的市场反应

这则广告刊印于 1920 年 5 月 9 日的《申报》,用图画说明中国公司继续联合起来以民族主义消费来反抗日本帝国主义。它使读者想起“二十一条”周年纪念的重大意义,纪念它的正确方式是民族主义消费:“同胞注意,5 月 9 日是我们的国耻纪念日,请诸君千万不要忘记了,我想抵制外货,必先提倡国货。本公司的‘大喜’‘长城’‘双喜’‘和平’‘鸳鸯’‘爱国’等牌香烟,就是国货的一种,请诸君从速提倡才好呢。”

以及其他知名的活跃分子(《新闻报》1915 年 4 月 2 日和 3 日)。[29] 作为回应,那些更具斗争精神的反日活跃分子开始用有组织形式、口号以及巧妙的抵制运动来表达不同意见。这导致同时代的观察者和历史学家误解运动总体上是由学生和商业领袖所领导的抵货活动的延伸。松本(Matsumoto Shigeharu)对 1915 年运动的解释是非常典型的:

> “鼓励使用本国产品”的运动〔例如,国货运动〕仍然仅仅是为掩饰抵货运动,它首先在上海出现,3月16日留日归国学生在上海创办了“劝用国货会”。随后在汉阳、汉口、长沙以及其他许多城市成立了类似的组织。这些协会继续开展抵制活动,小心地躲避法令和政府当局。(Matsumoto 1933: 40)

很明显,本书所描述的1911年中华国货维持会的成立以及随后国货运动发展至所有领域,证明国货运动远远超过表面上“伪装”的抵制这一层面。然而,松本和其他人仍有两件事情的看法是正确的:第一,国货运动的爱国言论和应对技巧使它的许多活动躲开了官方的责难。实际上,地方以及国家机构赞助了许多国货运动的活动,例如展览会和时装表演(参见第五至八章)。第二,国货运动由于“二十一条”引发了人民的义愤而蓬勃发展,抵制活动对非抵制的国货运动行为的普及和发展有直接帮助。

为民族救亡而组织起来

政府威胁要进行报复,这促使抗议者采取国货运动的策略、用语以及组织策略。[30]同时,中国商界领导人、学生、知识分子和许多来自底层从事其他工作的人成立组织团体来发展这种观点,例如,给救国储金捐助成为运动中一种流行且危险较小的参与办法。1915年4月,知耻会在上海成立了一项基金,征募5,000万元(此处和下文都是指银圆)建立兵工厂、扩大军队、组建海军、向国内工业供应资金以“确保民族得以生存”。随着日本对华战争的威胁减弱,经济精英们所负责的资金逐渐转移重心,着重于以发展经济为目标。[31]

救国储金迅速成为一种社会性的而且合法的、可以被容纳的方式,来表达一位观察者所说的“实用的爱国主义”。在4月份短短三周内,运动筹集到250,000元,这些款项被存在中国银行。因为钱从中国各地以及海外大量涌入,资金的管理变得更加复杂,于是成立了特别委员会向存款人解释资金的用途。基金的规章规定只允许中国人捐助并且对捐献数目没有限制,这反映了运动更宏远的目标。这个呼吁得到了广泛的支持,甚至是贫苦中国人的支持。它提供了这样一种看上去无害的方式来表达反帝主义情感,许多政府官员、国家文职人员、武装部队的成员和警察同意拿出一个月的薪水,总额预计超过 1,000 万元(《新闻报》1915 年 5 月 10 日; *NCH* 1915.6.19: 825-826)。当然,日本人理解这些存款更深层次的含义,声称中国官员捐款给这样的基金,显示出官方对于抵制运动的支持和对国货运动的庇护(*NCH* 1915.6.26: 944)。尽管基金是在上海发起的,到 5 月的时候,全中国已经有 70 个此项基金的分部。[32] 在数月内,上海已经筹集了 640,000 元,以及价值 700,000 元的抵押品;在北京筹集了 1,940,000 元;在其他省份的城市筹集了 2,100,000 元。到 6 月份,5,000 万元的目标已经完成了 2,000 万元。(《新闻报》1915 年 4 月 15 日和 28 日)

许多最有势力的经济和政治巨头公开支持基金。[33] 在这些上海精英的直接指导下,就像寻找参与者的新办法所做到的那样,捐款迅速扩大了。基金的成功催生出更多雄心勃勃的计划和组织,包括中华国货维持会领导人伍廷芳在内的许多上海商界领导人仿造救国储金建立了一个组织,新的组织有更清晰的目标。大家知道即便有 5,000 万元,也不够建立一支陆军、一支海军以及一项产业,这个新团体——中国同盟——把国内工业的发展置于计划的最高目标。(*NCH* 1915.6.19: 825-826)[34]

国货运动的组织也更加公开地支持亲抵货运动的立场,例如,1915 年 3 月,大约 100 名来自 20 个同乡会的代表在上海国际公共租界聚会,组成了"专用国货会"。这个团体的成员坚决不运送日货或者使用日本船只运输货物,也坚决与日本商人断绝关系。尽管北京政府明确禁止支持亲抵货运动的组织,但是数月内,"专用国货会"在 70 个城市和乡镇都有了成员,在此行列内还有算得上政客的人物,包括一名未来的外交部部长——王正廷(Kikuchi 1974: 164; Cochran 1980: 68)。[35] 一家赞成强迫中国结束抵制运动的日本报纸承认,因为这些组织通常没有明确支持抵制运动,日本几乎没有办法给中国政府施加压力(Ōsaka Mainichi shinbun, 引自 *NCH* 1915.7.10: 87-88)。

1915 年的中华国货维持会

1915 年的事件引起了诸如中华国货维持会这样的国货运动组织迅

猛发展,中华国货维持会扩大了它的活动频率和范围。因为日本不能以国家名义进行军事对抗或采取关税措施来直接面对这个问题,中国的反抗越来越采取像中华国货维持会这样的典型形式。抵货运动就好像是中华国货维持会成员人数增长的发动机,它的成员人数第一年略微超过100名,在最初几年里稳步增长。然而,1915年,成员人数急速增长到688名,比上一年增加了26%,这是单一年份中增长速度最快的(ZGWH 1932:"Huishi" section, 12)。此外,因为鼓励妇女加入,成员结构也发生了变化。[36]然而,一般来说,新型成员占了会员增长数量的大多数。中华国货维持会最初的章程使得要加入它有困难,"由于共同的利益"而组成的同乡会必须获得所有其他协会代表的承认(ZGWH 1912:3b)。然而,1915年间,成员扩大为包括三类新型的人群。除了同乡会和个人成员之外,企业也开始派遣代表参加——1915年有49人,此后逐年增多。

在活动的最初三年,中华国货维持会每年出版并分发了超过100,000份的印刷品,包括成员信息以及关于提倡国货的商业信函、验证产品的证明文件、团体广告,等等。然而,1915年间,总数扩大到超过300,000份,仅有这些数字还不能完全说明问题——因为中华国货维持会明确要求接受者传播这些材料。

因为中国地方、地区和国家的政府官员都提出政策来提倡国货,调查和认证货物的身份成为国货运动组织一项越来越重要的功能。这些"认证"在抵货运动期间变得尤为重要,此时学生队伍会遍查当地商店来寻找进口物品,并予以没收、充公或破坏。[37]因为在抵货运动期间,"奸商"经常在物品上重新贴上标签,公司有意把产品的标签贴错,使得每一种产品的身份都受到怀疑。[38]在这种环境下,这样的分类能够成就或毁灭一家企业。在中华国货维持会允许一家商业或者工业企业加入之前,它会派遣一队人员调查申请者的产品,其中包括用于该产品的原材料的国籍来源、资金来源和生产者的国籍。在中华国货维持会成立第一年的1912年,它只进行了11次这样的调查。然而,像中华国货维持会的其他活动一样,1915年这样的情况发生了大变化,这一年进行了383次这样的调查,这个数目等于或接近抵货运动广为流行的其他两年的数目——1925年的383次和1928年的高达464次(ZGWH 1932:"Huishi" section, 14-16)。

中华国货维持会在越来越多的系列出版物中随同其他宣传品公布了这些调查结果,两种新刊物是《国货调查录》和《国货月报》。《国货调查录》的目的是宣传得到认可的国产物品清单,这既给了国内制造商提高自己商品的空间,也给商人们提供了一种寻找替代舶来品的途径。与抵制产品目录一样,出版有充分证据表明是中国货的产品目录也成为国货运动的标准内容。〔39〕目录每增加一项都含蓄地使“非中国产,即不爱国”的国货概念得到了加强,这种区分使得给某种产品贴上国货标签的好处对国内制造商而言愈加引人注目了,广告也使得国货和洋货之间的区别更为明显。

国货运动和抵货运动之间的连续性

许多观察者和历史学家总结说国货运动是抵货运动的后果,或者说对于抵货运动而言,国货运动是枝节问题,这也许有些道理。到 1915 年年末,关于中日之间的政治对抗的新闻已经不能在中外报纸的第一版占据位置了,中国当局已经成功地镇压了公开的抵制日货运动,运动中一些更为尖锐的激进行为已经消失了。根据贸易统计数据,中日经济关系回到了 1915 年之前的水平。〔40〕从这个角度看,抵货运动所潜含的民族主义情绪和积极行为也许仅仅是“5 分钟的热度”,或者说是一个“轮回”。

但是,这个结论是错误的。更为广阔的国货运动已经开展了数十年之久,甚至在抵货运动开始在城市中(例如湖南省会长沙)减退后,抵货运动之后剩余的激情仍继续支持着国货运动。正如一位外国记者注意到的:“看来没有一个人提到日本时会有好言好语……〔这里〕似乎形成了一种普遍概念,即日本一直在要求并已经获得了某种东西,最终将使中国陷入像朝鲜那样的境地。”(*NCH* 1915. 6. 19: 826)〔41〕这些看法已经成为每个中国人生活的一部分。1915 年春天之后的第二年,“二十一条”所带来的耻辱继续用新的方式反复提醒中国人(Reinsch 1922: chap. 12)。例如,一本有关中国象棋的书列举了中国在近代史上遭遇各种外交耻辱后的各种战略,该书的每一课都用图详解了象棋的阵地形势,并且包含一段简短的国耻史。[42]抵货运动已经为国货取代日货提供了机会,数以百计的新的中国工厂涌现出来,生产中国货以取代流行的日货,例如肥皂、火柴、毛巾、棉制品、鞋和靴子、雨伞以及蜡烛。[43]

1915 年事件为国货运动提供了动力,但是它既不是第一项也不是最后一项动力来源。"国耻日"的数目在继续增加,围绕着它们的纪念活动的强度也在增加。更明确的是,国货运动组织(例如中华国货维持会)在 1919 年和 1923 年以及其他年份的国内混乱期间,通过帮助各地建立国货运动领导组织,继续扩大他们的传播对象范围。[44]国货运动也寻求强化民族主义消费的行为准则的办法,尤其是强调让妇女儿童购物时具有民族意识的重要性(见第七章)。尽管一些国货运动的激进形式在抵货运动中可能暂时减弱,但是,中华国货维持会的历史显示出,经由消费形式形成的抵抗在持续,并且扩散开来,它甚至意味着中国人时刻准备着产生、界定以及接受新的民族主义和反帝主义的表达方式。

1919 年的抵货运动

围绕凡尔赛和会(1919 年)的抗议活动为抵货运动的重要性提供了另一个例证。正如我们看到的,围绕此中国近代史上最著名的事件之一所产生的活动、组织以及言论是国货运动的一部分。国货运动的历史显示,传统上关于这个时代的解读过分强调了学生在形成政治精英文化变革中的作用,而忽视了抵货运动的重要性,(事实上)抵货运动由于使消费民族主义化而处于"五四运动"的核心地位。[45]"五四运动"中那些非学生参与者的活动很容易被忽视,因为他们看上去好像在听从学生的领导,组成好像模仿学生组织的不太具有争议性的组织,他们是在政治上安全得多的口号——"提倡国货"下参加到不那么醒目的活动中去。然而,精力旺盛的学生支持抵货运动本身就有力地说明了把抵货运动看作是近代中国历史上一支主要力量的重要性,而非仅仅是"学生抗议运动"里的一个现象或次要的枝节问题。

如同早期抵货运动的情况一样,一个特别的国耻处于 1919 年抗议活动的中心,这次的问题是山东省控制权的转换。1898 年,德国开始在山东省划出一个"势力范围",包括一个海军基地和在胶州湾(青岛)的殖民统治以及拥有采矿和修筑铁路的权益(见 Schrecker 1971)。然而,在第一次世界大战期间,日本接管并扩张了德国在山东省的领地,还要求中国承认它在那里的利益,以此作为"二十一条"的一部分;而中国一直期待恢复对山东的控制权,以作为加入第一次世界大战反对德国一方的回报。伍德罗・威尔逊(Woodrow Wilson)民族自决的主张提高了这一预期,然而,日本已经为设法控制这一地区做了细致的基础工作。早些时候,日本通过与北京政府签订附加协议和条约巩固了他们对于山东的控制。例如,1918 年 9 月,日本政府和北京政府签署了一项秘密协定,允许以日本对山东的控制权换取一笔 2,000 万元的贷款。在凡尔赛和会期间公布了这些协定,这导致了中国人举行示威游行。1919 年 4 月,和会不顾中国代表的强烈抗议,仍然正式承认了日本在山东的利益。随着"山东问题"逐渐为众人所知,它成为两项对中国主权基本威胁的象征:内部军阀割据和外部列强环伺。

这个最新的耻辱很快直接和 1915 年的"二十一条"联系起来,融入更广泛的历史潮流中。5 月 4 日,数千名学生聚集在天安门广场紫禁城入口处,提出"还我青岛",并且公开谴责《凡尔赛和约》。学生们最初计划在 5 月 7 日举行示威游行,这天正是"二十一条"的周年纪念日。然而,当计划制定以后,其他团体也计划在这个日子组织示威游行,学生领袖决定把他们的抗议活动提前到 5 月 4 日。(Jansen 1975: 250-251)[46] 在接下来的几周和几个月时间内,遍布中国 20 个省份、大约 200 个城市的居民参加了随后的罢工和抵制外货运动。这些活动根据地点的不同,分别延续到了 1920 年或 1921 年。(Chow Tse-tsung 1960: 144)[47]

抵制

上海的示威游行明显突出了"5・9"周年纪念日。[48] 5 月 7 日,至少有 10,000 人,包括 3,000 名学生,首次加入大型集会来支持北京学生(《申报》1919 年 5 月 7 日和 8 日; *NCH* 1919. 5. 10: 370)。[49] 许多学生手持写着"国耻"和"5・9"的小旗(《申报》1919 年 5 月 7 日;参见《申报》

1919 年 5 月 8 日的照片)。此外,关于周年纪念会的活动,剧院、学校、行会、社会组织以及行政机关在这一天停止运营的各种声明覆盖了《申报》的头版(《申报》1919 年 5 月 7—9 日)。这些抗议活动随处可见,甚至一些妓女那天也关门歇业,她们在门上留下解释的便条,加入到 5 月 9 日的周年纪念日活动中来。

抗议的目的在于把耻辱转化为报复,抗议者激励中国人通过抵制日货、日本航运和货币来作为最近一次的耻辱的反应。[50] 在中国人控制下的部分城市的商店橱窗里,抵制海报到处可见(《申报》1919 年 5 月 10 日)。

像中华国货维持会这样的运动组织把详细的指令发送至其他城市,这些指令是关于如何实施抵制、注意事项以及其他一些事情的,特别指导如何公开惩戒那些销售违禁商品而被抓的商人(SZMA File 690: 12a-b)。像许多其他商业组织一样,书业协会呼吁它的会员在 5 月 9 日关门停业,并且在店铺外贴上具有“国耻”字样的标志,明确地把关闭店铺和经济抗议联系在一起(《申报》1919 年 5 月 8 日,也参见上海社会科学院历史研究所 1960: 186-191)。其他店铺通过贴出标语“自今天起,本店铺绝不出售日货”,显示出更为明确的联系(上海社会科学院历史研究所 1960: 189)。[51]

学生反抗的罗曼史

在抵货运动中,学生的角色是什么?他们“领导”了抵制,或者说他们参与抵制的动机来自国货运动的思想观念?学生组织无疑在 5 月 4 日抵制运动中的每个方面都起到了非常可观的作用,结果,观察者们和学者们已经含蓄地或下结论说学生是此次和后来的抵货运动的主要动力。[52] 关于抵货运动的最好的研究认可这种观点:“运动是由学生发起的,而且运动得以持续也主要取决于学生。”(Remer 1933b: 55)与此形成对照的是,这样的论述轻视了商人的作用:“仔细研究(1919 年的抵货运动)将会显示出许多商人阶层是非常被动的,而且他们对于运动没有兴趣。”[53]

然而,学生的行为表明他们主要依靠的是运动的思想观念。的确,学生的教科书充满了鼓励运动的辞令(参见 Peake 1932: 164-165, 171, 172, 179)。[54] 除了抵货运动背后作为支撑的思想观念之外,抵货运动也直接促进了他们的组织的形成。[55] 例如,中华国货维持会和其他商业组织开始宣称他们的活动规划与《凡尔赛和约》有关。日益增多的激进行动显示出对北京政府的不信任,以及大众害怕政府不会保护国内生产者的利益。早在1918年12月,中华国货维持会就组织了一场会议讨论巴黎和会。数百名来自各个组织的代表出席了最初的会议,并且同意成立一个总的组织,在凡尔赛强烈要求平等对待所有国家。当然,收复经济上和政治上的主权是此次议程的核心,议程要求废除不平等条约。1919年1月13日,巴黎和会在凡尔赛开始后不久,中华国货维持会协助组织了第一个团体——工商研究会来促进会谈对中国问题的关切(SZMA File 690)。[56]该团体在给商会的公开信中恳请支持一项更为有利的和平计划,该计划"有可能代表了上海的中国人对凡尔赛会议进程的第一次自发反应"(J. T. Chen 1971:67)。

这种阐释的问题是中华国货维持会不仅是公开信的共同写作者,它也利用公开信和其他组织进行接触,以形成新的团体。因此,新组织被看作是用来代表先前团体的特别团体,而这先前的团体已经有了先期方案和传播方案的途径。如此看待这个新组织会更合理。无论如何,其他组织中有许多已经卷入到运动中来,他们迅速地接连发电报给在巴黎的中外领导人、北京当局、其他组织、中国新闻界,所有电报都坚决反对《凡尔赛和约》。[57]正如中华国货维持会在1915年抵货运动期间所做的那样,他们逐步增加了他们的活动。

强化民族主义消费

运动期间,抵制活动是把民族观念和商品强有力地联系起来的最为重要的方法。因为研究近代中国历史的史学家早把"五四"时期视为一个转折点,所以,已有许多涵盖那一年事件的研究和档案的资料集。这些资料集包括关于抵制的材料、运动中新组织的构成资料以及通过展览、童谣、到大城市寻找国货介绍给小城市来提倡国货诸如此类不胜枚举的活动的材料。[58]总之,这些材料提供了广泛的关于在地方层次提升民族主义消费的行为准则的第一手资料。

个人外表的选择继续具有高度政治性,遍及全国的积极分子舍弃进口服装,支持国货作为代用品。最受普遍欢迎的草帽(以前一般是日货)

成为学生贯彻民族主义消费的专门目标,许多学生选择戴白布帽子来代替(Chow Tse-tsung 1960: 153)。有许多报告提及学生没收日货帽子,他们把帽子从人们的头顶上摘下并销毁。一位观察者注意到公布牌"用学生从行人那里收缴并捣毁的帽子、雨伞、热水瓶和其他日货来作装饰"(Orchard 1930: 254)。[59]更换帽子也被用来表示对于抗议者的支持。例如,在上海,十四女校的学生奋力制成了20,000顶白色礼帽来表达她们的抗议(J. T. Chen 1971: 101)。[60]同样,木匠和瓦工行会决心不购买日本材料,并且给他们的成员提供准许使用的材料的清单(*NCH* 1919. 5. 24: 508)。中国人甚至一度抵制所有由日本船只运载的舶来品(Reinsch 1922: 369)。[61]自然地,抵制活动延伸到了日本人控制的中国铁路。[62]

抵制活动尤其让人惊异的是,在专门指定的"国货"展览会之外,没有进口商品的地方越来越多(抵制也造成了民族商业展览会的规模和数量惊人地扩大,见第三部分)。一夜之间,整个中国的物理空间和视觉空间中完全没有了所抗议的商品。不仅仅是学生和其他参与者停止穿着洋货,而且小店铺也销毁、隐匿或是重新包装他们库存的日本货物(Ch'en Li-fu 1994: 15)。[63]甚至以进口货为特色的两家大百货公司——永安和先施公司也从他们的货架上撤去日货,并以国货或者非日货取而代之(《申报》1919年5月20日广告,30,引自J. T. Chen 1971: 94)。进口货也从媒体上消失。例如,中国报纸刊登告示说他们将不再接受日货的广告(Jordon to Curson, F. O. 405/226/72, 1919. 7. 7)。八家主要的上海报纸发誓不再接受日货广告或者发布日本商业新闻(*NCH* 1919. 5. 17: 415-416; Zhen 1997: 47-48)。[64]

当然,学生现在要求中国制造商援助抵制以及反帝工作,要求他们所做的正是"商战"支持者那一代曾提倡的,而其中许多人是制造商(参见图3.3)。学生已经明确地把国货运动的目标当作自己目标了(参见*NCH* 1919. 5. 17: 416)。例如,上海学生联合会和上海工业学院发表宣言呼吁中国制造商生产便宜、时髦、优质的物品来替代日货。学生们甚至亲自生产像布伞、手绢、书袋和孩子玩具这样的物件,在这些物品上,他们印上诸如"不忘国耻""抵制日货"这样的标语(Lü and Zheng 1990: 303)。[65]在镇江,学生们创建了"国货负贩团",在城市和乡村周边售卖这些物品(《申报》1919 年 8 月 5 日,重刊于 ZDLDG 1992:231)。[66]

发誓进行爱国消费

抵制活动最主要的支持来自那些斗志昂扬地坚持民族主义消费的小型团体的成员。5 月的抗议声明书使“救国十人团”重出江湖并戏剧性地扩展开来。[67]在他们最基层的组织里,每组有 10 名成员。10 个这样的基层团体形成更高一级的组织,100 个更高一级的组织形成最高级别的组织(即 1,000 个团体或者 10,000 个参与者)。(J. T. Chen 1971:96-97)[68]参加者发誓只消费中国货,并确保他们同组的伙伴也这样做,并试图劝说其他人组成新的团体。[69]在上海,这样的团体早在 1915 年就已经成立。1919 年,这样的团体在男女学生中涌现,并扩散到北京、天津、济南、长沙以及其他城市中心区的工人、商人和其他社会阶层中。(Chow Tse-tsung 1960:140)[70]到夏季结束的时候,天津已有数百个这样的团体组成的全市性的联盟。

图 3.3　国耻纪念宣传画(1920 年)

(日本外务省提供,东京)

这副大型宣传画展示了在 5 月 9 日的纪念日之前,两位中学生(从他们学校的旗子上看出来)正在分发传单。传单上写道:“爱国的同胞们,请使用国货,勿忘 5 月 9 日。”他们头顶上方飘扬的旗帜同样在督促人们不要忘记国耻纪念日。各个年龄层次的学生是运动中重要的和非常显眼的人群,尤其是在反帝抵制外货及国耻纪念日期间。

成员们发誓清除他们自己的进口货消费,他们宣誓“至死不买任何敌人的货物,并且也不允许敌人在我们的家园张贴他们的广告”(*NCH* 1919.5.17:415-416)。他们也宣誓不用日本银行、不使用日元。为了鼓励其他人跟随他们的领导,这些团体组织演讲并参与筹集资金以支持创建中国人自己的企业。[71]当结束抵制的压力越来越大时,这些团体便把他们的公开行动转变到国货运动的进程中去。实际上,在整个运动过程中,也存在着更温和以及更多的非正式团体。[72]例如,在北京,他们"为中国实业家和卖国货的商人充当志愿经销代理"。正如其他国货运动中的活动一样,宣传"国货"要求有一份"中国的"企业和产品名录。商业的首要任务之一是调查当地市场产品,并且编辑一份可以接受的"中国的"产品名录。这些团体分发了一份有 80 家这样的企业的名录,以帮助零售商识别那些可以代替日货的国货。(Chow Tse-tsung 1960:147-148)他们也监控被怀疑背叛抵制运动的商人的行为,例如,这些团体的调查迫使至少一家大型百货商店每日张贴广告宣誓停止销售日货(上海华联商厦党委 1991:15;《申报》1919 年 5 月 20 日)。最低限度,这些团体"起到一个监视机构的重要作用,使得他们自己的成员和局外人坚持反日抵制的'规则'"(Wasserstrom 1991:66-67)。

从运动中受益

抵制运动促使中国人出于爱国主义和利润两方面的考虑来创办新的公司。甚至那些轻视参与 1919 年事件的商人作用的学者也勉强承认运动议程促进了国内发展工业和主动调整工业政策。例如,湖北政府降低了 77 种中国产织物的税率,以促进当地制造业(Matsumoto 1933:64)。有更多类似轶闻的证据表明中国产品在整个中国取代了日货(Remer 1933b:58)。长沙港的海关专员观察到抵制运动以及促进国货的努力已经使得容易买到"'中国制造'的大多数日常用品,而运动之前,类似用品大多源于日本"[73]。

少数有洞察力的外国观察者也洞悉了潜藏在抵制运动和示威游行之下的国货运动。[74]正如一位法国外交官对美国驻中国大使保罗·芮恩施(Paul S. Reinsch,1869-1923)说:"我们正在亲历前所未有的最震撼和最重要的事件——在中国代表国家公共信念的团体积极行动起来了。"芮恩施明白国货运动的意义远远不是学生在伪装抵制外货,他也用类似的方式看待 1919 年事件:"它给中国工业发展巨大动力,并且给制造商和政

府两者一个提示,即:什么是一场刺激国内工业发展的运动应该做到的。”(Reinsch 1922:373)

尽管不可能准确测量,最重要的是,通过抵制活动,国货运动显著扩展,民族主义消费意识增长了,这使得运动尽更大努力去争取和要求所有中国人参与进来。正如一位记者指出的,与早期抵制活动形成对比的是,国货运动可直接呼吁商人和店铺业主,“这是对消费者有诉求,是消费者对于诉求有回应”(*CWR* 1919.6.21:119)。

地方抵制运动为地方国货运动推波助澜

新的耻辱继续使反帝情绪升温,并使抵制活动保持活跃。实际上,很难说抵制活动真的“结束”过。在大多数地方,它们逐渐减弱,只是在遭受新耻辱时重新点燃。地区差异使对整个中国的国货运动中的抵制活动的精确时间和角色的概括成为难题。因为抵制活动(和国货运动)与其他问题纠结在一起,一些城市有它们自己遭受的特殊侮辱需要纪念。这些地方事件有时是全国性的抗议,而有时却不是这样。例如,1919 年 11 月的福州事件给一些抵制活动带来了新活力。麻烦开始于大陆学生和庇护日本人商业财产的台湾人之间的打斗,有人开枪,有学生被杀害。这一最新的耻辱消息重新激起福州、上海以及其他城市的抵制活动。与此类似,在 1920 年代早些时候,当与德国的和平条约开始生效时,日本官员会晤中国领导人讨论转移德国在山东各方面的控制权。尽管北京政府保持低调以避免引发大众进一步的谴责,会谈的消息最终还是泄露,并促使全中国联合起来进行抵制。

在国货运动语境内重新理解 1919 年抵制活动的意义,这证实了一项有关上海“五四运动”的综合研究的结论,也即约瑟夫·陈(Joseph Chen 1971:198)的看法:

> 在经济领域中,最值得注意的影响是“五四运动”所提升的经济民族主义刺激了中国民族工业和商业的进一步发展。成效卓著的抵制活动和城市中的商业罢工使中国人认识到,如果要减少日本在中国的经济利益,并与之作有效的斗争,中国首先必须有更好的组织、

> 丰富的资金、政府的保护、更好的管理以及良好的产品。最为重要的是,他们必须首先确保废除治外法权和不平等条约。在上述特权阶级的经济利益在中国没有被消灭之前,新生的中国工业和商业将会继续遭受难以抵挡的外国经济的挑战。

正如我们已经看到的,1919 年的这些事情并非新鲜事物。思考国货运动的广阔历史揭示了"五四运动"的许多方面,消费文化民族化的进程在"五四运动"中惊人地加速和扩张,而这更增强了"五四运动"作为中国近代史巨大转折点的意义。

注　释

〔1〕 正如在这些章节的引文中所显示的,我的研究既得益于个人抵制活动的历史记录,也受惠于关于抵货运动的一般性研究。Remer 1933b 和 Kikuchi 1974 所做的重要研究把抵货运动作为一种现象来考察。虽然雷麦(Remer)偶尔提及了一些抵制的长期效果,例如,以中国货替代日货,但是他把研究集中在从贸易统计角度来看抵制运动的"经济效用",而不是抵制机构、活动或是标志。科库奇(Kikuchi)所做的卓越研究是,通过分析抵货运动,把抵货运动与相关的国产工业发展联系起来。他在个人抵制活动这个狭小范围内调查了运动组织的外部特征。另外的著作把抵制外货放置在其他主题之下进行研究,例如可参见 Wasserstrom 1991 关于抵制外货运动和学生示威游行之间联系的研究。

〔2〕 当时的新闻报道,特别是在日本人的资料来源中,通过给抵货运动编序号来强化这种解释。例如,参见 Ōsaka shōgyō kaigisho 1928: 1-6 和 Ōsaka shōkō kaigisho 1931: 5。

〔3〕 认为运动是"伪装"的代表性看法,参见 Matsumoto 1933。像《纽约时报》的记者哈勒特·阿本德(Hallett Abend)和安东尼·比林汉姆(Anthony Billingham)这样的西方观察者也把国货运动误解为抵制外货的另一种说法(Abend and Billingham 1936: 44-45)。

〔4〕 上海经济史学家潘君祥(1996a: 577—578)已经把抵制外货作为国货运动的表现形式来研究,但是他没有探索这两者之间的联系。关于在总体上评价抵货运动是否成功的困难,参见 Monroe Friedman 1999: 17-20 关于"标准问题"的讨论。

〔5〕 与那些集中在中外竞争的经济维度的研究比较而言,我的研究集中在那些使这种竞争成立的组织、活动、象征符号的更宽广的背景方面。关于中国国内工

业发展及其对于中日经济竞争的影响的纵览研究,参见 Du 1991: 158-159, Bergère 1986: 63-98 和 Kikuchi 1974。关于中外企业间的具体竞争,参见 Cochran 1980 和 Takamura 1982: esp. 140-156。

〔6〕 尽管超出这项研究的范围,但是,在海外的华人社区,尤其是在东南亚,日本人也遇到了民族主义的这些表现形式,例如,参见 Namikata 1997 和 Yoji 1963。

〔7〕 1904 年在圣路易斯举办路易斯安那商品博览会(Louisiana Purchase Exposition)筹备期间发生了一个引人注目的事件:当中国参展商在前往圣路易斯的途中抵达旧金山时,海关官员不公正地对待他们。中国新闻界对此次事件进行了广泛的报道。关于这件事情的概述,见 J. W. Foster 1906。

〔8〕 也请参见 Wong Sin-kiong 1995, Guanhua Wang 1995, 以及 Guanhua Wang 2001 最新的研究。上文提及的伍廷芳大声疾呼支持运动,并担任了中华国货维持会的会长,在支持抵货运动的过程中起到了积极作用(Pomerantz-Zhang 1992: 165)。伍廷芳把这次齐心协力的运动描述为"文明排外"。

〔9〕 抵货运动的参与形式随着城市和产品有所不同(Remer 1933b: 37)。例如,对英美烟草公司生产的香烟的抵制,直到 1906 年末才停止(Cochran 1980: 50)。

〔10〕 早期的事件预示着在抵货运动中有某种经济上的抗议。例如,1874 年和 1898 年,上海的宁波同乡会领导反帝抗议,反对法国人试图征用他们的殡仪馆和公墓。参见 Belsky 1992 和 Goodman 1995: 158-169。

〔11〕 Wong Sin-kiong (1995: 44)认为 1905 年的抵制外货运动是"第一次跨越了各种社会团体的大众抗议",也请参见 McKee 1986。

〔12〕 例如,在上海,创建了超过 20 个专门组织用以提倡抵货运动,并且至少有 76 个行业组织参加(Pan Junxiang 1996c: 3)。

〔13〕 Kuang-sheng Liao (1984: 59)持相似的观点:"1905 年的反美抵货运动是商人们和实业家们这个新近发展阶层的力量的一个例证。"

〔14〕 上海的抵货运动开始一个月之后,天津也加入了抵货运动。主要的报纸——《大公报》重印了上海抵货运动的文章并积极宣传各地加入进来。然而,袁世凯迅速进行干预,终止了天津商务总会对于抵货运动的支持。关于上海和天津之间的差别,参见 Zhang Xiaobo 1995: 53。Zhang 引证说天津商界精英人士受到政府的约束,他们需要美国的原材料,比如棉花,以及他们对移民问题缺乏需要承担的义务是导致他们对抵货运动缺乏兴趣的原因。关于上海和广州抵制组织之间的差别,参见 Wong Sin-kiong 1995: 3。

〔15〕 例如,抵货运动开始之前,只有 4 家中国香烟公司,但是到结束时,发展到 20 家(Cochran 1980: 50-51)。这些公司的存活时间并不比抵货运动持续的时间

长,但是,它们的破产只能用来强化运动所具有的效果,即外国公司抑制了中国自有产业的发展。关于在中国早期产业历史中抵货运动的重要性,参见 Kikuchi 1974:2-56。

〔16〕 然而,雷麦(Remer,1933b)确认说,尤其在广州,抵货运动对煤油、小麦粉和棉布类商品的进口有不利影响。

〔17〕 著名中国观察者儒莲·阿诺德(Julean Arnold)那时正在美国驻上海领事馆工作,他推断说抵货运动百分之九十有效(引自 Cochran 1980:48)。

〔18〕 这个时期还有其他较小规模的抵货运动,例如,1908 年青岛的暴力事件导致一场小规模的抵制德国货运动。

〔19〕 这个广泛的社会联盟包括3 月 17 日数万人在广州举行一场集会,抗议者包括妇女和少女,她们组织了类似"国耻会"那样的组织,发誓不用日货。许多女学生穿着表示悲痛色彩的白色衣服,标志着她们参与了抗议活动和组织。(Collins 1976:333)

〔20〕 抵货运动也临时把日本烟草产品从华南市场中赶出去。具有讽刺意义的是,抵货运动也伤害了南洋兄弟烟草公司,这是一家新兴的"中国"烟草公司,该公司长时间参与抵货运动,并投入了资金(Cochran 1980:58-59)。

〔21〕 "二十一条"的完整译文,见 La Fargue 1937:241-243。

〔22〕 这是中国的国家政治分裂的征兆,中国人在不同的两天纪念这种耻辱,5 月 7 日的中心是华北的纪念会,而 5 月 9 日则是华南的纪念会(Sun Fanjun and He Husheng 1991:57)。这种时间差异揭示了研究著作在资料来源和研究重点上的区别,例如,一本有关中日关系的教科书只提及 5 月 7 日的纪念会(Jansen 1975:209-223)。在中国近代史上,外国人给予中国人的耻辱是如此地平常,列举他们能够和实际上已经给予中国的耻辱足够写满厚厚的一本百科全书。他们给中国带来的耻辱包括一切想象得到的方式,从不平等条约到两个外国在中国领土上作战,到无数次对中国人采取暴力行为。然而,正如其他历史事件一样,本章主张"国耻"不是立即不证自明的,也不是永远有固定解释的。它们也有可争论之处,常常由那些拥有给出确定解释的权力机构来给它们下定义。新近的研究包括 Zhu Hanguo 1993, He Yu and Hua Li 1995, 以及 Renmin chubanshe ditu shi ed. 1997。

〔23〕 在广州,直到日本人对地方当局施加压力禁止这种行为为止,广州人每天都这样做。见《中国国耻日》(1915 年 8 月 13 日), CRDS File 893.2309, 和《中国国耻日》(1915 年 12 月 1 日), File 893.2332。

〔24〕 《北京商会国耻通信通电》,知耻会 1915 年重印。相似的观点,可以在广泛散

布的北京教育局电文中看到,重刊于《申报》1915 年 6 月 14 日。有关中华国货维持会在传播该资料过程中的作用,见《申报》1915 年 5 月 20 日;同一条目说江苏省教育协会许诺每年举办一次纪念会以提醒所有在校学生和人员“国耻”的含义。

〔25〕 根据一位观察者所言,在“二十一条”提出以后,爱国的中国妇女迅速放弃在前额上方高束头发的日本发型(Tyau 1922:86)。

〔26〕 关于在“二十一条”的谈判过程中中国国内政治作用的概述,参见 E. P. Young 1977: 186-192。在签订条约的前夕,这些让人放心的保证越来越多,也越来越持续不断,例如见《新闻报》1915 年 5 月 7 日。这些报纸刊登社论,谴责这个破绽百出的条约,他们嘲笑它是假的“和平”条约。

〔27〕 中国知识分子立刻把接受“二十一条”添加到急速扩大的“国耻”叙述话语中,他们害怕这将会达到“亡国灭种”的顶点。到 6 月份,包括有梁启超在内的一个社团已经编列了一系列像波兰和印度那样“亡国”的文章,并且详细描述了中国是如何走向同样的命运(Yan Ruli 1919)。关于这种论述的流行情况,参见 Karl 2002。

〔28〕 数千名留日中国学生归国以示抗议,在 Buwei Yang Chao 的回忆录中,他描述了在日本的中国学生参加反日抗议活动带来的巨大压力,那些选择留在日本的中国女人被谴责说是想要“嫁给日本人”(B. Y. Chao and Y. R. Chao 1947: 145)。三年后的 1918 年,未来的中国共产党领导人和总理周恩来(1898—1976)和其他 700 中国学生于 5 月 7 日国耻日前夕在东京参加了类似的反日示威游行(C. -J. Lee 1994: 94-95)。

〔29〕 警察从留日归国学生手中没收传单这件事在当时引起了很大关注,见《新闻报》1915 年 4 月 10 日、19 日、29 日。

〔30〕 袁世凯总统再三命令地方政府结束地方的抵制运动,禁止讨论和谈,解散各种组织,并检查通讯电报(M. Chi 1970:60)。

〔31〕 参见《救国储金》和《社序》,见 1915 年《知耻会》第 1 卷,本卷也包含有该会建立专款管理的章程。同见 *NCH* 1915. 4. 24: 255。

〔32〕 关于这些地点的部分目录,参见 Kikuchi 1974: 164-165。

〔33〕 在诸如福州这样的城市中,当地著名人士自己出资建立中国产业,参见《促进中国工业利益福州联盟》(1919 年 7 月 29 日), CRDS File 893. 60/12。当地领事的报告评述说:“联盟的目的是反日。”

〔34〕 报纸频繁地报道关于这些资金的情况,也强调它们的大众性和良好形象。例如,参见《新闻报》1915 年 4 月 7 日、8 日和 10 日的系列文章。

〔35〕 中华国货维持会也派遣他们主要领导成员之一王文典帮助建立团体并起草章程(Shanhai Nippon shōgyō kaigisho 1915: 65;《申报》1915年5月17和31日)。

〔36〕 到1919年,这是有完整会员目录的唯一一年,749名成员中有41名是妇女,见“中华国货维持会同志全录”,SZMA File 454: 20-21。关于运动中妇女的作用以及妇女的表现,见第七章。

〔37〕 整个中国的中文报纸都报道了学生调查队伍。例如,关于江苏省的这些学生队伍,参见“六和县学生焚毁日货”,《南京学生联合会日刊》1919年7月21日,重刊于ZDLDG 1992: 229-230。商人也加入到这样的调查活动中来,在长江三角洲地区的一个城镇里,码头右边专门设有产品检查的办公室,参见《清江浦商界又焚毁日货》,《新闻报》1919年7月16日,以及“清江商学界焚毁日货”,《新闻报》1919年7月7日,重刊于ZDLDG 1992: 236,241。同见W.-H. Yeh 1996: 147-148。

〔38〕 有些公司竭尽全力隐藏他们的产品来源于外国。例如,一支调查队发现了在外包装上印有“中华民国万岁”的日本火柴,见“清江学生继续查日货”,《新闻报》1919年10月11日,重刊于ZDLDG 1992: 232-233。

〔39〕 参见伍廷芳1915年为王汉强书所作的序,这些材料广泛流传,再版于上海Nippon shōgyō kaigisho 1915: 77-127。从1928年反日抵货运动中可以看到实例,见“日货一览表”,此表格见于Zhongguo Guomindang, Hebei sheng dangwu zhidao weiyuanhui, ed. 1928: 19-65。

〔40〕 用雷麦的话(1933a:53)说是:“贸易统计数据显示抵货运动的影响只是暂时干扰了贸易,而不是造成了衰退。”

〔41〕 同一份报纸的另一位记者指出:抵货运动既没有严重地影响贸易,也没有留下持久的影响以及使中国不信任日本。参见《中国抵制日货:对日贸易减少》, *NCH* 1915.7.24: 220。

〔42〕 《国耻艰年象棋新局》(1916),该书的前言证实了全书的目的是把中国最近的耻辱(1915年)和历史长河中类似的耻辱联系起来。

〔43〕 中国海关1915年贸易利润:1,引自Remer 1933a: 48。

〔44〕 这些组织包括1919年初成立的“中华工商保存国籍和平研究会”、1923年成立的“上海对日外交市民大会”。

〔45〕 周策纵在1960年的研究是强调学生作用的首要例子,很多教科书采取类似的看法,例如参见Hsü 1983: 504关于抵货运动的粗略观察。这种过分强调学生和知识分子在“五四运动”中的作用可能导致过度关注北京。在上海,“五四运动”是一次“中国人直接采取政治行动的、总体上受欢迎的爱国抗议

运动,和那种中国知识分子以'思想'为导向、打倒权威的新文化运动有区别"(J. T. Chen 1971: xi)。之所以产生这种现象,可能是由于许多"五四运动"后的中国历史学家曾经作为学生参加了运动。

〔46〕 在包括济南在内的其他城市,1915 年纪念会和新的抗议汇合在一起了,见《国耻纪念会协商会》,《大东日报》1919 年 5 月 7 日(特刊),领事报告中有译文,CRDS File 893.3165。

〔47〕 关于抵制外货运动的日本报刊文章的汇编,见 Fujimoto and Kyōto daigaku, Jinbun kagaku kenkyūjo 1983。

〔48〕 许多 1919 年出版的讲述国耻全面历史的书籍把最新的耻辱也加入了进去。1919 年"五四运动"后不久出版的一本书的封面特别强调了 5 月 9 日——一把刻有"5·9"数字的斧子劈开了一名中国人的脑袋。不过,与以往历史论述不同的是,这次专门集中于日本给中国带来的耻辱。(Gongmin jiuguo tuan 1919)

〔49〕 新成立的国民大会组织了这件事。国民大会由大约 30 个商业和教育团体发展而来,所有成员的名单见《申报》1919 年 5 月 6 日。

〔50〕 日本报纸广泛报道了中国人使用的术语"国耻"一词,例如,见 Ōsaka Asahi shinbun 1919 年 5 月 6 日、8 日、9 日、14 日,再刊于 Fujimoto and Kyōto daigaku, Jinbun kagaku kenkyūjo 1983: 43, 46-47, 51-61。

〔51〕 贴有这样标语的关门的商店的三张照片,见《在上海中国人的抵制活动》,FER 1919.7: 503-504。

〔52〕 当然,这个"学生"也包括了不同类别,并且每一种要素都与抵货运动有各自的关联。两项重要的研究(Israel 1966 和 Wasserstrom 1991)强调了学生组织的利益冲突。关于这些组织中性别的争论,参见 Graham 1994。像其他研究学生运动的著作一样,在该书中,组织、活动、演说和运动之间的联系是分析的核心但又显得含蓄的部分。

〔53〕 参见 Matsumoto 1933: 63。他继续指出:"不可否认当地学生的联盟是整个运动真正的焦点,正是这些学生组织劝说商会和其他商业团体进行抵制。"

〔54〕 这些教科书对于近代民族思想的传播起到了至关重要的作用,日本不同的部门和组织密切关注它们的内容。一位教科书材料汇编的编者指出这些书充满了"在中国百万青年人心中强烈的反帝情绪"(Sokusha 1929: ii)。

〔55〕 然而,在其他城市,学生的次要角色更容易看清楚。例如,山东抵货运动的一位观察者断言商会是抵货运动背后真正的力量,学生们仅仅是宣传者,参见 Upton Close《5 分钟伤悲》, *CWR* 1919.8.2:357-362。

〔56〕 该团体于1919年1月1日给国家商会和全中国商会的一封公开信中宣布成立,次日的《民国日报》再次刊登了这封信(上海社会科学院历史研究所1960: 141)。

〔57〕 例如,运动组织最初发送的大量电报,见《申报》1919年5月7日或Shanghai shehui kexueyuan, Lishi yanjiusuo 1960: 178-181。此类电报的一份译文,见*NCH* 1919.5.17: 413。

〔58〕 这类资料集的例子,见上海社会科学院历史研究所1959,上海社会科学院历史研究所1960, Hu Wenben and Tian Geshen 1980,天津历史博物馆和南开大学历史系1980, Zhang Yinghui and Gong Xiangzheng 1981,河南省地方志编辑委员会1983,中国四川省委党史工作委员会1989, ZDLDG 1992。许多小城市编辑的类似资料集,可以没有印刷,收集来不是为了公开传播的(例如《苏州五四、五卅运动资料选集》1984)。其他城市也有刊印的通俗资料(例如Xiong Zongren 1986)。

〔59〕 销毁草帽的另一个实例,见J. T. Chen 1971: 98n1。与此类似,武汉和宁波的英国领事报告有关个人被怀疑戴日产帽子的销毁,见《武汉反日骚动报告》, British FO 371/3695 和 Acting Consul Platt, 1919.5.29 in FO 371/3695。

〔60〕 这种使用服装作为抗议手段的做法广泛传播,以至于上海工部局禁止使用这些服装表示不满(*NCH* 1919.6.14:718)。

〔61〕 这种受牵连的另一个例子是,传教士玛加瑞特·莫尼格(Margaret Moninger)报告说她的女仆拒绝购买霍利克公司出产的麦芽奶,因为日本商人的商店出售这种产品。有关海南岛积极抵制的报道也证实抵制活动传播范围非常广泛。(Lodwick 1995: 53-54)

〔62〕 例如,山东省济南女子师范学院的学生拒绝乘坐日本人所控制的铁路的火车回到铁路附近的家中过暑假(Lü and Zheng 1990: 302-303).

〔63〕 上海的日本店主试图通过清除"日本制造"的标签来逃避抵制(*NCH* 1919.5.30-31:551)。

〔64〕 在天津,周恩来主办的出版时间不长的出版物《天津学生联合会报》不仅广泛报道抵制和抗议活动,而且拒绝刊登任何日货广告,以这种直接方式给运动以帮助。该报并且为刊登中国产品广告的公司提供半价优惠。(C. -J. Lee 1994: 126)

〔65〕 有证据表明,在许多城市学生创建了国货公司。苏州有一家这样的公司,见"苏州桃坞中学学生会开办国货公司",《时报》1919年8月8日,再刊于ZDLDG 1992: 231。

〔66〕 关于这样的一个团体,见《镇江学生组织国货负贩团》,《申报》1919 年 8 月 5 日,再刊于 ZDLDG 1992：231。

〔67〕 关于这些组织最全面的研究,见 Ono 1994。

〔68〕 这个共同责任体系效仿帝制中国牢固的社区责任形式,尤其是晚至清代还在使用的保甲组织,见 K. -C. Hsiao 1967。

〔69〕 当然,其他组织的成员也作了类似的保证,虽然通常使用更为温和的语言。例如,参见山东提倡国货研究会的会员卡,见台北“中央研究院”近代历史研究所档案,外交部第 114 号文件“山东排日风潮案(2)”。

〔70〕 关于 1919 年运动中长沙这些团体,见 McDonald 1978：95-107。关于小一些的城市的这些团体,见《徐州学生组织十人团》,《新闻报》1919 年 12 月 4 日,ZDLDG 1992：355-356。在苏州,参加女子爱国十人团的妇女挨家挨户分发宣传品,见《苏州女子爱国十人团提倡国货》,《时报》1919 年 7 月 19 日,再刊于 ZDLDG 1992：246-247。

〔71〕 这些团体可能对两年后共产党支部在上海成立有影响(J. T. Chen 1971:97-98n 3)。

〔72〕 关于这样的非正式团体的支持提议,见《妇女服用国货社的倡议》,《申报》1934 年 9 月 27 日。关于运动中使用的标语,见《宣誓服用国货》,《申报》1935 年 4 月 18 日。

〔73〕 海关贸易报告 1919,卷 1:469,引自 McDonald 1978：101. 73。

〔74〕 然而,有些外国观察者嘲笑中国人没能成功抵制日货,例如可参见《抵制的失败》, *FER* 1920. 8：389-390。更早时候,同一期刊把抵制称为“不道德的”“非法的”“愚蠢的”,并且称抵制的领导人是“畸形生长的孩子”(《结束反日抵制》, *FER* 1920. 7)。

第四章

国货运动和反帝主义抵制活动,1923—1937

商战能打败兵战，牢记“五九”与“五卅”，三角牌毛巾将战胜大锚牌毛巾。

——上海报纸刊登的三角牌毛巾广告，1925 年 6 月。
（当时三角牌毛巾与日本大锚牌毛巾竞争）

“抱歉，我们不卖洋货。我们只有国货。”

——当消费者问及有无舶来品时，
建议爱国商人如此答复。

反帝主义的抵制浪潮继续使20世纪二三十年代的中国消费文化民族化。这些新的抵制活动通过越来越激烈与强劲的方法，强化了商品和国籍之间的联系。个人的抵制活动是国货运动更大叙事中的一部分：国货运动塑造了每个人的抵制活动，而个人抵制反过来又使国货运动得到扩展。抵制的重要性不在于它给贸易带来的短期经济影响，而在于它在形成民族主义意识的特殊形态中所起的作用，这种意识是以消费"中国"产品以及不消费"外国"产品为中心的。与此同时，抵制活动期间舶来品的缺乏也为国内制造商提供了经济机会。本章第一部分继续探讨抵制活动，并以简要考量其对1927—1928年的国民政府造成的影响作为结束。和国货运动的其他方面一样，例如商品展览会（在后面两章我们将看到），新政府为抵制活动的机构以及通常所说的国货运动提供了额外的资源。

本章第二部分从对抵制本身的研究转移开去，研究隐含在抵制活动和国货运动背后的基本问题：什么是真正的国货？国货和洋货之间的边界是如何建立的？从国货运动初始阶段开始，活跃分子一直都在致力于创造并传播清楚的产品分类表，这样的分类表不管是随意的还是多变的，对于国货运动所有活动都至关重要。尽管不能把创建这些分类表归功于国民政府，但是中国在1927—1928年间重新建立了一个相对集权的政权，对于确定并普及国货标准有极大帮助。

一　1923—1937年的抵制活动

1923年春，日本不仅仍旧是中国反帝运动关注的中心，而且也成为重新兴起的国货运动所针对的对象。[1]中国各地的美国领事在1923年的一系列报告中注意到各国,尤其是日本给中国带来的耻辱感和中国日益高涨的民族主义之间的联系。例如,一份来自山东省会济南的报告总结说:“由于日本的侵略……唤醒了强烈的对抗与敌对情绪,以及在外国人手上所遭受的不平、耻辱、受侮的情绪。”但是,这种仇恨也被引导去针对其他国家。该报告观察到在孩子们中间有态度的转变,孩子们现在敢大胆地把外国人称为“洋鬼子”,而且“不被他们的长辈斥责或是阻拦”。[2]在重新爆发抵制活动的前夕,这些报告也指出这种环境破坏了洋人在中国居住的便利条件:“每个中国人的胸膛里都充满了内在的强烈厌恶日本的情绪。”因此,洋人从中国人手中购买或租赁土地变得“极为困难”。[3]

此后不久,形势恶化。新的争执核心还是日本领土扩张这个老问题。在1904—1905年打败俄国后,日本控制了俄国在中国东北的地盘,包括朝鲜以西的辽东半岛。1898年的中俄条约允许俄国租赁辽东半岛上的不冻港旅顺和大连,为期25年,租赁期截止到1923年的3月26日。然而,在1915年的“二十一条”中,袁世凯及其手下已经同意将租赁期延长至九十九年(例如,英国已经获得的香港岛对面的九龙半岛也是这样。参见Lensen 1966)。中国的民族主义者坚持条约是被迫签订的,而且中国资政院从未批准这项新的租约,所以,根据国际惯例,该租约是无效的。中国的政治家再三拒绝承认这个条约,此问题引发了民众的游行示威,包括1915年和1919年的抵制活动。1923年春,原先二十五年的租赁将要期满之时,中国的民族主义者想要收回领土。

3月末,日本不想归还其租赁的领土的意图变得明确起来,另一场反日抵制活动开始了。4月,抵制活动蔓延至整个华北和华中,尤其是长江三角洲地区,在湖南省会长沙尤为活跃,因为那里有一个大的日本社区。抵制活动持续了五个月,直到9月初,关于抵制活动的消息才从报纸头版头条中消失。尽管这次比早期的抵制活动时间要短一些,但是许多报告表明它要强烈得多。(Kikuchi 1974: 201-203)一个新的术语——“经济绝交”(参见Zhou Shouyi 1923)在抵制期间流行开来,这表明抵制活动在国货运动中扮演越来越激进的角色。先前的抵制活动已经敦促不要消费那些被抵制的商品和服务,1923年,抵制者开始使用更具攻击性的方式,恐吓日本商人和他们的家人,力劝房东不要把房屋租给日本人,鼓动完全断绝与日本的一切往来,包括拒绝出售商品给日本人或为日本人工作(*NCH* 1923.3.31:867;*CWR* 1923.3.31:180)。

这次抵制活动也是中国人进行民族主义消费的环境越来越严苛的证明。社会上有一部分人以爱国主义的名义,斥责那些在使用消费选择权时被认为不够爱国的中国消费者,例如,中国人抓住乘坐日本船只的“卖国贼”,等他们一上岸就用脚踩他们的衣服。另一个例子是,码头拒绝停靠日本船只(例如可参见 CRDS File 893.4995 [1923.5.17])。为日本人工作的中国人被迫在游行示威队伍的前端行进,并且要为他“这种忘记自己祖国的弥天大罪”、这种不爱国的行为道歉(Matsumoto 1933:73-74)。

商人的惊恐

最严厉的攻击是针对中国商人的。像短篇小说《林家铺子》(参见导论)里描绘的形势一样,此次抵制和后来的抵制活动使用国货运动的语言,把针对商人的暴力和胁迫合法化。尽管“商人”包含各种各样社会地位的人,但中国传统社会秩序的“四民”——士、农、工、商——构成中,“商人”作为整体是最低等的(Mann 1987:18-21, 96-99)。

国货运动重新界定“奸商”一词,传统的意义上所认为的“奸诈”“卑劣”或“诡计多端的商人”升格为“叛国的商人”。在民族危机的语境里,典型的商人——之前他们仅仅被怀疑“诡计多端”或是“奸”——现在则被斥责为把利益置于爱国主义之上。这些商人销售“洋鬼子的国货”。[4] 与此相反,国货运动的支持者界定了新的“商人道德”,即:最主要的是要求店主拒绝销售舶来品,不更改商标,并且“对于受欢迎的国货不调至过高的价格”。作为回报,商人经销国货,他们的地位将会得到提升(参见图 4.1)。[5]

“叛国”商人不仅仅威胁一个人或是一个地方的行为准则,而且给整个民族造成危险。这形成了一种环境,在此环境中,那些与销售洋货有关的商人会备受攻击。例如,在 1925 年河南省郑州抵制活动期间,英美烟草公司一位中国主管被迫“头顶一张巨大的香烟纸板盒,在一场大型示威中游街示众”[6]。实际上,日本和西方观察者往往声称抵制活动是不合法的,他们经常通过引用针对中国商人的武断粗暴且“违法”的行为来证明这一点。[7] 一位长期驻华的外国居民目睹后来的一场抵制活动后

图 4.1　无耻的叛国商人

(《申报》1934 年 7 月 26 日)

长久以来，中国文化斥责商人不择手段而且性格狡诈。然而，国货运动把商人描绘为叛国的形象，给这一形象增添了新的流行元素。“奸商”销售洋货暗中破坏了中国工业的健康发展，并且由此扩展开来，危及中华民族。这幅图传达了国货运动的深刻焦虑，商人经常把“中华国产”的标签贴到进口货上(那些船只以日本主要出口城市命名)。商人的不可靠使他们成为国货运动的一个主要目标。

说，抵制活动被“赤裸裸的恐怖主义和偷盗行为所裹挟”，这些行为包括扣留被确定经销舶来品的商人并且监禁他们，直到他们支付罚款；甚至当一帮这样的“暴徒”劫掠中国物品“当场被抓”时，中国的法官判他们缓刑并放走他们。在这些观察者所举的另一个例子中，有人因把一枚炸弹扔进一家被断定销售日本衣物的商店而被逮捕，但仅仅被处以缓刑。(Woodhead 1935：165，226)[8]

国货运动组织和抵制活动

国货运动组织在 1923 年的抵制活动中既扮演了直接又扮演了间接的角色。与一位同时代的观察者论点相反，它们并非“坐而论道”，仅通过选定一项决议来支持反日抵制活动（Matsumoto 1933：73）。在抵制活动中，国货运动组织直接参与的程度不太清楚（除了正在进行中的国货运动计划之外），因为国货运动组织总是致力于那些较为难以查寻的、临时的特别团体的组织和活动。尽管如此，像中华国货维持会这样的运动团体，在1923年反帝活动背后协助成立了关键组织。[9]

3月24日，在指定归还辽东半岛权力的前两天，来自3个同乡会和上海商务总会代表的国货运动积极分子召集了大约20,000—40,000名支持者。此次事件由教育家、绍兴（浙江省）同乡会成员曹慕管主持，他见证了"上海对日外交市民大会"（以下简称"市民大会"）的创建。该团体一项主要贡献是建立了后来最为活跃的国货运动组织之一——上海市民提倡国货会（以下简称"国货会"）。[10]到1925年，国货会已经成为拥有来自多个社会团体代表的组织严密的实体，例如，最初的执行委员会由24个团体组成，包括同乡会、商务联盟、学生团体和其他诸如中华国货维持会这样的国货运动组织，还有救国十人团，等等。[11]这些代表本身就是从将近200个企业、学校和其他专门团体中选拔出来的。（Cao 1925：12）

这些团体的成员用当时熟知的比喻表达了他们对于日本的反感。他们对洋货继续在中国市场中扩散感到惊恐，这些洋货是取代国货而存在的。市民大会的参与者得出一个结论，这个结论也是早期中国民族主义者所持有的：国人缺乏爱国主义。缺乏灌输民族主义价值的关键的普及教育，无知的中国商人没有意识到消费品生产方面国货取得的进步等，使得问题更复杂。最重要的是，这些新的国货运动/抵制组织明白他们主要的任务是提高这些中国人的意识。

市民大会立即发送电报给全中国的团体和外国政府，开始宣传自身及主张。这些电报显示出中国大众抵制"二十一条"的持续声浪，以及对于日本对中国反帝主义激进行为所作阐释的反对。例如，在一份给"友邦"的电报中，市民大会强调对日本的抵制活动风云再起，是对日本"非法实施无效条约"的回应。在它所有的文献里，市民大会把日本人对于辽东的权力要求置于长期侵略中国的历史中。市民大会也通过东京《朝日新闻》以及其他日本新闻媒体直接向日本人民呼吁，有一封信开头这样说："以'二十一条'为借口，你们的政府拒绝归还（旅顺和大连）。这破坏了我们两国之间的友谊，并且将永远成为世界和平的障碍。”这封信使用与其他国货运动团体相同的方法，通过直接呼吁试图让广大日本人知道并寻求他们的支持。他们把这些电报和信件发送给各级政府，表明国货运动的议程广为传播了。[12]

当局与外国对抵制活动的反应同抵制活动再一次相互呼应。这次抵制浪潮中最有争议的事件是1923年6月1日的长沙事件。长沙和其他许多城市一样，抵制活动的支持者试图阻止日本轮船卸载货物。在6月1日这一天，负责疏导一艘日本轮船的日本乘客登陆上岸的日本海军陆战队士兵杀死了3名试图阻止他们上岸的中国人（*NCH* 1923. 6. 9：663）。这点燃了当地的仇恨怒火，马上进行抵制活动，在接下来的日子里，爆发了巨大的示威游行。[13]通过像市民大会这样的运动组织，事件的新闻很快传遍全国——并且和先前的事件一样，这一次事件被全国的组织写入越来越长的国耻名录中。[14]市民大会下结论说，长沙事件提供进一步的证据表明，要拯救中国只能通过一场成功的国货运动，并且断绝所有与日本有关的经济关系。

举行纪念活动

国耻纪念日继续在激励抵制活动中扮演着重要的、有象征意义和实际作用的角色。为了把日本使中国遭受的耻辱——拒绝归还辽东半岛——放置在更广阔的语境中，市民大会努力强化国货运动对“二十一条”“5·9”纪念日所作的阐释，这不仅是提供一个叙述日期，也是通过仪式强化它的意义。因为纪念日和各种假期已经搅乱了中国的日历，国货运动组织把注意力集中到这些特殊日期，并通过举办年度活动和印刷出版物来再现它们的意义。每年5月9日，纪念组织委员会制作了数百种与此事件相关的印刷品。[15]1923年，市民大会给每一个能想到的民间和政府组织发送电报，该电报提醒收件人记得即将来临的纪念日，并列举市民大会对该事件的叙述，在结尾，他们说他们的组织是为抵抗帝国主义入侵而形成的正义团体。电报还把他们的纪念计划与收件人共享，并鼓励他人制定类似计划，以及邀请各行各业爱国的中国人参加国耻纪念日集会。最为重要的是，电报提醒读者抵制“仇货”意味着回应日本所给予的耻辱。1924年"5·9"纪念日前夕,该团体再次发送了类似电报。这次他们的挫折感更为明显,电报中说中国已经被一个"微不足道的岛国"征服,而这岛国从前是依附于中国的。(Cao 1925: 43)[16]

市民大会继续组织"5·9"纪念会。为了1925年的周年纪念日,该组织编辑了一份1923年以来被日本人杀死的中国人名单,居于首位的是两名商人。这份名单上的人来自中国各地(例如长沙、厦门、福州、汉口、天津、奉天)。这些事例有相似的特征,在每个案件中,中国人(通常是"学生")反对日本在华政策,并没有真正的挑衅行为,却被日本人杀害。市民大会造册宣布,自1923年以来,日本人已经杀害了数百中国人,其中包括在日本一场大地震之后被愤怒的暴民杀死的289名中国人。通过记录这些事例,该团体努力为他们的计划增强合法性和迫切性。此外,他们在这些"耻辱"和他们的议程之间建立起清晰的关联,进而呼吁所有中国人通过主动不消费洋货来参与运动。

市民大会也为传播他们的宗旨而采取了特别策略,例如,5月9日派代表到上海各个剧院发表演讲,建立委员会,培训来自各地学校的代表以传播运动的宗旨,设计了一份有二十一个条目的宣传传单(选择这个数目估计可能是为了对照"二十一条")。市民大会甚至要求中国电影公司把一张简单的图画说明在预告中插播,引起人们注意5月9日的主题。一张玻璃幻灯片写道:"因为(旅顺和大连)仍然没有收复,请每位市民坚持不购买仇货。"市民大会也劝阻报纸刊印日本广告,要求所有当地传统剧院进行"5·9"专门演出,要求中国轮船和运输公司拒绝任何穿着日本服装的乘客搭乘,要求商人停止储存日货,谋求上海其他团体的支持以及加入市民大会,并且游说其他港口建立类似组织。[17]与此同时,市民大会的成员,例如中华国货维持会的领袖王介安(他曾经在1912年游说北京政府制定服制法),直接把呼吁送交日本政府,规劝他们为了"世界和平"而平等对待中国。[18]

日本关东大地震有助于缓和抵制情绪。1923年9月1日,近代最强烈的地震袭击了东京、横滨以及周围地区。超过100,000人死亡,550,000座建筑倒塌,200万人由于地震和随后的火灾而无家可归。甚至有同情的呼声提出停止抵制,然而,日本人攻击驻日华人及朝鲜人的报告重新唤起了抵制的呼声。正如一份市民大会9月的文件解释的那样,中国人应该同情日本人民的困境,但是不应该减弱抵制力度。文件主张说,毕竟日本人仍然占领着中国领土,在地震后对于驻日的朝鲜人和中国人所犯下的暴行也证明日本蔑视它的邻居。(Cao 1925)

在常被引用的雷麦对中国抵制活动的研究中,他认为1923年抵制爆发的起因有点奇怪。他指出,和早期的抵制相比,这次不是对特殊事件或国耻的回应。毋宁说,这更多是试图改变日本政策的更大努力的一部分。(Remer 1933: 83)雷麦没有解释支撑这些抵制尝试的一贯连续的组织和观念传播基础。正如雷麦所做的,不仅要把1923年的抵制和其他抵制活动一起研究,而且要放置在国货运动蓬勃发展的语境中才能显示其连续性。为了充分理解抵制对于中国历史的影响,人们必须超出抵制对于贸易的短期影响的范围。[19]它的长期意义在于提高了对中国消费文化民族化意义和目标的认知。从这次特殊的抵制活动中,我们也能看到国货运动目标的长远规划,国货运动努力想要在政府层面之下对控制中外关系施加影响。

1925年的抵制活动:"五卅运动"

作为中国最著名的抵制活动之一,1925年的抵制表面上看来是独一无二的,因为这是首次同时抵制两个国家。相比于早期的行动,中国示威者清楚地表明抵制的目标是英国和日本。但是,当我们在国货运动的语境内审视抵制活动时,这个事实变得并不那么显著了,因为运动从一开始就抵制所有进口物品的消费。我们可以看到,1925年的抵制事件是由新生的共产党组织的,共产党的工人纠察队无疑扮演了重要角色。我并不试图在此节中下结论说这个或其他团体发动了1925年的抵制活动。事实上,其他学者已经出版了非常好的对直接原因的个案研究(例如Rigby 1980)。相反,此处的关键是把1925年置于运动语境内,从而强调一个事实,即:从共产党员到制造商的社会团体借助了民族主义消费的流行话语(discourse)。[20]当然,中华国货维持会也为详细说明新的抵制活动提供了帮助,他们及时分发传单,向政府递交请愿书,促进了关税自主议程,并重新规定服装只能使用国产织物。[21]运动组织也向中国各地的其他团体推广与十人团曾用过的类似的誓词。[22]然而,许多其他社会阶层也加入了抵制活动,每一个这样做的团体,从表面的政治意识形态看是直接对立的,但他们共同享有并强化了民族主义消费文化的大众议程和用语——甚至是大众文化或霸权。

直接原因

一次特别事件重新点燃对反帝抵制的支持,1925 年的抵制活动重新恢复了在 1923 年中断了的这一模式。一名中国工人死于日本老板手中,随后数月内的示威游行和罢工逐步升级为冲突。1925 年 5 月 30 日,中国人在上海南京路上举行游行示威,抗议当地日属纺织厂大规模虐待工人。南京路是国际租界的一部分,从租界来的以英国人为首的警察向人群开枪,打死了 11 人,打伤数十名中国人。数天之内,整个上海爆发罢工,并蔓延至全国。

为试图平息罢工,管理国际租界的机构——上海市市政委员会给中国报纸施压要求减少新闻报道。作为回应,这个月之后,学生在街道组织公开演讲、安排会谈,传播抗议者和工厂工人死亡的消息。同时,中国的政党也通过反帝主义的视角,重新解释罢工,散布这样的宣传(参见图 4.2)。一位国民党人在工部局控制之外的报纸上公开表示:“在我们自己的国家领土上,日本人这样任意施暴和杀害中国人,我党对此表示强烈反对。”(转引自 Rigby 1980：30)[23]

和洋人洋货的接触日益增多

中外紧张状态是中国人与洋人洋货的接触日益增多的后果(见第一章的考察)。与洋人洋货的接触在 20 世纪前二十五年激增。例如,1918 年上海关税局制定了差别关税,这迫使日本纺织厂将越来越多的纺纱生产线转移到中国。1918—1921 年间,在华日商拥有的纱锭数量从 29,000 增加到 867,000(King and Lieu 1929：3)。到 20 世纪 20 年代中期,日本投资者拥有超过 1/3 的中国棉纺厂(*China Yearbook*, *1926-1927*：914-

图 4.2 公布最新的国耻(1925 年)

(Weale 1926: 122)

这幅宣传画贴在北京城最繁忙的城门高墙上,图中描绘了“五卅惨案”中英国士兵杀害中国人(躺在血泊中)的场景,英国士兵若无其事地站在尸体旁。宣传画使人认识到这是在上海的帝国主义者和中国人不同经济团体之间的冲突。这种宣传画据目击者说是“无处不在”,运动张贴这些宣传画来激起和传达民族义愤。

915)。这个时期,新工厂多数在上海开办,在上海的日本公民数量从1905 年的 400 人增加到 1931 年的 20,000 人,占外国驻华人口的 70%(Goto-Shibata 1995: 5-6)。在上海,有将近 60,000 中国人在日本工厂中谋生(King and Lieu 1929: 18)。

这些新工厂导致了日本人和中国人有更多接触机会。在中国,除了长期存在的对日本的仇恨外,中国人逐渐通过日本工厂把工业化过剩和日本联系起来,这些工厂成为中国人表达反帝情绪的场所。尽管外国观察家认为在中国日属纱厂的工作条件和薪水是最好的,但是这些纱厂中的罢工多于其他地方,工厂拥有者的国籍是主要诱因,正如上海市政府社会局在 1933 年的报告中总结说:“在与外国机构的纠纷中,常常包含着种族和国家仇恨。”(上海市政府社会局 1933:16; 英译见 Rigby 1980: 13)

20 世纪 20 年代中期,对劳工的动员和激进主义导致罢工越来越多(参见 Perry 1993: 66)。工厂拥有者的国籍成为核心问题。普通的劳资纠纷越来越多地被当作是中国整个国家与外国的纠纷,这种趋势表明国货运动中民族意识和情绪日渐增强。例如,1925 年 5 月之前的数月,中国示威游行者抗议日本解雇并扣留在日本工厂的工友,悬挂的标语横幅写道:“抗议日本人打人。”在随后的日子里,中国抗议者殴打了工厂中的日本雇员。(Rigby 1980: 23-24)和许多其他事件一样,每一件劳资冲突的新事例,在另一情况下可能仅是劳资纠纷的恶化,现在却成为帝国主义控制下中国的民族耻辱的证据。每一项新国耻都给工人的不满情绪火上浇油,反之亦然。通过强调他们所劳作的工厂的外国国籍,中国劳工和工人积极分子协助构建了消费的民族主义类型。的确,这时候,工人运动和反对运动只是为国货运动口号的大行其是提供了又一个场所。1927 年 4 月,当国民党的军队重新在上海执政,并残忍地镇压中国共产党和工人组织时,国民党领导人使用了“国货”观念来攻击罢工者是叛国者:“当罢工发生影响,工厂被迫关闭。仅仅因为没有国产商品,国民政府和国民军队因此被迫购买外国人制造的物品。这不仅毁灭了国家的商业,也毁灭了爱国主义。”〔24〕

牢记过去的耻辱

对于“二十一条”的个人回忆以及公开纪念继续使“五卅运动”前后的反帝情绪熊熊燃烧(参见图 4.3)。据 1925 年一个中国人的说法:“在过去十年,我们不仅没有抹去我们的耻辱,而且受到日本军国主义思想十倍地压迫,我们的羞辱也加强了十倍。”〔25〕不管地方当局批准与否,整个中国的活跃分子组织了国耻日的纪念仪式。〔26〕其他团体则制作了列举“二十一条”的扇子(参见图 4.4)。市民大会的成员李剑虹写了有关“二十一条”十周年纪念日的文章,反思“二十一条”对他作为一个 15 岁的抗议者之后的人生经历的根本影响。他的文章反映出 5 月 9 日这一天已经开始形象地代表中国所处的危险状态:

> 中国历来所受外人的耻辱,真多极了。但总没有像五月九日那一天的耻辱,最为痛心。那惨无人道的二十一条苛约,简直没有一则不足亡吾国而奴吾民的。那时日人出此辣手,原是对袁氏私人而订的。幸我四万万同胞心未死,乃群起疾呼,始终否认,并作种种警告

图 4.3　抵制的标语（1925 年）

（Shanghai shehui kexueyuan, Lishi yanjiusuo 1986）

这是 1925 年“五卅惨案”后，在中国商界悬挂的无数标语之一，口号是“决心不用英日仇货”，明确提倡抵制英日“仇货”。运动使用这样的标语不断提醒消费者民族主义消费是回应最新国耻的一种有力的报复形式。

以促悟彼国。光阴很快，现在已到第十个年头了，旅大期满，依旧强占不还。其他像对待我们国民，仍然取苛虐的手段。及对于国内商务上情形，亦无日无时不在实行那野心的侵略政策。总之，中国版图一天不入他掌中，他总一天不甘心。唉！我最亲爱的同胞们，你们扪心想一想，日本和我们中国说到历史上的关系，本已很深了，何况又生同洲同种，论理亟应互相辅助才对。中国人的宽仁大度，原是我们中国人的天然特性，因此他们便想法来欺侮我们了。而且已经欺侮了已有十多年了。可是我们依旧宽仁大度的不屑去得罪他，还想他们自己醒悟，已恢旧好。唉！同胞们，你们现在再睁眼仔细看一看，他们是否已经觉悟了，他们是否还希望和我和好了。唉，我怕这终成

图 4.4　国耻扇

运动组织在定义和公开帝国主义势力所给予的“国耻”中起了关键作用。这把扇子来自于日本外务省一份关于“宣传扇”的长达 156 页的报告(“Senden yō sensu”, 1924-1925)。在扇子的一面(上图)画着朝鲜对面的辽东半岛的旅顺和大连,该地在 1905 年日本打败俄国后由日本控制。另一面(下图)则是日本“二十一条”的完整条文。

了个梦想吧。现在我们要明白我们宽仁大度的心性,是不合对于他们了。并且亟要改变极严辣的手段,去对付他们。否则我们虽年年来纪念这国耻,我恐非特不能把这个固有痛心的国耻取消,怕未来之国耻还日增月累无已呢。换言之,就是倘若我们不能取消今天这五

九国耻，我们不久必有亡国的一天。（Li Jianhong 1925b）

李剑虹看到了国货运动中的民族救亡意义。很明显，他指出中国政府是极其腐败、道德沦丧、没有能力挽救中国的。因此，李剑虹呼吁广大人民群众参与运动来绕开政府。中国必须“全民族提倡国货。并且，我们必须完全清除日货，绝不购买。这将阻止日本在经济上获益，并避开经济危机”（Li Jianhong 1925b）。抵制恢复之前的数周，运动参与者不断传播这种观念，民族救亡依靠大众觉醒和参与到民族主义的消费中来。

民族范围和反帝主义者的方式

在理查德·瑞格拜（Richard Rigby）对“五卅运动”的研究中，他下结论说“在6月期间，各种规模的市镇几乎没有不用某种方式响应的”，据详细资料记载，在中国将近40个城市和乡镇有事件发生。（Rigby 1980：63；关于这些城市的完整目录，见217n4）[27]许多事件表面看起来是由中国人和外国人之间微不足道的争吵而开始的，但是在这种极度不稳定的情境下迅速恶化。这些事件中最声名远扬的是6月23日广州沙面事件。广州和香港抵制英日的示威游行始于6月初，并在当月逐步升级。到6月的第三周，香港的码头工人开始罢工，蔓延到在广州沙面岛为洋人工作的中国雇工。6月23日，一次巨大的反帝示威游行在岛对面的河岸上进行。外国军队驻扎在沙面岛保护他们的居民，在某些地点，河岸一边开始向对岸射击。在随后的流血事件中，数十名中国人和几个欧洲人被杀害。（*CWR* 1925.7.25：127；Orchard 1930：256-257）暴力事件强化了抵制和罢工，并使抵制和罢工在广州持续的时间比在中国其他地方更为持久。

正如全中国每个地方的反帝事件一样，地方影响清楚地决定目标国家的选择以及行动的范围。[28]例如，在长沙，因为回应上海“五卅惨案”与纪念1923年6月1日一致，抵制活动的目标包括日本（*CWR* 1925.6.27：78）。[29]在香港和广州，国民党的激进主义和权力的兴起加剧了罢工和抵制活动（Wilbur 1983：24-26）。因为这个原因，这里的反帝活动经常被认为是独一无二的：它们更多地被视为是国民党历史的一部分，而不仅仅被视为抵制史的内容。当国民党的权力在中国增长时，他们卷入抵制活动和国货运动的层次也提升了。尽管如此,如果把抵制活动(或者国货运动)看作主要是国民党的产物,或是对地方挑衅事件的简单回应,无疑是错误的。

1928 年、1931 年及之后的抵制活动

到 1925 年为止,国民党已经开始加强他们和国货运动及其所有活动之间的联系,这些活动包括组织抵制活动和国耻纪念日。[30] 1928 年和 1931 年的抵制活动是到那时为止最有效的,证明了消费的民族主义类型通过抵制活动传播开来。[31] 国民党迅速扩大了这些抵制活动的范围,但是他们从来没有完全控制(当然也没有创造)这些活动。国货运动的组织保持活跃[32],例如,在 1931 年的抵制活动中,中华国货维持会继续揭露那些销售"仇货"的"卖国商人"(SMA Q230-1-93：31-48)。实际上,"不爱国"这个标签被贴在任何阻碍抵制活动的人身上。国货运动也借力于其他的政府工作,例如,20 世纪 30 年代中期,国货运动利用政府当局开展反对吸烟的运动作为查抄洋烟的借口(更多的例子见第七章)。[33] 国货运动组织继续刊印如何区分国产烟和洋烟的小册子(例如第一交通大学反日运动委员会 1928 和国货日货对照录 1932)。最终,来自日本的重压和"攘内必先安外"的政策使国民党领导人蒋介石(1887—1975)收回了对抵制的支持(Coble 1991：74-76)。虽然如此,即使在国民政府收回对抵制活动的公开支持,并且在 1932 年开始镇压抵制活动之后(例如试图禁止流行的词语"仇货"),许多中国人继续给商人施加压力,他们检查商店,查抄货物,给店主寄匿名信和明信片,破坏其销售渠道,在街上张贴广告画,强迫店主在当地报纸上发誓不销售洋货。[34] 一些产业成立了特别委员会以阻止舶来品的销售。在上海,渔民成立了"仇鱼检查委员会"来强制禁止销售日本人打捞的鱼。[35]

惩戒那些被抓的出售洋货的商人不仅仅是继续阻止其他人公开销售洋货,也是警告公众不要进行不爱国的消费。国货运动的出版物通过刊登小说来传播此类消息,以此(这些小说)揭示出对买办商人进行惩戒的

广泛社会效应。一篇短篇小说描绘当一个小孩目睹商业威胁后,是如何学会拒绝吃任何进口糖果的,他把进口糖果嘲笑为“臭糖”。某天这个男孩和他叔叔走在街上,他遇到许多“鸟笼”,看到因销售日货而被捕的商人被关在笼子里。这些商人的名字写在笼子上方——“奸商×××”,他们被游街示众,用以警示他人。这些商人被油彩涂抹成丑八怪,以至于这个男孩最初都认不出他们是人。这个男孩向他的叔叔寻求解释,他叔叔解释说这些是不爱国的“坏人”,因为他们专门销售来自“外国”的产品。然而,这个男孩并不能理解“外国”的含义,而认为世界只是由“中国”组成的。他叔叔对男孩解释道,实际上也是对读者解释,这个世界事实上由许多国家组成,中国只是其中之一。因为大多数国家是中国的敌人,尤其是日本,人们不应该销售或者购买日货。此后,这个男孩拒绝消费他所认为的洋货,甚至糖果,每当看见洋人时,他就大喊:“洋鬼!跑到我们中国来做什么?”(Ye Kezhen 1935)

这个故事用意味深长的方式说明国货运动和抵制活动继续在国民党控制范围之外壮大。此外,故事也表明了国货运动日渐强化,特别是在1931年“九·一八事变”和1932年日军突袭上海(“一·二八事变”)后,反日情绪尤其高涨。例如,像美国记者埃德纳·李·布克(Edna Lee Booker)这样的目击者断言说,1931年的抵制活动“对中国这样进行抵制活动的老手来说也是前所未有的”。对布克而言,抵制活动的猛烈程度是空前的。这使人想起上述故事中的一个场景,那个孩子注意到一位富有商人被扔进木笼,“暴露在众目睽睽之下——就好像是一只销售仇货而背叛他祖国的奇异‘野兽’”。很显然,抵制活动导致了暴力,继续给中国人创造了通过阻止当地市场的进口货以参与“恢复经济主权”的机会,同时也给中国企业创造了建立新工业与洋货竞争、抵制进口货的机会。[36]

抵制活动与国货公司的困境

国货运动创建的民族主义消费文化并非无所不包,也不是广泛持久的。相反,甚至在抵制活动期间,这种文化也把中国公司置于困境。一方面，这些公司想利用国货运动促进它们产品的消费。为此，它们不得不表明它们的产品是纯粹的中国货，抵制活动也确实强迫中国公司用这种方式介绍它们的产品和它们自己。另一方面，这些中国公司想要引进外国的优势方面，与之建立联系，生产质优价廉的产品。无论如何，抵制活动创造了对于国货的需求，这使得整个中国工业建立起来了。十余家国货公司业主和经理在回忆录中把他们的成功归于抵制活动(参见 Pan Junxiang 1996c)。

在抵制活动期间，许多国货出现了，其中一种是洋货的代用品“百好炼乳”，它与进口货飞鹰牌炼乳竞争。据生产百好牌产品的以温州为基地的公司经理吴百亨(1894—1974)说，1925 年的抵制活动和国货运动的观念鼓舞了投资者，他们期望用给公司投资这种方式能使中国富强(1996：160—161)。另一家把成功归于抵制活动的中国企业是中国化学工业公司，它成为中国最早、最大的日用化学品的制造厂家(Xu Youchun 1991：132-132)。1912 年，19 岁的合伙创始人方液仙注意到洋货完全控制了化妆品和牙粉工业，不久以后，中国化学工业公司开始制造国产代用品。然而，只是在 1919 年的抵制活动期间，需要所有国货的订单涌入上海，才最终使他的产品能够与洋货竞争。有了这笔意外收获，他再投资购买更好的设备，并且在 1922 年建成了公司第一家真正的工厂，这家工厂最初主要生产四种商品：蚊香、牙粉、调味品和肥皂。与此同时，方液仙不只是依靠洋货的缺席，而且想办法吸收洋货的优势。1922 年生产出第一支中国牙膏，这个产品的流行速度迅速超过牙粉，他的公司有意识地模仿最流行的外国品牌的模式和包装，并很快成为中国制造此类产品的市场领袖。1925 年的抵制活动除去了他在牙膏市场的主要竞争对手——一家美国公司，这年的抵制活动也使他的观音粉和味生牌香粉压倒了日本竞争者的产品，由此产生的利润使方液仙建立了另外三家工厂。(Ma Bingrong 1996b：103)

方液仙是大众日用品的国货制造商，他是国货运动参与者的一种类型的代表，这体现在三个方面：第一，这些公司的领导人积极参与国货运动组织和活动。例如方液仙是在上海的中国国货公司的合伙创始人及首任总经理，这家公司最初位于南京路的一座建筑，1949 年后该楼成为新华书店。在他的领导下，该店发展成为一家全国连锁店。第二，在经营这些日用品公司的过程中，像方液仙这样的个人成为间接的积极分子，当产品国籍意识普遍提升的时候，方液仙积极地把他的产品宣传为国货，同时销售产品。例如，他把他的三星牌蚊香与日本品牌进行对照。在产品销售过程中，他给沿街的商店铺面发放旗帜，以一种传统的广告方式推销他的产品，旗帜上写着："国货：三星蚊香"（Ma Bingrong 1996b：102），这有助于把国货运动的观念引入城市的商业视觉空间。打出这样的旗帜的举动是巧妙的，它每天提醒人们产品的国籍，用麦克·比林格（Michael Billig 1995）的术语来说，是"老套的民族主义"（banal nationalism）。第三，也是对公司最为重要的，国货运动束缚了中国公司，要求它们以通常不可能实现的高尚理想来生产纯粹的国货（见第八章）。像中国化学工业公司这样的公司从抵制活动和国货运动中获益，但是同样也从中受到压力，迫使这些公司找寻或者创造国货代用品以取代关键的进口原料。就中国化学工业公司的三星蚊香而言，它最重要的原料来自日本。但是，在1931年日本入侵东北后的大规模抵制期间，公司决定必须建立自己的工厂。（Ma Bingrong 1996b：105）

国货运动产生的抵制文化也深刻地影响着公司和商品名称的选择。抵制期间出现了许多以"国耻"命名的商品（见孔祥熙1929年为国耻香烟所做广告），其他名称则只是更巧妙地和反帝主义联系在一起。中国第一家电器制造厂被命名为华生电扇制造厂，该厂在20世纪20年代后期之前已经生产了数以万计的电风扇。创始人特地选择的这个名称意为"为中华民族之生存"的缩写（Lou Dexing 1996a）。我们引用另一个例子，在整个20世纪20年代，外国品牌的毛纺品继续控制市场。天津本地人赵子贞认为羊毛制成的布料（包括西式服装）在中国是有前景的，并且国货将会取代洋品牌流行开来。1932年，他合伙创建了东亚毛纺织股份有限公司。据他自己所述，他在为产品选择名称的过程中，有意识地使用了几种方式来吸引国内外的爱国的中国消费者。首先，他机智地把商品命名为"抵羊"，这个名称没有具体含义，简单地翻译成英文是resist sheep（1993年的英语翻译商标为Dear Young[亲爱的青年人]）。他之所以选择这个名称，是因为和"抵洋"同音异形，是"抵制洋货"的缩写。其次，他通过用象征中国抵抗侵略的用语命名，传播了爱国主义的诉求。他还以山海关长城和两只争斗的公羊一起作为公司的标志。这个名称和标志是经济抵制的有力象征,并且赵子贞本人也把他的毛织品的迅速成功归功于这个商标。(Zhao Zizhen 1996)

无数给商品命名的例子反映出运动的观念,“抵羊”不是仅有的使用这样的名称的毛织品。“九·一八事变”的国耻也被融入产品的名字。例如,“火柴大王”刘鸿生还拥有章华毛纺厂,1933年(Yang Chengqi 1996)该厂生产一种被命名为“九一八”牌的薄哔叽毛织品。因为中国没有毛织工业,中华国货维持会主张在经济领域继续使用丝绸布料的大约二十年之后,“抵羊”和“九一八”牌连同其他国产毛线与进口羊毛织品发生了激烈竞争,“抵羊”和“九一八”牌毛织品立刻成为男人中山装和女人旗袍的流行面料。

然而,声称产品是国货并不保证一定能成功。中国生产灯泡的历史尤显艰难,表明国货进入与洋货联系紧密且受洋货支配的市场所遭遇的困难。1879年,在中国灯泡开始代替油灯,这个时候德国、荷兰以及美国公司开始向中国倾销灯泡。在20世纪初,进口灯泡完全占领了市场。当胡西园(1896—1983)就读中学时,他就对制作灯泡显现出极大兴趣,1919年抵制期间他发誓要制作出中国灯泡,以此“作为表达爱国主义的方法”。大约两年以后,1921年春,他制造出自己的第一个灯泡,在购买了二手的日本机器后,同年夏天他开始生产亚浦耳牌灯泡。最初,他的灯泡产品质量很差,亏损严重。在20世纪20年代初期,他发现为他的灯泡产品拓展市场十分困难。出售进口灯泡的店主们声称“消费者已经信任英、德和其他外国的产品了”,如果出售亚浦耳灯泡,会损坏商店的信誉,顾客会流失他处。(Hu Xiyuan 1996:179)胡西园开始通过直销,尤其在远离上海的不同消费群体的小城镇里,慢慢地建立起了顾客基础。他逐渐在长江下游地区30个这样的小城市中开拓了市场。

亚浦耳灯泡的名字是对国货生产的最大讽刺,外国公司通常努力隐藏他们的外国身份,像胡西园这样的制造商却不得不把他的国货产品和舶来品联系起来,以此获得市场份额。实际上,他的公司的名称说明了国货制造商的困境,他们制造国货产品,想以此拯救中国,但常常发现消费者提防国货。据胡西园所言,尤其是像灯泡这样新近的发明,洋货优于国货的观念很难克服。为了解决这个问题，他把公司命名为亚浦耳，因为这在汉语中是无意义的，听起来更像是德国或荷兰的品牌。实际上，许多消费者以为亚浦耳是一个德国人的名字，是亚浦耳公司的拥有者。胡西园知道这个误会至少最初会使产品被顺利接受。他在广告中特意提及他所雇佣的德国工程师，来加深这个误会。然而，和舶来品联系起来，使他的产品成为国货运动的目标，尤其是在上海以外的地区。胡西园后来说对这种伪装他感到尴尬，在这个品牌成功打响后，他在名称中加入"中国"两字（"中国亚浦耳"），并在包装上标有"国货"字样。（Hu xiyuan 1996：180-181）

尽管亚浦耳公司试图让人把自己误认为外国公司，但是它也积极参与运动。1923 年夏天，为了对亚浦耳公司越来越大的重要性给予承认，该公司被邀请参加中华国货维持会。此时，中华国货维持会已经发展成为一个大型组织，并且范围扩展了，超过十多年前所代表的丝绸行业的利益。新生的消费品工业也与国货运动的成功有利害关系，而且，胡西园已经成了中华国货维持会的热心参与者。在这种关系中，双方是互惠互利的。对中华国货维持会而言，胡西园和亚浦耳公司成功地与舶来品对抗，这证明尽管存在进口货，但是国货能够胜过它。《申报》报道了此次事件，告诉读者中国目前已经有了自己的灯泡工业，并赞扬胡西园创立了新的中国产业。中华国货维持会运用亚浦耳的故事作为极好的实例，表明组织宣扬成功事例是提倡国货运动观念的长期策略的一部分，而非只是宣扬单一的国货。很自然地，这样的宣传明确鼓励中国人购买亚浦耳灯泡。胡西园的公司也由另一途径得利，例如，中华国货维持会坚持主张他们的成员购买彼此的产品，包括亚浦耳灯泡。胡西园赞扬中华国货维持会在亚浦耳公司成功的过程中起了重要作用。（Hu Xiyuan 1996：182）[37]

抵制活动和国货运动

抵制活动是国货运动发展的关键。他们不仅提供了发扬和强化民族主义消费文化的激情和力量，而且激发实业家创办新的工业。在这些抵制活动期间,全中国的消费者在这种消费文化下首先学会给产品进行分类,商人也被强制依据产品国籍来确认并销售商品,同时也去除洋货包装或把洋货伪装,国货制造商逐渐占领国内市场。最重要的是,抵制活动对国货运动很重要,因为它强迫人们依据产品国籍来检验商品。

正如1911年辛亥革命中剪辫子的情况一样,抵制活动创造了一种环境:准许个人、团体甚至国家通过暴力和威胁强制实施单一的物质文化的阐释。抵制活动使得人们很难否认产品国籍的优先地位。当然,商家和顾客很容易通过私下交易避开这种抵制环境,很大程度上如同经济学家方显廷最初避免头发被强制剪去所用的方法那样。纵观整个20世纪20年代晚期及30年代的抵制活动,在北伐期间(1926—1928)及北伐成功之后,国民党大量卷入抵制活动,但在此期间抵制活动并未达到普及的状态。[38]抵制机构始终采取这种让人想起剪辫子运动的特定手段来进行抵制活动,迫使一些商人和消费者对此妥协,而其他人逃避参与抵制。然而,与此同时,一些应运而生的、更为强大的制度在运动期间发展壮大。国民党在这场运动中做出了一项最重要的贡献,在制度上解决了抵制活动乃至整个运动潜在的基本问题:"国货"概念是如何构成的?与此相关联,什么是"非国货"?

二　"国货"含义的标准化

消费文化民族化的进程是反帝抵制活动的中心事项,这就急需一套确认产品国籍的体系。这样一种体系的创立需要形成或采用一套全新的民族主义话语。20世纪早期是中国近代民族主义自身形成和发展的关键时期。这个时期不仅见证了民族主义活动和组织的形成,而且同时出现了一批关于界定中华民族国家的词汇和叙述。这些新的语言学资源被用于重新阐释中国历史、分析当前形势以及制定治国方略。[39]这些基于历史的界定国货运动的活动和议程的广泛实践活动贯穿了本书整个研究。

为确定他们对中国的民族国家的阐释,国货运动的组织创造或进一步普及了诸如"国货""仇货"这样的词语和叙述,以及中国为恢复"经济控制"而需要进行"商战"的观念。这些词汇有助于在这场运动中把商品世界划分为国货和洋货。简而言之,国货运动创立了一套民族主义消费的话语,并使之具体化。与当代学术界为建构以种族为基础的社会结构分层的确定边界而争论不已的情况相类似,这种话语使得国货运动产生了越来越复杂微妙的定义——逐渐演变成一个分类体系,来精确定义"国货"是由什么组成的,或含蓄地说,什么是"洋货"。与此同时,这种话语体现在从抵制活动到展览会的诸种事件中,国货运动的活动变成一种依靠和复制这种话语,或更明确地说是它的分类的表演。

本章的余下部分考察这种分类体系的发展,这种发展试图稳定"国货"和"洋货"这个二元分类系统,并详细说明国货运动的活动再现和强化这种二分法的一些方式。最重要的是,国货运动试图把这种对立推至极点,并使"洋货"和"国货"这两种分类相互排斥。作为这种努力的一部分,国货运动寻求通过建立"纯粹""国货"的理念,并通过否认或者掩蔽这两者之间的空隙,来限制国货与洋货的任何重叠之处。正如其他的二元对立关系一样,这种做法包含并强化了分类的等级。"国货"标准被确定下来并加以标准化之后,"国货"与"洋货"形成截然对立,通过象征的和实际的暴力行为,这种差别越来越被强化,与此同时,这些分类标准的传布也为消费检查和自我监督提供了基础。

然而,中国工业不可能保持这两种分类标准的完全分离,因为存在太多重叠模糊的区域,混合中外元素的商品只有顶住这种它们不得不接受某个标签的环境。在华的日本工厂、中国人拥有但使用进口机器或技术的工厂、外资工厂,都是包括"中国"和"外国"资金、管理、原料和劳动力的混合体,这种情况遍及整个中国经济界。国货运动中一些头脑更为清楚的(现实主义的)参与者意识到这些问题,并公开承认需要缓和这种尖锐对立。[40]但是,即便是这些人,他们也没有对潜含的产品民族性这个概念本身表示反对。

把这种二元性的每个方面与当今中国话语中流行的其他二元理论联系起来,有助于加深中国和外国之间的分别。国货的类别与民族主义、真实性以及现代性相联系,同时也与诸如礼、义、廉、耻这样的传统观念联系在一起。相反,洋货的类别则和帝国主义、背叛、伪造、软弱、不道德等概念联系在一起。这种区分并不容易维持甚或得到支持,此外,尽管这些话语有助于抵制帝国主义的经济及其观念统治,但并不是全部的内容。从学生到只卖国货的商人,到强调民族工业发展重要性的政治人物,所有这些参与者都参与帮助建立新的监督体系。

决定商品“纯度”的实际问题

国货运动的参与者认为他们显然需要一套明确的系统来界定“国货”。随着20世纪早期商品的商标名称的传播,中国消费者不能够只依靠肉眼所见的商标来确定产品的国籍,因为商标很少提供直接信息。在整个运动期间,尤其是反帝抵制活动风起云涌的时候,生产者和商人经常企图伪装商品,使它看起来不像是洋货(参见图4.5)。[41]同样地,假冒的国货在中国各地都有发现(Allman 1924：ii)。[42]

这样对洋货公开表达敌对态度,是对中国商人、这些商品的零售商以及他们的消费者的威胁。中国制造商自己常常使得识别国货问题复杂化,国内公司有时模仿或仿制流行的舶来品。1922年,上文提及的方液仙的中国化学工业公司遵循市场的选择,成为从制造牙粉转而生产牙膏的首位中国厂商,他模仿了时尚进口品牌的配方和包装。这种从牙粉到牙膏的转变使中国化学工业公司超过了它的国内竞争者。(Ma Bingrong 1996b：102-103)

同时,很多参与国货运动的公司使用外国原料,或者使他们的商品和洋货联系起来,甚至故意使人误解他们的产品是洋货,以此得以发展壮大。举一个例子来说,在20世纪20年代后期,尽管西式服装流行达数十年之久了,但是,甚至时尚的城市消费者也仍然认为薄纱衬衣是奢侈品。然而,一位著名的上海进口商1930年进口了一批法国薄纱长袖衬衣,这些衬衣立刻掀起了上海的时尚浪潮。五和制造厂是一家上海企业,自从1924年成立起就积极参与国货运动,该企业一位创始人的公子下决心使用进口薄纱进行仿制。五和产品的零售价格是进口衬衣的一半,被人们

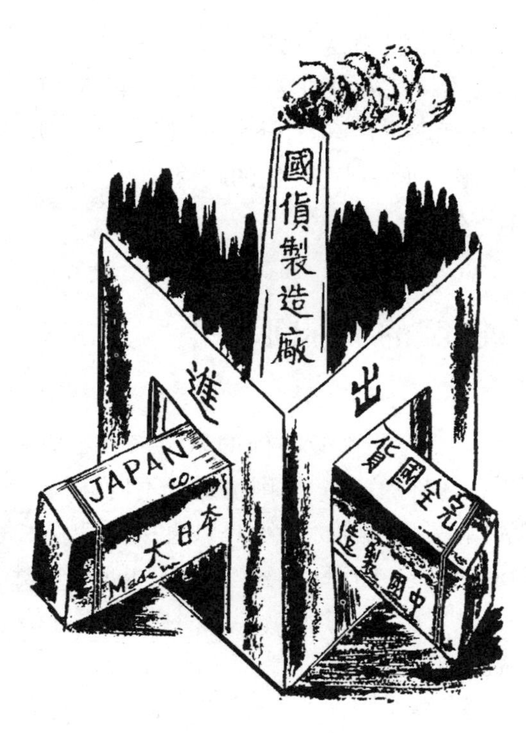

图 4.5　纯粹国货的神话

(《国货月报》1, no.2〔1934.6〕)

这幅图强调了制造纯粹国货的实际问题。这里的“日货”(左边)进入一家中国的“国货制造厂”(在烟囱上有标识),但是出厂货物的标签是“完全国货”和“中国制造”。这张图既承认了这种行为普遍存在,也警告商人要实现国货标准和国货运动所声称的产品纯度目标。

广泛接受,甚至连最初的进口商人都从该公司进货,然后在衬衣上贴上他们自己的商标,当作是进口产品,而且销售一空。(Ren 1996: 78)在国货运动中,仅次于最佳的纯粹国货的产品是用进口原料制造的纯国货,这种国货代替了进口货(参见第八章)。

在都市上层阶级中,由于进口货与优质奢华联系在一起,所以热销的中国产品商标常常使用罗马字母书写产品和公司的名称,并且有时候用洋文来描述产品。然而,产品和洋文联系在一起也利弊并存。中国制造商常常抱怨运动把他们的产品误认为抵制目标。例如,1915 年抵制活动期间, 一位上海肥皂制造商在长沙就遇到这样的问题,当抗议者看到“洋字”(即英文字母书写)的商标,就误以为该产品是洋货。在一次会议中讨论了这个问题,中华国货维持会主张所有产品商标都应该使用汉字,这样他们的产品就很容易被识别为国货(《申报》1915 年 5 月 16 日:10)。对于一些国货运动的狂热分子而言,产品上有洋字则明确表明产品是洋货。[43]但混合生产的产品更为错综复杂,比如:用中国棉花制成的进口日本布料算什么国籍?[44]

中国的铅笔史证明了对进口成分的需要与希望看起来是纯粹国货的

渴求之间存在紧张状态。19 世纪末,德国的铅笔开始出口至中国,到第一次世界大战时,美国和日本也开始向中国供应铅笔,铅笔的使用在全中国传播开来。主要的日本制造商通过使用“中华牌”商标,试图保护自身不受攻击。就像许多产品一样(见第一章),“纯粹”国货铅笔的起源是为了努力发展国内的相应工业,它最初进行的是混合生产。1932 年,中国铅笔公司在北京建立,华文铅笔厂在上海成立。因为这两家公司都使用进口铅芯,比照国货运动标准,它们被认为不完全是中国货。不久,这两家公司停业。1934 年,吴羹梅(生于 1909 年)建立起第一家真正的国货铅笔公司——中国铅笔厂。为了进一步宣传产品,并利用它的国货公司身份,该公司改名为中国标准国货铅笔厂。(Ma Bingrong 1996c: 226)

“九·一八事变”之后,中国标准国货铅笔厂加强使用国货运动观念,它打出这样的标语:“中国人用中国铅笔”。这句标语宣传自己是中国公司,它告诉消费者:该公司使用中国技术、中国原料,并由中国人投资创办。此外,公司请求上海市教育局长潘公展(1895—1975)亲题标语,并把潘公展用铅笔写的书法印在广告上。潘公展所在的教育局要求上海的学校使用这种国货铅笔,并要求国家教育部鼓励全中国的学校使用国货铅笔。(Ma Bingrong 1996c: 229)

商品国籍的混乱状态常常使中国消费者不知所措。一位著名的中国商人对于难以区别国货和洋货感到吃惊。他的感受表明本来可以从国货与洋货的明确区分中受益的国货制造商所遇到的挫折:

> 当中国禁止与国际交往的时候(即 1842 年《南京条约》之前),很容易区分国货和洋货,因为舶来品的材料和制造方法不同于土货,一眼就能看出两者的差别。然而,在近代,情况则全然不同。有使用洋材料、技术而成的国货,也有把洋货伪装成国货的产品;有洋人仿造中国技术,生产和中国产品一样的货物。以丝绸为例,一百年以前,洋人不生产丝绸。所以只要一看到丝绸,人们就能认定这是国货。但是在今天,不仅法国、意大利、日本,乃至其他许多国家都生产生丝,这种丝也叫人造丝,类似真丝。这真是鱼目混珠,两者很难区分。(Zhu Boyuan 1936)

国货运动的文献充满了这类围绕界定“国货”的事例和争论。这种不确定性对于抵制活动和其他国货运动的活动提出了一个实际问题,像市民大会这样的运动团体一再被要求解决产品国籍问题。例如,该团体1923年成立后不久,收到来自厦门的人参商人的一封信。这些商人试图澄清是否应该按照厦门市民大会的要求抵制朝鲜人参。市商会收到上海参商协会来信,把该信件转发给市民大会,市民大会决定调查此事。市民大会决定:因为日本三井贸易公司垄断朝鲜人参贸易,人参应被认为是日本产品。在和旅居上海的朝鲜人确认此事后,市民大会给厦门的团体以及其他港口发送电报,告知他们此项结论,并鼓励他们抵制朝鲜人参。(Cao 1925:51)

商品本身具有的多重属性,妨碍了国货运动反复灌输的民族主义消费分类,因为这种分类至少要依靠区别洋货和国货的可能性。就本质而言,这些活动在努力制造国货和洋货之间的差别,并谆谆教导对民族主义消费的认知能力。例如,国货运动商品展览会(将在第五章和第六章中讨论)在两种层面上反复灌输新兴的民族主义的视觉形象。第一,它教会中国消费者鉴别单个商品,并对进口货的诱惑视而不见。像国货展览会这样的展览是组织来辨别产品外观的欺骗性——漂亮的包装、醒目的插图和洋文说明的。国货运动参加者警告说:除非消费者学会识别国货,否则这些商品的工艺技术将欺骗中国消费者,使他们进行“卖国”的消费。民族商品展览会通过提供认可的民族化商品外观来帮助爱国的消费者进行鉴别。

第二,国货运动的活动和展览强化了以民族观念而不是以地方作为对自然的经济区域进行划分的观念。国货展览尤其制造了中华民族作为真实的(或纯粹的)国货的完整共同体的视觉形象。作为主要单位的“民族”这个概念通过充分意识到洋货在中国市场泛滥而被强化。因此,国货运动的活动和展览会被用做刺激并诱导人们对变幻多端的都市景观和生活作出共同回应或选择性解读,以帮助中国人避免相反的解读(也就是说,对商品信息的误读或不正确阐释)。当然,这种新的文化所希望的结果是消费者进行自我调整和自我监督,也即如国货运动所构建的那样,是要通过在消费者和消费之间介入民族主义消费的话语,使民族主义者的看法内化为自觉行动。

国货标准公式

国货运动的活动和展览会常常用来教会人们区分国货和洋货,然而这只是解决办法的第二步。更为基本的问题在于如何确定哪种产品应该作为“国货”来提倡。1928年的国货标准公式为试图解决什么是“国货”这个棘手问题提供了依据。国货标准并不试图规范商品的外形或者大小(随着批量生产的到来,它们自身将逐渐规范化),而是确定这些商品的象征性内容或意义。最后,一条完整连续的民族产业链条渐渐兴起。在这一过程中,国货标准首先建立界定哪些商品为“国货”的基础(并尽量排除非国货),国货运动展览会提供了视觉上的训练,使人们对国货产生购买欲;最终,在各式各样、越来越多的市场和商店都可以买到国货。在民国时期,国货运动的提倡者并没有完全实现这种情况,没有能够让整个国家都了解民族主义消费。然而,国货标准的制定和广泛传播成为支撑民族主义消费的一种新的途径,因而帮助“制造”了具有民族意识的消费者。

在20世纪的第一个十年期间,当国货运动开始发展时,它在普及国货观念方面的成功很自然地引起了如何精确界定国货这个问题。当进行关于国货的调查并出版调查结论的组织数目激增时,如何定义这类商品的方法也增多了。在把特定商品确立为真正国货的努力中,企业通常要提供多种官方认可的“证明书”。这个问题在1928年变得更为迫切,(因为当时)国民党政府和其他组织扩展了国货运动的活动,例如举办展览会、对中国制造商进行税收鼓励、建立只出售国货的商店。这些活动都要取决于如何明确界定“国货”是由什么组成的。

如第三章所述,国货运动早就努力确立一种鉴定商品的程序。1911年建立民国后数年,中华国货维持会开始提供国货证明书。20世纪20年代晚期,在那些要求国货证明的商品展览会举办得越来越频繁之前,抵制活动鼓励厂家为产品进行认证。如上所述,像中华国货维持会这样的国货运动组织进行的认证量是与抵制活动紧密相关的。1914 年,是中华国货维持会提供认证服务的第一年,在所有类别的产品中只认证了 4 种国货。但是,在 1915 年抵制活动达到高潮时,认证的数量飙升至 69 种。此后趋向低谷,直到 1925 年国货认证从上年度的 24 项增长至 105 项,随后两年的认证数量减少了一半。大型抵制活动和其他国货运动事件互相结合,自然而然地引发了创纪录的认证需求,正如 1928 年签发了 238 项认证所显示的那样。[45] 尽管这些认证最初只签发给中华国货维持会的成员,但是,中华国货维持会很快就把认证范围扩大到所有人。[46]

1928 年的国货标准

1928 年 9 月,刚成立的国民党政府在国货运动早期成果的基础上,发布了“中国国货暂定标准”,确立了“国货”的标准。这个标准通过国货运动的各种渠道,迅速传播开去,政府相关出版物中则始终收录这套标准。经过上述努力,把纯粹国货从不正当的外国舶来品划分出来的界限变得越来越清晰,而且影响深远。与此同时,国货运动的活动从身体暴力抵制发展到更为精明的国产日用品展览,项目不断增加,同时也加强了拥有国货证书的必要性,以及提高这些证书地位背后潜在的分类意识。

制定中国国货暂定标准的直接灵感来源于政府渴望进入认证过程。1928 年 7 月 8 日,工商部部长孔祥熙(1882—1967)向中国各商会发布命令,宣布了发放证书的目的:

> 自从工商部设立以来,我们在不遗余力地提倡国货。近来,只要调查一下市场里各类商品的情况,就会发现舶来品被不实地标上了国货的标签来贩卖,以牟取非法利润。除非仔细调查核实哪些是真货哪些是假货,否则我们无法保护国有资金并阻止其外流。为此,我们制定并发布了 9 条规章来控制国货证明书的发放。(“国货证明书”,参见图 4.6)(Kong Xiangxi 1928a)

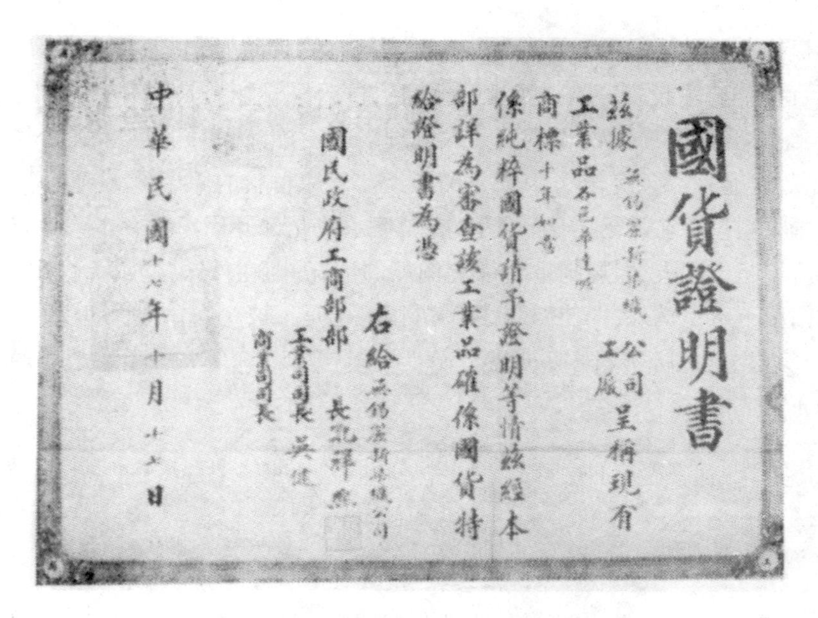

國貨證明書

茲據　無錫麗新染織　公司/工廠　呈稱現有
工業品
商標
係純粹國貨請予證明等情茲經本
部詳為審查該工業品確係國貨特
給證明書為憑

右給　無錫麗新染織公司

國民政府工商部部　長　孔祥熙
工業司司長　吳健
商業司司長

中華民國十七年十月

图 4.6　国货证明书(1928 年)

这是民国政府发放的国货证明书的样本。国货运动组织也可以发放国货证明书。公司有了这些证书,就可向抵制活动的组织、当地政府、海外中国人证实他们货物的确是真正的中国货,因此得以享有特殊待遇。

虽然运动组织机构如中华国货维持会已持续颁发国货证书十几年了,但是政府部门的参与表明政府也在为认证普及而努力。在提倡国货的名义下,政府参与到了原本为地方势力所控制的经济领域中。然而,公司在此之前是为了它们自己的利益或被国货运动逼迫而去办理这些证书,现在则是在政府要求下必须这样做。此外,每个公司都必须为它们的每件产品申请该证书。在完成详细调查后,政府部门颁发该证书给那些被确认是“中国的”商品,并将该商品和公司的名称刊登在官方报刊上。随后,政府部门和其他经批准的机构要定期复查这些公司,要求公司在广告上提及他们已通过认证。最后,工商部威吓要曝光并没收那些伪造的国货,并处罚其制造商。(Kong Xiangxi 1928b)〔47〕

由于这些标准被推广得如此广泛,对国货运动具有非常重要的作用,因此,我们在这里讨论其细节是必要的。〔48〕首先,国货标准确定了国货运动提出的所有产品的四个基本要素:资金、管理者、原材料以及劳动力。国货标准要求投资资本必须完全来自中国公民。如果是绝对必须利用外资,绝不允许非中方的投资者介入管理。国货标准同时规定,除了外国专家以外,企业必须完全由中国公民来经营。原材料的原产地必须是中国,外国材料只有在缺乏中国资源的情况下才被允许使用。所有工人也最好都应该是中国人,但规则也允许有例外的情况,即在外国"技师"不可或缺的情况下可以例外,即使如此,这些外国人也是不被允许享有管理权的。

根据这些标准,国货被官方分为七个等级,一等最纯正,七等最不纯正:

第一等:国人资本,国人经营,完全本国原料,国人工作

第二等:国人资本,国人经营,大部分本国原料,国人工作
国人资本,国人经营,大部分本国原料,外国技师

第三等:国人股本、借用外款,国人经营,完全本国原料,国人工作
国人股本、借用外款,国人经营,完全本国原料,外国技师

第四等:国人资本,国人经营,大部分外国原料,国人工作
国人资本,国人经营,大部分本国原料,外国技师

第五等:国人股本、借用外款,国人经营,大部分本国原料,国人工作
国人股本、借用外款,国人经营,大部分本国原料,外国技师

第六等:国人股本、借用外款,国人经营,大部分外国原料,国人工作
国人股本、借用外款,国人经营,大部分外国原料,外国技师

第七等(几年后新增的):国人资本,国人经营,完全外国原料,国人工作
国人资本,国人经营,完全外国原料,外国技师

（SSGC 1933；参见 Zhu Boyuan 1936）

这给在中国开厂的外国制造商们提出了一个问题，标准的制订者们想要将“完全外国货”从那些不具备国货资格但却是在中国生产并使用中国劳动力和原材料的产品中区分出来，为此，在标准中添加了两条补充类目：参国货和外国货。从技术上来说，参国货指那些中国出资，外国管理，利用中国原材料和中国劳动力生产的产品，或指利用中国原材料和劳动力，由外国人创办的合资公司生产的产品，或指利用中国原材料和劳动力，由外国人管理的外国公司生产的产品。而与此相对，外国货则指那些使用外国资金、外方管理、外国原材料和工人的情况下所生产出的产品，或仅用了中方劳动力或中国原材料生产的产品。

由这个分类表中可以总结出四点：第一，也是最明显的，标准要求国货级别越高越好，尽可能地越“中国”越好。第二，标准有其实用性。除了最高级别外，那些由外国技师协助生产的产品不在严厉处罚之列。尽管这些外国技师的存在不会使产品层次降低，但是这些产品被当作是单独的、并列的类别，这个类别给这类产品打上了烙印，不断提醒人们在理想的车间里，应该是中国技师取代外国技师在其间工作。“参国货”这一类别则是更大程度上的妥协，它在一些运动刊物上的国货标准中落选并不令人惊讶。[49]第三，七级国货的引入反映了国货运动的理念，即给商品生产创造附加价值，而不是给外国提供原材料和广大消费市场。最后，作为对于如何精确区分国货和洋货这个长久性问题的反映，这个标准是含糊不清的，从而为主观武断和产生腐败留下了很大空间。但是，如何执行这些标准的问题不是本节应讨论的问题。更确切地说，这个标准的出台也显示了另一个十分明显的途径，即通过对商品的重新确切定位来传播消费的民族主义类型。

标准的传播和使用

迅速传播这个标准是提高对国货和洋货分类认知的简单方法。在几个月时间内，官方系统已经将这一正式标准发布出去。例如，1928 年 10 月，工商局要求商会成员以标准为基础，对他们管辖地区内生产的产品的国籍进行清查(SZMA File 1334: 67-73)。[50]同样,在1928年11月的命令中,要求河北省政府向地方组织如天津总商会发送标准的副本,指导他们采纳该标准。[51]这些调查结果被广泛刊印出来。1931年春,天津社会局发布了最新认证的国货产品的品牌和厂家列表(Wu Ou 1931;"Shiyebu shencha",1931)。

虽然政府发布这一标准的象征意义和财政动机很清楚,但是,当新政府太软弱而无法强制实行法令时,搞不清楚生产商们为什么会愿意不厌其烦地呈送他们的产品来遵守法令。毕竟,国民党政府不顾一切地想要增加收入是众所周知的,公司对于要把机密资料交给当局这种登记程序感到疑虑重重,一位历史学者称之为"巧取豪夺"(Eastman 1974: 230; 也见 Coble 1980: 56-89)。诸如开办展览会和博物馆这样的国货运动活动,后来在政府政策协助下,一起说服生产商愿意以合法或爱国之外的理由加入到国货运动中来。

当然,国货运动组织和机构鼓励遵从政府,并经常解释如此做的好处。例如,在一则大型广告中,按年代记录了国货运动的历史,以及在此期间已注册登记的公司的地位。1927年,作为中华国货维持会的分支机构,新成立的上海机制国货工厂联合会自愿免费帮助公司准备注册材料。[52]本书第三部分将要讨论的商品展览会是传播这一国货标准的重要方式。到1933年为止,上海市国货陈列馆发出证书帮助公司免除了一些洋货必须支付的一长串非正式和零星的非关税费用。例如,陈列馆宣称,证书使国货在全中国流通"不会有意外"。当激进组织在中国港口扣留货物时,证书在反帝国主义的抵制浪潮中则尤为有用。陈列馆还列举了由国家、省、市政府准许的对已经经过鉴定的货物的各种优惠措施,例如减少税收和降低广告费用。最后,陈列馆的证书使产品符合工业部国货证明书和国货运动各种奖项的要求。[53]

虽然参与者越来越多地接受了国货标准,但是许多运动参与者还是认为它们有许多不足。例如,一位商人批评它们只有形式而没有灵魂。他和许多其他商人一样,担心限制中国市场使之只存在国货,会妨碍中国产品的持续进步(这是对中国产品在1949年后的历史的惊人预见)。除了已知的四项标准外,这个作者建议应该再增加三项标准,除劳动力、资金、管理和原材料之外，真正的国货应是“精致”“耐用”“实惠”的。他认为，杰出的产品才对得起“国货”这个称号，并将导致国内市场最终得到保护。在讲到上海商会的商品陈列厅时，作者说：“只有所有陈列的国货代表中华民族的‘国粹’时，我们才能达成提倡国货的目的。”(Zhu Boyuan 1936)

国货标准以书面形式解决了把消费定义为反抗帝国主义的方式这个中心问题。他们给国货运动的支持者提供了界定作为抵制对象的洋货的清晰机制；为把舶来品从当时号称中国的市场里清除出去，他们创立了这套分类办法。通过促进举办目标更清晰、更有效的活动，标准使国货运动的各个方面合理化。抵制活动的实施者现在有了明确的指导方针来确定货物的国籍。同样地，商人们对什么是违禁品也有了更清晰的概念，消费者则有了购物的指导方针。正如在下一章将要说明的，国货标准成为围绕这一标准组织的越来越多的各种国货展览会的核心。

标准成为围绕新生的民族主义消费文化塑造消费者行为的主要机制，政府明确赞同的这些标准成了真实性的象征，给国货运动的活动提供了合法性。确实，在物质文化发展的新时期，这个机制也引发其本身的具体化，一纸官方文件保证了产品的真实性。在各种正式的和非正式的国货运动机构的支持下，国民党政府鼓励人们积极申请证书，使之得到强化。这些机构的苦心经营使产品逃离民族主义的网络更为困难。正如我们在本章以及之前章节中所看到的，抵制活动位于以民族化消费文化为目标的国货运动系列活动的最为激烈的末端。但是，这种非常强烈但最终衰落的对抵制活动的支持不断证实：在国货运动参与者的意识中，他们需要另外的机制来引领、诱导以及规范民族主义消费者的行为。

注　释

〔1〕关于中国主要城市反日抵制活动的详细报道，参见“Chōsho, taisaku ikken, chinjō-sho, oyobi kō-shi dantai hōkoku, kyūmin kyūsai, zatsu”。

〔2〕《中国人改变对洋人的态度》(济南，1923年3月28日)，CRDS File 893.4974：4。

〔3〕《中国人改变对洋人的态度》(淄博，1923年4月7日)，CRDS File 893.4972。

同见 CRDS File 893.4973 (汉口, 1923 年 4 月 2 日):2—3。

〔4〕 在运动文献中有无数这样描写的例子。参见《主妇提倡国货的各方面》,《申报》1933 年 12 月 7 日;《老太太的国货时装》,《申报》1933 年 5 月 11 日。

〔5〕 这种道德在《提倡国货具体办法》中有详细说明。

〔6〕《上海事件以及国内反帝反应》(汉口,1925 年 7 月 8 日),CRDS File 893.6512: 1-2。

〔7〕 例如可参见 Kawakami 1932: 124,他认为抵制活动是一种"讹诈体系"。Kawakami 也重刊了来自以中国为基地的英文报纸的无数故事,这些故事讲述了中国商人受到恐吓的事例,包括参考了一份 1931 年的官方命令:任何"走私"日货而被捕的人将在他或者她的脸上标上"卖国贼"的字样。

〔8〕 并不令人吃惊的是,伍德海德(Woodhead)和其他很多外国人运用这样的事件反对终止治外法权。日本发表了无数直接攻击在中国售卖日货的中日商人这类行为的列表。例如,参见 Zumoto 1932: 231-290 中一份官方列表的翻译稿,《在中国发生的反对日本的违法行为》。

〔9〕 中华国货维持会长沙分部在 1919 年抵制活动期间成立,它是 1923 年抵制活动背后的主要组织。长沙的中华国货维持会是其他许多职业组织和专业组织的保护组织。(McDonald 1978: 100-101, 200-205)麦克唐纳(McDonald)把中华国货维持会翻译成"提倡国货的社团"(Society for the Promotion of National Goods)。

〔10〕 正如其他许多运动组织一样,这两个组织间的关系是不清楚的。该团体似乎在 1919 年期间首次成立,但是为了避免因拥有一个公开反日名称而引致的麻烦,1921 年更名为上海市民提倡国货会(Jiang Weiguo 1995: 77)。相反,潘君祥(1996c: 542)指出该团体成立于 1921 年 11 月。似乎两种说法都不对,苏州市档案(见 SZMA File 696)有 1923 年市民大会流传的介绍材料的副本,根据这个材料,我认为 1923 年 3 月 24 日是该会成立的正式日期。

〔11〕 关于执行委员会章程,见 Cao 1925:71。关于一般章程,见"上海市民提倡国货会会章"。

〔12〕 有关他们一次集会的报告,见《发起国耻纪念演讲》,《申报》1925 年 5 月 6 日。

〔13〕 在长沙地区,对日本的敌意变得十分强烈,所有日本人拥有的商店被迫关闭,大多数日本居民逃离(*CWR* 1923.6.16:84)。

〔14〕 关于 1923 年 7 月 5 日的一份布告的副本,见 Cao 1925。关于由类似组织发送的作同样解释的电报的副本,见 Xie Guoxiang 1996: 360-379。

〔15〕 参见 1921 年日本驻南京领事馆收集的南京有关活动的材料,例如"国耻纪念

歌”,收在 *Shina ni oite teikoku shōhin dōmei haiseki ikken* 第 74 页。

〔16〕 关于 1924 年的一次纪念会,参见《哈尔滨的国耻日》,CRDS File 893.5451。

〔17〕 收录通信和出版物的这一卷证实市民大会存在着广泛的激进主义。仅仅两年,该团体为大众传播、编写了 42 种不同的传单、22 份电报,对近 200 封全国各地其他组织的来信作出回应。关于这些活动的摘要,见 Cao 1925: 52。

〔18〕 “中华国货维持会代表工商意见上日本政府书”,SZMA File 605: 33-36。

〔19〕 正如雷麦对 1923 年事件概括道:“最好描述它为一次重要的临时贸易干预。”

〔20〕 的确,甚至在泰国的华侨都宣传对“五卅惨案”的认识,并且用中国货替换所有英国货。使馆报告(Bangkok, 1925.8.7), CRDS File 893.6600。

〔21〕 中华国货维持会自 1925 夏天以来的请愿书和传单副本,见 SZMA File 367。

〔22〕 《宣誓服用国货办法如下》,SZMA File 340: 28-34。

〔23〕 例如,职工组织了“宣讲团”分发传单促进抵制活动(上海华联商厦党委 1991: 17)。

〔24〕 《声明,国民党二十六军司令部》,Chow Vung Chee, Commander, 1927.4.22;英译见 P. -K. Cheng et al. 1998: 266。这些话在随后十多年的运动中被国民党所使用。

〔25〕 《5 月 7 日 10 周年纪念日的布告》,重印并翻译于 CRDS File 893.6273。这份传单也根据贸易赤字估量耻辱的程度。当然,纪念活动更多地为国货运动的利益服务。例如,在长沙的国民党地方分部印制了一份把为“二十一条”雪耻、所有其他外国造成的耻辱(它们“和‘二十一条’一样残酷”)以及他们自己的建国方案和军阀统治联系起来的信函,见《〔国民党〕湖南分部关于 5·7 国耻纪念的公告》,重印并翻译于 CRDS File 893.6273。在广州流传的另外两份传单,见《我们的耻辱》和《5 月 7 日,对工人、农民、平民的国耻日宣言》,翻译见 CRDS File 893.6271。

〔26〕 《国耻日》,《华北正报》(*North China Standard*) 1925 年 5 月 10 日;《愤怒的学生聚众在北平街道上游行,反对外国的游行示威》,《北京导报》(*Peking Leader*) 1925 年 5 月 10 日;《政府的国耻日》,《京津泰晤士报》(*Peking & Tientsin Times*) 1925 年 5 月 13 日;其他新闻剪报见 CRDS File 893.6320。

〔27〕 关于 1925 年天津抵制和运动的报纸文章汇集,见中国天津市委 1987: 150—165。

〔28〕 例如,成都反帝抵制的目标也明确对准法国(*CWR* 1925.7.18: 122)。

〔29〕 关于长沙抵制活动和国货运动努力的概述,见 McDonald 1978: 206-217。

〔30〕 有关国民党参与国耻日,可参见“国史馆”档案 141: 969—982。有关国民政

府对国货运动内容的广泛参与,见"国史馆"档案 267:613—906 中有关促进国货的细则和文件。

〔31〕 对这些抵制活动最好的介绍,仍然是 Remer 1933:137-196 和 Kikuchi 1974:361-438。许多中国和日本的资料来源提供了综述,例如可参见以天津为基地的《大东报》的报道"二十五年来抵制日货运动之经过及其影响"(1933 年),收藏于"国史馆"的"抗战史料":esp. 17—26。关于"开始"于 1931 年的抵制活动的强烈程度,也可参见 Israel 1966:57-58。因为国际联盟(League of Nations)和李顿使团(Lytton Commission)与国民党的联系,这些抵制活动吸引了更多国际关注和报道。英国大使馆报告说日本外务省把 1931 年的抵制活动描述为"日本曾经历的最恶劣的遭遇",见 F520/1/10 (1931. 12. 24), Bourne et al. 1996, Part 2, Series E, vol. 40 (China, January 1932-July 1932),也可参见 Koo 1932。

〔32〕 SMA 包含了整个 20 世纪 30 年代运动组织的活动记录,见 SMA Q201-1-602。也可参见 Gaimushō 1937。

〔33〕 有关新生活运动和温州的一场反帝抵制活动的联系,见 SMP File 5729, 1935. 5. 31"抵制下新生活运动"以及 1935. 6. 3"〔温州〕抵制活动宣称反帝卸下伪装"。报道说 170 万洋烟被没收并被烧毁,以此作为新生活运动消除吸烟的努力的一部分。外国观察者(尤其是日本观察者)一般断言抵制活动是由国民党操纵的,这与那种认为当时发生的反基督教运动是既"仇外"又受"共产主义控制的"的说法相类似。我个人认为,这样的观点完全忽略了这些大众运动的社会基础。关于当时国外对于反基督教运动的态度,见 Yip 1980:1-14。

〔34〕 然而,比如 20 世纪 30 年代期间抵制活动正在施行的影响,见 SMP 3358, 1933. 7. 1:"支部目录",详述了整个国际公共租界内日货检查团的活动。除了查封并没收货物外,这些团体公开指责破坏抵制的商店,见 SMP 3358, 1933. 4. 21"反日抵制——市民联盟威吓商店"以及"市民联盟检查南京路商店的日货"。用于威吓商人方法的一份目录,见 SMP 3753"索引"。

〔35〕 关于"仇鱼检查委员会"新闻剪报的翻译,见 SMP 4847, 1933. 5"抵制日本鱼"。

〔36〕 关于 20 世纪 20 年代至 30 年代之间,抵制活动(每年)为国货香烟制造商制造的机会的情况,参见 Fang Xiantang 1989:41-71。

〔37〕 关于制造商和国货运动之间互利关系的更为彻底的研究,参见第八章。

〔38〕 关于国民党的改变和抵制的关系,参见 Jordan 1976; 1991

〔39〕 实际上,这时候正是中国官话成为"国语"的时候,参见 DeFrancis 1950。关于

物理和社会科学词汇的引入，参见 L. H. Liu 1995 和 Y. -N. Li 1971。杜赞奇（Prasenjit Duara 1995：5）持类似观点："正是这些新的语言资源，包括新的词汇和述说方式确保了民族国家被作为历史的主体，它们同时也改变了人们对于民族和世界的历史和现况意义的认知：哪些人和哪些文化属于历史的时段，哪些人和哪些事又不得不被抹去。"

〔40〕 孙中山自己在这个问题上也有犹豫。尽管有一些疑惑，他认为外资对于中国经济发展必不可少。与此同时，他也表达了对帝国主义经济控制的恐惧。参见 Myers 1989。

〔41〕 "宿迁学联警告商界不买日货"，《宁声》1919 年 8 月 16 日，再版于 ZDLDG 1992：231-232。

〔42〕 奥曼（Allman）和其他外国人将这种广泛存在的侵权现象归咎于知识产权意识的薄弱或者保护的不存在。尽管 1904 年中国试图编撰商标法，但是，直到 1923 年中国才颁发了第一部关于商标和其他知识产权保护的法律。到此时，提出了大约 25，000 份商标申请。大多数申请的商标属于外国人。（Allman 1924：6）即使在国民政府公布知识产权保护法之后，情况几乎没有改善，这些法律"不能达到它们规定的目标"（Alford 1995：53）。阿尔佛特（Alford）对民国时期法律改革的研究也揭示了中国知识产权的不同待遇，例如可参见《在炮口下学习法律：世纪之交西方知识产权观念的引入》（"Learning the Law at Gunpoint：The Turn-of-the-Century Introduction of Western Notions of Intellectual Property"），Alford 1995：30-55。

〔43〕 Liang 1934。Liang 认为中国货上标注有外国字母只会引起"洋货迷"的兴趣，并且拒绝国货需要罗马字母名称才能成功进入外国市场的想法，他引证了许多流行的进口货没有中国名称的例子。

〔44〕 关于一场那样的产品仍然是"仇货"（即日货）的争论，见《我家的日用品》（1932）。

〔45〕 许多其他国货运动组织团体经历了类似增长，例如，见《国货工厂联合会开幕记》，《申报》1928 年 10 月 13 日：13。

〔46〕 ZGWH 1932："会务记录"部分，提供了中华国货维持会活动的年度记录，包括无数的请求证明书以及要求鉴定的公司提供的一份商品列表。

〔47〕 关于实施情况，参见《工商部派员调查国货》（1928）。中国社会科学院近代史研究所档案部有这些证明的复本。

〔48〕 《工商部为中国国货暂定标准之国民政府呈》（1928 年 9 月），再版于中国第二历史档案馆 1991-742-44。像《机联会刊》这样的国货运动出版物也经常再

刊国货标准。例如,见《国货指导》(1931)。关于这些修订本,参见“国史馆”,Presidential archives, 267:1838-1851。

〔49〕 例如可参见《工商部已定之国货标准一览》(1930)。

〔50〕 该命令包含了一份标准的副本。与此类似的是,1929 年 12 月,中华国货维持会的一份电报促使该部命令汉口检查产品的国籍(NJ613-68-1)。

〔51〕 《河北省政府训令的 1992 号》(1928)。

〔52〕 《革命后之国货运动》(1928)。

〔53〕 有关认证的过程,见“考订章则”和“证明国货”,SSGC 1933。中华国货维持会鼓励它的会员以类似理由来认证产品(ZGWH 1932:“Huishi”section,14)。

第三部分

展览综合体

第五章

民族主义商品展览会

在工业落后的国家……人们养成了使用洋货的习惯,他们对此已经习焉不察了,甚至当市场上存在相同的国货时,他们依然崇尚洋货……我们应该做些什么来提倡国货,让每个人都关注国货并驱除普通民众对于洋货的崇拜?……展示国货并热心提倡国货,将使每个人对国货都有深刻认知。那么,他们将会愉快地购买国货、使用国货。

——Xiang Kaiyuan 1936

本次展览会的举办是为提倡国货。如果物品不是国货,那么,将不允许进入展览会和参与竞争。此外,此次活动中,一旦发现有伪造的国货商品,立即把它们驱逐出展览会并予以没收。

——摘自《夏秋两季国货展览守则》(1928)

20 世纪 20 年代与 30 年代期间,我将称之为"民族主义商品展示"(nationalistic commodity spectacles),也即分布于从时装秀到普通报纸杂志上刊登的描写产品民族性的寓言故事中的活动,比起那些吸引学者更多注意力的反帝暴力抵制,它代表了正在民族化的消费文化更为细致微妙的方式。这林林总总的景观试图通过民族主义视觉形象来灌输一种新的消费文化。有一个这样的故事,住在寄宿学校的一个小男孩收到了他母亲的来信,他母亲告知他寄来了一些亲手编织的长袖内衣裤。严冬来临,这个男孩已经感觉寒冷,母亲的来信让他兴奋,这一体贴关怀更让他想念远方的母亲。然而,当他预计长袖内衣裤快要寄达时,他变得不安起来,并开始失眠。他的母亲明白使用国产材料以及避免使用进口布料的重要性吗?当丝制内衣寄达后,衣服内接缝上的商标显示出坏消息——他母亲使用的是日本丝绸。

布料的国籍使这位小男孩陷入左右为难的境地。一方面,小男孩的老师已经教育学生们拒绝消费进口产品,以此作为支持中国民族主义和参与反帝斗争的一种方式。另一方面,不穿他母亲缝制的衣服是对于他母亲的大不敬,这在传统中国人的伦理道德中是最大的罪过。最后小男孩决定把民族国家放在第一位。尽管他双腿打着冷战,但"他的心是热的"!这个结局证明这种不孝行为是正确的。为了防寒,他坚持跑步。当春天来临时,他已经成为一名优秀的赛跑者,在学校田径比赛中获得了冠军。[1]

在选择爱国主义之前,男孩必须想象他的衣服是有国籍的,频繁的反帝抵制活动周期性地强迫中国人把国籍看作商品的特性。然而,要使中国人把商品国籍作为需求和消费物品的主要依据通常是困难的。在 20 世纪初期的中国,商品展览会的勃然兴盛给物质文化提供了许多不同的阐释。广告、电影、时装秀、陈列馆、国家仪规和许多其他景象的力量联合起来,不仅影响了公众对特定商品的理解,而且实际上也常常颠覆或瓦解了人们认知商品的常规方式。灯泡、热水瓶、女式服装、传统男式长衫、西式服装以及其他许多日常生活用品开始形成了多重的——常常是对立的——联合。依据观察者和语境的不同,同样的物品可能意味着普世主义、西方教育、时尚意识、文化背叛或者政治保守主义。与这些争议性的含义相反,故事中这名男学生成了新的国货消费优先的典范,他把爱国主义置于所有其他意义甚至孝道之上。

本章以及随后几章(本书第三部分)将界定和考察民族主义商品展览会这一盘根错节的综合体,这一综合体通过民族主义视觉形象来表达和宣传民族主义消费的行为准则。本书考察的商品展览会是从海外引入的,而后转变成民族主义的象征。这些展览会的目标是使参观展览会的中国观众"民族主义化",并把他们转化成专门消费国货的爱国者。

本章通过把多种看似完全不同的展览会联结在一起,阐明了国货运动是如何把一种新生的消费文化塑造为居于民族国家创建过程中的中心位置的。这里的关键问题不是个体的中国人如何接受或阐释这些展览会(换句话说,个体的中国人是如何搞清这些展览会的既定宗旨的)。更确切地说,主要问题是国货运动是如何通过蓬勃发展的民族主义商品展览会为任何这样的阐释构筑基础的,这些展览会从而形成(并强化)消费文化自身的民族主义消费行为。

为民族国家而复兴商品展览会

国货运动常常取道日本来借鉴欧洲和美国的商品展览会的经验。例如,与许多其他近代制度一样,日本帮助把工业展览会引入中国。1868年明治维新时期,日本政府开始在日本国内组织工业展览会和小一些的劝工场(Yoshimi 1992:107-144;Morley 1974:160-164)。中国的早期改革家,例如1898年戊戌维新的领导者之一康有为,主张中国应该追随日本的榜样,举办商学比较场(Hsiao 1975:311)。实际上,中国人一直谈及有必要模仿日本利用商品展示会来提倡民族主义消费(例如,参见Lu Guiliang 1915和"Zhanlankuang Riben")。在一本追忆长江沿岸城市宜昌的反日抵制活动的文集中，Wen Zhengyi（1996）写道：1900年，日本商人在宜昌举办了一次长达三个月之久的展览会，参展商品将近1,000种。此外，在19世纪与20世纪之交，中国官方赴日考察团参观了其他类型的展览会，包括教育展览会（Borthwick 1983：135-136）。无论如何，中国人不仅把这些展览会视为日本崛起为工业强国的一个因素，而且也将之视为帝国主义图谋中国的一件利器。正如一位作者所言，日本正阴险地在中国举办展览会，邀请人们参加，从而促销他们的产品（Cheng Heqiu 1934）。中国要寻求模仿这种相同的制度来为我所用。

在东亚地区，商品展览会的传播是世界大型展览会机构广泛发展的一部分。继1851年伦敦水晶宫殿博览会后，全世界举办了越来越多的国际博览会，中国常常寄送商品参展。1855—1914年，平均每两年就举行一次至少20个国家参展的展览会。自那之后，尽管展览数量减少了，但是展览的规模和范围扩大了。（Greenhalgh 1988：15）与此同时，当全世界的主要城市正在举行这种世界性的活动时，国货运动在中国却举办了数十次——甚至数百次——严格限制参展商品为"国货"的展览会。[2]学者们一般把世界博览会解释为"资本主义时代的典型场景"（de Cauter 1993：1）。然而，在中国，这些展览会却另有目的。

商品展览会在中国的兴起不是一时头脑发热地模仿，而是一个选择性的过程，这一过程是"师夷长技以制夷"。[3]中国举办的国家的、地区和地方的展览会采纳的是建立在民族主义和反帝主义基础上的消费观念，而非商品的"交换价值"（市场价值）。同样地，国货运动把其他输入的商品展览会转变为对民族（主义）经济有益的展览会：在其余的活动中，国货运动建立了专门的国货陈列馆，建立了只销售国货的市场和商店，提倡构筑强调产品国籍的广告文化，取消了先前赋予商品的定义，例如"土货"这样的商品观念。总的来说，这些努力把国货运动的期望投射到商品上，诸如建立反对帝国主义、反对国家分裂、经济富强、自给自足的民族国家共同体，最重要的是，在不向帝国主义经济入侵投降的情况下，尽可能追求一种"摩登"的生活方式。[4]

这些民族主义展览会的创建及蓬勃发展表明了国货运动没有依赖于个体中国人的爱国主义，相反，它开始形成一种环境，在这种环境中爱国主义成为人们不可推卸的责任。这种更大的目标使得这些国货商品展览会从根本上区别于那些更多地被研究过的西方相应的展览会。在使消费民族主义化的过程中,那些注定是“洋货”的产品,实际上,任何掺入了外国元素,因而不能认为是完全的中国货的物品,将会被有意排除在展览会之外,甚至象征性地被典范型的消费者从观念中驱除出去(正如这些商品展览会中所界定的那样)。[5]

因此,对这些商品展览会的考察揭示出本研究的核心主题之一:国货运动如何呈现一种经济制度的图景,这种经济制度吸收了帝国主义因素并宣示了中国主权,国货运动迈出了趋向创建这种经济的最初步伐。欧美的商品展览会主要被看作是“商品庆典”,这种展览会剥除了商品的个体特性,转而提倡商品的普适性的交换价值(de Cauter 1993: 9)。与此相反的是,国货展览会是中国民族商品的庆典,它使民族主义视觉认知制度化。

展览综合体的构成

在过去的几十年里,欧美历史学者已经说明了西方商品展览会是由一种可以被命名为“展览综合体”(exhibitionary complex)的形式发展而来(见 Bennett 1995)。[6]与此类似,国货展览会肇端并归因于许多其他公开的展示活动,包括国内与海外的展览会。和欧美一样,中国也有像百货商店、陈列馆、动物园、广告和电影院这样的场所放置东西进行展示,来作为视觉娱乐。如果不考虑中国展览综合体里的这些补充内容,那么,国货展览会的历史将是不完整的。此处不是介绍通常意义上的展览会,而是将焦点集中在组成(民族主义式的)展览综合体的四个方面:展览会、陈列馆、商店和广告。[7]通过简要介绍每一种方式,来揭示他们的民族主义用途。[8]

20 世纪初的中国,各地专门用于展示国货的陈列馆数量显著增加了。根据 1936 年中国博物馆协会组织的一次调查,到 20 世纪 30 年代中期,中国至少有 62 座这样的博物馆(广义上),分布范围从北平、南京国家陈列馆到诸如展览卫生用品和儿童玩具的山西大众教育馆这样的省级机构。在中国人口最多的城市上海可以找到许多陈列馆设施,其他内地的小城市也能发现(例如四川省合川县科学陈列馆)。类型更为常见的博物馆和那些专门从事国货展览的陈列馆之间的关系对于当时的人而言是显而易见的:在调查中,几座国货陈列馆被归入专门博物馆一类(中国博物馆协会 1936: 45).

在这个展览综合体中,专营国货的商店和市场形成了第三类场所。尽管对商店的分析超出了本章研究范围,但一份简短的介绍将足以说明商店的重要角色。在某种层面上,这些商店通过越来越多地展示商品,作为临时的视觉娱乐,以及通过给中国人提供不必承担购买义务就能观看商品的机会,就给消费文化添砖加瓦了。换而言之,在非常有限的程度上,中国的城市开始经历美国和西欧曾经发生过的零售市场革命,并形成了新“消费社会”的基础(比较 Leach 1993 和 M. Miller 1981 的著作)。实际上,把百货商店引入香港和内陆的中国企业家有意识地公然模仿西方模式建立他们的商店(W. Chan 1999: 34)。[9]

然而,国货运动也彻底改造商店这种形式。为把国货从生产商流通到消费者手中,从一开始,国货运动就试图提供民族化的渠道。批发商和零售商是关键的环节,但也是靠不住的环节。上海的百货商店因为销售舶来品,在反帝抵制高潮时期常常成为目标。它们运输和提倡国货,包括它们自己的产品。然而,这些商店也以经营舶来品,并不排斥洋货而知名。在“九·一八事变”(1931 年 9 月 18 日)前夕,估计上海三大主要百货商店(永安、先施、新新)70%—80% 的库存主要是进口货(Shanghai baihuo gongsi et al 1988: 145)。[10]

国货运动的积极分子意图创建专门销售国货的市场。正如下文所论述的,为帮助发展国货商店,展览会和陈列馆最初把集市建立在附近地区,这只是一个暂时的解决办法。一旦展览会闭幕,集市也会随之消失。国货运动不仅多次试图建立永久的展览会(陈列馆),而且也想要建立永久的市场(商店)。热心的个人和国货运动的组织甚至周期性地试图建立专门销售国货的商店,建立专门销售中国产品的“国货公司”是反帝抵制活动的常见内容。例如,在 1919 年抵制活动期间,整个江苏省有许多这类国货商店开业。[11]其他的例子中,正如清华大学学生在北京所做的那样,抗议者通过从店铺里缴没日货并焚毁来建立国货商店。[12]同样,1925 年抵制活动期间,中华国货维持会建立了一家大型国货商店(参见图 5.1)。人们时常讨论并周期性地尝试建立一个扩展至农村的全国性国货商店网络的想法。[13]

这些商店遭遇了不同的结果,但是他们仍然继续努力。为纪念“国耻”,国货运动组织常常创建专门的国货市场,并强迫百货商店提倡国

图 5.1　零售商店的民族化

(《上海总商会月报》1925 年 10 月)

假冒国货成为国货运动长久以来的一个问题。假冒国货的泛滥瓦解了国货运动的士气,因为甚至爱国主义消费者都受骗买了洋货。国货运动通过建立自己的商店来对这个问题作出回应,这些商店中包括上海的中国国货商店——上海商场,该照片拍摄于 1925 年该商店开业之时。在国货展览会期间,临时的国货市场建立起来,国货运动组织(这里是中华国货维持会)建立商店来创建永久的专门展销国货的民族化场所。在这样的店铺内,消费者徜徉在国货展览中,不用害怕无意中对洋货产生兴趣或是购买了洋货。

货。[14]到1934年时,在广告上自称“全国最豪华最综合的国货商厦”的上海中国国货公司,收罗海内外市场上数千种国货,编成一份国货目录。[15]最终,在20世纪30年代中期,销售国货的国际性商店网络从诸如这样的单个努力中发展出来了(参见图5.2)。[16]当这些商店遍布全中国和海外华侨社区时,它们在消费文化民族化过程中成为具有重要象征意义和实践意义的一步。[17]

这些展览综合体的四种方式中,第四种,也是最便捷的一种方式是广告,它使商品景观超出了个体消费者能够控制的空间范围,产生了一种也

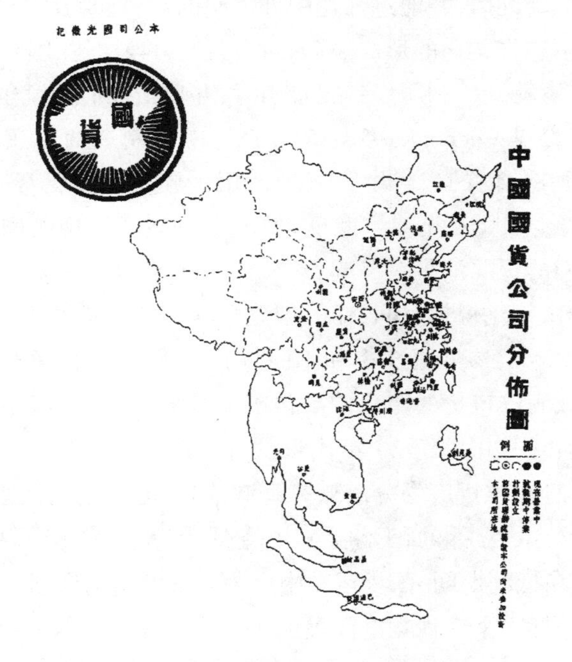

图5.2　中国国货公司(1937年成立)

(《中国国货联合营业公司》,1947)

20世纪30年代晚期,国货运动的机构已有相当程度的发展。国货运动所创办的只售国货的临时市场,已经发展成联结国内和东南亚爱国的中国消费者的高速增长的连锁商店(见地图)。通过与地方商店相联结,自下而上地逐渐建立了一种民族化经济。在中国的轮廓上,公司标识(左上)添加了中文字“国货”,象征性地把地理和经济空间联结在一起。

许可以被称作“微型展览”(micro-exhibition)的形式。尽管中国近代广告史尚未写就,但是,它的发展看来与其他国家的广告发展历程类似。[18]在引入新的印刷技术后,随着民国初期报纸和杂志的迅速膨胀,广告也发展起来。第一则中文报纸广告出现于1872年前后的《申报》上。尽管这些广告最初促销洋货,但中国制造商很快就开始利用报纸以及稍后的广播、告示牌、汽车和日历为他们的产品做广告。[19]

在中国,国货运动和广告的发展之间是一种互动关系。一方面,近代广告业为传播国货运动议程提供了一种途径。[20]另一方面,国货运动通过界定广告的新词语,并通过强化中外之间的竞争而为广告带来收益,从而深刻影响了广告文化的形成。(Zhen 1997:44)[21]在国货运动萌芽之初,运动参与者就开始利用广告宣传国货,并攻击他们的竞争者是洋货供应商(例如,参见 Cochran 1980:61-70)。中国制造商不仅合成了术语“国货”,而且在他们的广告中频繁地使用民族主义和反帝主义的象征,尤其是国耻纪念日的标志。[22]此外,像上海机联会这样的国货运动组织以广告把他们的资源汇集在一起,这些广告用来展示十余种已鉴定的国货,以此创建民族化视觉空间,作为创建民族主义的视觉认知这个更大工程的一部分(例如,参见图5.3和图I.1)。[23]另一则广告(图5.4)通过描绘中国被载满进口货的船只重重包围的景象,阐明爱国主义与商品密不可分。最后,到20世纪20年代末,中国政府自身开始对广告进行分类,把国货广告和洋货广告分离开来。政府甚至特别允许国货促销广告免费出现在公共场所的围墙上(并降低奢侈品和娱乐品的广告税率)。[24]尤其在抵制期间,国货运动中更为激进的参与者通过破坏洋货广告和外国公司标志来使视觉空间民族化。[25]

民族主义形成之前的商品展览会

国货运动中正在形成的消费文化不完全是新生事物。甚至在1905年左右国货运动开始之前,创建民族主义商品展览会的三个关键要素已应运而生:民族经济综合体的基本层次、大量提倡消费的节日、品牌商品。因此,中国人已有大量机会把物品视为商品,并在节日期间与它们结合起来作为娱乐的资源,通过商标不同而能对近似产品加以区别。

图 5.3　民族化视觉空间

(《申报》1929 年 2 月 17 日)

有许多广告把数量众多的“国货”集合在单张页面上,这里收集的这则广告是其中一张(也请参见图 I.1)。上海机联会发明了这种广告形式,在 20 世纪 20 年代末到 30 年代,他们把这种广告刊登于中国主要的报纸上。如同国货商店的情况一样,这种广告形式创造出一种纯粹的民族主义商品景观,因为这张广告页面内的任何一件物品都是经过检验的国货。这类广告使小规模的中国公司能够发布广告,并证明中国生产了一大批“人人欢迎”的商品。广告暗示国货满足了每个消费者的需求,消费者的范围从传统的长者(右上),到都市的成年人(左下)以及娇生惯养的孩子(右下)。与此同时,一排排产品说明人们使用国货既时髦又爱国。产品国籍仍然比产品款式更为重要。确实,这里展示的大多数物品(例如牙刷、布伞、化妆品、皮鞋和棉布衬衫)早在几十年前就已在中国市场上出现。

在输入并改造这四种展览方式之前,中国人早已深受商品的影响。远的可以追溯至宋朝(960—1279),毫无疑问到 1911 年清朝灭亡之前,中国已经有商业经济,这种经济在许多地方有广泛而密集的商品流通和贸易商人。同样地,到 18、19 世纪时,中国官员越来越多地转而求助市场机制来解决政府问题(参见 Dunstan 1996 和 Lin Man-houng 1991)。到明

图 5.4　爱国吸烟者

(《申报》1935 年 8 月 8 日)

国货运动组织和活动的主要赞助者南洋兄弟烟草公司投放了这则广告。国内香烟市场上的中外竞争尤为激烈,烟草广告成为传播国货运动观念的一种常用途径。这则广告再次宣扬耳熟能详的国货运动主张,鼓励为实践中国的民族性而消费国货。顶端的横幅写着:“中国人应吸中国香烟”。图片右边通过展示一张中国轮廓图(图上没有划分省份或是显示任何邻国的边线,中国被装满进口货的船只包围),强调了消费国货势在必行。这幅图强化了国货和外货这两种主要类别之间的对峙局面,图上的文字写道:“外货重重包围,国货如何发展? 大家一致努力,利权庶不外溢。”

代中叶时,中国甚至已存在一个“全国市场体系”或“全国市场”。[26]全国各地的农民在定期的集市上买卖过剩产品、经济作物和手工产品。到 20 世纪初,据估计大约有 63,000 个地方集市联结着地方和主要的贸易中心(Skinner 1965: 227)。[27]

除了地方集市,每年与阴历和阳历相关的一些节日给人们提供了挑选与消费季节性和特色商品的机会。[28]在这些节日中,有几个是举国同庆的。[29]各个城市、市镇、乡村庆祝地域性的以及当地的节日,这些节日通常与某位神灵的诞辰有关。关于北京每年的节日和仪式的一份综合报告记述了十余项这种活动,包括全国节日、地方庙会、特殊行业的节日、特殊产品的节日以及在城市特定地点举行的节日。例如,每年阴历新春,北京附近一家以出售书画、拓印和古玩而著名的店铺都会举办为期 15 天的

市集。每年,“富人和贵人的马车长龙”蜂拥而至,到此地搜寻时髦的奢侈品。(Bodde 1936: 17-18)

最后,为了给商品注入民族性,没有什么比确定商标或品牌更重要的了。中华帝国晚期,商标的范围从简单的字词和图像到数字和符号,这些用于识别基本生活用品大米、茶、布料,以及诸如医药品这样的复杂用品(例如,上海的“雷允上药店的著名药丸”,至少从1700年左右就已经有了)(Hamilton and Lai 1989: 253, 258-259)。[30]在20世纪之前,品牌通常限于当地“特产”:景德镇瓷器、绍兴黄酒、湖州宣纸。中国的文人士大夫不仅有权使用品牌产品,而且也利用这些产品来表明身份。[31]

在国货运动中,为了自己的利益,经济竞争使“民族经济”节日变得具有重要象征意义,无论是新兴节日还是旧有节日都成为鼓舞并实践民族主义消费的途径,“中国”作为一个高度地域认同的概念,成为在“国货”分类下,包括地方和各省物品都能享有的“品牌”。[32]

从商品世界到产品国家

尽管有许多相似之处,但中国的国货展览会比起传统的中国市集以及在巴黎、纽约、旧金山和悉尼等地举办的世界博览会来,有着根本上的不同。[33]历史学家通常把帝国主义列强举办的展览会解释为宣布具有合法性的表演,象征着东道国的权力,并在世界舞台上确立其自身与其他国家的清晰的民族边界。[34]这些展览会被认为在创建普世的消费文化过程中扮演重要角色。近些年,学者们受瓦尔特·本雅明(Walter Benjamin)的启发,本雅明认为19世纪末的“世界博览会是商品拜物教的朝圣地”,这“使商品的交换价值高涨”,“创造了一种使商品的固有价值黯然失色的结构”,并越来越多地探讨诸如世界博览会这样的活动与消费文化或“消费社会”的兴起之间的关系(Benjamin 1979: 151-152)。例如,诸如罗萨林·威廉姆斯(Rosalind Williams 1982)这样的历史学者已经注意到这些活动所具有的创新和象征的能力,他指出,展览会在19世纪末法国成为“疯狂消费的梦幻世界”过程中扮演了主要角色(同见 Rydell 1993: 15-18)。与此相似,通常认为诸如水晶宫博览会这样的活动是“几乎完美地将资本主义制度以及博览会所服务的资产阶级利益合法化”(Richards 1990: 4)。

与此相反的是，中国的国货展览会的历史——以及整个展览综合体——则揭示了中国对帝国主义列强商业入侵的选择性利用。与本雅明所启发的那些想法并不相同的是，我关注在民族主义商品崇拜的创建过程中可以进行比较的民族朝圣过程的角色。占主导地位的想法（正如本雅明所表述的）认为世界博览会彰显商品的交换价值而遮掩了商品的“固有价值”（Benjamin 1979：152）。本书所研究的中国商品展览会却掉转方向试图把市场价值与民族国家结合起来，并创造一个民族主义消费的“梦幻世界”。

国内外对工业展览会的不同定位之间的紧张从一开始就存在。尽管制造业展览会要开始得更早一些，但是，欧洲首个国家工业展览会在法国第一共和国（1792—1804）期间才举办。[35]像一个世纪之后的中国人一样，法国人最初只限国内物品参展。直到1851年水晶宫首届国际博览会前夕的1849年，法国曾经认真考虑邀请外国人参加这些展览会，但最终决定放弃。就如19世纪上半叶许多国家所举办的国家工业展览会那样，法国人害怕他们的国内市场会被廉价的外国（主要是英国）商品占领。[36]尽管有这些对外国货渗透的恐惧，法国和其他国家政府最终决定参加诸如水晶宫博览会这样的国际展览会，并在他们自己的展览会上允许国际参与者为国内制造商提供进行比较和改进自身产品的重要机会（Greenhalgh 1988：3-26；Walton 1992：11-12）。法国人此后再没有倒退。

尚不十分清楚中国人是在什么时候或怎样对展示商品的想法产生兴趣的。显然，中国人在国际展览会上有许多展示机会。在洋人管理的清帝国海关操持下，中国寄送展品参与了19世纪末20世纪初的多个博览会。中国出席了欧洲的主要活动，并且是参加首届伦敦国际博览会的34个国家之一。[37]在1867—1905年间，中国至少参加了25次国际博览会（S. F. Wright 1950：431n16）。中国还参加了1878年和1900年在巴黎举行的两次大型博览会，以及其他全世界大型的专业活动。[38]侨居海外的中国学生和官员参观了在欧美举办的主要展览会，他们还以内容广泛的信函、文章和书籍记录下他们的观感，拥有众多读者。[39]

国货展览会的量化研究

为提倡“国货”而举办的专门展览会传播如此迅速和广泛，以至于难以确定共有多少场。一份1929年的目录列出了1907—1929年间31场较大型展览会的名称。然而，在清王朝的最后几年，也举办了许多较小规模的展览会，它们是新政的一部分。[40]另外，清王朝也帮助建立了永久性的展览大厅。例如，1906年农业部、工业部和商业部在北京建立了“京师劝工陈列所”，用以“专门展示中国自己制造的每一种商品”。相似的机构很快在诸如苏州这样的城市和直隶省（今河北）这样的省份中出现。（Ma Min 1995：293-294）[41]

像中华国货维持会这样的国货运动组织的记录提供了民国时期许多展览会的证据。在1911年成立后不久，中华国货维持会就开始组织、提倡、参加地方上的、地区的、国家的中国商品展览会，并且参与了一个由东南亚华侨团体组织的展览会（ZGWH 1932，“Kaihui tongji”：14）。[42]此外，国货运动日益增长的力量对推广它的组织形式包括展览会很有助益。随着国货展览会成为表达民族主义和反帝主义的一种有意义并在政治上可接受的形式，许多学生团体、妇女俱乐部、同乡会和其他社会组织也主办了较小的展览会。[43]如上所述，国货运动的积极分子也组织了流动式的国货展览来访问较小的城镇和乡村（Cao 1928）。[44]

最终，在1928年国民党政府建立后，政府马上命令创办地方性的、地区性的、全国性的展览会，展览会数量更是如雨后春笋般激增（SZMA Files 593，1331，1345）。[45]在这些年中，人们也可以看见许多支持展览会的国货运动新组织的成立。到20世纪30年代，地方性的、地区性的、全国性的展览会——连同海外华人主办的展览会——变得普通平常，数目庞大，不可计数。[46]

创办民族化展览会

这些展览会和陈列馆创造了可细加控管的民族化空间，这种民族化空间为参展产品创立并灌输了它们是“中国的”这种观念。在这些机构的历史上，有两种趋势显现出来：第一，尽管中国持续内战，地方经济不稳定，参与展览会、陈列馆和整个展览综合体的物品范围、规模、数量却增长迅速;第二,这种增长严重依赖于政府的和非政府的主动性。国货运动在清代末期和民国时期确实得到了政府支持。与此同时,通常由商会领导的国货运动组织不断地寻求把"救亡"和"国货"两者结合在一起的新方法。

1910 年南洋工业展览会

中国没有把洋货排除在首个大型的展览会之外,尽管中国无疑要往排除洋货的那个方向前进。如上所述,清王朝支持了全中国的无数展览会,历史学者马敏所言的清代"赛会热"达到顶峰是在清王朝覆灭时,当时中国正在长江沿岸城市南京举办 1910 年南洋工业展览会,这是一场世界性的展览会(Ma Min 1995: 294)。[47]组织者最重要的想法乃是民族经济自强。此次活动是两江总督端方 (1861—1911)的主意,他希望能激发经济竞争,认为经济竞争是西方富强的关键。展览会要求外国参展有多重目的,首先,正如端方承认的:"展览会并非真的打算向世界展示中国产品,而是暗中观察外国所用的方法,以此激励国内厂家改良提高。"(Godley 1978: 515)其次,该活动是对国内外批评清王朝正在崩溃的回应。正如历史学者麦可·伽德雷(Michael Godley)总结的,这次展览会是"满洲皇室所做的最后的、最大的努力,向外国列强和越来越多的国内批评家证明传统的领导方式是有能力使国家实现现代化的"(Godley 1978: 504)。[48]

展览会在 1910 年 6 月开幕,持续到 11 月,是第一次对中国商品的民族朝圣之旅,有接近 200, 000 人参观了展览会。尽管只有 14 个其他国家和 78 家私营公司参加,但是展览场地本身就已经令人印象深刻——展览场地有 156 英亩大,并占用了大约 36 座建筑。《北华捷报》总结说,这些努力是"欧美大型博览会的一次小规模逼真仿效"[49]。尽管此次展览会在财政上是亏损的,但是,此次试验成为后来举办的国货展览会的样板。[50]它鼓励地方和地区的经济竞争,组织了委员会,刺激了许多地方的团体在新近成立的商会支持下创办展览会 (Zhongping Chen 1998: 272-274; Wu Kangling 1994: 164-166)。它的后续影响可以在随后数十年持续的地方、非政府团体对组织展览会给予更高层次支持的努力中看到。

早期国民党人的努力

1911 年辛亥革命后,收集并展示国货象征着国民政府新领导人在军事方面所不能完成的任务:统一中国和抵抗帝国主义。这些行为也向国内工商业的批评家们表明政府正在积极努力地发展中国经济。因此,尽管政局不稳,民国早期雄心勃勃的地方和国家领导人仍然努力推广"赛会热"(见《商品陈列所章程》)。1915 年 5 月日本试图获得对中国的更多控制,民众群情激奋,爆发了全国范围的抵制活动,推广"赛会热"的努力也愈发扩大了(参见第三章)。不久以后,周自齐(1871—1932)——曾为哥伦比亚大学的学生,著名外交官以及中华国货维持会的早期领导人伍廷芳的助手——劝说袁世凯建立一个政府部门来鼓励国货发展。他在给袁世凯的请愿书中主张中国需要采取行动:"因为没有切实努力发展国内工商业,财富正在流失。"在袁世凯允许下,商业部、工业部和农业部建立了一个工商业委员会,划分为三个部门:一个部门收集统计资料,另一个部门进行产品试验,第三个部门收集国货并组织展览活动(《中国资源》,1915)。[51]

整个 1915 年,这个委员会通过支持建立用来展示国货的永久场地,极大地扩展了"展览综合体"。首个建立的展览会场地当属北京商品陈列所。尽管北京不是中国最工业化的城市,但一般认为北京如果有固定的展览会,将会对教育中国的统治者有益处。该部门雄心勃勃计划在包括广州、天津、汉口、上海和沈阳在内的主要工业城市建立分部(《国货展出》,1915)。展览分部准备了一份完整的该部门陈列品的年度目录,致力于与其他陈列馆的交流,为在全中国城镇举办的各种展览会提供帮助,还主办了年度国家展览会(《工业展览会》,1915)。

1915 年秋开始成功举办展览会,反映出国货运动的力量越来越强。展览会成为一种惯例,委员会利用这个展览会为永久展厅收集展品。与 1910 年南洋展览会相似,此次活动意在提倡国货。尽管展览会也展示了进口货,但是,它的意图不是提倡消费进口货,而是为中国制造商提供一个可供参考的平台。[52]在 3 个月内,展览部设法举办了一次令人印象深刻的活动,即从 10 月 1 日到 10 月 20 日举办的全国国货展览会。18 个省份和

2 个专区寄送了大约 100,000 件物品参展。(*Nongshang bu*, 1918)[53]

假如没有国货运动组织的帮助,政府组织者恐怕无法成功准备展览会或建立展览厅。在上海和周边地区,诸如中华国货维持会和新成立的全用国货会这样的团体,协助收集、验证、传送国货。1915 年夏,为了从整体上提倡展览会和国货运动,中华国货维持会和全用国货会开始发行《国货月报》,该报全面报道了 1915 年北京展览会。[54]该报也刊登财政部的保证:送交展览会的国货将不必支付运输税("赴会之条规")。和中华国货维持会其他的活动一样,《国货月报》把国货运动的情况传播给上海之外的中国人。[55]

上海商业产品展示厅

诸如 1915 年日本提出的"二十一条"那样的"国耻"激起迅速的回击,运动的积极分子和支持者对经济趋势也有所回应。第一次世界大战之后,西方士兵、外交官、商人以及商品来到中国,当代中国观察者所说的国家自主经济增长的黄金时代很快结束了。[56]在上海建造固定展览大厅反映出民族经济危机感正在重新出现。尽管早在 1915 年 10 月就有建造计划,但上海商务总会到 1921 年才建成上海商品陈列所。面对敌对国家的商品倾销,一位批评者提醒读者说,国货运动的核心原则以及展厅的概要目的是:"我们相信军事侵略绝对无法摧毁中国,但是我们担心经济入侵能毁灭中国。"(Pei Yunqing 1936)[58]在一份给中国官员的关于开放展厅并举办年度展览会计划的请愿书中,组织者强调他们担心外国消费品的重新进入将会破坏中国新生的轻工业部门。作者告诫道,中国将会再次沦落到向外国诸强提供原材料并进口制成品的地步。(《本所历次举办展览会之经过》,1936)对于展览厅的组织者而言,这封请愿书有助于防止逆转情况的出现。

在中国各地搜寻真正的中国产品这一行为本身就传播了消费的民族主义类别,同时有助于鉴别与收集合适的产品。组织者使用五种办法来找寻国货。他们请求农业部、商业部以及各省领导人提供样货,并写信给商务总会以及每个城市的当地知名人士寻求帮助,请求学校和个人提供货样,从著名厂家处获取商品,并派遣他们自己的调查员来找寻。由于有了这些方法，展厅从100多个地方、870位企业领导人处得到了超过30,000件物品。尽管这些商品主要来自江苏、浙江周边以及附近省份的城市乡镇，但是像云南、四川这样遥远的省份也递交了参展产品。(《第一次展览会》，1923)[59]

在上海，展览厅马上成为风起云涌的国货运动的重要场所，崇尚民族主义商品的人朝圣一般涌向展厅。展厅的活动于1921年11月开始，数百名官员、企业家以及外国显要聚集在上海商务总会礼堂，参加开幕典礼并参观展厅场地。在超过30天的活动中，大约有61,500人来参观(《本所历次举办展览会之经过》，1936)。参观展厅的人数每年都有变化，1922年，每天都有来自各处的数十到数千人参观(《重新启钥后》，1923)。1923年，每月有数千人访问(《一年内》，1924)。

展厅全年展出被神化为救国法宝的数千件日常生活用品，这些都是普通用品。展厅把这些产品分成几个大类：制成品、染织品、化工产品、园艺用品、娱乐用品、食品和饮料以及医药制品。此外，展厅还展示少量艺术品、科学器械、打猎和放牧工具、水产品。展品总数在1922年大约有5,300种，到1936年增长至8,695种，这反映出国民经济在逐步提高(《本所各种陈列品》，1936)。

这些物品的展示实际上强调，它们的意义远远超过严格由交换价值定义的商品的意义。在整个工业化世界中，平板玻璃橱窗和展示柜的引入巧妙而决定性地改变了商品和消费者之间的关系。玻璃隔绝了嗅觉和触觉这两种感知，却给视觉更大的作用，平板玻璃橱窗的引入在中国有同样的效果。[60]把中国物品装在奇特的玻璃橱中，让它在优雅卫生的环境中展示，刺激性地为人们提供了接触物品的机会，又拉开了人与物品的距离(参见图5.5)。正如历史学者威廉·利奇(William Leach)指出的美国百货商店的“展示方式是人们对物品的拒斥与渴望的结合，这反而引起人们更强烈的渴望”(1993：63)。然而，在由国货运动所造就的民族化展览中，这种渴望不仅对于满足个人需求以及销售商品是有价值的，而且对帮助国家“救亡图存”也是有价值的(Xiang Kangyuan 1936；Tao Leqin 1936)。

上海展示厅——连同1915年修建的其他展厅一起——有助于为“展

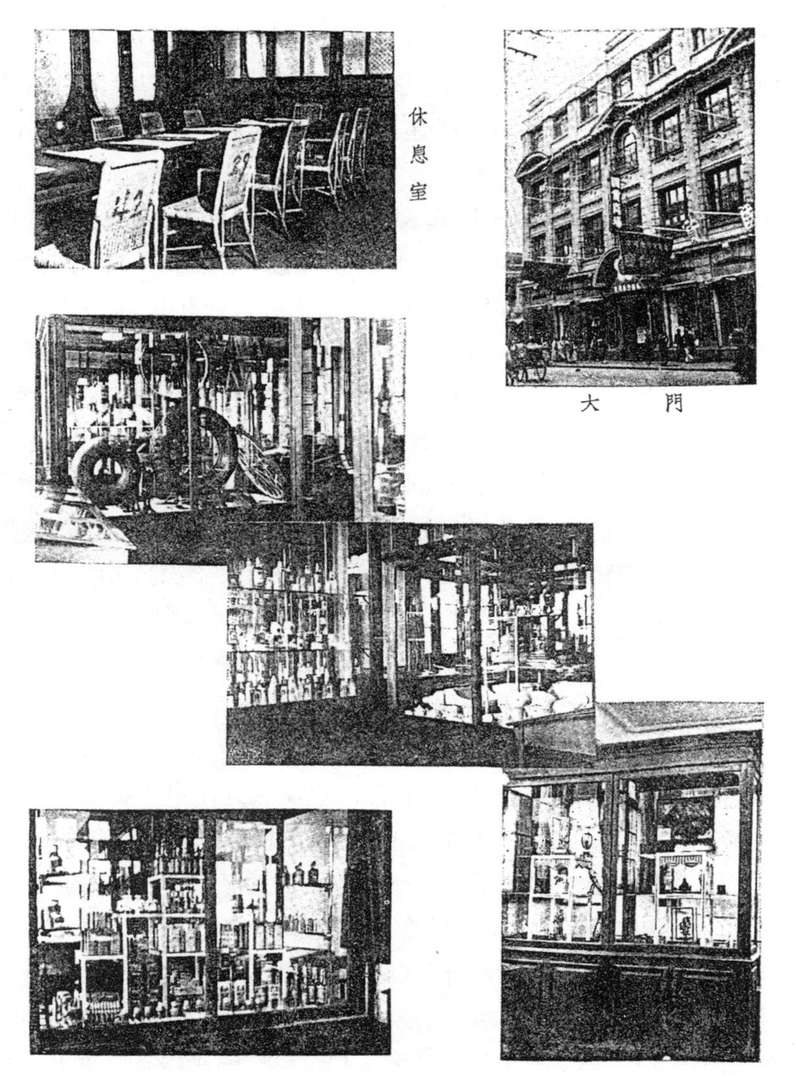

图 5.5　上海商业品展示厅(建于 1921 年)

(SSC 1936)

这些照片显示展厅的休息室(左上)、主入口(右上)以及国货展示橱窗。通过把洋货逐出建筑,只允许认证了的国货展出,把这些平凡的商品(包括汽车轮胎、自行车车轮、厨房用具以及罐装食品)放置在玻璃橱窗中,像这样的民族商品展览会帮助界定了在中国的消费的民族主义类别。

览综合体”建立一个初步的民族国家的基础,展厅为地区的、国家的以及国际的展览会提供有代表性的商品。上海展示厅修建于1921年,到1936年15周年纪念日时,协助17次国内展览会以及15次组织参加海外博览会的代表团收集商品。[61]例如,1929年,展厅为杭州西湖博览会提供了9,842件物品。[62]展厅自身也组织了5次较大的展览会,例如,1921年首次举办展览会,这次展览会是为展厅开幕举办的,后来为重要的中国工业产品——如丝绸、化工以及季节性商品举办了展览。[63]

甚至在1928年相对稳定的中央政府建立之前,一种能举办民族商品展览会的“展览综合体”已经形成。诸如上海展示厅这样的主要展示厅在组织类似的展示以及把民族主义消费观念扩展到其他城市的过程中起了直接作用。例如,1923年,为了在苏州建展示厅,诸如中华国货维持会这样的组织不仅提供如何修建展厅的信息,而且协助收集产品样品和宣传活动。[64]简而言之,展览会通过强化消费的民族主义分类,已经在中国的政治家、商业领导人、学生积极分子以及其他试图提倡中国民族主义的人群中享有广泛支持。这个基础为在随后十年间发展起来的更为复杂和更有组织的综合展示提供了牢固的基础。

国民党政府领导下的扩展

1928年,两次事件加速并扩展了国货运动以及它对民族商品展览会的利用:在国民党领导下建立了一个新的中央政府;国民党军队在山东省与日军作战后爆发了大规模的全国范围的抵制活动。反帝国主义的环境强化了认证国货的需要,并且刺激中国领导人答应大众通过认可国货运动来阻止舶来品涌入的要求。[65]

中央政府权力的恢复立刻对国货运动产生了影响。在政府富有活力的工商部孔祥熙部长的领导下,工商部通过把国货进行临时和永久的展示来给予民族主义消费以支持(ZDLDG 1991:745-758)。[66]实际上,组织工业展览会是工商部促进工业生产的更大努力的一部分。在其他努力中,工商部颁发了奖励和酬报中国制造商的法规,分发诸如砝码和直尺这样的工具以帮助标准化生产,并且对各种产业进行专门调查。与此同时,工商部起草了商标法,为政府接收破产工业建立法规,并且在商业港口设立质量管理局以阻止劣质产品出口。(关于这些努力,见 Tyau 1930:191-209。)

尽管孔祥熙领导的部门最积极,但其他政府机构也支持国货运动。例如,内政部发布具体建议来详细说明每个中国的社会和政府组织应该如何为国货运动做贡献。[67]这些建议提供了一份对国货运动术语和目标在政府和社会中传播方式的全面介绍。7 月,中央政府发布了一整套为 15 个不同的社会和政府团体确定具体责任来提倡国货的建议。[68]例如,国民党成员和学生团被要求组织团队到城镇和乡村进行关于购买国货意义的演讲。这些建议书也建议党员与商业出版进行联系,要求降低刊登国货广告的费用,以及使出版商尽可能使用国产新闻纸。他们的职责则是在其他事情之中,要求商会通过教育商人"除非必要,不要购买进口货"以及不批准销售舶来品的商人的商会成员资格,来"提高商人的道德"。内政部也指示公共安全局特别注意保护国货制造商以及国货店铺,并且允许他们在公众布告牌上免费张贴国货广告和运动标语。所有政府部门都被指示要求他们的每一种发行物中都要有一页内容是劝说消费国货。[69]

国货陈列馆:民族化的消费空间

在国货运动组织的合作下,新政府立即采取行动扩大"展览综合体"的其他核心元素。1927 年 10 月,工商部颁布了"国货陈列馆条例",条例要求每个省和城市修建一座"国货陈列馆"。尽管工商部缺乏强制执行条例的能力,但是这个提议被主动地广泛接受。(Lin Zhimao 1928)国货运动的主要城市——上海——很快建起了一座陈列馆,其他许多城市也群起效仿。单是在 1928 年一年,就有 12 个城市和省份建立了国货陈列馆,其中包括北平、浙江、山东、山西、福建、河北和江苏。南京国民政府成立两年后,大概有 21 座新建或重修的陈列馆。[70]甚至遥远的西北省份宁夏和西南省份贵州最终也建立了这样的陈列馆(Zhongguo bowuguan xiehui 1936:121-128, 161-162)。

中国的新首都南京建立了最为雄心勃勃的陈列馆之一。在进行了为期一周的鼓励市民坚持民族主义消费原则的活动后，1929 年 9 月下午[71]，首都国货陈列馆举行了开幕仪式。孔祥熙向超过 1,000 名的来自政府、国民党和工商界的代表发表讲话，把建设首都国货陈列馆称为发展工商业过程中的“第一步”。[72]这样的活动实际上是国货运动积极分子的一次全国集会，因为其他城市的组织派遣了代表来参加开幕典礼。例如，上海市民大会派遣了一个大型代表团。[73]第一年，有超过 7,000 件物品在广受欢迎的陈列馆中展示，并且接待了将近 100 万名参观者。[74]此外，像其他陈列馆一样，首都国货陈列馆也举办特定的展览。比如，1930 年春，展厅举办了长达一个月的中国绸缎展览会。像大多数这样的展览会一样，洋货不允许进入。(《国货陈列馆》，1930)陈列馆也设立了一个固定的国货市场，很快吸引了超过 50 家店铺承租(《工商部国货陈列馆寄售准行办法》，1929)。通过这些陈列馆和展览会，神化国货市场的观念逐渐得以付诸实施。[75]

湖南省省会长沙建立了一个令人印象更深刻的展览馆。湖南省经过了几年筹备之后，于 1931 年开始建造湖南国货陈列馆，地点是前清举办科举考试的地方(这是以商品消费表示身份的新的重要性的合适象征)的一座大型三层建筑。[76]该工程在 1934 年 1 月完工。湖南省最大的国货市场与一家电影院、三家旅馆和一家理发店一起占用第一层。第二层和第三层展览从全国主要城市收集而来的商品以及本省的特产。通过夏天打扇、冬天保温等措施，还在整座大楼播放音乐来增添节日气氛，组织者希望整年都能吸引消费者。这座大楼对于民族化经济而言是一座惹眼的要塞，它引起了当地日本人的注意，他们抱怨官方涉嫌禁止“日货”。日本方面的压力迫使陈列馆管理人使用范围更广的“洋货”一词来取代那种带有刺激性的词语(Dai 1996：420-421)。

上海市国货陈列馆的建立

对一家陈列馆予以细致考察可以揭示出这些机构是如何运作的。[77]1928 年 8 月，上海市国货陈列馆成为政府发起的国货陈列馆新网络中最早的陈列馆之一。与 1921 年上海商业总会建立的上海商业产品展示厅相比，在工商部指导下，当地政府社会局经营这座陈列馆。[78]在上海，如同其他城市一样，陈列馆有两个特殊目的：一般而言，提倡国货消费；更明确地说，调查产品的国籍以及展示已认证的国货产品。[79]因此，陈列馆代表了分隔国货以及展示国货这一宽泛过程中可见的全盛时期。为达到这些目标，陈列馆创造了民族化空间，并在这个过程中向新兴的民族主义展览综合体贡献了关键要素。[80]

陈列馆反映出上海对国货运动的重要性。根据陈列馆的第二任馆长董克仁所说，上海是“外国商业经济入侵中国的登陆点，因此，在上海提倡国货特别重要”（Dong 1930：3-4）。为了提倡国货，陈列馆领导和他的员工小心地调控参观者和展览物品之间的关系（《上海市国货陈列馆规程》，1930）。与民族化“展览综合体”的其他方面一样，陈列馆有严格的规章管理展览品。第一条规章限制只有中国公民和他们的国货有权进入。[81]

返回到我们前面提及的自本雅明而来的民族朝圣隐喻，陈列馆的管理者有意识地致力于为国货创造一个神圣空间——神迹的现代等同物。陈列馆对所有中国公民全天开放，但是严格规定个人仪表以及参观者与职员的行为举止。例如，禁止参观者吸烟、吐痰，也不允许“醉汉、神经病患者、衣着不合礼仪者、携带宠物或危险品者、无成年人陪伴的10岁以下儿童”或其他工作人员认为有妨害的人进入。参观者被要求在陈列馆中有秩序地行进，并不得高声喧哗或妨碍他人观看。[82]正如托马斯·理查德（Thomas Richards）对水晶宫展览会的评论所言，把商品用这种方式进行展览使人对于物品产生敬意，并且升华“商品到世俗交换行为之上”（1990：39）。

因为这些国货陈列馆是永久性机构，所以，它们成为信息和商品的经常性的传播基地。正如一家山东陈列馆档案中所证实的那样，全国越来越多的机构参与到商品交换中来，这样能使陈列馆的参观者看到本地区之外制造的已被认证的国货。[83]此外，这些国货的流通扩展到境外，其他国家的华侨社区经常性地参加到修建国货陈列馆或者展示厅的运动中来。关于国货使海外华人和中国之间的联系更为牢固的途径，有待进一步研究。[84]因而，这些陈列馆成为重要的集散地，在其中，即便不识字的中国人也能把这个国家当作他们想象的结果。

引人入胜的一周

国货展览会通常居于广泛的国货运动活动的中心。当地政府和国民党政府的许多合作尝试中的第一次是举办了1928年7月7—13日的国货运动周。国货运动周通过三方面主要活动，倡导民族主义消费类型，即公众娱乐、夏秋用品国货展览会、改良产品会议。这三方面活动大体对应了国货运动周宣称的三个目标：引导广泛民众支持国货运动，通过提高国货的知名度来开发国内市场，通过鼓励制造商互相合作来提高产品的质量和竞争力。[85]

政府采取了一系列令人印象深刻、经过仔细策划的活动来支持国货运动周：游行、晚会、集会、飞机散发传单，以及在城市各地张贴标语。上海商界和新政府都为国货运动周进行了精心准备，社会局打算把这作为年度系列活动的第一次。[86]在社会局的指挥下，几乎每个上海市政府的部门都参加了。一些上海最有实力的人物（包括许多国货制造商）组成了一个特别筹备委员会，这些人共同劝说著名人士和学者发表演说、撰写文章，他们敦促所有主要报纸在国货运动周期间刊登这些专门稿件，电影院和广播电台也同意宣传它们。在准备期间，上海为国货运动周打印了数万份官方标语，并且要求所有店铺在国货运动周期间悬挂国旗和张贴标语。组织者甚至要求所有商会成员在他们的（进口）汽车上挂一面“使用国货”的小旗。[87]

上海的头面人物都参加了展览会。1928年7月7日下午，在上海商务总会总部举行了开幕式。著名官员和实业家与会，包括市长张定璠（1891—1945）、公共安全部门领导、地方卫生局局长、市工业办公室领导。诸如总会、县市、地方商会等商会组织的成员也到了场。参与了三方面主要活动的准备工作的组织者极力劝说他们的成员参加。除了预计会热心参与活动的团体之外，每个可能参与活动的社会团体都被要求派代表参加，到会人数总共超过1,000人。（《上海国货运动周》，1928）

有关活动的每件事都强化了国货运动的中心宗旨。为举办活动，商会礼堂被装饰起来，写满运动口号的海报悬挂在整个大厅。在开幕致辞中，市长描述了他的有关社会全面参与到创造民族化经济的过程中来的计划蓝图:农业劳动者将生产国货,商人将只销售国货,中国消费者将"全心全意"使用国货,政府通过不断提倡国货来维持这种循环。另一位发言者提醒每个人说,国货运动周的活动将不仅成为广告,不会成为过眼烟云般的事情。正如社会局长所解释的,组织者希望国货运动周将"通过使人们对国货击节叫好,来改变人们的心理"。[88]

国民党和政府资源的介入使得许多国货运动事件政治化,包括国货运动周。例如,在开幕式上,一位国民党代表试图对该党极尽赞美之能事。他提醒聚集在这里的人说,这种活动在几年前国民党重新统一中国之前的军阀混战时期,根本不可能举办。和其他国货运动支持者一样,他主张中国三个主要社会目标取决于国货运动的成功:"第一,如果中国想要在国际上经济独立,她必须提倡国货;第二,如果中国想要富强,她的公民必须激励工业发展;第三,如果中国人想要自由和平等,那么每一个人必须珍爱国货,使用国货。"他预言在新的国民党政府和国民党的领导下,这些长久渴望的目标将会成为现实。[89]

在几小时的演讲之后,上海市市长带领每个人高呼国货运动周的十条官方口号来结束开幕式[90]:

1. 国货运动是一场民族救亡运动!
2. 中国人应该拒绝洋货!
3. 提倡国货是所有市民的责任!
4. 为抵制外国经济入侵,我们必须提倡国货!
5. 为激励国货,我们必须持久和真正准备起来!
6. 工人必须积极改良国货、促进生产!
7. 商人必须积极销售国货!
8. 大众必须积极购买国货!
9. 国货制造者和商人万岁!
10. 上海国货运动万岁!

新闻媒体把运动周的信息传达给那些没有到会的人们,报纸刊登了演讲的摘要,一家电影公司还拍摄了许多活动。[91]此外,一家中国唱片公司录制并散发了市长张定璠和社会局领导人潘公展的演讲。[92]因为唱片针对的是居住在海外的华裔人群，因而也包括了演讲的英文翻译，这样不懂汉语的人也能听懂演讲。市长告诉听众，提倡国货需要坚持一个简单的原则："如果某类产品没有国货，就迅速模仿；如果产品已有国货，就迅速改进。"潘公展的演讲是解释国货运动周和国货运动雄心勃勃的目标：在整个中国激励民族主义消费，"从上海到每个省份、每个县城、每个城镇以及每个村庄，直到整个国家没有一个地方不努力提倡国货"。[93]

国货运动周的组织者使用许多方法吸引人们的注意，经常通过在展览会中进行公开展示来传播国货运动的信息。参加人数最多的活动之一是国货运动周的第二天早上，中国电影公司的电影明星和工作人员组织了一次官方的国货运动周游行。大约有 30 家工商企业参加，聚集了近 50 辆彩车。游行队伍行进在广阔道路上，穿越了城市的两个地区。[94]因为这次活动被认为不含政治因素，国际公共租界当局允许游行队伍穿越租界。(《国货运动周》,1928)参加游行的人沿路分发宣传国货运动周的传单给路旁超过十万的人群。根据当地一家报纸的报道，这是当时上海最盛大的游行。[95]

国货运动周的主要活动是在商会展厅举办的夏秋用品国货展览会。尽管是由商会承办此次活动，但是，有许多政府和国货运动组织协助筹办，包括中华国货维持会和上海机制国货工厂联合会，总共大约 60 家工业企业在展厅二楼展示它们生产的国货。[96]国货运动周的第二天下午，将近 500 人参加了展览会单独的开幕式，这个开幕式主要是数小时的有关提倡国货重要性的仪式性演讲。开幕式之后，市长和其他官员参观了展厅。除了这些尊贵客人之外，有超过 25,000 人参观了这个完全是"中华民族的"展览。[97]

因为中国还没有能力对抗帝国主义列强，以及把他们的商品从国内市场驱逐出去，这些展览会所展示的也许可以称为"反帝主义替代品"，其中展览的是对民族化市场的渴望的缩影，管理参加者的严格规章反映了这个梦想。展览会规章的第一条明确了只展览纯国货的目的："本展会目的为提倡国货，如非国货，将不允进入展会参加竞赛。另，展会一旦发现赝品[即非国货]，将立予驱除，予以没收。"[98]展览会还设立了很多类似规章确保只展示国货,如要求展出者提交一份签名保证书,保证他们的产品是纯国货,并同意不展示或者销售任何其他人的产品。同样严格的规章也用于展览会的其他方面,例如,参展商的所有广告必须通过展览会组织者的审批。

国货运动周期间,组织者继续使用各种方法来刺激民众对展览会的兴趣。展览会的参观人数与日俱增,例如,组织者在第三天发放了数千个免费样品。〔99〕到了国货运动周中期,参观者人数众多,以至于组织者决定延长开放时间。〔100〕为扩大展览会的影响力,社会局也准备了一份参展商品的国货样本目录。〔101〕在该活动后的数月,商业产品展示厅编辑并印刷了一本国货运动周纪念刊,分发给政府机构和中国各地的社会组织。〔102〕

到这时,除了展示产品之外,诸如此类的展览会通常为销售已被认证的国货开辟了空间。举办这些展览交易市场有两个目的:第一,就如展览会本身一样,它们是民族化市场的缩小形式。第二,它们通过给中国消费者提供现场购买国货的机会来赚钱。为了促使民族主义情绪转化成消费欲望,商会展厅安排了大约 70 家公司出售商品。这些物品包括大众消费品,特别是装饰品、化妆品、食品、烹饪调味品、医药制品、麦秆编织品和儿童玩具。销售十分红火。〔103〕展览会仅 7 天就赚了估计100,000美元,这是直到那时为止利润最大的国货销售活动。〔104〕展览交易市场的成功和有效使得许多政府官员和商界领袖确信需要建立永久市场,用来专门销售国货。

在其他城市举办的展览会为民族展览综合体的传播提供了另外的证据。8 月初,在上海国货运动周结束后不久,国民党政府的首都南京举办了“首都国货流动展览会”,从某些方面而言,是上海国货运动周的延续,它严重倚赖来自上海的国货运动组织的支持。强大的上海机制国货工厂联合会所有成员都送了产品参展。〔105〕正如其他展览会一样,这次展览会也设立了一个临时交易所,出售八十多家公司已被认证的国货产品。尽管天气炎热,但活动很受欢迎。第一天有 3,000 余人参观。为了宣传活动,组织者在城市各地张贴印有国货运动口号的宣传画,租用广播车漫游于南京街道进行宣传活动。〔106〕最重要的是,这次展览会收集的产品奠定了次年在南京开幕的永久的国货陈列馆的基础。在随后十年间,该陈列馆成为南京许多国货运动活动的总部。[107]

在中国人能进行“民族主义消费”以前，他们必须学会把商品形象化为两种类别——国货和洋货——中的一种，也必须熟悉民族主义视觉形象。在20世纪前三十年时间内，一个由陈列馆、展览会、广告、商店和交易所组成的民族化产品的展览综合体逐渐形成，并构成了国货运动的制度核心。这种综合体的发展使得商品展览会转化为能够执行国货运动民族主义消费目标的活动——也就是说，给商品赋予了民族性，因此建立起劝说甚至强迫中国人进行民族主义消费的基础。通过这些精心组合的展览会，展览综合体帮助产生并内化为个人消费的民族主义类型，也即购买国货的要求。结果，由价格、质量，特别是时尚——这些20世纪最神秘费解的象征品——所传达的物质文明的最基本或者说最主要的意义遭受了挑战。由国货运动所创造和传达的反帝怒火和民族主义自尊，还包括利益和政治宣传，不允许把商品简单阐释为像无国籍商品那样以纯粹的交换价值进行流通的商品。

中国的国内制造商和消费者这些国货运动的最初支持者，欢迎民族主义商品展览会的快速发展，这种发展由于国家中央政权的重建而变为可能。正如新政府的主席蒋介石在1928年盛大的中华国货展览会的公开演讲中所指出的，如果国家没有成功地重新统一，那么举办这样一次庞大、复杂的活动将是不可想象的（GSB 1929，2：8a-10a；《申报》1928年11月2日）。新的领导人不仅帮助筹款和组织民族商品展览会，而且通过政府支持的抵制活动，以及通过诸如关税这样更为惯常的方式，变得越来越愿意和能够实施民族主义消费。因此，在鼓励乃至强迫国家中个人消费民族主义化的国货运动的各种尝试，也即那些包括社会压力、导向性的展览会以及持续的抵制活动方面，国家力量都给予了相当的帮助。

但是，也正如蒋介石已经在演讲中暗示的，政府的支持是以经济为国家服务为前提的，而不是相反。中国商业界——作为一场更宽泛的社会运动的一部分——已经把它的身份与民族国家牢牢地绑在了一起。但是，这种同一性是有代价的。当产品变成“民族的”时候，他们瓦解了那种利润应该留为私有的前提，中国资本家不断地失去他们对企业的控制权和所有权(参见 Bergère 1986 和 Coble 1980)。此外,他们通过发动并参与到国货运动中,无意识地为他们自己的毁灭提供了工具。私营资本本身在更为传统的意义上说则是越来越“民族化”。在 20 世纪 20 年代后期和 30 年代早期,政府从收税和敲诈勒索转变为完全征用。形势紧迫的抗日战争以及与共产党的持续内战加速了国民党政权的剥削。〔108〕

注 释

〔1〕《游子》,《机联会刊》92 期(1934 年 4 月 1 日):63—64。这本杂志由 20 世纪二三十年代最重要的国货运动组织之一——上海机制国货工厂联合会出版,全国发行,登载了许多这样的故事。

〔2〕具有讽刺意义的是,在华的法国商人和制造商 1923 年在天津举办了他们自己的展览会,不经意间宣传了“民族商品”的观念和商品展览会。根据在天津的美国领事的说法,此次展览会“是为展示法国产品或由法国管理在中国生产的商品这个特殊目的组织的,其他国家或任何种类的中国本土商品禁止在展览会上展出”。值得注意的是,与中国对“国货”的分类一致(参见第四章),法国也认为法国公司在中国制造的产品是“法国的”而非“中国的”(见“天津的法国博览会[天津]”,天津副领事沃达特[Woodard]递交美国国务国务卿的报告,1924 年 1 月 1 日,CRDS 文件 893. 607e:2,20。关于早期美国的努力,参见 Dollar 1912: 70-71)。

〔3〕我这里的讨论和在人类学中的趋势相类似,从只是吟唱文化变迁和丧失的挽歌,到转而寻求各种因地制宜和地方性组织的新形式(参见 D. Miller 1995a)。

〔4〕关于一种商品展览会类型的当代范例——百货商店——在消费者中反复灌输民族性的作用,参见 Creighton 1991。

〔5〕很自然地,对中国化的展览会施加的巨大社会压力也给企业本身带来了巨大压力,因为它们比其他任何展览会都更想把自己的公共形象描绘为爱国的。这种被视为对外国的或具有外国元素的中国物品进行净化的努力存在于中国人生活的其他领域。例如,在国货运动的整个时期,特别是 20 世纪 20 年代,反基督教运动把教会学院和大学描绘为“西方帝国主义用来巩固和维持他们对中国统治的工具”(Lian 1997: 152)。尽管一些参与者想要把基督教驱除出中国,但其他许多参与者只是想由中国人控制传教机构,成为“教育主权收复运动”的一部分,用现代术语来说,是使基督教“本土化”或“中国化”(中国本色教会,即中国化的基督教会)。关于这些术语的使用和翻译,参见 J. Chao

1986：4-7。关于反基督教运动的简要概述，尤其1927年早期的北伐期间的情形，参见P. Wang 1996：293-295 和 J. Chao 1986：188-192。

〔6〕 关于对几个展览会机构的研究，可参见Harris 1978。关于博览会和商店之间的关系，参见Lewis 1983。Bennett 1995 探讨了涉及其他机构的陈列馆。

〔7〕 当然，许多其他展示也有相似的功能。例如，关于许多国货的时尚展示，参见第七章。

〔8〕 有关文章和主要资料，参见潘君祥1996c。所涉及的少量内容几乎专门讨论1910年南京展览会。

〔9〕 四家最出名的上海百货商店以“四大公司”的称号广为人知。它们位于南京路或者南京路右侧，是“上海的货物橱窗”，这四大公司是：先施公司，成立于1917年；永安公司，1918年开业；新新公司，建于1926年；大新公司，成立于1936年。关于它们的概述，参见Huebner 1988：222-225。

〔10〕 这是对百货商店最为全面的介绍，包括了上海国货公司，也参见Yang Tianliang 1991b。

〔11〕 关于江苏商店，参见：“丹阳设立国货公司”，XWB 1919. 9. 15；“常州吴济儒等开设国货公司”，XWB 1919. 9. 20；“镇江商人组织国货公司”，《申报》1919年9月30日；“溧阳县商界创设国货公司”，XWB 1919. 11. 9。所有文章都重刊于ZDLDG 1992：264-265。关于南京这样一家商店“取得相当成功”，参见Jordon to Curson，F. O. 405/226/72（1919. 7. 7）。

〔12〕 《清华学生宣布抵制》，《北华捷报》（*North China Star*）1919年5月11日，见“Zai Shi gaijin hai Nichi sendō no ken”。

〔13〕 例如可参见《内地设立国货商店之关键》（1925）。

〔14〕 一个重要例子是出现了专门纪念“九·一八事变”周年的商场，从1932年9月18日的一周年纪念日开始，每年国货运动团体都建立一个这样的商场。关于研究“九·一八事变”越来越突出的重要性的简史，参见《九一八与久长国货商场》（1934）。关于国货运动中上海百货商店之间的合作，参见SMA中一份未编目的新闻剪报。

〔15〕 关于一份这样的目录，参见《中国国货公司货名汇录》（1934）。同样地，一家天津国货商店销售的国货数量从1913年的300件增长到1926年的8000件（Rinbara 1983：28）。

〔16〕 关于商店分部的图片和简要描述，参见SMA Q0-13-226：“上海中国国货公司”，以及《中国国货联合营业公司》（1927）。该公司是共同生产和销售中国产品的早期努力的成果。该组织两个最重要的前身是“国货产销合作协会”

和既批发又零售的"中国国货公司介绍所"。国货运动出版了关于这些组织的信息,包括它们在 1930 年代的组织章程,参见《国货半月刊》7 (1934 年 3 月 15 日): 26—28。关于第一位总经理、中国化工行业创始人方液仙的简史,参见 Ma Bingrong 1996b: 107-108。

〔17〕 国货运动出版物和中国报纸常常刊登有关这些商店的故事,例如,参见"筹设各地国货公司之我见"(1934),该文描述了这些公司在提供国货的可靠零售来源方面的作用。到 1934 年中期有 24 家公司。

〔18〕 关于民国时期的广告发展的综述,参见 Zhen 1997: 36-66 和 Li Shaobing 1994: 205-221。关于英美烟草公司在引入广告新形式过程中所起的至关重要的作用,参见 Cochran 1999a。关于日历,参见 Dal Lago 2000。关于研究美国积极涉足中国近代广告业发展的论文集,参见 Crow 1937。

〔19〕 关于国货运动参与者使用的各种类型的广告,见《国货研究月刊》1 卷 4 期(1932 年 9 月): 35—50。关于报纸和杂志的广告,广告牌、日历、香烟收集者的烟盒广告,以及印刷或张贴的其他形式的广告范例,见 Yi Bin 1995。香烟收集者的烟盒既使用了中国经典故事,也用上了诸如汽车、飞机、火车这样的近代机器,来刺激人们的兴趣和促进销售。关于带有插图的概述,见 Feng Yiyou 1996。

〔20〕 《国货与广告》(1934)。关于广告符号学的介绍,对于我的解释中把社会观念赋予商品之上的理解至关重要,见 Williamson 1995 和 Jhally 1990。至于近来利用广告提高国货意识的分析,见 R. J. Foster 1995b。福斯特(Foster)的文章指出甚至在广告自身的产生过程中,民族内容占有重要地位,根据 1985 年美拉尼西亚(Melanesia)的一部刑法,广告必须由地方机构和才俊来制作。

〔21〕 同样,国货运动促使广告成为一种反抗进口货优势的方式,例如,见《国货广告与播音》(1934)。

〔22〕 中国的广告也融入了民国有影响的符号,包括国旗和孙中山的图像,有时候甚至在同一幅广告中带有国货运动的标志。关于民族象征的变迁,见 H. Harrison 2000: 182-184。

〔23〕 协会在"通告各国货工厂"(1937)中解释了这些"联合广告"的目的。这些广告 1929 年开始在《申报》刊登。

〔24〕 关于这种以及类似的措施,参见 ZGZZW 1929b, pt. VII: 52-53。关于为上海所订的特殊规章,见《沪市国货广告免税办法》(1930)。

〔25〕 例如,参见《英国广告标志的毁坏》(南京,1925 年 6 月 6 日), CRDS File 893. 6385: 2-3;"长沙国耻日之所见"(长沙, 1925 年 5 月 16 日), CRDS File 893.

6273：2。

〔26〕 在汉口的商业中心，这些商品“不是单价高昂的奢侈品，而是像诸如大米、其他五谷、菜油、大豆和原棉这样的价格低廉、散装的商品，以及少许稍微有些贵的茶叶、盐、木材”（Rowe 1984：60）。一体化整合的水平依地区和商品不同而有区别。关于清代中国十大“商帮”的差异的介绍，见 Naquin and Rawski 1987：138-216。

〔27〕 甚至中国最工业化和商业化的省份江苏一直到 20 世纪都还保有乡镇集市（NII 1935：49）。

〔28〕 关于这些活动中礼仪器具的一般描述和例子，见 Naquin and Rawski 1987：83-88。

〔29〕 这些节日包括春节、元宵节、清明节、端午节、中秋节，以及少量其他节日。

〔30〕 根据 Hamilton 和 Lai（1989：258）的研究，有品牌的物品包括“棉布、衣物、瓷器、靴子、茶叶、酒、药剂和草药、剪刀、针、铜锁、铜镜、金银条、发饰、珠宝、玉器、毛笔、宣纸、墨、砚、漆器、书本以及银行票据”。关于鸦片战争前中国广告的形式，见 Zhen 1997：9-35。

〔31〕 关于在晚明以及清初（1500—1800）由于地位攀比而使用的物质的情况，见 Clunas 1991。

〔32〕 正如同乡联系一样，全国联系也没有取代地方联系。

〔33〕 在使用美国术语“交易会”（fair）、英国术语“展览会”（exhibition）以及法国术语“博览会”（exposition）的时候，我遵从芬德林（Findling 1990：xviii）的范例，交替使用这几个词。

〔34〕 关于这种解释的例子，见 Greenhalgh 1988。更明确的是，Robert Rydell（1984）以及其他研究者强调它们在使被殖民地顺服以及使扩张占据的新领地合法化方面的角色。日本运用世界博览会把它自身和中国区别开来，以便这两个国家被帝国主义列强区别对待（Schwantes 1974：161）。

〔35〕 关于在水晶宫博览会之前，在英国举办博览会的观念的传播，见 Kusamitsu 1980。与此相反的是，Mitchell（1988：5-6）把全景展示（panoramas）看作是世界博览会的前身。

〔36〕 慕尼黑（1818）、斯德哥尔摩（1823）、都柏林（1826）、马德里（1827）、纽约（1828）、莫斯科（1829）和布鲁塞尔（1830）是几个追随法国举办民族展览会的范例而举办展览会的少数几个地方。至于更完全的名单，见 Mandell 1967。

〔37〕 吉布斯-史密斯（Gibbs-Smith 1981：56）的著作包括一张插图：“从天朝大国来的伟大展览”。一个当时的观察者对其发表的评论让人不禁想起五十年前乾

隆皇帝对送给他的英国货评论(见第一章)说“天朝无所不有”,因为他们的(指英国)货物全都非常老式或简单。不清楚谁负责中国展厅,但是,最有可能是英国商人组织的。

〔38〕 另外,中国送展品到专业展览会去,像1884年伦敦的国际健康博览会。中国也出席了在亚洲举办的博览会,例如大阪(1903)与河内(1902—1903)的博览会。在美国,中国在1876年费城的百年博览会和1904年的路易斯安娜国际交易博览会上有展厅。中国也遣送大规模的代表团和精心准备的展品参加1915年在旧金山举办的巴拿马太平洋国际博览会。关于中国19世纪末参加在美国举办的世界博览会的简述,见 Rydell 1984: 29-32, 49-52, 95-97, 202-203, 228-229。关于1884年伦敦国际健康博览会上中国展品的描述,参见中国海关报告13号;关于送至1884—1885年新奥尔良博览会的中国产品目录,见中国海关报告14号。

〔39〕 第一份这样的报告也许来自一位年轻的海关官员李贵,他记录了费城百年博览会(1876)的情况。他在诸如《申报》和《万国公报》这样的中国主流报刊上发表文章,并出版了一本关于他这次旅行的书籍《环游地球新录》(1877)。关于李贵和他的展览会印象,参见 Yu Ningping 1999: 24-57。其他许多人也出版了类似报告,例如,19世纪末清代改革家马建忠在一封给著名官员李鸿章的信件中,描述了他参观1878年巴黎博览会的经历。他指出中国陈列品让人汗颜,“甚至赶不上岛国日本的水平”。他建议中国人应该更加关注展览,不要把他们的展览委托给在海关工作的外国人。见《关于海外研究致李鸿章》(1878),Bailey 1998:42-44 有英文译本。

〔40〕 这其中包括1907年天津促进工业展览会、1909年武汉工业展览会、1909年松江产品展览会以及1910年北京产品展览会。1907—1929年间举办的31场展览会的一份完全的名录,见 C. Y. W. Meng《工业中国的“觉醒”》124页,其中,1919年直隶工业展览会被错误地列在1909年。关于早期的工业展览会和典型工厂,见 Xu Dingxin 和 Qian Xiaoming 1991: 100-107;在天津和直隶举办的展览会,见 MacKinnon 1980: 163-79。根据麦克金农(MacKinnon)的看法,该地区的首届展览会举办于1904年,此后中国产品的免税市场接踵而来。

〔41〕 例如,直隶省举办了辛亥革命爆发十一周年纪念日(1922年10月10日)。参见《直隶工业博览会》,天津领事递交给美国国务卿的报告,1922.7.31, CRDS Files 893.607c。

〔42〕 根据中华国货维持会的记录,中华国货维持会寄送物品给在北京(1915)、上海(1921)、福州(1921)、南京(1925)、开封(1928)举办的展览会,并给几个展

览会命名。1912—1931 年间,中华国货维持会扮演积极角色的展览会的完整名单,见 ZGWH 1932:“Huiwu jilu”section,1-33。中华国货维持会的分部在诸如苏州这样的城市组织地方展览会的过程中,起到了核心作用,见 SZMA File 1324:6-13。他们也被鼓励参与到诸如重庆这样的城市举办的展览会中(SZMA File 1324:104)。中华国货维持会送交产品给马尼拉(1914)、美国(1915)、新加坡(1922)、智利和阿根廷(1928)举办的主要展览会。

〔43〕 例如,为纪念 1925 年“五卅惨案”两周年,上海沪江大学举行了“五卅国货展览会”。在抵制期间,许多展览会设立永久性的中国产品陈列馆。例如,福州国货陈列馆是由 1919 年抵制活动期间由学生和商人组织的展览会发展而来的,到 1920 年代中期,福州国货陈列馆每天大约有 200 名访问者(《永久的工商展览会,中国福州》,福州领事给美国国务卿的报告,1924. 4. 28, CRDS File 893. 607L)。

〔44〕 曹慕管(Cao Muguan)的著作包含了一份由上海主要的组织者之一组织的流动展览会的简史(偶有不精确之处)。50 到 80 家地方公司参与了这些展览会,一季至少一次。1929 年,国民党政府举办了流动国货展览会,以此作为国民党促进国货收集和国货展示循环的努力的基础部分(ZGZZW 1929b, pt. VII:48)。

〔45〕 好像是请求保护神一样,展览会组织者经常在他们的印刷品中反复刊登政府有关展览会的指令和规章,来证明他们的活动是正当的,并且鼓励其他人效仿。例如,此次以及相关政府命令被再刊于《国货之音》。关于国货运动在国民党经济计划中位置的综述,参见 Guo Feiping 1994:60。

〔46〕 在 1930 年代早期,国货运动提及的在全国范围内几乎每周举办一到两场展览会的新闻摘要刊登在《申报》上。

〔47〕 “南洋劝业会”的英译 South Seas Exhibition 同样广为人知,它被认为是整个东亚地区唯一具有足够的国际性的展览会,而为 1970 年大阪展览会之前的一本关于世界展览会的书所收录(Findling 1990:212-213)。连同稍后的国货展览会,这次展览会代表了整个中国举办的省级展览会的顶峰(《南京副领事给美国国务卿的报告》,1910. 2. 23, CRDS Files 893. 607A)。

〔48〕 在西欧和美国之外,其他国家也采取了这种战略。例如,与此同时,墨西哥也试图运用世界博览会来证明其近代姿态和国家潜力(Tenorio-Trillo 1996:8-11)。在这个意义上,南洋博览会取得了一定的成功。关于外国新闻报道的例子,见《南洋博览会:中国首次大规模国家级展览》, *FER* 1910. 4:503-507。

〔49〕 Findling 1990:212-213“南京博览会”,《北华捷报》1910 年 2 月 22 日,重刊于

CRDS File 893.607：1。这个文件包含了许多新闻剪报以及一位领事关于博览会的报告。

〔50〕 *NCH* 1910. 9. 30：801-802;《中国的首次世界博览会》,《美国评论回顾》(*American Review of Reviews*) June 1910：691-693；Godley 1978：509，517，521。

〔51〕 这篇文章包括1915年6月10日向总统递交的关于设立委员会的请愿书的译文。

〔52〕 实际上,给外国展厅所起的名字反映了这个目的。正如下一章将讨论的,在1929年杭州西湖博览会上,悬挂于大楼上的英文标志写着“外国展品”(foreign exhibits),而中文则是“参考陈列所”。

〔53〕 这样的展览会直接导致了新产业的创立。例如,山东的饰带产品展示启发了北京企业家,他们先是售卖这些产品,而后自己制造(Dingle and Pratt 1921：Report 116号)。

〔54〕 《中华国货维持会组织全国国货展览会参观团宣言书及章程》(1915)。

〔55〕 因为该刊物向29个省市以及在新加坡这种地方的海外中国人分发,它成为早期一个重要的传播国货运动议程的媒介,尤其是传播组织民族化展览的想法。对此的介绍,见Chen Zhengshu 1987 。

〔56〕 在Du 1991中可以找到大量资料证明这个时期国内工业的发展。工业自治程度还相对有限,因为西方商业利益撤离而产生的真空,被日本人积极地填充起来。据有人估计,1914—1919年间,日本公司的数量从955家上升到4,878家。(Remer 1933. a：421，451)

〔57〕 然而,建立这样一个大厅的想法早在1902年就已被提出来(Xu Dingxin and Qian Xiaoming 1991：263)。

〔58〕 SSC 1936是大厅创立十五周年纪念日所出的一本纪念册,包含了各种不同类型的文件:一份组织图、成员名单、不同类型的产品展示和大厅其他活动的图表、著名政府官员和商界成员的评论、官方信件的复件、组织章程、大厅著名领袖的照片、展品以及会议记录。此收藏品无页码。

〔59〕 这些地区和参与者数量的完整名录,见“本所历次举办展览会之经过”(1936)。

〔60〕 关于20世纪20年代沿街铺面玻璃橱窗的引入,见Zhen 1997:49。至于这个时期一个中国小镇中引入平板玻璃橱窗而引发的戏剧性影响的例子,见Thomas 1931：147-149。托马斯(Thomas)写道,整个镇上的人晚上起床来看这个明亮的橱窗,该镇许多其他店铺迅速效仿。

〔61〕 完整的名单,见“本所历年举行展览会及代赈出品一览”,SSC 1936 。

〔62〕 “历次代赈出品数量比较面”,见 SSC 1936 。展厅也组织代表团参加了 1921 年和 1923 年在纽约举办的国际丝绸博览会。展厅承担的大量准备活动的详尽档案在上海总商会 1923 : pt . II。

〔63〕 关于这些展览会的全部报告,包括照片,见上海总商会 1924。

〔64〕 SZMA Files 589: 20-41, 70-72。此外,中华国货维持会继续在创办这样的国货展览会中扮演活跃角色。例如,关于中华国货维持会在江苏吴县展览会中的作用,见 SZMA File 1349: 1-9, 12-17, 57-94。

〔65〕 许多类型的证据证实国货运动的活动水平在提高。例如,工商业产品(厂家)因为害怕被认为是洋货,而寻求成为这些组织的成员以及争取国货真实性证明书。

〔66〕 在 1928 年出版的小册子《国货运动》中,该部也刊印了这些建议。该部正式成立于 1928 年 3 月,北伐胜利后,北京政府的农业部和商业部与工业部合并。1931 年,该部合并农业部和矿业部,组成工业部。1931 年孔祥熙从该部辞职,但随后成为财政部长。当然,其他部门也参与并进一步努力收集和提倡国货。关于这方面的综述,见 ZGZZW 1929b:pt. VII。

〔67〕 副本以“富裕:内政部长提倡国货之具体办法”(1928)的题目出版。1928 年夏季,国民党政府有关这个问题的几封通信被重刊于 ZDLDG 1991: 737-739。

〔68〕 这其中包括了国民党、商会、工会、学生组织、妇女组织、内政部、财政部、工商部、农业矿业部、交通部、大学院校、军队以及其他。关于由国民党政府提出的“党国一体”(state corporatist)社会管理方式的资料,参见 Fewsmith 1985: 159-166 。

〔69〕 1928—1929 年间,与这些指导方针一致的是,许多地方和省政府机关以及国货运动组织出版了类似的建议书。国民党出版了许多国货运动指南,包括 ZGZZW 1929a 和 1929b 。

〔70〕 至于完整的名单,见 Dong 1930: 2-3。这些机构有时是由早期形态发展而来的,例如,1928 年末,河北省政府的工商厅改造天津商品陈列所,并更名为河北省国货陈列馆,以回应该部门的命令。上海制造商也计划派遣团队以协助改编组织,见 Hu Guangming et al. 1994: 1511-1512。有关这个陈列馆的其他信息,包括获奖产品名单,同上:1512-1524。

〔71〕 《工商部国货陈列馆展期开幕》,《工商部半月刊》1 卷 7 期(1929 年 4 月): 1;《工商部国货陈列馆开幕》,《工商半月刊》1 卷 17 期(1929 年 8 月): 1;“国史馆”Presidential archives 267: 1663-1677 。

〔72〕《工商部国货陈列馆开幕》,《商业杂志》4 卷 9 期(1929 年 9 月):2。讨论新陈列馆重要性的论文集,见 Kong xiangxi 1929。

〔73〕至于代表团的相片,见《商业杂志》5 卷 3 期(1930 年 3 月):封面内页;《国货工商代表大会参加工商部国货陈列馆开幕纪念国展会》,《申报》1929 年 8 月 14 日:13。

〔74〕《国货馆举行纪念会》,《工商半月刊》2 卷 18 期(1930 年 9 月):2;"序言",Shiyebu,Guohuo chenlieguan 1931:1-8。

〔75〕国货运动中一名活跃的参与者宣称:在陈列馆销售国货(通过产品的扩展)对于创建一个生机勃勃和日新月异的陈列馆环境是必要的。见天虚我生(陈蝶仙的笔名)《贡献与国货陈列馆》,《机联会刊》105 期(1934 年 10 月 15 日):3—5 。

〔76〕同样地,南京使用了从前的考场来举办 1921 年江苏工业博览会。这次博览会成为南京第一个永久的工业陈列馆的基础,见《江苏工业博览会》,南京领事给美国国务卿的报告,1921. 2. 9, CRDS File 893. 607B: 1。

〔77〕陈列馆以及其他国货运动机构经常出版并传播详细的报告以及他们的章程和官方通信的复印件,这也许可以说明在这些机构中章程和活动的相似性。

〔78〕这个陈列馆不是全新的,它由上海市政府在 1928 年 8 月设立,以农业、工业和商业局的工业产品博览会场所为基础。克里斯蒂安 · 亨瑞特(Christian Henriot)特别将上海社会局以及该局局长潘公展视为非常活跃的市政府内特别有效率的机构和领导人(1993:211-218)。

〔79〕《整理经过及计划》,见 SSGC 1933:"Guanwu"section,9-10。

〔80〕调查和证明为"国货"的程序是展览综合体演进中的关键内容,在第四章已详细讨论。

〔81〕《上海市国货陈列馆征集储品规则》(1930)。整个过程目标清楚,规则被重印在许多地方,如《工商半月刊》1 卷 8 期(1929 年 4 月):19—20,同见《上海市国货陈列馆审查出品规则》(1930)。类似规则也适用于陈列馆中销售的产品(《上海市国货陈列馆售品规则》,1930)。这些规则也运用于其他城市的陈列馆(《工商部国货陈列馆寄售暂行办法》,1929)。

〔82〕《上海市国货陈列馆参观规则》,见 SSGC 1933:"Guanwu"section,3-4 以及 SSGC 1930: 136-137。

〔83〕例如,1935 年的博览会,陈列馆展示了来自上海陈列所以及其他城市的产品。关于来自其他陈列馆展品的完整名录,见"一年来例行工作",Shandong sheng guohuo chenlieguan 1936。

〔84〕 上海、苏州以及其他主要城市定期接到地方产品信息的需求,例如,1928 年冬,江苏省政府转寄了一封来自泰国的中国产品展览会的信件给上海商务总会。信中说明了陈列馆试图帮助国货市场走向许多中国人居住的海外社区,这些海外华人想要通过消费国货表达对“祖国”的关心(《暹罗华货陈列馆征集国货》,1928)。

〔85〕 许多资料列出了这三个目标,如《国货运动大会讨论改良品质会议记》(1928)。关于一位外国观察者的看法,见《中国,上海国货展览会》,上海领事休斯顿致美国国务卿报告,1928. 7. 26, CRDS File 893. 607。

〔86〕 关于这些和其他的准备活动,见《国货运动大会条例》,《申报》1928 年 6 月 29 日: 14。

〔87〕 《国货运动大会》,《申报》1928 年 7 月 5 日: 13。

〔88〕 关于开幕式的描述、讲话的摘录以及照片,见《大会开幕情形》,《申报》1928 年 7 月 8 日: 13。

〔89〕 同上。

〔90〕 同上:14。

〔91〕 《国货宣传影片》,《申报》1928 年 7 月 9 日: 14。

〔92〕 讲话摘要刊登于《国货话篇首映讲词》,《申报》1928 年 7 月 8 日: 14。

〔93〕 关于所有三次演讲的稿件,见《国货话篇演讲词》,《申报》1928 年 7 月 11 日: 14。

〔94〕 南市和北市的游行路线预先被刊登出来了(见《申报》1928 年 7 月 7 日: 14)。

〔95〕 《昨日南北市汽车大游行》,《申报》1928 年 7 月 9 日: 13。这篇文章中有参与公司的完整名单以及游行的几张照片。小型展览会,包括整个星期都在举办的商务总会“友谊会”,精心准备的娱乐项目包括戏剧、演奏会、小品、演讲,以及许多其他形式的娱乐活动,常常都宣传国货运动的观念。例如,有一场集会包括抗日五人团的演出。关于更为完整的娱乐记述,见《第二次友谊会追记》,《申报》 1928 年 7 月 13 日: 13;《第三次友谊会》,《申报》 1928 年 7 月 13 日: 13;《某次友谊会之简编》,《申报》1928 年 7 月 14 日: 14;《前晚总商会热烈友谊会》,《申报》1928 年 7 月 9 日: 13。

〔96〕 参见《夏秋用品国货展览会明日开幕》,《申报》1928 年 7 月 7 日: 16。关于参展者的名字,见《夏秋用品国货展览会今日开幕》,《申报》1928 年 7 月 8 日: 14,包括展览会的总平面图以及一张入口处的照片。

〔97〕 《本所历次举办展览会之经过》,见 SSC 1936: 20—21;《夏秋用品国货展览会昨日开幕》,《申报》 1928 年 7 月 2 日: 14。这篇文章有一张演讲者的照片。

除了一个人之外,所有人都穿着长袍,这是运动中的男性标准服装。

〔98〕 关于展览会的这个以及其他规则,参见《夏秋展览会举行委员会记》,《申报》1928年7月2日:14。

〔99〕 《夏秋国货展览会消息》,《申报》1928年7月11日:15。

〔100〕 《夏秋用品国货展览会消息议述》,《申报》1928年7月12日:13。

〔101〕 国货运动制作了许多这样的分类表,如上海机制国货工厂联合会出版的一种《国货样本》(1934)。

〔102〕 《夏秋国货展览会余问》,《申报》1928年9月16日:14。

〔103〕 《夏秋用品国货展览会消息议述》,《申报》1928年7月12日:13。

〔104〕 《夏秋国货展览会消息》,《申报》1928年7月14日:14。

〔105〕 《记首都国货流动展览会》,《申报》1928年8月5日:14。

〔106〕 《首都国货展览会今日开幕》,《申报》1928年8月9日:17。

〔107〕 例如,在1931年3月16—22日,陈列馆组织了一周的活动。关于活动的描述和照片,见《首都提倡国货运动宣传周》(1931)。陈列馆也举办了无数的专门展览会(《江苏特产展览会》,1931)。关于20世纪30年代所有活动的概要,参见《本馆最近一年》(1931)。

〔108〕 关于国民党政府的经济动员能力和控制的引人注目的扩张,见Kirby 1992。根据科比(Kirby)的估计,到1942年,政府经济机构的主要机关——国家资源委员会控制了国民党统治领土内40%的产业。

第六章

1928年展览会建立的民族主义视觉认知

将有形物件建构理解为具有某种特性的“物体”的思路并不被认为是有问题的。事物就是原本应该的样子。很少有人会想到有形物件可以从多种不同的方式来理解,这些不同的含义又都来自物件本身,并且这些含义还能够按照需要来进行操控调整。尽管我们熟悉广告所用的选择和操控方式,例如,广告选择和利用那些与事物之联想和相关潜能有关系的具体事物的图像,但是对于博物馆如出一辙的对有形物件进行“操控”以建构关系和联想的方式——实际上是建构身份认同的方式,人们却认识不足。

——罗兰·巴特《图像、音乐、文本》(1977)

要知爱国虽不是“用国货”三字可以包括一切,然而能用国货却是爱国心的一种表示。

——工商部部长孔祥熙在1928年中国国货展览会开幕式的发言

国民政府是要提倡国货,要振兴实业,要挽回利权,使外国货在中国没有销路,大家都用国货来打倒帝国主义。

——蒋介石在1928年中国国货展览会开幕式的发言

正如法国哲学家罗兰·巴特可能预期的，以及前述孔祥熙和蒋介石的发言所证实的那样，国货运动的商品展览会有自己的计划和安排。1928 年 11 月，国货运动周之后不到四个月的时间，上海举办了一次更大的商品展览会。组织者从 24 个省份收集了 7,000 多种被严格确认的国货置于重新装修的三层展厅中。在接下来的两个月，超过 50 万人参观了中华国货展览会。此次展览会是自 1910 年南洋工业展览会以来中国最为壮观的商品展览会，并且是国货运动努力建立民族化空间和景观的一个里程碑。此次展览会是前几章里所描述的二十年工作的顶峰：使用精密复杂的体系来识别和证明"国货"（第四章），展览空间的全部规划、娱乐项目和参与项目的广泛运用，最重要的是政府举办越来越多的综合展览会（第五章）。

正如与中央政府一起组织的其他展览情况一样，1928 年的展览会结合了潜在的民族主义消费意识形态，以及一股更新的、更集权的社会政治力量：国民党政府。本章描述国货运动和国民党政府这两股力量一起把制造神话（myth-making）的观念植入展览会中。展览会中有两种虚构的神话（在罗兰·巴特的观念中，是指基于事实和幻想的故事，社会的"常识"）在起作用：国家政治/领土完整的神话和经济一体化的神话。[2]这两种相互强化的神话创造了第三种神话，这个神话被直接铭刻在展览会观众或理想化的国民心中。组织者希望观众从展览会中学会把自己界定为中华民国（"国父"为孙中山）的"中国的"市民，并且是由每一种"国货"所代表的中国经济的一员。1928 年国民政府的成立使商品展览会的政治性加强了。

通过纪念中国在蒋介石和他的国民革命军北伐领导下形成的名义上的统一，组织者试图通过展览会来推广这一政治神话。[3]毫无疑问，腐败无能的北京政府的倒台体现了重要的象征意义和军事成就。北伐军和它的盟军消灭了几支根深蒂固的通称为“军阀”的地方军事武装,例如吴佩孚(1874—1959)、孙传芳(1885—1935)、张作霖(1873—1928)。然而,新的军阀在他们的地盘上迅速涌现,南京政府实际控制的中国领土仍然很少甚或根本不存在。1928年,省份的总数从22个增加到28个。这其中,国民党政府直接控制的只有长江下游少量地区,并且还得不断和控制其他地区的军阀保持联盟。[5]此外,由于不平等条约,中国还备受限制,并且将在1931—1932年丧失被日本侵占的东北。

国民党领导人运用产品展览会的会场象征性地表示他们期望实际完成的事情:在国民党领导下,国家真正重新统一、融为一体,完全恢复国家主权。在中国支离破碎的情况下,声称展览会是代表整个国家的任何说法当然只能是一种幻想。实际上,1928年展览会的许多分馆和活动强调与省份和籍贯的密切关系,这与表现国家统一的主要宗旨是相互抵触的。在许多方面,展览会在代表国家和国内凝聚力方面的声音都很微弱。[6]然而,若考虑到各种障碍,展览会仍然是十分有成果的。如果把1928年展览会与前几章研究的商品展览会放置在一起比较,就可以看到1928年展览会的规模、范围和参加的人数都是惊人的。这次展览会比早先的展览会在形成纯粹中华民族的象征意义上走得更远,实际上,它也鼓舞了全中国和华裔社区举办许多类似的制造神话的展览会。[7]

制造神话

1928年11月1日,50,000余人参加了刚成立两个月的工商部组织的中华国货展览会的开幕典礼(*NCH* 1928.11.3)。参加开幕典礼的长长的上层人士名单显示了活动的重要性,大量政治领导人参加,出席的有新成立的国民政府主席蒋介石、新任监察院院长和中国最卓越的研究机构的创办人蔡元培(1868—1940)、银行和财政部长宋子文(1894—1971;他的英文名T. V. Soong广为人知)、国民党元老吴稚晖(1864—1953)。国家和地方工商业领导人,例如上海商务总会领导人冯少山(生于1894年)和虞洽卿(1867—1945)也出席了典礼。许多其他中国著名人士也参

加了典礼,包括孙中山的遗孀宋庆龄(1893—1981)。(《中华国货展览会开幕盛况》,1928)

开幕式的情景和口号富有国货运动的象征意义。活动从下午开始,一支游行队伍从附近的铁路南站出发,沿新建的国货路到新普育堂的前一站展览会场地的主门口(参见图 6.1)。已组织过展览会的工商部首脑人物孔祥熙带领一支几千人的游行队伍,手扛大旗,分发传单,并高喊口号号召同胞使用国货。当游行队伍到达场地入口处时,组织者举行了精心准备的开幕式,燃放爆竹、鸣礼炮致敬,并有 10 支不同的铜管乐队奏乐。开幕式的形式别具一格。

典礼开始前不久,两驾飞机飞过上空,抛撒提倡民族主义消费的传

图 6.1　中华国货展览会

(GSB 1929)

1928 年在上海举办的中华国货展览会开幕式的一些贵宾的合照。在此次以及其他国货运动的活动中,大多数实业家和政治家选择了穿着长袍而非西服来表现自己,他们在其他情况下也经常这样做。在更早些的时候,运动参与者已经把长袍阐释为中国民族主义的象征,长袍实际上成为国货运动的男性标准服装。

单。为此次活动特意来到上海的蒋介石隆重地升起了民国的旗帜,孔祥熙部长正式打开场地的大门,上海进德女子学校的学生高唱官方的“国货展览会歌”,歌中写道:“起来,起来,中国人快积极站起来! 不重视国货,洋货将会充斥。”(GSB 1929,第2卷:7b)。

象征国民政府的符号也出现在展览会中,这表示国货运动在新统治者中获得越来越多的支持。展览会期间,国民党和民国的旗帜插遍了会场,革命军战士站在入口处,国民党成员经常发表演说,在诸如孙中山诞辰这样的国民党节假日举行正式庆祝会。[8]最初,展览会把开始的时间定于民国最神圣的节日:国庆节或称双十节(10月10日)。它是为纪念武昌起义和1911年辛亥革命爆发而设的,国货运动的支持者希望把这个节日和经济民族主义联系起来。[9]然而,国民党已经计划在这一天正式把新政府定都南京,孙中山规划的政府五大权力机关在这一天举行就职典礼。因为展览会想要国家领导人参加展览会开幕式,但是展览会开幕的时间与政府的安排有冲突,所以展览会开幕推迟了。

开幕式上的演讲和文章确定了展览会的基调,并揭示出中国领导人通过此次和其他国货运动的活动所传递的宗旨,其中最主要的是,他们表达了想把中国人永久转变为爱国消费者的渴望。在开幕式这天出版的一份全国发行的报纸增刊的前言中,一位作者告诫说,随着早期的那些展览会闭幕,对运动的支持常常减少了:“虽然上海已经非常成功举办了国货运动周和夏秋用品国货展览会,但是自那以后,对国货的热情降低了。本展览会想要使这种精神复活。”他和其他策划者都希望此次展览会范围更广,使得“消费者易于挑选并购买国货”。[10]

开幕式上,孔祥熙部长提醒每个人说,展览会有三个目的,所有目的都与爱国主义和消费相联系。像此次展览会这样的活动,孔祥熙主张发扬“中华民族的爱国精神”,这种精神可以用进口货的统计数据来衡量。他主张中国人有许多地方要向日本人学习,日本人“不肯使用外国的东西而背叛自己的国家”,日本人选择国内产品优先于选择更好的外国货,证明了他们的爱国主义。总之,“要知爱国虽不是‘用国货’三字可以包括一切,然而能用国货却是爱国心的一种表示”。爱国的购买行为对我们的同胞有帮助,孔祥熙再一次引用日本作为模仿的典范,日本要么不消费外国货,要么迅速学会制造替代品。中国人也需要改进国货的质量,以此与国外厂家竞争,并因而保持国家富强。最后,孔祥熙部长告知集会的人们,爱国消费将减少对外贸易逆差,提高中国的国际地位。(GSB 1929,第2卷:2b-4a;《申报》1928年11月2日)

其他发言者强调展览会在教育中国人发现平常的机会来实践爱国主义这方面的用途。著名教育家蔡元培强调展览会将为识别中国日益复杂的消费文化提供必要的视觉参考。蔡元培指出,中国人理解经济生产和民族富强之间的密切联系,但是却不知道"哪些是国货"。随着国货标准普及,他宣布展览会将补救这个问题,因为它提供了"最好的国货,并且陈列"在中国的商业中心上海。(GSB 1929,第2卷:7a-7b;《申报》1928年11月2日)

从国民政府中受益

在展览会的开幕式上,国民政府的新任主席发表了到那时为止最长、最尖锐的演讲(GSB 1929,第2卷:8a-10a;《申报》1928年11月2日)。其他演讲者强调国货运动教育中国人需要学会留心产品国籍的重要性,在某种程度上,蒋介石的演讲仅仅是对他们的回应。蒋介石复述了这些运动观点,证明了国货运动的论述已经渗入中国到何种程度。然而,为适应其特殊的政治需要,他对国货运动的信息也作了调整。

蒋介石首先提醒集会的人们不要信任他们在市场中的亲眼所见,因为那里看到的东西可能会迷惑他们,使他们进行非爱国的消费:"诸位……今天是第一天在上海开国货展览会。各位要知道……我们到了上海,看见十里洋场,万千洋货,差不多眼都看花了。"他提醒中国人对货物的国家来源要敏感,因此,国货运动对什么是这些东西的优势也要敏感:"但是,我们想想,这些东西是哪儿来的?各位一定要明白,终是外国输入来的。我们要拿几多钱到外国去?"正如其他发言者一样,蒋介石提醒听众如果把个人购买的外货合计起来将会是一个令人吃惊的总数。但是,与运动历史上早期的演讲者形成对比的是,蒋介石不断提到孙中山的

著作以支持他的看法:

> 各位同胞一定看见我们总理的三民主义在民族主义里面说我们中国人每年要给外国人十二万万洋钱,这十二万万洋钱就是我们中国人去孝敬外国人,也就是亡了国去进贡外国人。这样看来我们拿了钱给他们还不够,还要给外国人来欺侮,给外国人来压迫,我们中国人自己倒弄得没有饭吃、没有衣穿、没有房子住,弄得我们中国人路都不能走,这是什么道理?就是外国人拿了经济的力量来压迫我们中国,来灭亡中国,如果中国人大家再用洋货,大家去提倡洋货,我们中国人不要外国人拿枪炮来打我们,再十年后,我们个个人都要饿死的。……连警察也要用外国人,我们中国人差不多已经没有了独立自由的主权,统统要归外国人来管理。

蒋介石强调不爱国的消费所引起的灾难性后果和补救的主要方法:“我们要外国人不来欺侮,有什么方法?这是很简单的,如果各位同胞,大家不用外国货,不要上海二百多万同胞,就是今天到会的一万多同胞个个不用外国货,中国就不为外国欺侮,否则中华民族不久给外国人来灭亡了。”展览会的召开既是巨大希望的标志,也是失望的标志:

> 不知道各位同胞的感想如何,但是兄弟从生下来到现在四十二岁,从来没有这样光荣的一天,所以今天开国货展览会,如果是我们全中国四万万同胞最光荣的日子,各位应当晓得,今天到国货展览会来不是来看好看,也不是来赶热闹……我们今天来开会是一种很光荣的事情,一方面把二十几省的国货集中在一处,果然大家很快活,很光荣,但是我们一方面还是很悲痛:第一,国货不能有如何十分好;第二,我们国货只有这一点,所以我们还不能发展经济,使民生主义实现……所以我们很光荣,很快活,同时也很悲痛,也很哀伤。各位同胞,这种悲痛哀伤有什么方法解除呢?这是很容易的,只要各位同胞回去同没有到会的同胞父母兄弟妻子或是朋友邻里说我们上海工商部开了一个国货展览会,国民政府是要提倡国货,要振兴实业,要

> 挽回利权，使外国货在中国没有销路，大家都用国货打倒帝国主义……各位同胞，我们要外国人不来欺侮，只有同心一致，共同来制国货，买国货，用国货，这样经济才能独立，民生问题才能解决，四万万同胞的痛苦才能解除，这就是国民革命的目的。

最重要的是，蒋介石承认新政府曾从上海商界通过没收获得大量资金。但是，他宣称这些钱花得值得：

> 各位同胞要晓得，我们国民革命军到了上海以来，差不多一年工夫就打下北平、统一中国，用了上海同胞许多的钱，实在对不住上海的同胞……各位一定要晓得，如果国民革命不成功，我们今天这个地方还是军阀的兵住在这里，不能开会，各位也不能参加如此光荣的盛典。

他补充道，新政府不仅仅为活动提供了将近一半的资金，而且也提供了一些更为基础性的东西——“整齐、清洁、秩序”的环境。他乐观地指出，尽管展览会场地很小，但是数月的工作使活动取得了令人印象深刻的成果，并且迈出了最初的一大步，因此他的国民党和政府功不可没、值得肯定。

筹备展览会

展览会繁复的筹备工作反映出国货运动中民族主义消费景象的复杂性有所发展，这样的活动有政治支持，并且这种景象伸展至实际展览会场以外的日常生活。尽管许多这样的工作预定的目标是将参与者聚集起来，但这些努力也带有更敏感的意图。最后，参展者和观众的数量是令人吃惊的，但是这些数目只代表受展览会影响的一小部分。每一种吸引参与者的努力也都宣传了民族主义消费的观念。准备工作的细节揭示了传播民族主义消费观念的途径，这种观念潜含在1928年的国货标准以及它们所隶属的更大运动中。

与早期仓促的准备活动相比,此次活动的准备工作持续了将近四个月。第一次组织会议在 1928 年 6 月下旬召开,中国许多著名人士出席了会议。组织团体的 4 位领导人是上海市市长张定璠、工商部上海分部领导赵锡恩(生于 1882 年)、上海商人领袖虞洽卿以及市政府社会局局长潘公展(Xu Youqun 1991: 1329)。若干不同的委员会管理专门领域,并且有一个小型的委员会监督每天的准备工作。组织者在 7 月国货运动周的夏秋用品国货展览会期间开始宣传此次活动,并在全中国设立了委员会分部以协助收集合适的物品(GSB 1929,第 1 卷: 1a-3b)。[11] 在展览会开始前数月,组织者反复使用此时已经建设好的网络向官员、商会成员、商界人士和全中国的组织者传播展览会的消息。他们鼓励当地政府和商人递交产品送展,或者让他们鼓励其他人送展,传递的最为普遍的信息是"这是商业和工业救亡图存的一件要事"(《申报》1928 年 8 月 5 日: 14)。

为了进一步宣传展览会,委员会出版并散发了一本特别文章汇编,它收集了知识分子和政治人物(包括蒋介石)的文章。该书刊印了贸易统计数据以"唤醒公众的注意",把此次活动放置于一个更大的运动叙事中。文集试图通过收入一些不那么严肃的文章来吸引更多的读者,例如中国主要日用品制造商的领袖陈蝶仙用笔名天虚我生所写的文章(《申报》1928 年 9 月 16 日: 14)。尽管作了上述努力,但要想在组织者最初计划的展览会 10 月 10 日开幕日之前聚集所有物品,似乎越来越不可能。甚至从诸如杭州这样的临近城市来的参加者都表明他们不能很快送达他们的产品(《申报》1928 年 9 月 20 日: 14)。

9 月末,准备工作步伐加快。管理人员甚至在场地设立了办公室,像上海银行和邮局还在那里设临时分支部门。从上海港口以及其他商业港口到达展会大厅的货物数量不断增加。来自全中国各省当局的电报告知筹备委员会已经挑选出货物并已寄送。相对富裕的沿海省份福建告知委员会他们正在寄钱。(《申报》1928 年 9 月 26 日: 13)9 月下旬,委员会在当地报纸上刊登广告,宣布开始销售展览会的门票,并且要求在上海的参与公司销售门票(《申报》1928 年 9 月 30 日: 14)。准备工作的步伐在 10 月下旬进一步紧锣密鼓地展开。月底,上海三家主要百货商店把物品搬运到了展览会(《申报》1928 年 10 月 26 日: 13)。

展览会的金融情况显示出,对于本次活动和国货运动,有来自不同地域和机构的支持。总预算 121,468 美元中有一半来自政府,工商部提供了最初的 50,000 美元,省、市政府提供了其余的 11,277 美元。此外,蒋介石额外募款 12,460 美元(蒋介石自己用 10,000 美元仪式性地购买第一张票)。展览会本身通过几种不同的方式募集了另一半钱款,例如来自展览会和销售厅的租金、展览会场地内的广告、邮购部门的募集,共有 11,275 美元。此外,展览会的门票收入超过 30,000 美元。最后,市、县商务总会捐赠了 2,420 美元。[14]

把商品按时运至上海本身就是一种成功,甚至在展览会开幕延期三周后,也不是所有商品都能在开幕之前抵达上海,展览会期间仍有商品陆续抵达。来自遥远的西南省份云南的物品在展览会开幕后第二周到达,该物品是被上海海关拦截了(《申报》1928 年 11 月 10 日)。一些来自湖南省和天津的物品直到第二个月月初才抵达。那时,东大厅已被完全挤满,组织者被迫在西大厅三楼寻找容纳空间,而这里以前只是用做销售大厅(《申报》1928 年 11 月 28 日：14)。

尽管有这些障碍,展览会成功地使“统一的中国”这个神话继续存在下去,寄送商品的省份大多数不在国民党的控制之下。甚至贫穷遥远的地区例如内蒙古、西藏、海南岛和新疆也寄送了数十件物品。24 个省份总共寄送了 7,321 件物品。上海特别直辖市以及周边的江苏省寄送了最多的 1,772 件,大约占总数的 25%。但是,远得多的省份、包含曾经的首都(在当时叫北平)的河北,也送交了 1,447 件物品,名列第二,占总数的 20%。广东、福建、江西和浙江四省共送交了 500—900 件物品,占总数的 35%。[15]展览物品的地理分布差别很大,但是,展览会达到了实现中国象征性统一的目标。

创建民族化空间

展览场地具体而微地组成了一个自足圆满的国家,创建这种民族化的空间包含准备设施和严格管理展览空间。组委会在提供清洁和修缮一新的设施上投入大量钱财,包括修建直达入口的新国货路,这让人印象深刻。展览场地构成一个巨大的长方形(见图6.2-6.4),主要建筑占了三

图6.2　展览会主门(背后是纪念厅)

(GSB 1929)

国民党和政府的象征符号在展览会中与消费文化共存。在典礼大厅顶端是国民党政府的新旗帜(晚上被灯光照得熠熠生辉)以及国父孙中山的肖像,象征性地指挥着展览会。还可以看到十多根旗杆中的三根旗杆上也飘扬着这面青天白日旗。同时,在靠近地面的地方,国货广告覆盖了所有墙面。

图 6.3　展览会西翼(销售厅)

(GSB 1929)

展览会场地形成了一个封闭的长方形。主要建筑占据了三条边。在场地中央是一大庭院,被典礼大厅分成两半。

条外边;在它的中央是一座典礼大厅,几乎完整地把庭院分成了两半。一幢南向的平房占据另一条边,把场地完全围合起来,正门在它的中央。正门通向院子,直接面对中间的房子。场地中央的房子在第一层有宽广的展示区域,二层有两间大的展厅。主要建筑国货大楼有两个三层的侧翼。展览会主要位于东翼二、三层的单独房间里。西翼的一层用来进行销售。其他地方则用于安置雇员和一间自助餐厅、一个消防处和一间托儿所。

以省份、产业和公司划分的展览场地反映出展览混合了公众和私人的资金(图 6.5 以及 6.6)。大多数房间安置一个专门产业的产品,并且常常为最著名的公司安排专门展示。例如,除了其他公司的产品外,建筑材料展厅为强大的中国水泥公司设置了专门区域。有时候,一家大公司代表整个产业。另外一些时候,大厂家自己租赁展厅。时髦用品通常放在一

图 6.4　展览会东翼(展示厅)

(GSB 1929)

两类“广告”(政治的和商业的)覆盖了展览场地。除了数十根旗杆外,商业广告覆盖了所有建筑的正面。

起,大些的省份有他们自己的展厅,尤其是艺术和手工艺方面。[16]数以千计的产品被分成 14 类,遍布这些房间,令人印象深刻。[17]

展览会为企业提供了一次机会,通过把它们自身和它们的国货产业相结合,以证明它们是爱国的。上海三家主要的中国百货商店各建立了

图 6.5　纺织和饮料展示

（GSB 1929）

图6.6 展厅内的身份认同

在国货运动商品展览会潜流下的民族主义消费观念训练参观者用充满民族性的眼光来想象和鉴赏对象物体。这些展示认同其他身份,比如省份和同乡,但是将它们置于国家身份之下。展览会鼓励参观者用类似的条件来审视自己。用这个方法,中国的参观者和产品都进行象征性的消费,并彼此确定自身。展览参观者既是检查者也是被检查者。在福建省的"国货"展厅前,这张图片里的人穿着中式长袍来表现自己。

一个展厅,它们主要以出售外国奢侈品并提供诸如舞厅、咖啡馆、酒吧、商店这样的"西式"休闲而知名,这次它们抓住机会提醒当地人它们制造了许多国货来销售。尽管上海最重要的出版商(至少在1932年被日本轰炸毁坏之前)商务印书馆不需要再证明它爱国,但在展览中仍然强势出场,占了两个不同的小间,一间是展厅并出售它的出版物,另一间销售杂货,生意都很兴旺(《申报》1928年11月7日:13)。

如同其他展览会一样,这次展览会提高了人们对国货的热情,提供了购买展示商品的机会。如同其他商品展示一样,在展示和消费之间的界限经常被逾越。例如,11 月下旬,为配合展览会的其他活动,销售部门为即将到来的冬至举办了一场专门的冬令用品展览会(《申报》1928 年 11 月 30 日:13)。除专门商品外,受到普遍欢迎的物品有丝绸、棉花和羊毛织品、书、文具和其他印刷品、食品和饮料、个人卫生用品、家具用品、艺术品、香烟以及电器。在八个星期多的时间里,销售部门出售了价值超过 100,000 美元的商品。[18]

一入场,就可看到展览场地规划管理得井井有条。士兵和警察在入口两边排列成行。孙中山的大幅肖像被放置在典礼大厅的屋脊处,在新启用的国旗下面。整个展览会场飘扬着数十面旗帜,国民党也用这种方法在观众和展出者面前展现自己。环境整个地被民族主义化——甚至每层楼男女盥洗室的毛巾和面巾也由国货运动主要参与者三友公司提供。把展览民族化和创造一个民族化视觉盛宴的过程延伸到展览场地广告的最小的商业标示上。整座大楼被广告所覆盖,这些广告由大中华广告社负责,并需严格地鉴定确是国货。[19]

即使在开幕式之后,政客们继续利用展览会来宣传新的地方政府及国民中央政府。最明显的努力是对上海市政府的展示(图 6.7)。参观者穿过国民党和政府的象征——青天白日旗进入展览厅来庆祝上海的未来。展厅里面有上海城市的三维广告,描述和展示上海市雄心勃勃的建设计划,包括建造学校、运动场、公共工程,比如一座将跨越黄浦江、把上海和浦东郊区连接起来的桥的模型(“国货展览”[1928];“国货展览会中之市政府陈列室”[1928])。

这个展厅同时为市政府和国货运动服务。展厅给予当地政府机会,通过展示比它们目前的状况要雄心勃勃得多的计划来表现它们自己。同时,展厅把壮观的未来和展览会本身的主旨联系起来,从而为国货运动服务:没有上海市当局和国民政府领导下的中国工业的发展,就没有现代街道和环境卫生,也就没有上海市民的好生活。国货成为建立现代中国的关键。

图 6.7　国家现代化的微型展示

(GSB 1929)

上海市政府使用这个展厅(下图)把它自己的现代化设想和国货运动展览结合起来,来展示其统治的优点。这个展厅显示国民党政府将通过修建现代道路、桥梁、体育馆等等来为工业发展创造环境,要经由国民党的领导来实现现代化。人们要通过它的主要象征——青天白日旗来进入这个展厅(上图)。

被大量报道的展览会

相比早期的国货运动,1928年的国货展览会充分利用媒体进行宣传活动,媒体包括正式和非正式的稿件、录音、广播和印刷报纸、口耳相传和广告、飞机以及游行,等等(GSB 1929,第3卷)。在活动组织者的鼓励下,中国媒体传递了一幅超出上海以外的纯粹中国民族主义展览会的图景。这种宣传在展览开幕前数月就开始了。该组织委员会的成员向报纸和期刊发送信件,告知它们展览会即将开幕,并要求这些出版单位给予帮助,通过在展览会期间发行号外、增刊来宣传展览。上海本地的出版物对展览会的报道尤其广泛。从1928年11月3日开始,一直到12月展览会结束,上海最重要的报纸《申报》出版过61版的系列报道,涵盖展览会各个方面。其他出版物,例如《上海商务总会月刊》《商业月报》,都给展览会办了一期完整的特刊,更广泛地宣扬国货。这些文章在中国各地传播,范围从国货重要性的理论讨论到有关展览会、组织、衡量国货标准的详细信息,以及递交国货产品检验的申请表(《商业月报》1928年9月)。

上海市官员和组织者也引导媒体活动来扩大宣传。例如,11月22日,上海市官员给予了20位记者一次专门的展览场地参观和接待。当地官员利用这次机会解释了市政府参与此次活动的缘由,并讨论了国货发展和当地政府之间的联系,他们强烈要求记者帮助他们在所有中国人的意识中强化这种联系。(《申报》1928年11月23日:13)

展览会组织者也制作出一系列令人印象深刻的特别印刷品,以推广展览会的宗旨并加大该活动的冲击力。在上百种支持展览会的不同出版物中,有一本特别的纪念册,包括了每日新闻稿和各式各样的宣传材料。在展览会第一个月期间,市政府的社会局出版了一本印数达20,000册的书,刊登国货调查报告并提供基本信息,力图促进这些国货产品的销售量,例如到哪里购买它们,以及如何鉴定国货厂家的商标(《申报》1928年11月6日:13)。中国新闻社为孩子们制作了一本专门的小册子,书名叫《到国货展览会去》,收录有展览会官方歌曲、展览场地的照片和一张地图(《申报》1928 年 11 月 9 日:13)。这本小册子每天的销售量超过 1,000 本(《申报》1928 年 11 月 9 日: 13)。

展览会甚至创办了它自己的报纸《国货日报》,该报用来通知参观者和参展者与展览会有关的消息,每天印刷 5,000 份,其中许多被送往全国各地的政府机关。报纸一共出版了 64 期,总数大约 320,000 份。另外,很多省市出版了它们自己的综览或介绍本省和产品的印刷品。有几个地方发行了多种出版物,例如,相对繁荣的浙江省出版了几种本地产品指南,如丝绸这样的省内工业重要产品的报告,以及对下次将在著名旅游胜地杭州西湖举办的大型国家展览会的介绍。[20]给人留下最深刻印象的出版物是一种特别的纪念册,那是一套真正的国货运动百科全书。这套大型画册的内容包括国货产品广告、国家政治和产业领导人的照片、来自著名人物的献辞、主要知识分子和商人的文章、行业报告、著名工厂和商场的历史,以及一般的商业信息,总共超过 600 页。最后,观众通过象征性地收取一点费用的纪念品把展览会的信息带回家。最生动的纪念品(图 6.8)是一枚扣子,形象是国民革命军战士手握带刺刀的枪,背景是新的国旗在飘扬。这枚扣子同时体现了两种相互强化的神话的统一:领土和经济。在一个层面上,这枚扣子纪念了北伐战争和国家重新统一。左上方的文字证实这件东西是展览会的纪念品,这样就把物品和展览会联系在了一起。更重要的是,这件东西与发起国货生产的制造商有联系,在这幅图上,一家玩具公司的名字刻在右上角。正如我在整本书中所讨论的,国货运动常常把国货消费描述为抵制帝国主义的积极形式,是一种普通中国人能够为自己的民族国家而战斗的方式。这枚纪念品传递了这样的观念:中国消费者不仅可以通过服兵役,而且可以通过国货消费来表达他们的爱国主义。[21]

展览会的观众和物品

展览会出席人数是令人印象深刻的,尤其是考虑到展览场地不大,以及展览会的时间是在令人不舒适的寒冬季节。[22]在整个展览开放周期间,

图 6.8　来自展览会的纪念品

(《申报》1928 年 11 月 21 日)

(左图)这枚扣子是展览会上分发的数千种纪念品之一。它把潜藏在展览会背后关于民族统一的两个神话放在了一起:国民革命军领导下(画出来的士兵和旗帜的图像)的军事/政治统一,以及经济统一(左上角的文字写着:"中华国货展览会纪念赠品")。一家玩具公司的名字刻在右边,是它捐赠了这枚扣子。(右图)邮政局在展览场地临时设有支局,发行一种专门的印戳,以此加入到展览会的宣传活动中来。这个印戳突出显示了"中华国货展览会"的字样,这也是把此次展览信息传递给上海之外的中国人的一种途径。

参观者蜂拥而来。第二天有大约 30,000 人参观展览。除普通市民外,来自中国各种组织和海外华人组织的代表也观看了展览会(《申报》1928 年 11 月 3 日:13)。据有人估计,在第一周内有 200,000—300,000 人参观了展览会,每天的参观人数超过 30,000 人,除了这周后期因天气严重恶劣只有大约 1,000 人之外,几乎天天都是如此(《申报》1928 年 11 月 9 日)。[23]在天气晴好的日子以及周末,参观人数还要大为增加。11 月 18 日是一个温暖的周日,有多达 100,000 人参观了展览会(《申报》1928 年 11 月 19 日:13)。在第一周之后,参观人数平时每天平均在 3,000—5,000 人,周末超过 10,000 人。另外,组织者卖了 21,000 张允许多次进入的通行证,全部加起来,有超过500,000人观看了展览,包括将近1,000位“特别嘉宾”。[24]

国货运动商品展览会的目标通常是年轻消费者,是那些将要成为公民的人,尤其是学生。组织者希望影响中国青年人,并把他们的身份和国货消费联系在一起。由于特别努力吸引他们,结果每天都有来自整个上海、其他城市、海外华人社区的在校学生参观展览会(《申报》1928年11月11日:13—14)。每种类型的学校都派遣学生来参观。在特别繁忙的一天里,一所当地小学派遣700名学生,一所中学派遣100名,一所大学派遣40名,同乡子弟学校派遣60名,教会学校派遣50名,女子学校派遣30名,另一所地方大学派遣150名,甚至当地孤儿院也来了数十名孩子(《申报》1928年11月21日:13)。在许多情况下,是整个学校所有学生都来参观(《申报》1928年12月7日:14)。

正如政治家和组织者在讲演时所阐明的,这些展览会试图成为国货意识的制造厂。在1933年北京国货展览会期间拍摄的一张发人深思的照片(图6.9)中,学生们在展览会入口处排列整齐。组织者把这些年轻

图6.9　学生参观展览会

(Bai Chenqun 1933; courtesy of the Tōyō Bunko)

在国货展览会和博物馆中常常能看到学生们。在这张照片里,北方学院的学生在北京国货展览会入口处排列成行,他们通过界定中国的“国货”,学习民族主义的含义。

观众想象成灌输民族主义意识的对象。当他们走过展览会时,通过消费国货,一种民族经济融合、自力更生以及反对帝国主义的叙述话语渗入他们年轻的心灵,或者使他们成为如组织者所希望的那样。终究需要更多条件来确保这些年轻的消费者像成年人一样进行民族主义的消费。这些展览也成为教中国人学会区分国货和洋货的更广泛的国货运动的另一新维度。

国货市场是建立在各种关系上的,为了使更多成年人加入到活动中来,国货展览会为国货运动的机构和中国各地其他组织建立起联系网络,从而达成一个具体目标。为了促进这样的网络形成,展览会组织者定期给全中国的政府机构和社会组织发送电报和信件,告知它们展览会的活动以及活动的成就(《申报》1928 年 11 月 8 日:13)。在其他城市的国货机构利用这样的信息来帮助组织自己的活动。另外,这些机构派代表到上海收集中国各地被认证的国货的信息,例如,展览会还没有开幕,南京的国货博物馆就已经派代表团来寻找适合的样品。

展览会是众多有影响力的外国人和华裔从海外到中国访问的一个必到的目的地,这与几十年后必定参观模范公社和工厂的情况有些类似。与这些后来的榜样一样,展览会象征着民族处于最佳状态,或是具体而微地象征着民族想象,是证明民族取得了成就的场所(《申报》1928 年 11 月 6 日:13)。[25]有证据表明展览会达到了预期效果。通过展览会描绘的“工业化中国”景象,这些海外观众断定中国在经济发展方面大踏步地前进。根据一位参观者所说,中国农业和纺织业的机器几乎和进口机器一样好,并且很快将取代国内市场中的进口货。[26]一位外国观察者也对展示的商品印象深刻,他发现“在许多场合中难以区分中国制造的货物和外国生产的物品”(《国货展览会》,1928)。另一位外国人尤其对展示的道路模型和桥梁设计所表现出的中国雄心勃勃的工业和现代化图景印象深刻。[27]一位来自菲律宾的华裔参观者高兴地评价上海市展览厅说,他看到的是政府当局和中国人民之间形成合作精神的象征。[28]

最后,大多数人因参加展览会而成为展会的消费者,与此同时他们的参与本身也展示了国货,从而间接成为展览会的一部分。像中华国货维持会这样的运动组织者成功地游说展览会组织者要求所有参观者(除外国人之外)所穿衣服(无论西式还是中式)都要全部选用中国布料。[29]通过这种方法,活动背后的民族化过程扩展到了参观者的生活中。参观者在进入展览会场地之前,必须要进行这样的消费选择。对于这些参加者而言,坚持民族主义消费成为参与这方面公共活动的先决条件,而非个人选择。在某种程度上,中国人被迫去思考这些消费类型。通过穿着国货服饰,展览会参观者把他们自己也作为真正的民族主义消费者展示出来。在国货运动的其他活动中,中国人通过消费那些已确认的国货,来证明他们的民族主义意识(国货时装秀也是这样)。然而,更普遍的是,这些活动中的观众把自己作为民族主义消费群体中的一员来展示。这些通过外表来表现的行为应该被认为是一种反帝主义的公开抗议,或至少可以看作是有利于民族主义消费的社会需求在增长的标志。

民族国家意义上的商品社会

因为展览会的意义远远超过展示的物品,所以,商品展览会吸引了注意力和观众。这些展览会把日常生活的对象纳入更广阔的叙述话语中,这一叙述话语许诺实现的远远超过直接的物质需求。在某种意义上,这些展览会运用了和现代广告一样的手法,通过把商品和著名人物、醒目易记的标语口号、精心制作的图像联系在一起,象征性地夸大了商品。这些国货运动的展览会走向两个极端来做到这一点:一方面,组织者希望诉诸正在产生的民族国家认同感,使消费者相信民族主义消费是抵抗帝国主义的象征以及良好公民的标志。但是,如同一则吸引人的广告一样,诸如1928年的展览会也是在非常俗气的层面上运作的。他们通过把平凡的商品展览与其他炫目的展览并列来吸引人们的注意(与那种把啤酒与性感、运动健美结合起来的广告方式类似)。

每日的娱乐节目提供更多的方式把不同的中国社会元素融入展览会,它们既是表演者又是观众(图6.10)。每天晚上表演不同的节目,例如,第三天夜晚,除了表演京剧和戏剧之外,来自几所学校的学生为大家唱歌跳舞。[30]这些表演的内容一般是设计用来宣传国货运动的。在展览会第十天的下午,表演者唱了一首哀叹中国不能成功抵制洋货以及阻止

图 6.10　展览会的典礼大厅

（GSB 1929）

这个大厅既是展览会真正的中心，又是象征性的中心。第一层礼堂供人们参观展览会。第二层大厅表演不同的节目，通过传统娱乐形式（例如京剧）和新娱乐形式（例如话剧）宣传国货运动的进程。

洋货涌入的歌曲,并把这种情况描述成"国耻"。连同国货运动所传达的其他信息,演唱者宣称"成为一个爱国者必须首先使用国货"。[31] 12 月 1 日,来自进德女子学校的女孩们表演了一部戏剧作品,题目为《奸商末路》(《申报》1928 年 12 月 2 日:14)。表演活动并不局限在舞台上:10 所当地学校派遣队伍来参加篮球比赛,举办篮球比赛是展览会的一部分(《申报》1928 年 11 月 6 日:13, 11 月 12 日:13)。这使当地年轻人加入到国货运动中,并把他们从致力于民族激进主义的活动引导到参加被认可的国货运动的活动中来。篮球赛只是国货运动中许多此类方式的一种而已。

设立特殊的"宣传日"是展览会中用来刺激人们兴趣的许多策略之一。这些宣传日把注意力集中在参与的省份和城市上,这被当作是它们自己的官方宣传日。每个这样的宣传日给来自特定地区的著名人物特写(通常他们是上海同乡会的成员),这些发言者至少会谈论他们地区的工业和商业实力。

利用同乡身份是吸引注意力,以及把地区认同纳入民族国家共同体的聪明的方法。当人们把地方放置在民族国家的表现系统内时,展览会把团体按省份进行展示,允许表现同乡之间的紧密联系。很久以来,像博物馆这样的机构,通过那些如此人为主观的摆放策略,创造了这种"自然的"分类方式(D. Miller 1994:400)。20 世纪 20 年代,70% 的上海居民来自他乡,大多数人与他们的故乡在现实中和情感上保持着密切联系(Wakeman and Yeh 1992a:4; Perry 1993:17)。一位来自河北省的代表首先发表了这样的讲演(《申报》1928 年 11 月 6 日:13)。尔后,也为诸如汕头市和安徽省举办了类似的宣传日(《申报》1928 年 11 月 8 日:13)。除了演讲外,一些地方还分发印刷品,例如,在"北平日",代表们分发一本介绍展览产品的小册子,以及说明特色项目的另一种出版物,第三种则概述了北平的经济环境(《申报》1928 年 11 月 15 日:14)。毫不令人奇怪的是,来自南方沿海省份富裕的、有实力的同乡会铺张挥霍,专门组织了精心制作的宣传日。[32] 专门产业也组织了这样的宣传日,例如瓷器日 (11 月 25 日)和文化产业日(12 月 14 日)(《申报》1928 年 12 月 5 日:16)。[33]

结束意味着新的开始

12 月 31 日是正式展览会的最后一天，展览将像开幕那样举行闭幕仪式——有精心准备的强调国货运动主题的闭幕仪式和演讲。[34]社会局通过分发一份专门的展览产品目录，希望它能够“以资参考”，最后一次努力扩大活动的影响（《申报》1928 年 12 月 28 日：12）。这天夜里有超过 4,000 人举行提灯游行，作为闭幕仪式的结束。[35]展览会上散播的思想和目标通过口耳相传在活动结束之后继续传播，来自上海以外地区的观众和参展人员带着第一手资料返回家园。例如，12 月下旬，天津市政府社会局安排了一场宴会以听取参加上海展览会的天津代表团的报告。社会局也利用此机会讨论了准备参加即将到来的在阿根廷、马尼拉、智利举办的展览会。（Hu Guangming et al. 1994：1503-1504）[36]

展览会本身并未结束，相反，它被分成几部分，并传至上海、中国和华人社区等其他地方，以举办新的民族商品展览会。在展览会进行过程中，其他地方也开始组织类似的活动，并且在闭幕后短时间内实施，组织者开始把收集到的产品发送至在上海的其他地区以及在武汉、杭州和马尼拉，还有在南京的新“首都国货展览厅”举办的展览会（《申报》1929 年 1 月 10 日：14，1 月 12 日：13）。

新展览很快在上海出现。1929 年元旦，当国货展览会在上海南部刚结束，一个小型的展览会在上海偏远的北部（闸北）开始，即闸北国货流通展览会。有超过 5,000 人参加了这一为期两周的展览会的开幕式，包括所有主要国货运动组织的代表，例如无处不在的中华国货维持会的领导人王介安，他代表的是伞业集团国货大同盟会（《闸北国货展览会三日记》，1929）。这次展览主要是上海市民提倡国货会的成员在闸北商会（这些组织互有重叠）的帮助下组织和运转起来的。[37]毫不令人感到惊奇的是，此次展览会和上海国货展览会在组织方面可以认为几乎雷同，有许多相似之处。闸北展览会每天下午都举办大规模的、多种多样的娱乐节目来吸引观众，并且在元旦举办了贯穿城市北部的提灯游行。[38]

上海展览会的成功鼓励了诸如武汉和杭州这样的城市里有雄心的领导人计划举办类似的活动，孔祥熙部长收到了为数不少在其他商业和工业中心举办类似上海国货展览会的活动的邀请函。第四集团军总司令和武汉分会主席李宗仁将军(1891—1969)与孔祥熙商议把上海展览会的部分展品调入湖南省和湖北省,来组织一个展览会,预定2月初在武汉举办。在一封给孔祥熙的电报中,李宗仁解释道:“我们相信继上海展览会闭幕后,在此举办国货展览会对发展这里的地方工业将有不可估量的益处。”他补充说:“所有的花费将由我们支付。”(《汉口贸易展览》,1928)[39]武汉的中华国货展览会组织者在准备过程中,定期派代表到上海与官员、国货制造商、上海总商会的代表进行交流(《申报》1929年1月5日:14,1月6日:14)。大规模的展览会在随后十年间扩展到其他城市。1936年,通商口岸厦门组织了厦门国货展览会。厦门至少从20世纪第一个十年就已经有了活跃的国货运动组织,他们接待了350,000位参观者(Hong and Liu 1996:427)。

海外华人社区也仿照上海展览会举办了类似的活动。菲律宾的华人利用上海展览会所激发起的人们的兴趣来举办他们自己的展览会——即将开办的马尼拉远东商品展览会。除了这次菲律宾政府赞助的活动之外,那里的华裔社区和中国的工商部组织了一次特殊国货展览,远涉东南亚的中国社区以“鼓励海外华人使用国货”(《国货付费展览》,1929)。在马尼拉,菲律宾中华商务总会已经开始为中国产品建造展览会场,商会专门派代表到上海收集产品,并邀请孔祥熙参加展览会(1929年1月26日至2月10日举办)(《申报》1928年12月2日:14;1929年1月6日:14)。在1月初,菲律宾的工作完成,将近200位著名的上海人士参加了宴会,并保证把物品送往即将举办的活动。[40]

最后,这成为一个传统惯例。上海展览会的成功举办,以及要求允许举办展览会的地区数目不断增加,这启发了中国官员要把官方对参加国内外展览会的支持用条例确定下来。工商部在官方函件中(18号)发布了这些条例,提倡在中国发展各种层次的展览会。[41]对工商部而言,孔祥熙部长决定在1930或1931年在故都北平举办国际实业展览会,作为其准备工作的一部分,先组织全国物品展览会。[42]在准备过程中,省份、城市和乡村都被命令要收集产品和支持展览会。[43]

符合既有框架?

这两章研究了国货运动中重要的展览会现象,为解释中国在1949年共产党执政以前的商品展览会提供了一个框架。只需稍加修正,展览会中规模最大、最壮观的——1929年杭州西湖展览会——也适用于这种解释框架。[44]正如前面章节已经讨论清楚的,这些民族化商品展览会不可计数。同时,任何关于这类展览会尤其是博览会的解释,如果没有提及那个时代最大的展览会——杭州展览会,将是不完整的,特别是因为它似乎挑战了民族主义化的展览会的概念。

从6月初开始到年底结束的将近六个月时间内,大约2,000万人参观了西湖展览会。此次展览会利用了杭州作为中国著名旅游胜地的地位。[45]此次活动在许多方面是唯一的。[46]然而,它包括了国货运动所发起的活动的所有要素,要讨论它就必须关注它与国货运动的关联。首先,杭州展览会和其他活动无疑是有关联的,尤其是和上海展览会。[47]它也依赖杭州以外的国货运动组织,它们协助杭州展览会寻求参与者。[48]与上海展览会一样,在杭州展览会的组织和运行过程中,充斥着国民党政府的影子,包括开幕式领导的讲演、诸如旗帜这样的象征标志以及最显著的革命纪念展览厅。[49]

首先,杭州展览会一个独特之处似乎是破坏了先前对民族主义化的展览会的阐释。此次展览会有专门陈列外国物品的大楼。然而,它的名字“参考陈列所”显示该陈列所的目的限于提供外国模型供国内效仿。[50]这是符合国货运动的目标的,并表达了那种认为需要进口某些商品的愿望(例如外国工业技术,参见本书的“导论”)。一位中国观察者注意到,这些外国物品在大楼中展示,意图是“为了改进我们的本土工业,这些东西用作比较对象和进行仔细研究”(《西湖展览会》,1929)。展厅的规章限制陈列那些被认为对经济发展起“基本”作用的机器和原材料,但不包括那些与中国消费品竞争的商品。

结论:商品的民族国家

民族国家意识的产生过程一直是在设定各种边界——语言的、物质的、文化的、虚构的以及视觉的边界,这是在创造并保持与外国的差别,是在创设范畴来超越或弄清国内的歧异之处。来自以"中国"这个名称为人所知的地理实体不同地区的所有产品,以某种方式构成了优于任何或所有其他分类标准的完整商品系统,国货运动通过推广和自然化这个观念,参与了民族国家意识的产生过程。各地方和各省仍然生产商品,但是这些商品现在被描述为属于更广阔、更重要的整体的低层类别,它们既是中国制造,同时又在帮助制造"中国"。通过收集、分类以及陈列这些物品,民族商品展览会自然化了这种观念:这些物品有真实的联系,它们创建了一个有边界的和自然的整体。各种层次的中国展览会都不仅是为了向世界其他国家说明,中国通过生产价格主导的商品,在迈向现代工业的进程方面取得了很大进展,而是为了面对国内观众制造和维持一种观念:中国可以并且应该通过由民族性来界定的消费品来满足自己的产业需要。他们似乎在给"工业文明"(industrial civilization)这个通用术语赋予基于民族的不同阐释。

为了把中国视为一个整体,中国想用它自己的语言来表达它的工业图景,但是,帝国主义使这一切变得不可能。然而,与此同时,帝国主义通过举办基于商品的交换价值(exchange-value)的相同的展览会,也为清楚地表达民族性提供了具体方式。在中国人确实能够控制的视觉和物理空间里,民族主义展览会成为国货运动建立民族国家这一雄心勃勃的目标的缩影。在20世纪的前三十年间,民族主义的商品展示形式——博物馆、零售店、广告、时装秀、展览会——空前扩展并迅速蔓延,形成了上述组织的复杂网络。这些展览允许国货运动参与者在不必理会帝国主义约束的情形下,实现建立富强的民族国家的战略。国货运动的参与者们不只是简单地等待从帝国主义列强手中收回主权,更确切地说,他们通过这些民族主义化的视觉和物理空间,自下面开始积极地使中国消费者头脑中形成民族国家的概念。

注　释

〔1〕 GSB 1929,第 6 卷:“本会每日观览人数统计表”。

〔2〕 当然,在这两者背后的更大神话是“国家统一”,“中国”应该成为唯一的政治单位。同时代的观察者对中国人生活中的这个中心观念的考察,参见“Watch-words”(口号标语),Morgan 1930: 166-171。

〔3〕 由蒋介石领导的国民革命北伐军于 1926 年 6 月从东南方的广东省出发,于 1928 年夏天克复北京而结束战争,参见 Jordan 1976。

〔4〕 到 1936 年为止,国民政府只控制了 10 个省(Tien 1972: 89-95).

〔5〕 1928 年,5 个主要的地方割据势力是:(1)长江下游由国民党控制;(2)桂系控制湖北、湖南和广西大部分地区;(3)“基督将军”冯玉祥(1882—1948)占领了陕西和河南地区以及山东和河北的部分地区;(4) 阎锡山(1883—1960)控制了山西,以及间接控制了北京—天津地区;(5)张学良(1898—2001)控制了东北地区。此外,地方军阀仍然控制大量区域,包括西南方的贵州、云南以及四川。(Wilbur 1983: 191-194)

〔6〕 的确,把整个这次展览看作临时而又可变的同盟是行得通的,参见保罗·克莱默(Paul Kramer)关于菲律宾参加 1904 年圣路易斯博览会的文章。在文中他主张这次展览会和其他美国展览会最好被看作“散碎和拙劣的集合”,并且“充满无法解决的矛盾”,而非“统一协调的‘活动’”。(1999:77)

〔7〕 的确,1928 年展览会本身和整个运动的演讲提供了机会来考量“南京十年”(1927—1937)的历史叙述中一个存在很大争议的问题:诸如地主、商人、实业家和知识分子这样的阶级和社会团体在多大程度上(如果有的话)给国民党统治造成了制度化的和非正式的影响? 这个问题超出了本书范围,但是有证据支持 Richard Bush (1982) 和 Joseph Fewsmith (1985)的看法,他们认为南京政府主政十年中,商人和国民党人的利益是互相渗透勾结的。

〔8〕 1928 年 11 月 12 日,是孙中山诞辰六十三周年纪念日。关于展览会中的纪念活动,见《申报》1928 年 11 月 13 日: 15。

〔9〕 把国家的节日和国货运动联系起来的努力,和民国存在的时间一样长。例如,1919 年,一家江苏孤儿院的孩子们走街串巷,唱着“用国货”的歌曲游行,并挨家挨户兜售专门准备的国货盒装物品,来庆祝国家的节日(《镇江贫儿负贩团举行贩卖国货开幕仪式》,《民国日报》1919 年 10 月 13 日,再版于 ZDLDG

1992: 233)。关于国民党人试图把双十节和国货运动联系起来,参见 ZGZZW 1929a, pt. VII: 47。关于国庆节的创立,以及成为象征的重要性,参见 H. Harrison 2000: 93-125。

〔10〕 Chong Gan"引言"。这些和其他演讲以及展览会组织者和场地本身的照片,见《中华国货展览会特刊》,《申报》1928 年 11 月 1 日:12。

〔11〕 这几页中包含了官方函件的副本。关于筹备委员会最初的几次会议,参见《中华国货展览会筹备纪》(1928)。

〔12〕 例如,组织者送给苏州商务总会的小册子通知商会会员这次活动,并邀请他们在纪念刊中刊登广告,见《工商部主办规模最大之中华国货展览纪念特刊》,SZMA File 1346。

〔13〕 最初售出一些门票有相当大的象征意味。第一张由王室象征性地购买的展览会门票要追溯到阿尔伯特王子,他在 1851 年曾经购买水晶宫展览会的第一张门票。财政部长宋子文花费 2,000 美元购买了本次展览会的第二张门票。与 1910 年展览会上的情况一样,一位海外华人参与者花费 10,000 美元购买了第三张门票。蒋介石夫人(宋美龄,生于 1897 年)随同其他官员的妻子们,在展览会第一天晚上也参观了展览会。(《中华国货展览会昨日开幕盛况》,1928)

〔14〕 GSB 1929,第 5 卷:"工商部中华国货展览会中华民国时期年度收入计算书"(1928)。关于展览会早期筹集到的资金,参见《中华国货展览会常委会纪要》(1928)。

〔15〕 GSB 1929,第 6 卷:"本会出品种数分省分类照表"。遥远省份把它们的产品送至上海,在时间上有困难,这毫不令人奇怪。例如,来自新疆的四十多种展品在展览会开幕一个多月后才抵达上海(《申报》1928 年 12 月 9 日:14)。

〔16〕 不同展厅的全部记述,见 GSB 1929,第 1 卷:"会场指南",60a—64b。

〔17〕 GSB 1929,第 6 卷:"本会出品者统计表"。14 种类别是食用原料、制造原料、毛皮与皮革、油蜡及工业媒介品、饮食工业品、纺织工业品、建筑工业品、人身日用品、家庭日用品、艺术与欣赏品、教育与印刷品、医药品、机械与电器及其他。

〔18〕 GSB 1929,第 6 卷:"本会售品各业总额按周分类统计表"。这一卷包括很多统计表:每日、每周的销售,以及各种产品的总数。

〔19〕 GSB 1929, 第 3 卷:"大中华广告社启事"。

〔20〕 GSB 1929,第 3 卷:"刊物"。

〔21〕 大多数纪念品不那么复杂。像中华书局这样的中国公司印刷了 50,000 份到

处都可见的孙中山总统以及他遗嘱的照片,还有一本给孩子们看的杂志。几家中国香烟公司提供了数以万计的香烟。见《参加展览会之踊跃》(1928)。

〔22〕 实际上,活动势不可当的成功引起了管理上的问题。展览会更像一个公共游乐场,有每天的以及季节性的出入证,连同一份单独的精心制作的娱乐项目的入场门票。最初,组织者希望通过低价门票刺激人们对于国货运动的兴趣。然而,因为展览会意外地流行开来,尤其是展览会的娱乐项目,太多人涌入了很小的场地。结果,组织者加倍提高了票价,并对参加娱乐项目增加了附加规定。(《申报》1928 年 11 月 4 日: 13)

〔23〕 当然,很难作出这样的估计,这些估计主要是根据门票销售。

〔24〕 付费参观者的精确数量,见 GSB 1929, 第 6 卷:“本会每日观览人数统计表”。展览会期间持有出入证的人数,见 GSB 1929, 第 5 卷:“工商部中华国货展览会发售长期入场券明细表”。

〔25〕 本期报纸包括天津南开大学创始人及校长张伯苓 (1876—1951)的访问以及演讲。在两个多月的过程中,有许多其他人的演讲,包括大学和医学院的领导、著名团体的领导以及学者。例如,国民党元老及上海市市长吴铁城(1888—1953)的讲话(《申报》1928 年 11 月 7 日:13)。具有讽刺意味的是,吴铁城的父亲拥有一家销售洋货的商店(Wu Tiecheng 1969: 2)。

〔26〕《国货展览会》(1929): 12。

〔27〕《国货展览会》,《美国商会公报》(*American Chamber of Commerce Bulletin*) no. 158 (Nov. 1928): 5。

〔28〕 关于这位参观者演讲的稿件,见《嘉年国货展览会》(1929)。

〔29〕 有关这样的游说的具体例子,参见《国货会八聚委会纪》(1929)。

〔30〕 日报定期刊登展览会的娱乐节目,如《申报》1928 年 11 月 4 日:13。

〔31〕 完整的歌曲,见《申报》1928 年 11 月 12 日:13。

〔32〕 如 GSB 1929,第 3 卷:“分处宣传”中江苏、广东和福建的活动日。

〔33〕 关于集中于专门产业的这些以及其他宣传日的信息,见 GSB 1929,第 3 卷:“分业宣传”。

〔34〕 关于闭幕式活动的记载以及演讲的副本,见 GSB 1929,第 3 卷。尽管展览会预定于 12 月 31 日结束,但是组织者决定利用新年节日,展览会额外延长三天。额外延长的日子也有很多人参观。1 月 1 日,20,000 人参观展览会;尽管天气恶劣,但是许多人在最后一天参观了展览会(《闭幕后之中华国货展览会》[1929];《申报》1929 年 1 月 1 日:26)。最后一天恰好是“上海日”(《申报》1929 年 1 月 1 日:26)。

〔35〕 大型公司和组织,例如商务总会手持80盏灯笼、商报手持50盏灯笼游行。它们是地方政府组织的大型庆祝会的一部分。(《申报》1928年12月31日:13, 1929年1月1日:26)

〔36〕 天津在10月初组织了自己为期一周、规模不大的展览会(Hu Guangming et al. 1994: 1504, 1505, 1507-1510)。

〔37〕 在他们的计划中,组织者也积极寻找并获得许多其他组织及公司的支持(《申报》1928年12月18日:14, 12月22日:16, 12月30日:14)。

〔38〕 《申报》1928年12月24日:14;1929年1月1日:28, 1月5日:14, 1月6日:15, 1月8日:14, 1月10日:14。闭幕式实际上是一场国货运动集会,见《闸北国货流动展览会闭幕》(1929)。

〔39〕 孔祥熙部长也为举办一场北平的展览会作了初步准备,场地设在天坛周围(《北京贸易展览》[1928];也参见《申报》1928年11月28日:14)。

〔40〕 总共有来自上海展览会的42箱展品被送到马尼拉(《申报》1929年1月10日:14)。

〔41〕 函件是以天津代表卢孟岩的建议为基础的,政府高层包括资政院都支持该规章,他们在十一届议会中通过了国货陈列条例。苏州商务总会档案里有许多邀请参加全国各地展览会的邀请函,如SZMA File 1324: 104,该档案描述了1932年重庆的一次计划好的展览会。

〔42〕 见国民政府"命令208"(1928年11月17日)。

〔43〕 关于信函公布的新条例以及完整副本,见"行政院关于颁行全国举办物品展览会"和"国民政府工商部公函"。展览会的类型被分为三种:全国物品展览会、地方物品展览会、特种物品展览会。根据计划,全国展览会将是最高规格的展览会,将联合各省市组织;而各省市也将组织他们自己的地方展览会,为期两周至两个月;特种物品展览会将陈列诸如肥皂、茶叶等物品,由每个产业自行组织,为期一周至一个月。全国物品展览会每年举办,地方物品展览会按照省市自己的意愿安排。条例还建议各种团体和行业创办流动的国货展览会。各省被要求遵照部长的命令,建立国货陈列馆以及举办展览会。另外,在政府支持的运动期间,例如1930年代中期的新生活运动,要求地方组织把举办国货展览会纳入他们的部分章程(SMP File 5727, 1937. 4. 15: "新生活运动促进会")。

〔44〕 当然,这不是杭州首次举办这样的活动。例如,一年以前,杭州已经举办了一次规模不大但非常成功的活动(见《杭州展览会》[1928])。关于1929年展览会的概述,见Luo Jiping 1997。

〔45〕 据估计参观者超过 2000 万是有疑问的。参观所有 10 个展厅的访问者总数略低于 1800 万。无疑大多数人不止参观一个展厅。同时，许多人有通行证，允许多次出入。无论如何，这是个人气极旺的商业展览。关于出席者的统计，见“参观团体及人数”，Zhejiang jiansheting 1931，vol. 1，chap. 2：55-57。

〔46〕 许多方面使此次展览独一无二：场地的规模、建筑物的数量，包括私家住宅、寺庙、公共建筑甚至一家动物园，这些建筑散布在整个西湖以及孤山地区；展览的物品数以万计；展览会预算庞大（400,000 美元）；外国报纸的报道量；展览会持续时间（将近六个月）；最后，还有限量洋货参加展览。

〔47〕 展览会组织者频繁访问上海展览会，以研究其优点和缺点，并征求提交的产品。最初计划 3 月开始，但是组织者决定把活动推迟一个月，以便不与武汉展览会的时间完全重叠（《申报》1928 年 11 月 29 日：13，12 月 9 日：14）。

〔48〕 例如，12 月下旬，因为上海展览会结束，像上海国货工厂联合会这样的上海运动组织，开始聚集它们的成员参加西湖博览会。上海国货工厂联合会是上海运动组织中专门致力于中小型国货制造的少数几家中的一家。（《厂联会参加西湖博览会》）

〔49〕 西湖博览会同样形成了令人印象深刻的报告——一份综合性的 6 卷报告，包括了活动每个方面的细节（Zhejiang jiansheting 1931）。

〔50〕 此展厅照片，见《西湖博览会参观必携》（1929）。

第四部分

民族国家、性别与市场

第七章

女性消费群体的民族主义化

我认为穿国货是一件最高贵和荣耀的事情；相反，如果让自己全身穿着舶来品，不仅会被认为身体下贱，也是无比难堪的事情。

——一位 1934 年妇女国货年参与者

至于使用国货，理所当然在男人和女人之间并没有什么区别，但是使用它的巨大权力却完全操纵在女人手中。

——上海市政府的官方文告

欲享男女平等权利，必先表现平等力量。妇女既不宜效力疆场，自应尽全力提倡国货。

——妇女国货年的一则官方标语

女人对国货运动非常关键,这不仅因为她们是参与者,而且她们也是民族主义消费者的理想代表。从国货运动一开始,运动组织就鼓励妇女进行民族主义的消费,妇女在最初的国货运动中就参与进来了,如创办民族商品展览会(例如,参见 Beahan 1981:231)。[1] 实际上,国货运动组织是由商人、学生以及政府官员组成的,他们的妻子的活跃举动鼓舞其他女性参与进来;实际上,他们经常把妇女描绘为运动的中坚。运动提倡者主张,如果妇女能够学会民族主义化消费,中国不仅可以在帝国主义的侵略中生存下来,而且会变得越来越富裕和强大。有篇文章这么描述其间的关系:"人们注视着妇女的一举一动;这样,只要她能够提倡并热心地去购买国货,她就将获得大家的尊敬。"(《妇女与装金》,1934)在这些叙述中,妇女有能力扮演民族救星的角色。

妇女也是国货运动主要的难题。当中国持续进口一些被国货运动指责为非必需品的时候,时髦女性消费者就被当作帝国主义侵略的代理人而遭到攻击,她们还被认为是导致国家毁灭的催化剂。于是,这些妇女成为不应如何消费的范例,被认为"不爱国",因为她们不管物品的深刻意蕴,而被浮华表面所迷惑,这在她们追求舶来品的时尚中可以看到,因为她们更渴望直接的满足而非长远的利益。她们在购买商品时,权衡再三的是价格和质量而不是国别。然而,最要命的是,她们是"贤妻良母"的对立面:把家务弄得乱七八糟,并且在抚养孩子的时候不去考虑民族主义消费的重要性。在这些例子中,她们的消费行为损害了中华民族努力抗击帝国主义列强和他们的产品大军的努力,这些外国商品让中国妇女神魂颠倒,并在破坏中国产品的市场。支持国货运动的人认为,如果妇女消费者仍旧缺乏民族意识,那么,她们将在每次一个个硬币和一件件进口货的交易中,盲目地加速国家的毁灭。

在 1934 年的妇女国货年中,两类对立的女性代表特别突出:一类是英雄的“爱国的消费者”,一类是顽固的“不爱国的消费者”。[2]通过探究这些事件、参与者以及这一年前后情形的论述,我们不仅能揭示第二次世界大战之前消费的复杂性,并且能看到在民族主义的伪装下,在逐渐形成的消费文化中,国货运动中的妇女形象话语表征是如何强化了父权制。[3]通过大声谴责女性消费者在实现爱国理想方面不予尽力,妇女国货年的组织者帮助强化了这么一个观念,即:妇女几乎不能完成她们为国家服务的家庭责任。这转而证明了中国继续远离早期以妇女解放为目标的更为激进的社会思潮是正确的。同时,运动通过强调妇女在民族解放中的潜在贡献,提倡应重新确定妇女在家庭中的角色地位。因此,提倡者不是要妇女离开家庭,而是激励妇女通过变成民族主义消费者来重塑她们作为“贤妻良母”的角色(参见图 7.1)。[4]

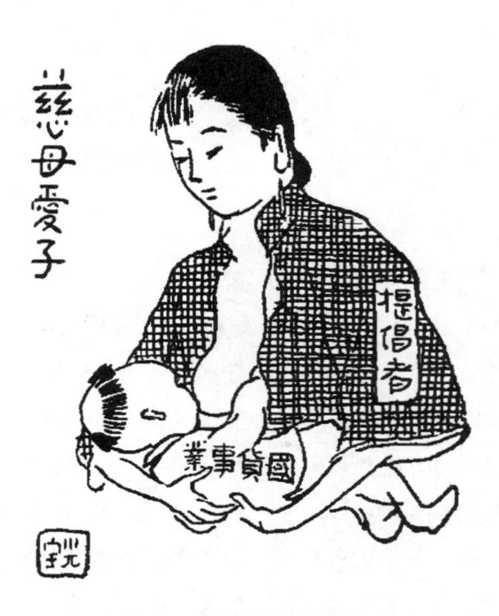

图 7.1　作为国家救星的妇女

(《国货评论刊》1 卷 2 期,1926 年 1 月)

国货运动试图通过民族主义的消费来定义妇女,因此,如何表征妇女是国货运动的关键。如上图所示,运动的支持者和民族工业发展之间的密切联系,被形象地比喻为正在抚育孩子的母亲,左边的文字告诉我们题目是“慈母爱子”。这幅中华国货维持会刊印的图片显示了运动的“提倡者”(写在衬衫上)像一位哺育“国货事业”(写在孩子身上)的母亲。在这些画像里,妇女不仅通过她们自己的民族主义的消费,也通过哺育孩子来帮助国家。

隐藏在“妇女国货年”背后的民族主义消费观念,同时也可用于男性。这些被建构为“不爱国”的消费性别叙述发展起来,也给男性消费者敲响了警钟,如果他们按照自己的意愿去做,也可能以同样不爱国的方式进行消费。这些负面叙述警示男性对不爱国的女性消费者不要持赞赏的态度,那样会让她们更加胆大。在这些表述中,中国女性消费者开始使一套与消费紧密相关的观念,即

“自我牺牲和忠诚的永恒中华文明美德”具体化起来(参见 Duara 1998)。她们扮演纯真或真正的爱国消费者,正如那一小批男性同胞(在下面的章节中会讨论到)代表的真正的“爱国生产者”一样。理想的女性爱国消费者既是其他女性效法的英雄榜样,也是男性认可追求的对象。

有三个重要原因把性别消费(主要关于妇女)作为单独一章:第一,国货运动的目标是使所有中国人的消费行为民族主义化,但是它的实现途径却要针对不同的社会角色而有所变化。这部分的研究说明不同群体(男人、女人、儿童、学生、商人、企业家,特别是妓女)在这场运动中互相关联着。第二,正如本章开头的引文和创立国货年都将女性视做对象所标明的那样,国货运动对女性消费者给予了特别的注意。民族主义消费的支持者们懂得妇女所扮演的两种角色传统上主宰了家庭消费。首先,妇女是代表着她们家庭的主要消费者;其次,她们抚养孩子的职责意味着她们处于向孩子灌输民族主义消费习惯的最好位置。

这两个原因促成了聚焦于妇女的第三个原因。到 1930 年代,被看作是运动目标的主要威胁的一种新式女性形象——摩登女郎——出现了。[5]这种主要以都市和国际化为导向的现象使一种与消费紧密相连的新女性形象具有了生命力,而这种消费恰与国货运动相关内容对立。消除这类形象的吸引力逐渐成为国货运动的关键。本章论证了政府和商行(当它声称代表国家利益的时候)把从前相对不受约束的购买决定转变为大众公共监督,从而干涉男人和女人的家庭私生活。实际上,国货运动——特别是妇女国货年——通过否定公共和私人领域之间的区别来试图证明这是正当的。使个人的消费活动明确成为充满民族主义色彩的政治行为正好是运动和国货年的目的所在。

本章探究了在民族主义化的消费文化中妇女的角色和表现。第一部分研究女性消费者的类型,探讨了国货运动希望中国人把怎样的女性消费视为不爱国的消费,以及其原因是什么,这有助于解释运动是如何努力去纠正这种行为的。第二部分把这些问题放置在 1934 年的妇女年,这是规范女性消费生活的一年。三个主要的节日提供了一个视角去考察运动是如何看待妇女安排好她们的家庭以及她们的亲属、朋友间的相互关系的。同样,国际妇女节(3 月 8 日)为研究那种正在形成的观点提供了机会,即把妇女同国家联系在一起是忠诚和顺从的最高形式。国货运动和国货年采用了所有这些活动来形成民族女性问题的新规范,即母亲、女儿以及消费者追求时髦或进行更广义的消费时,心中要考虑国家利益。最后一部分讨论了敢于公开挑战以上论调的少数女性。

正在消费的妇女的形象

女性消费者与父权制度下的“国家利益”之间的冲突,已成为现代历史上性别大战的一部分。20 世纪的女权运动和其他社会运动的研究显示出,不管是自愿的或被强迫的, 妇女运动一直只能扮演次要角色,从属于民族国家创建方案(参见 Jayawardena 1991)。[6] 在这一过程中,女权的鼓吹者在被预设为先决条件的更大的民族主义话语面前不断地服从、牺牲她们的目标。[7] 在这种主流叙述话语中,民族解放成为妇女解放将要(或者应该)遵循的首要目标。民族国家建设和中国妇女角色变化之间的互动历史正开始被学者们关注。在这些研究中,妇女解放开始与政治革命运动劳工运动甚至心理变化联系起来。(Gilmartin 1995; Hershatter 1986; Honig 1986; Collins 1976)[8] 我希望能在本书中把妇女解放进程和都市消费文化萌芽结合起来,这里的重点是激烈的反帝主义和民族主义的消费话语的结合是如何使妇女运动的目标从属、归附于民族主义的。

妇女解放运动和民族主义话语很久以来就被联系在一起了,其中妇女运动的目标被民族主义所整合是妇女运动一直以来面临的威胁。自晚清以降,男人关于妇女解放运动的论说总是强调要提高妇女地位,如此可使她们与男人一道更好地为国家服务,他们很少讨论承认妇女自身的天赋人权或不能被剥夺的权利。[9] 改变妇女社会角色从而使她们更好地服务于国家的理由可以清楚地在 20 世纪末的两个主要问题中看到:缠足和妇女教育(Lü and Zheng 1990:150-168)。著名改革家梁启超是这个改革构想最有名和最早的支持者之一。他认为中国的落后应归因于对其国民身体和智力的潜在贡献存在多种束缚,他对加诸妇女身体的限制给予了特别关注。比如,梁启超非常严厉地批评缠足行为,因为它使得妇女不能为国家富强做出贡献。[10]另一些早期改革家们关注的焦点是妇女教育。甚至到清朝即将结束,妇女已经参加了这些最初的讨论的时候,她们总是重复男性主导下关于民族国家至上的论述,例如,在论及关于20世纪初为教育妇女所给出的理由时,历史学家夏洛特·彼罕(Charlotte Beahan)看到:"妇女因将来要成为中华民族的母亲和将来中国的市民而接受教育。教育并没有被认为是妇女本来权利,只是当对整个国家有益时才绝对必需。"(1975:385)[11]

然而,把妇女社会角色和地位的改革当作建设民族国家的前提,这是把双刃剑。这种联系使得改革观念在相当广泛的人群当中,特别是在那些有能力实际推行这些新观念的男性之中得以合法化。此种广泛的吸引力使得改革者在妇女解放方面取得明显成果,例如,废除缠足和增加女子学校的数量(Borthwick 1983: 114-118; Ma Gengcun 1995: 127-141)。但是,对改革者来说,这种联系最终却被证明是致命的。在1910年代末和1920年代初,新文化运动和"五四运动"时代要破除传统,社会批评家们对现存的父权制进行了广泛批判。为拯救民族国家,像陈独秀(1879—1942)这样的改革者号召进行一场革命性的社会和政治的变革,包括废除作为社会最基本单元的家庭。然而,当改革目标扩展的时候,他们遇到了阻力,有人质疑普遍提高妇女特别是他们自己妻女的地位是否符合国家的需要。

在1920年代末期,妇女解放运动中更为激进的部分和国家利益的支持者之间的关系紧张到了顶点。1930年代对性别规范的强化最好看作是对"五四"激进主义持续不断的批评回应的一部分,此种激进主义思想从一开始就仅有极为有限的号召力。尽管妇女解放的鼓吹者在这前后非常活跃,1920年代的激进分子用"革命行动作为一种手段去有意识地重新塑造中国的性别秩序"(Gilmartin 1994: 201)。尽管他们的直接目标失败了,但是,他们的积极行动成功地宣扬了妇女问题——这表现在诸如国际妇女节这类事件的出现方面,也表现在关于性别角色的公众讨论扩展方面,还表现在新的社会组织的发展方面。同时,这十年历史揭示了政治家们因试图建立广泛的男性支配而牺牲这些最初的成就是多么地迅速和容易。在这十年里,男人仍旧始终支配性地控制着妇女,也控制着妇女表征的产生和分类。国家主义者(国民党)和共产主义者(共产党)的政治分裂使双方先前的立场迅速发生变化,他们改变并收回了先前在妇女解放方面表现出的激进立场,双方都发现推进诸如平等就业机会、自由离婚以及扩大法律权利是政治负债。事实上,性别政治逐渐成为两党区分他们的不同的方式之一,就如每一方都试图描述对方正在接受更为偏激的社会改革计划一样。[12]

新生活运动和家庭的军事化

在中华民国历史上,1934 年主要以新生活运动开始而闻名。[13]新生活运动正式开始是在 1934 年 2 月——据说是因为蒋介石目击到一个小孩在蒋夫人面前撒尿(Payne 1969: 162)。[14]以蒋介石为首的国民党政府通过普及"传统"中国新儒家思想和外来的一些意识形态,努力地谆谆劝导人们要加强自律、群体责任感以及民族忠诚。新生活运动的外国榜样是意大利和德国的法西斯独裁政权,有时也与蒋介石自己曾在日本士官学校的经历所带来的军事规范有关。[15]

在一定层面上,考察新生活运动对于研究国货运动是有益的,因为新生活运动是民国时代诸多改革尝试之一种。这些改革尝试都强调为了民族国家利益规范个人行为,它们也劝导每个中国人说,民族解放存在于既定的行为规范中。新生活运动强调的是,为了民族救亡,最为需要的莫过于每个中国人发生内在的转变(Eastman 1976: 202)。[16]国民党的宣传频繁地把中国的力量同培养自律、自我牺牲、忠诚以及服从联系起来。蒋介石自己经常把民族生存和个人行为联系起来:"如果我们要重建国家并且报仇雪耻,那么我们需要的不是谈论枪炮,而是首先要讨论如何用冷水洗干净我们的脸。"(Eastman,1976: 202)[17]

国货运动通过新生活运动来扩展它的进程。例如,新生活运动中的千余家分支机构被引导来响应提倡国货的号召。[18]国货运动也重新解释了被夸大了的、作为新生活话语核心的中国传统美德来适应它的需求。新生活运动的领导者把神圣的中国美德礼、义、廉、耻和军事化结合在一起,力图培养一个纪律严明、充满爱国心以及精力充沛的民族。[19]然而,国货运动的参与者在民族主义消费的语境中来界定这些美德,举例来说,穿外国生产的衣服是缺乏羞耻感的表现，再比如他们认为一个人应该通过爱国主义消费来培养这些传统美德。正如一个高中低年级女生提出的："使用国货的人有这种羞耻感，不使用国货的人缺乏这种羞耻感。"这个学生还根据运动的要求重新解释了其他美德，例如，通过自愿购买国货，"即使花费比进口货更多"(Zhang Mingdong 1934)，人们还是可以从中培养和证明自己的廉正(见图 7.2)。[20]

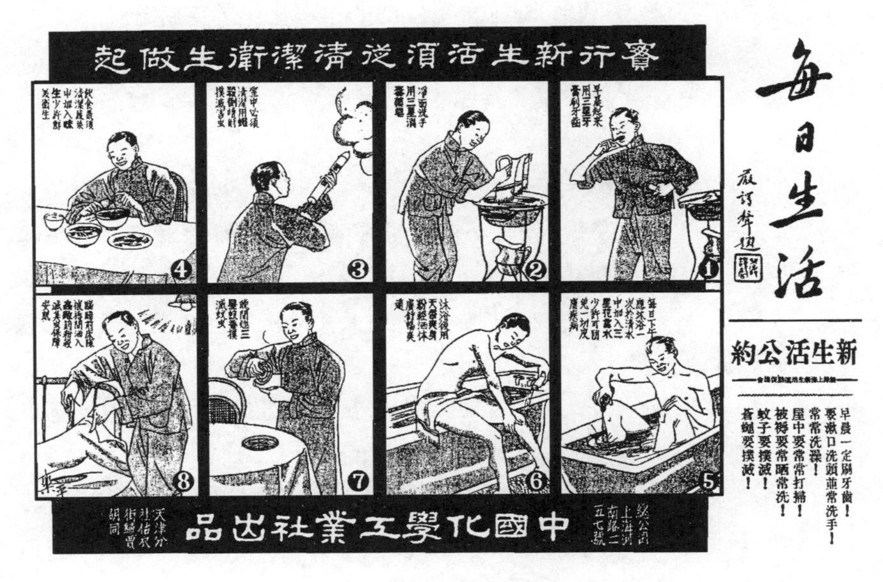

图 7.2　新生活实践

(《申报》1934 年 6 月 29 日)

这幅关于个人清洁和中国化学工业社制造的卫生产品的广告表明新生活运动被国货运动迅速同化。当新生活运动制造出诸如"早晨一定要刷牙齿"和"屋中要常常打扫"(右下角)的标语时，这幅广告被国货运动的一个主要倡导者用来表达消费国货是获得"新生活"的方式。广告提示人们，如何从早晨的第一件事情到晚上的最后一件事情都用中国化工产品：(1)早晨起来用"三星"牙膏刷牙齿；(2)净面洗手用三星消毒药皂；(3)室中必须清洁，用蝇杀倒喷射扑灭害虫；(4)饮食最须清洁，蔬菜中调入味生少许，鲜美卫生；(5)每日下午应沐浴一次，于清水中加入三星花露水少许，可防免一切皮肤疾病；(6)沐浴后用天香爽身粉轻洒体肤，舒畅爽适；(7)晚间燃三星蚊香扑灭蚊虫；(8)临睡前床隙被褥间洒入虫敌药粉，杀灭臭虫，保障安眠。

更进一步的是,国货运动帮助确定了中国社会的普遍、全面的军事化目的(Dikotter 1992),以及组织者试图在全体中国人中建立共同目标。学者们早已广泛地对国民党及其政府的军事化进行了讨论。[21]然而,国货运动所确定的军事化形式和宣传语言显示了要把军事化延伸到社会更深层的尝试。[22]这种军事化深入到家庭,以至于妇女希望能够把她们的家庭妇女角色同救国者联系起来。确实,1934 年妇女国货年的官方标语清楚地显示为了国货运动的利益,对这种更广泛的军事化作了重新解释[23]:

1. 妇女如能率领家人使用国货,就等于率领将士在疆场上为国杀敌。

2. 妇女如果绝对不买外货,就等于战士收回失地。

3. 欲享男女平等权利,必先表现平等力量。妇女既不宜效力疆场,自应尽全力提倡国货。

4. 国家兴亡,匹夫匹妇均有责任。妇女救国的武器,就是一颗服用国货的决心。

5. 去年外货入口达十三万万四千五百余万元,今年是妇女国货年,应使入口减少,方足表现妇女爱国力量。

6. 去年粮食面粉入口居第一位,总数达二万万七千五百余万元,丝织品入口达一千三百余万元,仅上海一地倾销香水脂粉达一百余万元,这多是从妇女手里流出去的。

7. 去年一年内,中国工厂倒闭三百余家,失业工人约三十三万人,工人及其家属限于冻饿者,约二百万人,如果妇女能率领家人服用国货,可救活二百万人的性命。

8. 妇女们!稍牺牲一点美观吧!既可救国,又可救人,这是多么伟大的行为呀!

9. 以服用外货为华贵,为漂亮,那是一种最可耻的心理!

10. 浪费金钱购买外货是最不道德的行为,我们从此就购买国货吧!

11. 国货虽不及舶来品美观,但既生为中国人,就只配用中国货。

12. 我们要以永远不买外货教训我们的子女!

13. 我们要以提倡国货唤起民族意识!

14. 中国有七千万流离失所的农民,都是帝国主义者剥削我们的结果。

15. 我们如要抵抗帝国主义的剥削,就只有提倡国货。

这些标语简洁地总结了在本章中探讨的国货运动与对女性消费者的表征之间的四种主要紧张关系:第一,对应国民党的风格,标语充满了军事比喻。[24]在这个例子中,市场一方面是由妇女主导的战场,另一方面则是负载民族大义的商品(特别是标语 1—4, 15)。模范的男人在战场证明他们的爱国心,而模范的女人则在模拟的战场即市场证明这一点。[25]第二,就像军事战场是专门为男人准备的,市场则是证明理想的女性气质和母性的试验场(标语 3—12)。如另一条运动标语显示的,“妇女是公民的母亲;使用国货是国家财富和权力之母”(Zhang Jian and Wu Linwu 1996: 441)。第三,标语加强对“无爱国心”的女性消费的敌意——并引用了据说是贸易统计提供的毫无争议的数据来证明这种敌意是正当的(标语 5—7,14)。最后,国货运动通过论证美丽是取决于民族性的,明确了把民族主义纳入到女性审美和时尚中的巨大需要(标语 8—11)。[26]

从现实生活中的女性到理想化的家庭主妇

20 世纪初妇女解放运动的最初阶段取得了一些成就。以前,“贞节”妇女通过缠足而被严格限制身体灵活性,习俗也不鼓励妇女同异性交往。1920 年代末,妇女们在家庭之外的地方,诸如新式学校、剧院、同乡会以及海外归来学生的群体,更为经常地相互交往。[27]此外,相比于以前的时代,妇女自身在社会角色转变中扮演了积极的角色。据估计,超过 100 个妇女组织在 1911 年辛亥革命后的二十年间如雨后春笋般建立起来。这种新景象给在中国的外国侨民留下很深的印象,1911 年前到中国旅行的日本人和西方人,经常提到在公共场合看不到中上层女性。[28]按照一位长期观察者的看法,在 1930 年代之前,妇女更频繁地出现在一些公共场合:“妇女们,尤其是更年青的一代,现在陪伴着她们的丈夫出入饭馆和娱乐场所，以及在公共剧场坐在他们旁边。仅仅在五年或者六年以前（也就是1920年代中期），如果妇女参加公共集会，她们会被小心地隔离在大厅的另一边。”（van Dorn 1932：242-243）

由于妇女参与的室外活动日益增多，新生活运动和家庭主义的论说变成了越来越理想化的描述，脱离了都市的社会现实。它们对妇女应该做什么给出了规定，而不是正确描述什么是妇女实际上越来越多从事的活动。这种差异使那些不遵从这些规范角色的妇女在社会上受到诽谤和伤害。社会努力迫使妇女回到狭窄得多的、被规定好的以家庭为中心的社会环境中去。但是这与过去有别。现在妇女被告知回到家庭，（并不是试图将她们）排除出公共生活，而是劝说她们以既定的方式参与公共生活。此外，妇女组织也加入到强调妇女家庭角色的具有民族意义的运动中来。

真实（authentic）与不真实的（inauthentic）现代妇女

尽管国货运动寻求把它的价值观念灌输给每一个中国妇女，不过还是有轻重缓急之别。相关文献表明运动针对的对象主要是都市“中上阶层的妇女”（《对于妇女们的几句忠告》，1934）。[29]换句话说，运动关注的焦点用社会学家皮埃尔·布尔迪厄（Pierre Bourdieu）的术语来说是“时髦制造者”（tastemakers）和“文化媒介”（cultural intermediaries）。在上海，这特指中上阶层的妇女和妓女。作为一般意义上的时髦制造者，这些妇女不仅仅拥有金钱，她们还有“程度不等的接触各种时尚知识的机会”、文化资本及在大城市尤其是上海可供利用的大量资源，这些都给她们提供了更多的方式诸如时尚杂志，以及更多的地点诸如专门的商店和公共场所，去了解和学习。（Bourdieu 1984）[30]国货运动认为这些妇女是最坏的罪犯——她们具有知识知道什么是更好的，并且有能力改变，尽管这并不经常发生。此外，作为时髦制造者，她们的选择被城市乃至全国的其他低层阶级所模仿。把这些妇女转变成建设新民族主义中国妇女的角色典范成为重要目标，的确如此，一些这样的妇女在运动中是最活跃的——政治家、职业人士以及商人的妻子和女儿。[31]

尽管这种说法都共同指责社会型“妇女”，但主要的违反者是那些摩登妇女(摩登小姐、摩登女郎)。[32]像正在形成的消费文化中所创造的其他社会类型一样,这些妇女极容易通过消费和休闲习惯识别出来。相比于主要购买国货的农村妇女,“摩登妇女”消费的几乎无一例外是舶来品。[33]她们的消遣活动以舶来品为中心,比如频繁地光顾电影院、舞厅以及发廊和驾车兜风这些奢侈浪费的行为。[34]依照一篇文章所说,这些女人“比乞丐和流浪汉更坏”,像这两类被轻视的社会群体一样,她们什么都不生产。更糟糕的是,这些女人通过她们的现身说法对社会起了负面影响。(《对于妇女们的几句忠告》,1934;《真正的摩登妇女》,1934)一项关于这些人的调查显示了爱国与不爱国的消费是如何产生真实的以及不真实的妇女的。

“摩登妇女”的形象对运动促进形成民族主义消费的努力很重要,对国家再度控制妇女行为的意图也很关键。这个形象表现了运动和新家长制的民族国家声称反对的现象:不计后果的普世主义、浅薄以及不尊重社会习俗。[35]

这些形象表征还同时包含着更为深刻的种族、阶级以及性别意义。这些妇女盲目崇洋媚外的倾向显示出她们对自己种族的背叛以及“奴隶心理”;因为她们明显拒绝官方主宰下的对女性气质的阐释,所以又是女性中的叛徒;她们铺张奢侈的消费破坏了约定俗成的习俗,并使之失去威信,而且加剧了阶级紧张,从而对其社会阶级造成了危险。这些似乎并不关心政治的女性造成的威胁要远远超过那些更多停留在口头上的对政治感兴趣的人,这些人实质上仍然囿于民族主义叙述话语的范围中(“对我们有利的就是对民族有利”,反之亦然,“对民族有利的就是对我们有利”)。更进一步说,由于这些妇女经常缺乏或者被拒绝给予明确的政治身份,她们就比较难以成为征服目标以及被支配和控制。具有讽刺意味的是,官方组织攻击得越厉害,形势似乎就变得越坏。因为这些妇女的部分姿态是要规避社会习俗,所以国家不断地确定这些社会习俗反而破坏了自己的目标。是否违反这些习俗是关键之处,当规则和期望值都非常清楚、明晰的时候,就非常容易违反。[36]

政治指责的对象和客观现实

引用商业统计资料进行论证不仅在国货运动中是鼓动力量(参见第

一章),而且也有力地抨击了"摩登妇女"和其他被贴上"不爱国"标签的消费者。许多文章用象征性的语言或间接的暗示,以中国的贸易赤字来批评不爱国的女性消费者。[37] 1933 年贸易赤字预计超过 9 亿美元,一篇文章写道:"这意味着每个中国人要给外国人超过 2 美元。"(《申报》1934 年 1 月 1 日)[38]这些统计资料被用来作为无可辩驳的科学证据,来批评缺乏爱国心的中国妇女,特别是针对那些自我标榜为摩登的女人。[39]这些统计资料为证明女性背叛的准确数量提供了坚实的证据。在国货运动开始的这一年以及此后其他年份,几乎所有文章都直接或间接地提到中国每年的贸易赤字,也会提及商品的具体数字。有了这些不爱国消费的不容置疑的证据,国货运动的提倡者就有了基础去攻击由消费产生的这种生活方式——并且,国货运动实际上也给其他活动(例如新生活运动)提供了这种基础。此外,这些数字同其他数字成为组织以性别为主题的国货年的主要理由,也就是说,这一年是用来宣示和矫正统计出来的最不具有爱国心的消费者——妇女——的行为的年份(参见图 7.3)。[40]

国货运动并没有对所有舶来品和消费者进行同样的谴责,这里存在一种含蓄的产品分类——有一些产品比其他产品更被社会所接受。最具有叛国色彩的物品是那些用于满足女性自我放纵的东西,特别是香水和化妆品。[41]这些东西通常被用来当作国家崩溃的象征,在这些说法中,因为女人不能控制她们的欲望,中国处于"亡国"边缘。贸易赤字对于全体中国人来说是衡量标尺,精确地检验着整个运动的成败。然而,在 1930 年代初,精确的数字被用来识别罪犯后面的罪犯——或者是那些被数字证明要对国家失败负主要责任的人。于是,这些物品和它们的消费者就成了众矢之的(参见图 7.4)。[42]

抨击"摩登妇女"成为妇女国货年的一个重要特色。"新妇女"的概念虽然从 20 世纪初就已经传入,但一直就像在社会广泛传布的"赝品"观念,即:那些看起来"新"的女人却怀有根深蒂固的传统观念(Edwards 2000,120-125)。通过批判那些误读了"现代性"含义的女人,国货运动的文章加入到这一批评潮流中来,认为这些愚蠢的女人盲目地把西方的任何东西都与现代性等同。[43]这个错误威胁着国家的持续生存,具体代表就是其国货。就像一个作家指出的:"我们必须弄清楚外国产品及其

图 7.3　时髦的叛国者

(《国货月报》1 卷 1 期,1934 年 5 月)

这是在 1934 年妇女国货年中传播的一类时髦都市女性的典型形象。这幅图描述了“中国”(从她衣服上的汉字可以看出)就像一位穿着入时的女性被“外国经济势力”所掌控(在手上)。左边的标题解释了中国处于这种可怕困境的原因:时髦控制了中国妇女。

图 7.4　帝国主义的推销员

(《国货月报》1 卷 2 期,1934 年 6 月)

这里还有另外一个例子,在 1934 年的妇女国货运动中产生了许多图片、故事、文章以及其他文本。这些文本痛斥中上阶层妇女在舶来品消费方面的普及作用,认为她们因此而支持了帝国主义。右上角的文字谴责这些女性是“洋货的忠实推销员”。

样式表现出来的现代性并非真正的现代性及其样式。这种表达真正体现了一个人的愚蠢无知,在号召提倡国货的时候,这是个羞耻行为。”[44]

堕落的“妓女”

不光是“摩登妇女”,“妓女”这个群体也成为妇女国货年和国货运动中理想的民族主义女性消费者的对立面。在同情国货运动的媒体表述中,妓女形象是和不爱国消费联系起来的有力象征,在 1920 年代和 1930 年代,妓女越来越被当作女性和国家发展的障碍。(Hershatter 1992:146)[45]国货运动在许多方面加强了对神圣的国货和污亵的舶来品的比较,或许最为直观的物品是衣服。在运动中,这两种类型的衣服产生了互相对立的社会认同。正如一位作者表述其中的关系说："我认为穿国货是一件最高贵和荣耀的事情；相反，如果让自己全身穿着舶来品，不仅会被认为身体下贱，也是件无比难堪的事情。"(《国货与妓女》,1934)

正如运动的大多数提倡者一样，这位作者使用由外观提供的视觉线索暗示来羞辱那些顺从地穿着外国衣服的妇女，并用新名词来描述那些穿着国货的妇女。因为妓女以穿着时髦的外国衣服出名，所以作者就建议把所有穿着舶来品的妇女称为"妓女"，并敦促使一个新口号流行起来："所有穿着外国衣裳的女人都是妓女。"正如作者提到的："我鄙视她们。只要看她们一眼，就知道这些女人道德败坏、声名狼藉。"与此相反的是，那些穿着国货的妇女应该被认为是"志同道合的人"或者"时代的妇女"。(《国货与妓女》,1934)[46]不幸的是，这篇文章并没有给出"一眼"就可以辨别出织物国籍的秘密。

"妓女"这个词成为社会堕落和帝国主义渗透的双关语。[47]把消费舶来品与"妓女"这样的词语联系起来，就为把消费帝国主义产品的人当作"非人"提供了基础，从而进一步阻止那些注定是不爱国的消费行为的发生。国货运动需要净化"妓女"及其所代表的消费习惯。

真正的现代性和真正的中国妇女

国货运动的倡导者非常焦急地希望改变人们对"摩登妇女"的向往，因为害怕那些效仿会迅速地流行到中国各地。正如妇女国货年第一天发表的一篇文章警告说："小城镇和乡村的人们均在模仿着大城市的消费潮流。"(《申报》1934 年 1 月 1 日)[48]另一篇文章提到在城乡中散布时尚知识的一个实例是在妇女中流行往腿上撒粉。文章谴责妓女们开始有这个习惯，"摩登妇女"接纳了它，而农村妇女仿效了都市妇女。(《妇女国货年会常委表示》)[49]国货运动通过频繁地大声谴责"摩登妇女"来寻求转变这种倾向，同时提供民族化的替代品以形成竞争，如"志同道合者"或者"时代的妇女"。然而，就如在本章倒数第三节显示的，同情国货运动的人通过树立个人典范，并在一年中组织诸如时尚展示会和化妆教育营等特别活动，也投入了这场战争。

国货运动试图通过提供外国妇女的肖像作为民族主义消费者的形象

模特,来打破“摩登”同国际风尚和产品的关系。这些外国形象模特总是来自于那些被认为非常现代化的国家,如美国、德国、日本以及法国。在这些例子里,时尚充满激烈的民族主义色彩,而非浅薄的世界主义。报纸上的文章告诉人们,这些领先潮流的国家中的妇女,在民族主义消费方面作出了英雄式的努力,甚至当她们在国外的时候也是如此。其中的一个榜样是非常有名的好莱坞女演员到法国去访问,当她在那儿的时候,无一例外使用的是美国货,只在美式餐馆就餐,对法国货完全没有兴趣。按照报纸上写这个故事的文章所说,表面上愤怒的法国人却在暗地里对她的爱国精神表示敬佩。在另一个故事中,一位生活在上海的日本母亲,命令她的孩子去一家偏远的日本人开的商店买笔记本。然而,她的孩子在附近的中国商店买了一本中国产的笔记本来代替。当他回家后,他的母亲迅速检查了物品,认出是中国货。于是,她把这本笔记本撕为两半,并因为孩子的不爱国行为,严厉地批评了他。[50]

这些文章使中国读者清楚地了解到不仅仅是中国才鼓励绝对信任国货。更确切地说,每个强国的公民都认为这些措施是适当和自然的。正如一位作家写道:“我担心世界上唯一喜欢使用外国货的国家是中国。”(Zhao Yizao 1932: 39)真正的现代性,像日本和西方所实行的真实的现代化那样,要依靠民族主义的消费。因此,这种观点进一步认为,中国的富强要依靠她的女性消费者的忠诚。

上海之外的其他妇女

最后,尽管这章的焦点是上海,妇女国货年以及妇女的表现却产生了更为广阔的影响。为把国货运动传播到全国各地以及国外,到 1934 年,已经有许多非常好的渠道。其他章节研究的这些路线接近上海,这里只需着力指出的是,许多城市和村镇报道了与妇女国货年相关的一些活动。国货年的一些特殊物品被印刷并发放给每一个人。举例来说,潘公展先生和唐冠玉女士等委员会成员春天带队到北平、天津、济南以及青岛的国货工厂参观,在其他地方,他们努力同国货运动的同道支持者建立联系(《申报》1934 年 5 月 3 日)。[51]在这一年稍晚一些,积极分子林克聪带领代表团参观一个进口外国货的港口,来提升国货年的影响力(《申报》

1934 年 9 月 6 日)。诸如《妇女共鸣月报》这样的妇女月刊使其他城市的积极分子能够与上海的积极分子齐头并进,并鼓励人们跟着这样做。[52]许多地方的团体也群起效仿。比如,在江苏省镇江市,12 月 3—9 日被省议会宣布为"妇女使用国货促进周"。长期以来是抵货运动的重要部门的当地家庭调查组,提出去拜访家庭妇女,并向她们解释国货的重要性。[53]这些调查组也参观了女子学校,鼓励她们建立自己的调查组去调查更多地方。稍后,所有这些调查组加入到全体集会中来,汇报他们的工作成绩。[54]同样,在这一年,浙江省妇女会通过为"妇女使用国货联合会"编排规章制度来遵从妇女国货年的宗旨,还命令所有的乡村和城市都要建立支部。(《各地妇女积极提倡国货》,1934)[55]

爱国女性消费生活的一年

国货运动通过 1934 年妇女国货年,谆谆教诲妇女去实践民族主义消费的理想。在这一年中,举办了许多活动来促进国货运动,那些既定的办法可以列出一长串——建立临时市场、公共演说、组织展览会、印刷刊物、召集聚会、采访厂商和卖家,以及访问在其他城市和乡村的积极分子。[56]其中一些活动专门为女士而设计,比如时装表演会、化妆品展览会以及儿童竞赛等(见图 7.5)。[57]其他的活动,比如纪念国耻日,主要适合的目标是妇女。[58]然而,妇女国货年还开展了新的活动。[59]在本书第三章和第四章,研究集中在具有高度政治意义的国耻日,与之形成对比,本章重点放在几个极少具有明显政治意义的日子和妇女消费表现之间的联系,例如,妇女利用各种假日在管理家庭生活预算、抚养孩子以及代表家庭方面来塑造理想妇女角色。[60]

为新的一年定调

1934 年元旦,随着一场游行和集会的举行,妇女国货年开始了。在游行开始之前,组织者为主办方和国货厂商代表举行了开幕典礼。[61]国货年的积极分子林克聪发表了讲话,指出如果国货年成功举行,那么中国

图 7.5　国货时装表演会

(Huang Yiting 1934)

从一开始,运动就不拒绝时尚观念,即便那是以西方风格为基础的时尚;更确切的说法是,它拒绝的是脱离国籍的任何时尚观念。时装表演会是从那些帝国主义国家学习借用过来的一种商品展览形式,它能够促进建立在本国产品基础上的时尚。到 1920 年代末,这样的表演会成为国货运动中定期举办的活动之一。在上海最著名的商业区南京路,由中国国货商店主办的表演会上,当时一些最著名的演员在做国货时装的模特,包括(左起第一个)胡蝶 (1908—1989)、(左起第四个)艾霞 (1912—1934),以及(在艾的右边)宣景琳 (1907 年生)。

所有问题都可以解决。[62]他的讲话为这一年定下这么一个基调:林克聪没有说国货年成功的标准是什么,他的这个疏忽让后来国货年的参与者苦恼不已。这也是国货运动整体上的特色,它经常暗示说并不存在什么好的舶来品或坏的国产货。

游行经过了上海大部分地区,吸引了大批群众。它从下午一点钟从中国城(南市)开始。组织委员会获得允许在上海使馆区和其他外国人居住区进行游行,这要感谢上海声名狼藉的青洪帮头目杜月笙(1885—1951)的支持。[63]国货生产商和市场经销商的主要组织,包括为发扬国货而成立的上海市民协会和中华国货维持会，都鼓励他们的成员参加游行。超过 40 个最重要的中国经销商和国货厂商提供了 50 多辆彩车。由于游行之前在当地报纸的最重要版面进行了宣传，超过 10 万人参加了游行，并在队伍中大声欢呼。

像这次游行之类的事情有两个目的。最显而易见的是，这些活动的目的是提倡国货消费。但更通常的意义是它们对消费实践进行一种民族主义阐释。除了宣传产品之外，运动还为把反帝主义同中国民族主义的象征在产品上联系起来提供了一个机会。例如，南洋兄弟烟草公司的彩车就是一个外形用长城装饰起来的卡车。这里提供的信息是清楚的：中国需要构筑防御体系来抵抗国家面对的主要威胁——洋货。实现的办法就是要购买诸如这家公司的烟草产品这样的国货。另外两家重要国货零售商的彩车也把产品同保卫国家的思想联系起来。上海和中国国货公司都派出了类似于坦克的彩车。[64]

妇女国货年的友好集会

两小时之后，游行在北京路和贵州路的拐角处结束，湖州（浙江省）同乡会有一个更大规模的集会。除了主要的国货生产商和经销商，许多上海最杰出的妇女都加入到妇女国货年的友好集会中来，其中包括上海市市长吴铁城的妻子。在这个集会上，中国著名教育家蔡元培的妻子周养浩旗帜鲜明地指责妇女参与不足会导致运动失败，从而进一步确定了这一天的要旨："尽管提倡国货已经好多年了，但收效甚微。最大的原因就是妇女们并没有从心底里真正意识到提倡国货。妇女们是家庭用品的决定者。从现在开始，妇女们需要把购买外国货视为耻辱。"[65]

从另一种意义上说，集会是妇女国货年的一个象征。在这一年中，组织者用浅显易懂的大众娱乐形式去传达他们的中心思想，希望能够吸引和影响更多的观众。除了辛辣的演讲，集会还潜移默化地传播着信息，比如，放映一场国产影片，举办一场时装表演，上演一场传统戏曲、相声，以及一场名为《觉悟》的戏剧，演员的衣着装扮都是国货年的一位主要支持者设计制作的。传统和现代的成果都在改进后被用来传播运动和国货年的主旨。四小时之后，集会结束了。（Lin Kanghou 1935：5-6）[66]

国家利益与家庭管理间的联系

在这一年中,国货运动提倡者不仅要求每个人改变自己对消费的态度,还力促贯彻实现或重建消费活动。一个关键思想是监控不仅针对每个人自己的消费,而且还指向一个人的家庭、朋友以及中国同胞。其目的是要中国消费者能够把这种行为——一种行为规范意义上的民族主义消费——的特殊形式内在化,并且在其他人中强化这种规范。女人被认为在培养她们自己以及其他人的这种观念态度方面是至关重要的,这一节将考察一种监视家庭消费的具体操作形式及其背后逻辑。此种操作试图诱导妇女们将选择爱国消费实践视作一种参与国家公共生活的权利的表现,而不是仅仅作为国家介入家庭的一种新的形式。[67]例如,像妻子这样的妇女被鼓励去监控她们丈夫的消费,许多文章还提出了具体策略,有一篇文章为妻子们提出了三种鼓励正确消费的方法:"(1)如果你先生带回洋货,要拒绝使用它们;(2)如果你先生带回洋货,合格的妻子会对他说:'这些东西并不坏,但不幸的是,钱资助了外敌入侵';(3)当你的先生正考虑要买东西的时候,鼓励买国货,并告知买国货的好处。"[68]有些丈夫觉得给妻子进口货做见面礼有面子,另一篇文章则建议丈夫不应该考虑面子,特别是当用外国货已经意味着是"叛国者"而不是"更好质量"的时候。[69]

一种帮助家庭主妇解决传统的家庭预算管理的新方法——账簿为妇女参与民族救亡提供了途径。《申报》为那些在元旦那一天太忙,没有积极参与游行和集会支持妇女国货年的妇女提供了建议。[70]作者解释道,通过把家庭预算的概念重新阐释,妇女能够在民族救亡中扮演主要角色。那位作者从建立家庭财政和民族救亡的联系开始,通过强调家庭是民族救亡的中心,来提升妇女的重要性。作者进一步争辩说,由于女人控制家庭,她们在民族国家建设中的角色非常关键。

在个人以及民族救亡中居于中心地位的是采取民族主义形式的预算和计划。文章呼吁每天、每月、每年都要有计划。文章认为这种类型的计划会遏制购买外来货的冲动,能够减少糊里糊涂的行为。这样的行为被含蓄地描述为女性的和反现代性的,是自私的,必须被具有社会责任感的想法所取代,因为这些想法考虑一个人对家庭以及最终对“同胞”的责任。

作者通过家庭管理把这种模型和实践活动联系起来,其中的思想是鼓励妇女运用理性并克服冲动行为。[71]正如其他研究者发现的那样,这个时期被推广的许多新的家庭消费习惯表现出这种合理化特点。这些习惯包括从规范家庭用新的洗漱用品到改变清洁习惯到准备更有营养的膳食到喝牛奶。[72]正如这些学者指出的,这些新习惯理论上把小康或理性这些中国人的传统主题同国家富强联系起来。家庭预算合理化——实质上是妇女国货年和国货运动——同经济复兴和反帝行为明确联系起来了。

这篇文章为说明这种理想、理性的民族主义消费家庭,以另一位著名的中国教育家黄炎培和他的夫人为例,他们在运动中都非常活跃。每年除夕,黄氏夫妇都要抽出一点时间去讨论过去一年的支出和下一年的理财计划。在家庭账簿面前,黄氏夫妇一起确认“不合理的”和不经济的行为;根据这些信息,他们决定在哪儿进行缩减。下一步,他们为第二年制定一份预算,并在他们期望能够减少花费的地方注明。

最重要的是,作者论证了黄氏夫妇是如何通过强化国货的绝对重要性的意识而使他们的生活民族主义化,这绝不是简单地为了省钱。预算敦促家庭成员密切关注食物、衣服以及其他日常生活开支,这样文章作者就把家庭预算同国货运动联系起来了。在每一项中,消费者都被告知要明了每天、每月以及每年的花费,并且注明哪些是国货而哪些不是。他们被鼓励用国产品替代外国货,如果有的方面没有任何国货,那么就不消费那样东西。这种预算是为示范说明即便购买少量外国货也会增加“国难”。此外,这些预算支出总数被提供给每一位运动的同情者,每一个“真正的”或者民族主义的现代中国人,为他们提供明确的方法测量国货运动中每个人的承诺可信度,以及每个人对国家“现代化”的贡献,以及他自己多大程度上是中国人。先前的家庭可以使用费用账簿来控制花费,现在他们被鼓励利用账簿做对国家利益和国货有益的事情。这样的活动推动了“民族的”和“外国的”产品分类进入到每个女人在生活中掌管的家庭预算。

使节日消费民族主义化

每年的节日给中国家庭提供了塑造他们公共形象的机会,但是帝国主义却使这变得复杂起来。历史学家列拉·奥斯兰德(Leora Auslander)曾指出,19世纪法国中产阶级妇女的一个主要责任就是“通过商品来建构以及代表家庭的社会身份”(1996:83)。被国货运动列为目标的中国妇女面临更为复杂的挑战。因为国货运动试图强迫妇女把消费看作一项这样的决定,即:在购买产品时,是选择具有叛国性质的外来货还是具有爱国性质的本土货。如此则使得妇女如何代表自身和家庭的问题变得复杂。在实践上,这在想通过购买舶来品来建立和强化社会地位的欲望与去买代表较低身份的国货的要求之间造成了冲突,换言之,这是一种源自民族种族观念的品位与建立在阶级基础上的品位之间的竞争——也即那种面对外国人和面对不同社会阶层的中国同胞需要摆出不同姿态的对立。帝国主义在往中国输送货物的同时,破坏中国消费者能完全支付的购买力,使这种紧张更为尖锐起来。[73]

妇女国货年的目的是把不爱国的含义加之于外国货,以此迫使妇女们面对这种紧张,并以有利于国家的方式解决这种紧张。换句话说,国货运动希望家庭妇女不是仅仅把传统节日转变为“消费的节日”(festivals of consumption),而是把这些节日作为表达民族主义的机会。[74]三个主要节日给妇女们提供了特别重要的机会为她们自己和家庭作出选择:元宵节、端午节和中秋节。为这些节日进行准备是妇女一年中的中心工作之一,其中有无止境的琐碎家务——准备膳食、清洁卫生、修补衣裳以及走亲访友等事情需要做。自然地,还有很多东西需要购买和消费。这些节日对于运动的提倡者来说,成为每年特别重要的机会,因为他们可以把这些节日的传统活动同道德的、适当的女性行为的新标准结合起来。

国货运动试图把每个节日在情感和用品之间的联系都民族主义化。例如,在一家流行的民族报纸上的文章讨论了不同类型的新年购物。没有全买国货反映了多重道德缺陷——一个人对他(她)自己以及祖先的不忠诚,就是对他(她)孩子的不忠诚,在亲戚面前抬不起头来,使得家庭因此而蒙羞,也是对客人的极不礼貌。一位作者再次引用前一年化妆品进口统计资料,证明妇女在这场考试中是失败的一个群体。作者认为妇女们没有阻止化妆品流入,因此更应该在节日多多努力为国效力来作为补偿。

礼物和对其他人的监督

对于国货运动来说,赠礼(特别是围绕着中国的节日)是区别爱国的或者自我放纵的消费的绝好机会。[75] 1934 年,新生活运动正式把“节俭”纳入到民族话语中,但是国货运动却限制了“节俭”。正如一篇文章在端午节承认的,取消传统节日几乎是不可能的,即使“明白人”知道它们是浪费的和不合理的。文章继续说,放下这种过度浪费不论,这些节日给促进民族主义消费提供了好机会。它提出了两个指导方针:监督送给别人的礼物和收到的礼物是否国货,朋友之间不要送敌人的产品。而且,运动期望消费者保证他们购买的国货是真品而不是赝品,即便这意味着要到更远的商店去专门购买这些东西。当收到一件礼物时,希望收礼人要注意它的国籍。为了培养这种民族主义的消费习性,国货运动建议当收到一件国货用品时,人们应该为这种慎重行为给予特别的感谢。另一方面,如果一个人收到不是国货的东西,他应该拒绝接受它,并且对此行为作出解释。就像一位作者指出的:“下一次别人就不会再送外国货了!”[76]

国货运动还试图把这种监督扩展到假日以外与朋友、亲戚间的消费习惯中去。许多文章敦促妇女甚至在偶然拜访别人家的时候也要留心察看。如果这种检查发现了外国货,运动又要求妇女去提醒女主人必须避免这些用品,或去寻找国产的替代品。此外,文章还宣称这种监督活动应该被认为是爱国的而非侵犯隐私。作者声称使用这些方法取得了巨大的成功。(《妇女对于国货年的责任》,1933)[77]

运动的提倡者认识到季节更替也为鼓励消费国货提供了机会。比如,秋天是拿出毯子和添加厚衣裳的时候。正如在美国感恩节前后,伴随丰收而来的花样增加且低价的食品常常刺激更多的消费。国货运动寻求将其目标贯彻到这些换季需求和庆祝活动中,并且强调在中秋节期间保持额外警惕的重要性,报纸文章和广告都特意提醒中国人要用国货满足这些节日需求(见图 7.6)。[78]

图 7.6　被怒殴的外国啤酒

(《申报》1934 年 7 月 12 日)

国货运动并不攻击喝酒、休闲甚至娱乐,更确切地说,它反对的是任何形式的专注于舶来品的消费。在这张图中,一瓶愤怒的“国货啤酒”率领两只酒杯挥棒追逐攻击三瓶“外国啤酒”。这幅插图和它的标题“国产饮食品的胜利”(右上角),强调了国货运动对暴力的一贯认可。

民族主义妇女年中的国际妇女节

国货运动改变了妇女节(3 月 8 日)的庆典来为它的目标服务(见 Tang Shunqing 1937),这种行事方式说明了妇女解放议程服从由国货运动确定的国家议程。这个节日在 1924 年被介绍到中国(Sun Zhendong 1982:147-148)。起初,妇女节忙于关注妇女解放的诸多主题,如被强制劳动及待遇平等。[79]在国民党和共产党的支持下,集会规模和活动的激进程度在此后几年都持续增长。例如,到 1927 年,超过 10 万妇女参加了在武汉举行的、政府支持的游行。[80]随着时间推移,庆祝活动开始以攻击资本主义以及缺少结婚和离婚的选择自由这样的敏感话题为特色。在广东,妇女组织不仅在中心城市广州,而且在其周边地区,努力传播妇女节的意识(Gilmartin 1995: 153-154)。[81]这种节日意识艰难地通过妇女积极分子组成的网络而建立起来,此后,这一网络被用来传播根本不同于以前的对妇女和这一节日的解释。

1934 年 3 月 8 日国际妇女节的下午,对妇女节的这种新的纪念方式全部展示出来了。[82]妇女国货年运动委员会安排在湖州同乡会主礼堂召集集会,以进一步把妇女和国货运动的角色融合起来。超过1,000人参加了这一活动,包括一些当地和国家显要的妻子。中央研究院院长蔡元培,偕同夫人、集会的官方召集人周养浩一起参加。(Sun Changwei 1997:513)周的演讲重点是在过去数十年中,妇女的时尚由信赖国货到对进口货的需求持续上涨这一惨痛转变。她宣称,这种倾向破坏了妇女要求公民平等的努力。为了扩大这些消息的影响,那天下午,上海妇女国货促进会也邀请蔡元培同另外两位上海著名人士通过电台发表广播演说。演说一个接着一个,呼吁妇女为国家而消费。(《申报》1934 年 3 月 8 日)

在当地报纸的许多文章中,有一篇对这个国际节日作了一些民族性比较分析。文章认为,十多年前法国、美国、苏联的妇女给中国女人树立了榜样。她们开展妇女解放运动的细节及策略为中国在类似情况下的斗争提供了指南。然而,这些外国妇女的表现证明了中国妇女按照民族主义进行消费方面的相对软弱。如同作者解释的那样,法国、美国和苏俄的妇女使用她们自己国家的产品——只有中国妇女反其道行之,文章诘问道:"这说明我们国家的妇女到底具备什么样的民族气节?"作者进一步劝告中国妇女在国货消费领域赶上国际妇女的标准,通过抵制外货和使用国货体现自我约束。(《申报》1934 年 3 月 8 日)与此类似,其他文章也警告妇女们不要被叛国的商人所欺骗(例如《妇女节与国货》,1934)。

参与国货运动的公司强化了这一观念,即:民族主义消费是这一天的焦点。举例来说,妇女国货年委员会安排了三家最有实力的国货厂商——上海国货公司、中国国货公司和上海商业国货市场董事会——举办一个减价 10% 的销售日来体现它们在妇女国货年目标上的团结。[83]其他参与运动的公司发布广告把这一天和民族主义消费联系起来(例如,参见《机联会刊》92 期的广告,1934 年 4 月 1 日)。丝织品联合会也发布广告来解释一种鉴别赝品的新方法,以帮助消费者确认哪些产品是货真价实的国货(《申报》1934 年 3 月 8 日)。

把儿童节消费民族主义化

妇女国货年也通过向母亲和孩子都发出呼吁,来寻求个人从孩童时期就开始的民族化,它把加强家庭与民族化的结合以及塑造民族化形式的母亲角色重新定位为“值得敬佩的母亲”。尽管孩子的消费常常通过他们的父母,特别是他们的母亲,国货运动认为孩子也是消费者。国货运动试图用故事、喜剧以及竞赛来实现孩子消费习惯民族主义化的目标。但是国货运动把注意力更多地集中于母亲,就像宣称的那样,母亲最主要的工作就是教育孩子在孩童时期为国家学习技能并为国效忠:“去年贸易赤字高达7亿美元……这样我们必须培养(孩子)使用国货的好习惯。”[84]模范孩子从小就学会了在消费习惯和态度方面把国家放在第一位。[85]

通过孩子拯救国家是1934年4月4日举行的第四次儿童节的主题。[86]那天早上,上海市市长吴铁城在市政府礼堂前主持开幕仪式。发言者包括蔡元培和国民党元老李石曾(1881—1973)(Sun Changwei 1997:514)。尽管那天是雨天,还是有超过一万人聚集,包括至少两位以上上海公立、私立学校的学生代表。在开幕致辞中,吴铁城市长告诉人们这次活动的目标主要是那些需要懂得孩子对于国家重要性的父母,他说,父母“应该确信他们的孩子懂得他们对国家和人民的责任,孩子需要知道他们是属于国家和人民的,而绝不仅仅是父母的财产”[87]。

这一市级集会强调需要培养身体健康、智力聪颖和感情充沛的孩子来拯救国家。与之形成对比的是,紧跟着这一事件,妇女国货年运动委员会的“儿童节纪念集会”更加集中在联结母亲和孩子的消费方式上。下午2点钟后,超过1,000名孩子和他们的父母参加了仍然在湖州同乡会举办的集会。为了强调孩子参与运动的重要性,两名委员会成员的女儿发表了开幕讲话。

像大多数国货运动中的活动一样,这一次国货展览也是从视觉和听觉两方面双管齐下,包括陈列教育玩具和一个带有卧室、厨房和起居室的家居样式。这些展览试图展现的不仅仅是一种特殊的生活方式,而更是一种民族主义的生活方式——所有产品都被大肆宣扬为国货产品。集会也给家庭管理提供了指导,所有发言者都把民族主义消费和民族救亡同改进生活方式联系起来。周养浩提醒孩子们和父母"雪国耻"的第一步是要使用国货。她丈夫蔡元培鼓励孩子们要把坚持使用国货"植入心中",从而强化了这一观点。这些演说的目标对准母亲们,她们是家庭的头脑,要她们教导孩子们只用国货,目标是培养"完全国货儿童"。在给关于国货重要性的论文竞赛获胜者颁奖之后,会议在游戏、歌曲表演和一场特色儿童国货时装表演中拉下帷幕。就如其他活动一样,国货公司给参加者提供了小礼物。[88]

家庭关系的民族化

影响家庭成员间尤其是母亲同孩子的关系,是国货运动中活动的重要部分,也是妇女国货年的主要部分。另外,文学作品和非文学作品经常地向人们提到这个主题和描绘家庭成员的社会角色。这些描述反映出,每一个角色和每一种关系是如何通过国货运动的价值评估建立起与国家的关系而得到阐释的。

国货运动文献中每一个角色都具有许多共同元素,这在一篇包含了全部民族主义化家庭的典型形象的文章中得到最清楚的描述。[89]这篇文章坚持认为母亲是家庭的核心,但是,文章是从描述父亲的角色开始的,生产国货产品界定了这位理想的民族主义者的父亲角色。因为他从小就憎恨帝国主义以及它的物质所代表的东西,很自然地,他选择了为国货厂商工作。也因为他为生产国货奉献了一生,为把外国货驱逐出中国市场,他与他的同胞一起利用业余时间生产更多的产品。模范母亲则在家庭里为国家的目标做出贡献。然而,就像一些文章迅速指出的那样,这在给予家庭成员和国家以潜移默化的影响方面是一个有力位置。这位理想的民族主义母亲受过良好的教育,因此能较好地协助她丈夫。她不知疲倦地工作来提升国货的地位并拒绝所有外国货。毋庸置疑,她拒绝所有外国东西进入她的领地。在一些描写中,她最终的,也是最重要的责任是培养孩子们懂得国货的重要性。

这一模范的民族主义家庭有两种类型的孩子:具有相对独立性的年轻人和幼小孩童。家里年纪最大的孩子是女儿,她是广受非议的"摩登女孩"的对立面。她从中学毕业之后就在一家生产茶叶的国货公司工作,其良好教养的最醒目标志是她对国货的热爱,她只穿国货衣服。与那些走入歧途的“摩登”人物形成对比的是,她从不进行不爱国的消费,例如使用来自巴黎的唇膏或来自纽约的化妆品。她也穿着得体,没有属于自己的高跟鞋、香水或丝袜。工作之余,她积极参加到国货运动的活动中来。家里有两个年纪较小的孩子,他们经常示范有关消费的正确行为。由于从小就被培养要对国货怀有感情,他们非常仔细地检查所有东西。例如,当得到一件新衣裳时,他们立即把衣服拿给妈妈去证实是否国货,问道:“它们是中国的吗?”并且声明:“我不穿外国衣服。”

授权孩子代表国家来询问父母是妇女国货年和国货运动的一个经常性主题。这一思想不光在主要的媒体如《申报》非常流行,而且在运动的其他出版物上也传播得非常广泛。对国家的忠诚胜于对父母的孝顺在第五章的故事中非常突出,它于 1934 年 4 月 1 日出版,主要关注衣服和运动的联系。在故事中,一个生活在寄宿学校的学生拒绝穿他母亲送给他的用日本丝绸生产的长内衣,他认为国家的需要胜过虔敬的孝心。

诸如此类流行的民族主义思想的故事传播着孩子和母亲应如何相互影响的观念。灌输民族主义的思想意识此时是教育好孩子的主要目标。母亲行为得体会给家庭树立民族主义消费的榜样,她也可确保她的孩子们的周围世界被国货包围——从衣服到玩具。如果国产物品无法得到或太贵,孩子们应该被教育着自己制造自己的玩具。[90]国货运动的印刷品建议带孩子到国货商店,在那里孩子仅仅通过浏览自然就会对这些产品表示欣赏(《儿童与国货时装》,1933)。具有良好教养的可靠标志是孩子不仅满足于只消费国货,而且他在使家里其他人也这样做的过程中扮演角色。这样,确保民族主义消费的机制从老人到小孩、从小孩到老人都在运行着。孩子通过检查货品担任了国家的代理人,母亲要鼓励这种行为。在母亲—孩子的关系中,忠诚的最高形式此时被构想成个人与国家间的关系。这种关系依次去影响和决定其他关系,包括孩子与他们的父母的关系。[91]

圣诞老人的小帮手

正如上面所述,国货运动对所有类型的年会活动都重新作了定义,特别是节假日。这种重新解释的观点之极端和包含范围之广阔在妇女国货年快结束的时候最为突出。国货运动的倡导者指责圣诞老人是个“傀儡”,它绝不单纯是商业化势力,正如西方批评家争论的,而是代表国际经济强国试图进入中国市场的势力。[92]这样把圣诞节的礼物同外国资本主义的渗透联系起来并不令人觉得奇怪。至少从1922年的反基督教运动以来,越来越多的中国知识分子开始把基督教看作帝国主义和资本主义的先锋。对他们这部分人来说,中国基督教徒试图通过创造“中国的”教会来避免这种联想。[93]

一位中年女性作者发展了这种解释,她联系到大约二十年前,她还只是小学生,在一家教会学校的圣诞节经历。每个圣诞节,学生都被召集在体育馆,每年总有人穿着像圣诞老人的衣服分发礼物给所有孩子。这些礼物清一色全是外国货,孩子们开始被这些礼物深深地迷住。当他们在这个学校的年级逐渐往上升,礼物也从简单的小玩意如铅笔、文具开始变为香水、香皂、饰带、手镯,以及其他一些东西,这些都是高年级学生渴望的。依照作者的说法,这些学生变得羡慕和喜欢使用外国货而非中国货。十多年后,许多人仍然选择使用圣诞老人当初把他们当作孩子而介绍的一些品牌。此外,通过他们的榜样,这些消费者把不爱国的习惯传递给他们的儿女以及孙辈。作者认为,一旦中国消费者养成沉迷外国货的习惯,这种偏好将很难改变,但是还有希望。在写作这篇文章时,作者希望能够通过妇女国货年提出的主题以及爱国消费的意识来警告中国人圣诞老人背后的隐秘(见图7.7)。[94]

把妇女视为叛国消费者代表的论争

妇女国货年把妇女当作不事生产和叛国的消费者的代表,妇女对此的反应很难估计。从整体上或从国货年的功用上直接拒绝隐藏在国货运动背后的逻辑是非常困难的。到1930年代,爱国消费是简单地同中国民族国家当时的情形紧密联系在一起的,以至于没有人敢公开宣称国货消费同民族主义、国民责任以及建设富强国家没有什么关系。[95]纵观国货运动的整个历程,消费者具有选择权。他们可以忽视它、暗中破坏它、改

图 7.7　圣诞老人卖的香烟

(《申报》1934 年 12 月 20 日)

这则广告使用圣诞老人和小天使的形象来宣传南阳兄弟烟草公司的白金龙牌香烟。使用圣诞老人形象集中体现了在运动中和中国新生的消费文化中“西方”的两难处境。圣诞老人被当作帝国主义促销舶来品的傀儡而遭受惩罚,但是,正如“西方”的其他图像一样,它也被看作是推广国货的具有吸引力的宣传员。

变它的方向,甚至利用它来提升他们自己的利益,但是,这存在许多限制。正如在本书中所认为的,与国货运动持相反立场的消费者往往采取一种较为安静的、单纯的形式:只要可能,一些消费者就简单地对国货运动规定的爱国主义消费置之不理。[96]这方面的最大证据可以在常常被引用的运动印刷品上强调中国人在爱国主义消费中失败的贸易统计数据中找到,国货运动自身也意识到许多消费者在运动中并不购买国货。

公开反对的最经常形式来自于国货运动自身,以及和责任分配有关的问题。从妇女国货年一开始,妇女们和女生们就对运动印刷品中对妇女的恶毒攻击进行回击(《妇女受骂年》,1934)。一个很好的例子发生在一次年会组织的活动中。1934 年 5 月,首都(南京)妇女国货促进联合会在校园学生中主办了一场宣传妇女年的演讲比赛。5月20日下午，超过800人参加了金陵大学的演讲辩论赛。5名高中和6名初中学生发表了十分钟演讲，演讲题目诸如“女孩在促进国货中的责任”“宣传国货和民族复兴”。[97]大多数演讲重复国货运动和妇女年的语言风格，包括大众广泛持有的认为妇女破坏了国货运动的观点。[98]但是一位高中学生吴锦芸走得更远，她声称运动是女人和男人的共同责任，反对女人居于主导地位的说法。正如她提出的：“不要把所有社会问题都归罪于女人。”她的演讲削弱了国货运动试图使妇女运动屈从的努力。吴锦芸承认运动的重要性，但激烈地拒绝了促进民族主义消费是或者应该是妇女运动主要目标的主张。她认为，国货运动把女人描绘成只会盲目消费，这侮辱了女人。与国货运动的主张相对，吴锦芸认为妇女解放是发展民族工业和产品的重要条件。因此，她驳斥了妇女年中认为妇女有义务热心参加国货运动来作为赎罪形式的潜在前提。她把指责妇女“破坏国家、丧失领土并导致运动失败”的论调称为是“野蛮的”，并继而指出外国货之所以流行是因为男人们的鼓励所致。（Wu Jingyun 1934）

在最根本的层面上，妇女年的目标是教导女性消费者优先使用国货。一旦女性学会通过国籍的有色眼镜分析对象，运动期待她们据此进行消费，购买“中国的”产品，而不是根据价格、质量、样式，或者其他一些在国货运动看来并不重要的标准。[99]然而，本章认为把鉴别产品国籍作为选购产品的优先条件这种非神秘化做法，同时也是一种重新神秘化的行为。妇女国货年和国货运动参与者的主张剥离产品的表面意义，进而揭示它们作为“国货”和“洋货”的“真实的”民族主义和帝国主义的内在品性，从而用他们自身的种族、阶级以及性别意义创造了一个新的商品世界。而这些意义逐渐成为决定中国消费者——无论是男人还是女人——的社会身份的重要资源之一。

然而，民族主义和反帝主义绝不仅仅是消费的唯一意义。举例来说，一些女性公然向这些将女性描述为不爱国的消费者的主流叙述挑战（只是偶然的，甚至用书面形式），质疑运动支持者显而易见的商业动机，以及一些穿着外国时装的运动参与者的伪善。另外一些女性完全不理会运动的规定,继续穿着和消费外国的东西。都市精英面临着两种竞争性的需求,在需要购买"国货"和渴望自己看起来像是世界主义或受过西洋教育的欲望之间挣扎。

然而,没有人公开反对妇女年或国货运动的目标。没有人认为消费完全是私人的或家庭的事务,是处于国家民族的范围之外的。实际上,甚至口头的蔑视行为也帮助了消费的民族主义化。那些反对将女性形容为不爱国的消费者的女性也从来没有公开反对过产品民族性的中心地位,或者建议购买更好更便宜的外国货。相反,这些批评家们拒绝的是那种认为女性应该为破坏妇女年和国货运动承担主要或全部责任的观点,他们强调有许多指责的说法在流行。他们继续散布对非爱国消费的谴责,就像我们在这几章所看到的,"谴责"自身有其社会生活土壤,并由个人、地方以及国家根据各自目的进行选择。就纯粹的统计数据来说,1934 年国货运动在民族主义化女性消费方面的成功是不确定的。然而,妇女年并不包括明确的数字目标,进口统计数据继续提醒中国人在他们中间仍存在不忠的女性消费者。〔100〕

与此同时,其他观察者看到了妇女年和国货运动在贸易数据之外的胜利,这表现在国货数量的增长、推销这些产品方面的进步、市民购买国货时态度的改变,以及国家在保护和发展民族产业方面的努力的扩大。〔101〕

注 释

〔1〕 除了在抵货运动中形成的妇女运动组织外(参见第三章和第四章),妇女们在其他年份中也建立了许多组织,例如,女界全用国货会于 1911 年 8 月在嘉兴(浙江省)成立(见 Lü and Zheng 1990:173)。

〔2〕 国货运动包括其他指向专门消费群体的"国货年"。首次只是定名为国货年的是 1933 年,1934 年妇女国货年之后紧接着是 1935 年的学生国货年,再下一年是市民国货年。关于这些年举办的活动的广泛覆盖面,参见定期刊物如《国货月报》,周报如《大夏周报》,以及报纸诸如《时事新闻》和《申报》。另外,SMA 包括了每年地方报纸的剪报尚未编目的档案。

〔3〕 我是在"父权制"(patriarchy)最宽泛的意义上使用这个术语。麦奇·休姆(Maggie Humm)提供了一个含义宽泛且很有帮助的定义:"一套通过社会、政治和经济制度压迫女人的男性权威的制度……父权制使男人有从家庭内外的

政府权力组织中,获取更多的资源或奖赏的权力,以及调节纷争的能力。”(1995:200-202)。我看待父权制的方式,与《性别化的中国》(*Engendering China*)的编者观点类似:“它并不像是静态的、无历史的结构,而是……有条件暂时的社会组织形式,它这种组织形式总是处于被争论检讨的状态,反过来,它需要大量的文化和政治力量来使之稳固运行。”(Gilmartin et al. 1994: 5-6)也见 Gilmartin 1995: 235n17。

〔4〕 以一种类似的醒目方式,在地球的另一边,底特律的黑人家庭妇女于 1930 年开始了一场提倡由黑人同胞“监督指导的消费”的运动,追求黑人“在她们自己的社区保留有更高比例的物质资源”(Hine 1993)。

〔5〕 1930 年代电影中有关“摩登女性”的代表,参见 Yingjin Zhang 1996:185-231。

〔6〕 不光妇女解放的进程被搁置在一边,而且,有些人还争辩说,妇女的身体由于国家的需要而进一步被殖民奴役了。例如,参见 Yuval-Davis and Anthias 1989 论文集。

〔7〕 安尼亚·卢姆巴(Ania Loomba)评论这种转换说:“民族主义男性的这种自我革新需要他妻子也跟着进入一种新的从属状态,尽管这种新的角色包括她的教育和从一些旧的正统教条中摆脱出来的自由。”(1998:221)

〔8〕 关于中国女性在介绍和阐释民族主义中的角色,参见 Judge 2001。

〔9〕 关于 20 世纪中国早期妇女运动中的这些说法的运用,参见 Gilmartin 1995: 6-8。关于 20 世纪早期的无政府主义及它试图打破民族主义和女权运动的联系,参见 Zarrow 1988。

〔10〕 关于这个问题的概述,参见 Collins 1976: 239-240。关于民族生存和妇女解放类似联系的另一个例子,参见 Rofel 1994: 236。关于为身体解放的斗争,参见 Fan and Mangan 1995。

〔11〕 关于 1898—1919 年创刊的传布这些看法的新刊物名录,参见 Gengcun 1995: 160-163。

〔12〕 在 Gilmartin 1994: 212 可以看到一个因为妇女的衣裳和发型而惩罚她们的更极端的描述。1927 年,在长沙“马日事变”中,短发的妇女被当作共产党人而遭到杀害。关于其他中国围绕剪发的争论,参见孙隆科 1997。在 1920 年代到 1930 年代,剪发在世界一些国家引起了论争,有关法国的论争,参见 M. L. Roberts 1994: 63-87 和 Zdatny 1997。

〔13〕 西方历史学家常常得出结论说这是民国时期最为广泛的社会运动。例如,萨缪尔·朱(Samuel Chu)称其为“独一无二”(1980:38)。

〔14〕 关于新生活运动起源的一个类似说法,参见 Furuya 1981: 434-435。

〔15〕 关于德国对新生活运动的激励与启示,参见 Kirby 1984: 145-185。关于国内的环境,参见朱 1980。有关它的意识形态的书籍,参见 Dirlik 1975。

〔16〕 有关新生活运动如何授权某些团体监控他人行为的问题,当时的原始资料里有大量的事例。例如,参见 SMP File(Shanghai Municipal Police[International Settlement],上海租界市政警察档案,以下仍用简称)5729, 1935. 3. 25:“青年服务团”,讲述的是大群带着徽章的孩子在上海大街小巷检查,“劝说吸烟者戒烟,以及其他穿得邋里邋遢的人改正他们的行为”。许多这样的组织成立了,以便“帮助人们过一种‘理性’的生活”(File 5729,1934. 6. 5:“新生活运动检查组检视”)。在上海,这些“检查组”包括一些警察,他们强制违反新生活命令的人游街(File 5729,1934. 5. 29:“违反‘新生活’规则的人”或许就在街上游行)。同时参见 File 5729,1935. 3. 22:“检查组的行为”,1935. 2. 19:“新生活运动一周年纪念”,1935. 1. 12: “新生活的宣传”(这个 SMP File 包含了新生活运动的所有覆盖面,包括翻译从当地报纸上剪辑的消息)。官方的新生活运动史列举了大量社会活动的目标是为了清除旧的习惯(《新生活运动简史》,1937)。在这一段时间,中国数不尽的运动或活动都寻求改变中国人的行为。许多运动相互交叠,例如,在新生活运动中,反肺结核运动试图劝告中国人“不要在街上随意吐痰”(SMP File 5729, 1935. 3. 17:“反肺结核运动”)。

〔17〕 在一些事例中,这些卫生运动直接为建立新的中国工厂做出了贡献。卡尔·克劳(Carl Crow 1944: 134-135)观察到新生活运动中的“灭蝇”活动,奖励孩子们灭蝇,引发了对一种新的消费品——苍蝇拍的大量需求。

〔18〕 例如,广泛传播和流行的新生活运动标语,包括“促进国货运动”(SMP File 5729, 1935. 4. 10:“新生活运动——新生活公共服务团组织的一般原则”,第六章,no. 16;也见 Walter Chen 1937: 210, 219; Dirlik 1975: 950, 955, 973; Chu 1980: 46)。关于新生活运动分支组织的数目,参见 Walter Chen 1937: 200。

〔19〕 这 4 个术语很难翻译成英文。蒋介石夫人宋美龄翻译为 behavior(礼)、right conduct(义)、integrity(廉)以及 self-respect(耻)(蒋宋美龄,1934:7—8)。实际上,蒋介石提出“军事化运动”作为新生活运动的另一种称呼(Dirlik 1975: 972; Kirby 1984: 176)。蒋介石自己说:“在家里,在工厂,在政府办公室,每个人的行为都必须同在军队一样……所有人必须紧密团结在一起,要勇于为团体和为国家牺牲。”(选自《东方人》1976:202)

〔20〕 也见 Benson 1999,他证明了南京路的商人是如何利用歌曲来破坏新生活宗旨的。

〔21〕 关于这方面有代表性的出版物是由“新军事史家”撰写的,包括 Waldron 1993

和 van de Ven 1996a, 1996b, 1997。

〔22〕实际上,甚至身体自身也是战场(Dikotter 1995: 123-126)。中国社会军事化的一个突出表现就是大学生的时尚,早在1920年代晚期就有越来越多的学生选择穿着统一的军事制服,参见 W. -H. Yeh 1990: 222-226,也见《新生活制服与国货》(1934)。

〔23〕《妇女公民月报》3卷12期(1934年12月):27。这一串妇女国货年的标语被广泛印刷。例如,参见《妇女的国货标语》和《国货月报》(上海版)2卷2—3期(1935年2-3月): 82,它证明妇女国货会提出了这15条标语。这些并不是这一年流行的全部标语。至于其他的标语,参见《妇女国货年汽车游行参加踊跃》,它描述了这些标语在上海的广泛传播。

〔24〕这些军事比喻只不过是许多运动标语中的一部分。比如,在南京的首都国货博物馆的官方标语中,就有"促进国货是粉碎对我国经济入侵的最好武器"(《妇女的口号》)。

〔25〕实际上,在1931年发生日本侵略东北的"九·一八事变"之后,反日情绪急速增长,在运动文献中经常出现这样的句子——"在国难当中,妇女的唯一责任就是使用国货",如《国难中妇女唯一的责任》。

〔26〕孙蒙人(Sun Mengren 1933:33)得出结论说,现代女人的漂亮是"不自然的美",因为它源于进口货。可以在其他国家发现类似的把审美同民族主义联系起来的努力。例如,在印度,甘地在1925年就把两者进行了相似的类比。传记作者朱迪斯·布朗(Judith Brown)概述甘地的观点说:"纺车的产品(传统的印度纺纱)是印度的而不是外国的,将会在爱印度的人们眼中被认为是一种特殊的美丽。"(1989:203)

〔27〕同乡会的参与是逐步发展起来的。这里我指的不是必须成为会员,似乎直到1920年代以前,会员资格还仅限于男性;我通常是指参与到同乡会大厅里的事件和组织。拜纳·古德曼(Bryna Goodman)指出:到1930年代,女人们不仅参加这些协会,而且是积极的参与者(1995: 221, 221n9, 282)。

〔28〕比如,明治天皇时代的领袖津田真道观察到这种性别之间的严格区分:"当我穿过上海、天津和北京十字路口的拥挤人群时,拥挤使我比在伦敦和巴黎所看到的更为烦恼。然而,我没有在街头看到一个女人,在商店门前也没有看到一个女性。"(Meirokusha 1976: 278)西方人对此有代表性的论述,参见 Denby 1906: 163-165, White 1897: 152, Speer 1870: 91-92,他们认为女性"不能轻松自如地行走"是她们在公共场合缺席的主要原因。埃迈尔·巴德(Emile Bard)指出:"除了开放的港口,看不到一个本地人同他的妻子女儿在一起。

我们从来没有在任何一个餐厅碰到过中国女人,除了娱乐场所里的歌手和舞女。”(1905: 36-37)然而最近的研究表明,即便上层妇女参与家庭之外生活的程度也比以前知道的要高,参见 Ko 1994: 12-14。

〔29〕 在一篇采访中,妇女国货年的领袖以及上海著名政治家的妻子潘公嫱女士,也认为这些女人是主要的目标对象(Yu Qiacheng 1934)。关于这一时代上海不同社会阶层总的看法,参见 Witke 1980。然而,这篇文章并没有讨论在形成这些阶级的时候消费所扮演的角色。

〔30〕 关于对“品位制造者”这一社会角色的介绍,参见 Finkelstein 1996: 80-86。关于上海在通过杂志特别是妇女时装杂志形成时尚认知中的角色,参见 Garrett 1995: 89-90 和 Warra 1999。

〔31〕 这些女人通常被认为是“知识阶级的妇女”,例如可参见《申报》1934 年 5 月 24 日。

〔32〕 “摩登”这个词很难翻译。Flapper 这个词很大程度上包含有这种意思,它也被同时代的人用来描述这些女人(E. T. Williams 1927: 424)。然而,历史学家密瑞姆·斯沃伯格(Miriam Silverberg 1991: 247-248)在一篇关于日本“现代女孩”(moga 或者 modan gaaru)的文章中认为,这个术语不是可以完全转换成英文的。尽管在汉语中 modern girl 同 flapper 的联系是模糊的,然而,它与日本同类的关系还是清晰可见的。在 1930 年代早期之前,日本(特别是东京)早已成为中国都市时尚的主要信息和灵感来源,覆盖范围包括十几岁的青少年到中年的消费者。关于这些女性以及她们的异性同类(modan bōi,“现代男孩”)在日本散布时尚知识中的角色,参见 Shimada 1962。

〔33〕 一位作家甚至计算出,在摩登女人所购买的东西中“进口货占据了 70%—80%”;与此形成对比的是,在同类物品中,“70%—80% 的国货”是“乡村妇女”消费的(Lu Qing 1932)。

〔34〕 《摩登妇女:觉悟吧!》(1934);《国货与武昌》(1934)描述了大厅里的进口货文化;《摩登女子与毛短女子》(1934)。

〔35〕 实际上,在短篇小说《化妆品》中,一个女儿拒绝了她父亲只许她使用国货的警告,并且说“只有工人才那么做”(《化妆品》,《申报》1934 年 1 月 18 日)。

〔36〕 关于包含时尚、反时尚以及无时尚的时尚系统运行方式的研究,参见 Hollander 1980。关于时尚进入不同文化语境的有趣细节,参见 Klein 1993。

〔37〕 比如,施普 1934 和《加工中的奋斗》(1934)。中国自从 18 世纪中叶以后就有巨大的贸易赤字,在 1920 年代晚期到 1930 年代,这个赤字又迅速扩大,参见表 1.1。

〔38〕 例如,在1930年的一场时尚展示会上,俞庆棠(1897—1949)在介绍“上海妇女提倡国货会”的成立背景时,发言认为中国日益增长的赤字是“通过中国妇女的手流出去的”(《女界提倡国货盛况》,1930:36)。

〔39〕 例如,参见《妇女国货年中之绸货倾销问题》(1934)。

〔40〕 一些作者特别指责由于女人对进口丝织品和衣裳的迷恋而导致的赤字,因此,有必要开展一场运动:“我敢说,每年每个女人花费在衣裳上的钱,占据了每年花费中的最大部分……所以,国货运动从妇女衣裳开始着手是绝对必要的。”作者还得出结论说,妇女对于运动的胜利“负担着最大的责任”。(Ba Ling 1934a: 13)登载这篇文章的这期《机联会刊》(92期,1934年4月1日)是“服装问题”特刊,包括十多篇讨论类似关系的文章。特别见《服装与妇女》:3—5。

〔41〕 《妇女国货年与化妆品》(1934)。关于上海化妆品工业的简史以及它与运动的联系,参见《上海之化妆品工业》(1933)。

〔42〕 在运动的作品中,这样的描述是通常的主题。在1934年,例如可参见《妇女们! 醒吧!》(1934)和《申报》1934年5月24日。后来有篇文章嘲弄说这一年应该被当作“妇女外国货年”而知名。

〔43〕 张爱玲(Eileen Chang)观察到在西方和现代性之间的这种等式:“对外国东西不加分别的喜欢进入这么一种境地,即:自从眼镜被当作现代标志后,社会上的女孩和职业女性以戴眼镜为装饰。”(1943: 59)

〔44〕 《国货与摩登妇女》(1934)。并不是所有的人都希望国货运动取消“摩登”这个词。尽管一些运动的批评家完全拒绝“摩登”衣服,其他一些人则建议“现代”衣服应该严格地按照国货来加以定义。换句话说,如果一款衣服是由外国进口丝织品制造,它因此就不是“摩登的”;反之,国货的衣服是“摩登的”。关于前面讨论的例子,参见《我对于服装上的三不之议》(1934)。在这三个原则中的第一条是“不摩登”。关于有人试图用国货重新定义现代衣服的例子,参见《摩登服装的条件》(1934),这篇文章包含了就如第一点那样的内容:“至于衣服的原料,只有使用国货生产的衣裳才称得上是现代的。”也可参见《时装和美化》,《申报》1933年5月11日,它讨论了根据国货生产的“真正的时装”。

〔45〕 那些把妓女当作国家利益威胁以及作为“现代性的象征”的著作综述,参见Gilfoyle 1999。关于20世纪早期普通妓女如何取代高级妓女或者情妇的论述,参见Henriot 1994。

〔46〕 事实上,甚至同外国人联系较多的中国女校学生也被指责为不爱国和“妓

女”。例如,参见 Graham 1994: 35-36。男人焦虑于女人在选择产品和配偶方面会选择“外国的”而非“中国的”。

〔47〕 关于正在形成中的民族主义论述中与妓女相关联的范畴的改变,参见 Hershatter 1994,它主要讨论了妓女(特别是她们的消费习惯)是如何提供都市性的定义的。

〔48〕 在整个国货运动中,乡村——与城市形成鲜明对比——代表着真正的民族主义消费场所,在这里消费者自然地选择购买中国货,同时也让国货运动者担心外国货选择发展那里的市场。关于前者的例子,参见《乡村同胞的夏令国货用品》(1933)。关于后者的例子,参见《国货推销到内地去》(1933)。

〔49〕 关于把高级妓女当作品位制造者,参见 Gronewold 1985: 17, 59-60。在 1930 年代, 卡尔·克劳(Carl Crow 1937: 41)评论说,上海不光为中国并且为海外中国社群提供了时尚趋势。日本歌妓同样影响了她们国家的都市时尚(Dalby 1993: 328-335)。A. C. 斯科特(A. C. Scott 1960: 59)也指出,从海港/城市到内地/乡村是时尚趋势的延伸扩展路径。和斯科特形成对比的是,我并不把西方和中国风格的显现或消失等同于或用来衡量这种扩展过程。在整个这一时期,对什么是中国的以及什么是外国的的定义是流动不居的。(参见第一部分)

〔50〕 《这是一面镜子》,《申报》1934 年 5 月 10 日。另一篇文章是,作者旅游去日本,描述了日本小学的教师如何逼迫孩子只穿着日本货,并且因此建议中国教师也应该效仿(《小学教师责任加重了》,1934)。

〔51〕 这样的旅行非常频繁,参见《妇女国货会组国货考察团》(1934)。

〔52〕 在 1930 年代早期,新妇女组织如雨后春笋般建立起来,以促进运动的发展。尽管没有确切的数字,我们还是可以知道很多期刊的版面关注诸如“妇女公民”这样的妇女问题,这为形成这类组织的兴趣在与日俱增提供了证据。例如,1930 年 8 月,报道了广州的妇女国货会分支的成立。伍智梅 (1898—1956)从广州到南京去考察多种妇女组织的运作,并且对妇女提倡国货会产生了特别的兴趣。南京的组织给她提供了组织规章制度的副本、备忘录、研究报告以及其他信息。另外,执行委员会成员陈淑英(1893—1990)——孙科夫人(孙科是孙中山之子,当时是立法院院长)——到广州去帮助建立分支机构,并讨论在全国建立类似组织的计划(《妇女国货会筹设广州分会》,1930)。

〔53〕 《组织国货宣传队的建议》(1934)。关于女学生在 1919 年抵货运动中经常拜访家庭妇女以帮助她们使用国产品替代日本货,参见 Lü and Zheng 1990: 298-299, 303。

〔54〕《妇女公民月报》3 卷 12 期(1934 年 12 月):56;《申报》1934 年 12 月 13 日。

〔55〕重要城市如宁波早已建立了分支机构。

〔56〕例如,在妇女年会中,上海妇女组织了一个临时市场并且雇用了一辆奖励车,参见《妇女国货年会筹设临时商场》(1934)和《妇女国货年会之实习商场开幕》(1934)。同时,为"通过识别国货提高学生能力",年会组织举行了"国货样本流动展览会"(《国货年运动委员会》,1934)。关于妇女年主要活动的概要和简述,参见 Lin Kanghou 1935。

〔57〕我关注的仅仅是年会中活动的一小部分。对于整体计划活动的简明概观,参见《妇女国货年之应有工作》(1934)。女人、时尚以及运动之间的联系延伸到此前的几十年。许多早期时装表演会的说明明晰地指出需要教时髦女人区别国货和外国货,比如,1913 年由中华国货维持会举行的展览(Pan Junxiang 1996c:534)。在这一国货运动中,带有许多照片和演讲文本的最全面的报告,是"国货时装展览会"(1930)。也可参见《上海国货时装展览会集》1930 和《摄影》1930:2,它们攻击不体面的时装包括外国款式。时装展览会常常是国货展览的一部分,见《沪市国货时装展览会开幕盛况》(1930),这次是由孔祥熙举办的。电影明星也常常在运动的时装表演中充当模特。关于在 1933 年国货年中个人的展示,参见 Lin Kanghou 1935 和《时装真意》(1933)。关于中华国货维持会的"化妆演讲团",参见 ZGWH 1932,"会史" 第三部分。

〔58〕例如,参见《妇人小姐,你忘记了吗?》(1934),它指责都市妇女消费日本进口货而忘记了日本对中国的侵略。运动组织也专门为 1932 年 1 月 28 日"上海事变"一周年组织了纪念活动,在这次事件中,日本军队对上海造成了巨大的破坏。例如,参见《一二八国货运动周》(1934)。

〔59〕我讨论的仅仅是被国货运动重新定义的一部分日子。比如,运动把它的议程同庆祝中国的国庆节联系在一起,国庆节纪念的是 1911 年 10 月 10 日辛亥革命开始。关于 1935 年的纪念会,参见《双十节与国货运动》(1935)和《国庆与国货》(1935)。当然,运动的参与者并不是仅仅改变日历,如资深的中国观察员卡尔 · 克劳指出,同一年的"新生活运动""并没有试图通过嘲笑旧的迷信活动而禁止它们,而是提供一些新的作为替代品"。例如,它尝试用植树节和新的植树传统来代替清明节和为祖先烧"纸钱"的习俗。(Crow 1944: 129)中国共产党在这些日子以及其他周年纪念活动中也非常积极。然而,由于中国共产党重点强调通过打击中国的帝国主义来破坏国际资本主义,1934 年的纪念活动同其他纪念年就与运动主题融为一体。上海租界市政警察(SMP)的档案中包含有大量的例证,比如,共产党在纪念"上海事变"(SMP 5641,

1934.1.28:中国共产党江苏省委员会,"一·二八二周年的相关标语")二周年时散发了大量标语,其中就有"强化抵制和没收日货!"在这一天,共产党也向"全国青年"发布了一封公开信,敦促他们纪念周年:"没收日货以及叛国商人的财产,作为失业工人和抗日军队的基金!"(SMP 5641, 1934.1.11:中国共产主义青年团中央委员会,"在一·二八抗战两周年纪念会上告全国青年书")。同样,五一节的纪念会也包含了提醒人们要抵制进口货,例如,参见SMP 4801, 1933.4.24:"五一节纪念的宣传概要",4b。至于其他纪念活动,参见SMP 4844。

〔60〕 同样,我也没有讨论太多的普通集会、茶会以及这一年中组织的其他事件。比如,组织者在1月17日上海市立商业议会总部举行了集会,参见《妇女国货运动大会》(1934)和《妇女国货宣传大会》(1934)。

〔61〕 《妇女国货年今日举行汽车游行》(1934),《申报》1934年1月5日。包括妇女国货年在内的运动的领导组织是妇女国货促进会。其他市民组织大多又是政府参与的分支机构,包括上海地方自治政府联合会和上海市立商业议会(Gu Bingquan 1993:294-295)。

〔62〕 《妇女公民月报》3卷1期(1934年1月),也见《申报》1934年1月5日。

〔63〕 《妇女国货年汽车游行参加踊跃》(1933)。

〔64〕 大量彩车的图片,见《良友》12卷85期(1934年2月):2-3。这些图片同时又出现在《申报》1934年1月5日。也见Lin Kanghou 1935:4-5。

〔65〕 简要说明见《申报》1934年1月5日,包括一张图片。

〔66〕 事件事先得到了大力宣扬,例如,参见《积极筹备中之妇女国货年》(1933)。

〔67〕 一篇文章甚至根据她们的地位,说女人们等同于"内务部长"和"财政部长",参见《夫人之道》,《申报》1933年6月8日;《国货家庭》(1933)。

〔68〕 "主妇怎么劝导丈夫服用国货?"(1934)其他文章认为正确地管理家庭是运动的关键。对比那些"所谓摩登的家庭",这些家庭与市场同步使用新的国货(《家庭国货运动》,1933)。至于其余推荐的办法,参见《申报》1934年3月1日。

〔69〕 天虚我生:《贡献于妇女们》,《机联会刊》87期(1934年1月15日):2—5。作者(刊物的编辑)强调妇女应该对她们丈夫送的外国礼物给予反应:"它很好。它同时又很不好,因为你把我们中国的钱给了外国。"

〔70〕 相似的民族主义消费家庭模型的肖像在有意义的假日里被印刷传播,包括日本侵略中国东北的周年纪念(《九·一八以后的妇女和家庭》,1934)。

〔71〕 要求妇女购买国产衣裳填充衣橱,从而使人理性起来,参见Ba Ling 1934b。

这篇文章也引用贸易赤字作为这种理性化解释的理由。

〔72〕 例如,关于清洁的概念以及现代家庭主妇的创造,参见 Forty 1986: 169。关于中国的家庭主妇,参见 Orliski 1998 和 Glosser 1995。

〔73〕 具有讽刺意义的是,正如人们间接从诸如茅盾经典小说《子夜》这样的小说中塑造的女性形象所获知的,中国的中上层妇女有意识地通过选择消费品成为阶级的代表,然而她们坚定的反共产主义的丈夫却常常激情洋溢地试图否定将阶级作为分析中国社会问题的合适基础。

〔74〕 至于对圣诞节这样的节日变形的经典论述,以及使用"消费的节日"(festivals of consumption)这样的术语,参见 Boorstin 1973: 157-164。研究美国假日的一般变形情况的文献大量增长(例如可参见 Schmidt 1995)。

〔75〕 在妇女国货年中,《机联会刊》98 期(1934 年 7 月 1 日)给"送礼问题"单独做了一辑专刊。大多数文章认为中国民族性是有思想和理性的礼物的基本要素,例如,参见 Pei Ji 1934。又比如,Ba Ling (1934c)认为,当对一个朋友介绍国货的时候,送国货礼物不仅表达了爱国心,同时也对抵抗进口货的流行有实际的效果。除了假日,文章也解释了送国货作为结婚礼物的重要性,例如,参见 Gan Chunquan 1934。

〔76〕 《端节捍国货》(1934)。然而,这些文章中的大多数没有讲述当先前接受了或购买了外国货的时候,什么是人们应该做的,尽管一篇文章指出这些外国货应该被尽可能地替换掉(《我家的日用品》,1932)。

〔77〕 在新生活运动中,检查活动是正式的,也被较为正式地执行:卫生检察员检查住房并且在屋外张贴检查结果(SMP File 5729, 1934. 4. 9:"新生活运动")。另外,新生活的信徒鼓励"注意邻居街坊家庭里打麻将牌的情况"(Crow 1944: 134-136)。克劳没有记录这些检查的广度,但是他观察到新生活运动的训词,如"请刷牙""买国货"被"四处"张贴。

〔78〕 《妇女国货年在秋季》(1934)、《秋令的一两用品问题》(1934)和《国之秋令用品的我见》(1934)。近似的文章在妇女年之前或之后的每一季度也都出现过,例如,参见《妇女于冬令用品》(1933)、《采用夏令用品歌》(1934)和《何立华的夏令用品》(1935)。正如第五章和第六章所指出的,运动组织了展览,刺激国货的季节性消费,这是贯穿运动的一项持久活动。关于 1930 年代这样的展览报告,参见《夏令用品展览会》(1933)。

〔79〕 妇女运动和政治之间的联系在早期国际妇女节期间就已经很明确了。例如,在 1925 年,北京妇女聚集在段祺瑞总理家门口,大喊"打倒帝国主义"和"全世界妇女联合起来"的口号(Collins 1976: 557)。

〔80〕 参见 Z. Wang 1999：300-301，它记录了事件组织者黄定慧的感想(b. 1907)。

〔81〕 德国社会主义者卡拉・蔡特金(Clara Zetkin)于 1917 年提出为工作的妇女定一个假日。在美国最早是 1909 年。在 1910 年代，这个节日与促进国际和平联系在一起。确切的日期并没有全世界统一，直到蔡特金建议列宁于 1922 年实行。3 月 8 日是对 1917 年俄国十月革命中妇女和孩子进行的绝食抗议的纪念。参见 Gilmartin 1995：257n17。

〔82〕 以前活动在其他国货组织的赞助下大多在晚间举行。国货产销合作协会为上海的女性领导人赞助了下午茶会。如同西方一样，上海的其他商店也成为这些活动的重要场所。这一团体在大陆商场举行了一场集会，这个商场也租给指定的国货店铺。一百多人出席，组织者宣布了妇女服用国货会的构成。

〔83〕 中国国货公司常常提供大量的印刷品来提醒人们这是妇女国货年，例如，参见《申报》1934 年 3 月 1 日的广告。这些销售也达成了性别之间的平等——广告许诺男人也能得到 10% 的降价优惠(《申报》1934 年 3 月 8 日)。

〔84〕 《改良儿童服装谈》(1934)：39。另一篇文章在抚养孩子和民族拯救之间建立起了联系："如果我们想拯救国家，并且使种族强大起来，我们就必须从孩子的抚养开始。我们必须教给孩子良好的习惯，他们必须喜欢使用国货。"(Pan Yingmang 1933)

〔85〕 在善良的妇女模仿其他国家的妇女使用民族产品的呼吁下，运动也认为全世界的孩子都应该被教养要消费自己国家的产品。一篇文章甚至翻版了据说是来自(翻译自)主要大国的口号。比如，文章声称，俄国孩子学习"不使用俄国产品的人不仅是无知的，而且还是不爱国的被征服民族的奴隶！"的口号(《提倡国货应从儿童做起》，1933：17)。

〔86〕 儿童节是 1931 年由上海的两个儿童福利和教育机构首次提出的。经过官方正式批准，首届官方儿童节于 1932 年 4 月 4 日举行(Sun Zhendong 1982：207-208)。

〔87〕 《万余儿童坐在市府热烈庆祝儿童节》(1934)；《全市各界热烈纪念儿童节》(1934)。

〔88〕 《妇女团体》(1934)；《妇女团体庆祝大会》(1934)；《全市各界热烈纪念儿童节》(1934)。这一年中两种不同的《妇女国货歌》，见《国货半月刊》3 期(1934 年 1 月 15 日)：41—42 或《国货月报》1 卷 1 期(1934 年 2 月 1 日)。

〔89〕 这幅民族主义消费者/生产者模范家庭的描写来自《国货的一角》(1934)。

〔90〕 《从国货声中说到儿童玩具》(1933)。例如，见《申报》1934 年 1 月 18 日史吉雄的文章。许多这样的文章指派宣传任务，要把这种国货消费道德观念慢慢

灌输到年长姐妹以及其他为抚养孩子负责的人中间去。

〔91〕 孩子代表民族—国家来监控他们的父母和祖父母的行为可以在任何一本有关“文化大革命”的论文集中真切地看到,例如,参见 N. Cheng 1986: 55, 57, 112, 119, 293;以及 Gao Yuan 1987: 77-78。加拿大记者简·旺恩(Jan Wong 1996: 108)也遇到了许多孩子责怪父母的故事,其中就有中国著名导演陈凯歌。

〔92〕 关于西方圣诞老人的商业化,参见 Nissenbaum 1997: esp. 169-172。

〔93〕 这种情绪的增长以及同时试图建立一个“中国式”教堂的事情在许多地方发生过,例如,参见 Jonathan Chao 1986。

〔94〕 《圣诞老人与妇女国货年》(1934),也见《圣诞老人的礼物》(1934)。

〔95〕 然而,具有讽刺意味的是,其他观察者赞扬了有时尚意识的妇女,因为她们很快接受了诸如卷发、高跟鞋以及丝袜这样的新潮流,这证明了她们“迅速适应”的能力(Ren Dai 1936: 178)。

〔96〕 此外,女学生代表团不只是追随男权主张的抗议方式,她们偶尔选择不同的形式,如穿越周围的农村来解释国货对农村妇女的重要性,而不是行进在男性组织的示威队伍中(Graham 1994: 40-42)。

〔97〕 至于一些讲话的再版以及骄傲的胜利者的照片,见《妇女提倡国货会》(1934),它出现在《妇女公民月报》上。后来其他讲话的稿件也出现在这本刊物上。

〔98〕 例如,参见 Zhang Mingdong 1934 和 Wang Jingming 1934。然而,Wang 指出当只有国货可供消费的时候,知识分子往往体现出伪善。她建议知识分子(包括学生们和官员们)要身体力行,而不是全力以赴地劝说乡村的人们:“看看农民——他们没有一个人穿着羊毛衫、带巴拿马草帽、穿皮鞋,没有乘外国车兜风,没有住着洋房以及使用其他进口货,而我们却是这样的。”

〔99〕 这里最大的讽刺是,这种劝说女人重视没有销路的日用品的努力正好发生在中国人生活的许多方面都发生商品化改变的时候。例如,基督教徒亨瑞特(Henriot 1994)探讨越来越快的商业化对上海妓女的影响,他得出结论认为,色情交易开始包括男性和女性陪同者之间的所有关系。

〔100〕 例如,参见《摩登妇女:觉悟吧!》(1934),它使用了从 1934 年的每月统计数据来“证明”不爱国的女性消费者依旧存在。对妇女年的综合估计,见《颂妇女国货年》(1934)。

〔101〕 对运动最乐观的估计,见运动领袖王晓籁(1886—1967)的讲话,以“最近国货的趋势”为题在《申报》1934 年 7 月 5 日重刊。其他作者则把资料分开使

用,或使用如轶闻一样的证据,或以运动发展的细节为对象,从而认为运动是成功的。例如,见《妇女节之推行国货谈》(1934)和《筹设各地国货公司之我见》(1934)。

第八章

塑造爱国企业家

吴蕴初是国货生产领域的明星。

——Guohuo shiye chubanshe ed., 1934:221

国货运动的话语要以许多敌人为目标：向中国市场倾销商品的帝国主义列强、不顾及产品国籍产地进行消费的妇女儿童、销售洋货的商人。然而，这次运动也有自己的英雄，这些涵括男女的榜样遵循消费与生产的新民族主义行为准则。本章将通过研究其中一个最著名的个案来考察这类爱国生产者（主要是男性）的产生与传播。吴蕴初是中国教育出来的科学家和企业家，由他研制的味精在中国市场上成功地取代了“仇货”——日本的味之素（中国消费者众所周知的产品）。

诸如吴蕴初这样的爱国生产者的传记广泛传播，着重强调的是中国有击败帝国主义的能力。与第四章所描述的“叛国的商人”相反，吴蕴初和其他数十位爱国生产者在商业行为中起了积极的示范作用。他们展示了中国人是如何把商业活动和民族复兴结合起来的。这些爱国生产者同20世纪30年代“九·一八事变”中英勇抗击日军的战士一样，是商业领域的英雄。然而，不管是在军事上还是工业上，在这个抵抗的神话的背后，真实情况总是更为复杂（参见Mitter 2000）。对吴蕴初传记以及他在运动中的表现进行考察，不仅能够揭示爱国生产者的神话是怎么产生的，而且能够探究国货运动在建立对中国公司的文化约束中的作用，这些中国公司因参与运动而备受赞扬，并被期望达到更高标准。可以确定的是，这些传记通过强调中国私有企业对救亡图存的作用，有助于中国资本主义的合法化。然而，和其他许多运动一样（比如之前已经讨论的妇女解放运动），国家利益总是要放到第一位的。中国资本家的传记不是为了认可资本主义或典型的男子汉形象的任何形式，而是那些与国家的利益紧密联系在一起的形式。神话制约了制造商。

国货运动的传记

从19世纪末至20世纪,进口统计数字成了衡量中国是否成功恢复主权的主要工具(有关中国商战的观念,参见第一章)。这些经常被引用的统计数字成了传播"商战"观念最广泛使用的数据。引用这些数据的目的是提醒所有的中国人,国家在商战中正处于失利境地,运动参与者认为商战是当前帝国主义最阴险的形式。尽管数据一再证实中国所有的弱点,但是有关某一特定商品的数据燃起了人们的希望。数十年来,中国在商战中一直处于劣势。然而,在工业化方面的有限的成功展现了中国存在的潜力(见图8.1)。

国货制造商的传记提供了生产国货以取代洋货、成功保家卫国的中国人名录,在这些资本家当中,正如本章在题词中引的传记所称,吴蕴初是"国货生产领域中的一颗闪耀之星"(Guohuo shiye chubanshe ed., 1934:221)。他的人生经历是其他人遵循的榜样,他是保卫中国的排头兵。实际上,这些传记明确号召其他人来效仿他的人生(例如,参见"Tianchu wei chang jing",1936)。[1]为专门的国货运动活动而出版的印刷品,比如用于展览会的纪念册,几乎无一例外都会包括这样的传记。[2]

就这些中国实业的英雄而论,令人感兴趣的是首先指出他们哪些方面和美国的英雄相似。美国人当然也有类似的实业英雄——卡内基们、洛克菲勒们,以及其他在脑海中浮现的像强盗一样的资本家(参见Catano 2001)。与中国实业家相似,这些美国企业家积累了巨额财富,并把大量财富捐献给慈善组织。但是,中国与美国企业家的表现有根本性的不同。吴蕴初和实业家荣德生都不能仅仅被认为是"中国的洛克菲勒",尽管在他们的时代,他们被这样称呼(Bergere 1986:1)。这些人在中华民族历史上享有极高的荣誉地位。像吴蕴初这样的企业家们被视为经济落后国家的受压迫者,在面对来自帝国主义列强的几乎无法抗拒的竞争中,他们不得不自己创立实业。这些中国实业家的胜利不仅仅因为他们取得了超越原本有限的商品生产技术和工业上的胜利,也不仅仅是经济进步。

图 8.1　商战

(GSB 1928)

这两张插图描绘了国货运动期间所传播的中国在商战中失利的观点。在左图中,"中国实业"(写在一个人的胳膊上)即将溺死在"洋货"的洪流中。根据救生圈上的字,解决方法是"提倡国货"。而在右面的插图继续表现了这个主题,在图中央的一位奔跑者,代表"国货",其他两位奔跑者则代表洋货,"国货"正与"洋货"的肮脏策略竞赛。潜藏的中国观众在命令前者"努力!"(写在中国赛跑者下面)。这两幅插图的风格都是更多地源自西方艺术传统,而非中国艺术传统。在国货运动中,不是产品的风格,而是产品的国籍乃界定"国货"的关键。这似乎延伸到了艺术作品。有讽刺意味的是,就像英美烟草公司这样的"外国企业",也开始采用中国艺术风格来推销产品(例如,参见 Cochran 1980:37),"中国企业"则使用西方艺术风格来提倡抵制洋货。

更有意义的是,他们的成功代表了中华民族的进步,代表着中国对帝国主义的胜利。实际上,其他面临类似转变的国家也为建设民族国家而再现了这种 19 世纪美国的"自己制造的人类神话"。在对日本这种转变的研究中,历史学家厄尔·金莫斯(Earl Kinmonth)指出,对于翻译美国萨缪尔·斯迈尔(Samuel Smiles)的经典著作《自助》(*Self-Help*, 1867) 的日本译者而言,“最感兴趣的是……斯迈尔的断言:‘国家的进步源自每个人的勤奋、活力、正直的总和,正如国家的衰落是因为他们懒散、自私和不道德造成的’”(1981:20)。

因此,吴蕴初的成功以及他的公司所生产商品的畅销,立即被赞扬为国货运动以及整个中国的重大胜利。确实,吴蕴初的传奇对于民族主义者的意义是如此重大,以至中国共产党领导人也承认像吴蕴初这样的资本家对国家建设所做的贡献。1949 年以后,吴蕴初被划为“爱国实业家”,他的经历成为中国民族资本主义发展的一部分。1950 年 10 月 1 日,中华人民共和国第一个国庆日,国务院总理周恩来亲自授予吴蕴初“味精大王”的称号(Wang Pilai and Wang Yu 1994:35)。

事实上,在过去的二十年中,越来越容易找到材料来支持对这类人物的研究。1976 年毛泽东去世后,邓小平复出,中国再一次发现了企业家,以及褒扬早期中国资本家的传记的用途(参见 Tim Wright 1993)。例如,在中国解放军出版社出版的一套丛书中,有本书详细讲述了吴蕴初的生平,吴蕴初被称为“中国红色资本家”——以该书为基础还拍了电视连续剧(参见 Wang Daliang 1995)。[3] 另外,有学术著作以相似的热情语言再次讲述了吴蕴初的事迹(例如,参见 Du 1991:148-149)。除吴蕴初外,得到赞扬的还有范绪东,他于 1917 年建立了中国第一家苏打厂,是中国现代化学工业的创始人。但是,正如本章所阐述的,爱国生产商的塑造不是近些年才开始的。

一位爱国的实业家

在国货运动期间(以及之后)写的所有关于吴蕴初的传记都把吴蕴初人生事迹的三方面作为重点,尤其是 20 世纪 20 年代以及 30 年代这段时间内所写的传记。这些方面对于我们理解他的生平对国货运动所起的作用是个关键。第一,吴蕴初接受的是现代科学教育。第二,他是在中国接受这种教育的。最后,也是最重要的一方面,他利用所接受的现代教育,把一度很受欢迎的日本产品驱逐出了中国市场。换句话说,他所接收的教育及他所取得的商业成功直接成为抵制日本经济侵略的实用的、重要的形式。其中一本传记声称到20世纪30年代中期,吴蕴初的企业每年收入已超过300万美元,它们成功地“从日本人手中截取了这笔金钱”,因为那些钱原本会花费在购买日货上(见图8.2)(Guohuo shiye chubanshe ed., 1934:21)。[4]

图8.2　爱国的胶鞋

(《机联会刊》46期[1931年11月16日]:封面)

国货运动的文献和广告告诉中国的生产者和消费者:人们可以通过生产和消费国货来参与拯救中国。这幅广告是从一本运动杂志的封面截取的,由大中华橡胶厂刊登,上面画着中国鞋业名牌“双钱”牌皮鞋正在刺破日本鞋。背影是一个中国战士正刺杀一个日本兵,这使人联想到国货运动对商战和兵战进行的类比。

吴蕴初从贫穷到富裕的经历是从上海近郊开始的(关于吴蕴初的年谱,参见 Wang Daliang 1995:268-270)。他 1891 年出生在江苏省嘉定县,现隶属于上海市,是家中 6 个孩子中的长子。国货运动中的吴蕴初传记作者总是强调,不管多么贫苦,在他“模范母亲”帮助下,吴蕴初一直很优秀(例如,参见 Chen bao 1933:52)。在很小的时候,他就在读书方面展现出了过人的能力。到 10 岁那年,他在中国传统的科举道路上一帆风顺。同年,他考取了秀才。年龄这样小就取得这样的成绩,是件十分荣耀的事情。因为他的父亲于 1899 年开始在上海当地一所大学担任中国文学教师,小吴蕴初有机会师从更为优秀的先生。同时,他接触到了新的知识领域。

尽管在传统的科举考试中取得了最初的成功,但他还是决定做一个翻译家,并且进入上海广方言馆学习。这个决定违背了他父亲的意愿,他的父亲担心他会成为“外国人的工具”(Wang Pilai and Wang Yu 1994:348)。他的学习和事业历程是许多新式学堂学生的典型。从 1904 年到 1905 年,他继续在上海学习现代科学文化知识;1906 年,他回到他的家乡,在当地一所小学担任英语教师。这段时期的维新改革为他广泛学习西方科学提供了更多机会。第二年,吴蕴初被录取到清军创办的上海兵工专门学校,他在那里学习化学,一直到 1911 年,共学习了四年。

对吴蕴初作为生产商典型的记载也能扩展到他的个人行为上。尽管他获得了文凭,传记作者强调他总是在付出和生产,而非索取和消费,为自力更生,只要能干的活他都干。一段时间,他还在一所当地小学教数学以增加家庭收入。在 1911 年毕业后的十年中,他做过许多工作,当过教师,并在中国几个新兴的工业部门担任过化学技师。他在上海兵工专门学校安排下,在上海的一家制造厂当了一年的学徒工,并同时在他的母校执教。在随后 1913 年“二次革命”(国民党和袁世凯发生冲突)的混乱中,他的母校和那家制造厂都倒闭了,他也就失业了。他的一位德国老师为他在中国主要的钢铁厂找了份工作,他在那里担任化学技师。这家钢铁厂是晚清著名改革家张之洞几十年前创立的汉阳铁厂,但是当时已由德国掌控。在那里工作一年后,吴蕴初管理了一家砖厂,但很快他开始不满意这份工作。1915 年,他辞职去天津找了一份在氨气厂的工作。然而,那个工厂没有取得任何进展,吴蕴初只有再次辞去工作。1916 年,吴蕴初回到武汉,在那里他帮助设计了一种制作锰砖的方法。他在制造这些物品中所作出的努力使他成了中国最早的化学工程师之一,并且以后得以成为一家制砖厂的工务主任。

"我是土货"

国货运动醉心于商品的生产、流通和消费完全都是中国的,这种创造纯粹中国货的努力也扩展到了对因国货运动而著名的人物的塑造上。每本吴蕴初的传记都强调他的纯粹中国背景,并强调说吴蕴初是在中国接受的教育,而不像其他的工业家,比如范绪东那样,是在日本学的化学(参见 Han Yin 1996)。正如一本传记所描述的,"自从吴蕴初发明味精以来,全国人民就很关注、敬仰他。大部分普通民众以为他是在国外求学的……所以才取得这样的成功"。但事实并非如此,他的人生经历向读者展示了留学海外并不是使中国强大的必要条件。吴蕴初的教育背景也被用来证实中国正在逐渐强大。在纠正别人认为他一定留过学这种错误印象时,吴蕴初自己经常用这样一句话强调他的国内教育背景:"我是土货,从来没出过国。"[5]

吴蕴初也在撰写的传记中,把自己界定为真正纯粹的中国货。例如,他极力把自己的传记宣传成一本为了利己利国而追寻不同道路的人生教材,这与传统的仕途之路截然不同。吴蕴初指出,正是这种传统的入仕救国之路当时减缓了中国工业的进步:"在回国的那些学生当中,在国外学过化学的为数不少。然而,当他们回国后,由于急于成为官员,他们失去了对中国迫切需要的化学工业的热情。"(Chen Bao 1933:52)

他得到的名誉和地位给他带来了许多机会,他很快获得了管理经验与各方的联系。在这个时候,中国最古老、最大的军工厂——汉阳铁厂聘请了吴蕴初,由他来管理化学和物理部门。不久以后,在 1918 年,拥有一家火柴厂的宋炜臣,与吴蕴初合伙成立了炽昌硝炜公司。该公司生产火柴中的关键成分,这种成分首先是 19 世纪后半期从欧洲引进的,在 19 世纪末由日本首次进行生产。

通过这些在中国工业界的早期经历,吴蕴初认为中国化学工业之所以不能发展,是因为缺少国内化学工业所需的基本元素。此外,也要归咎于外国公司的竞争。吴蕴初的公司也因此破产。在第一次世界大战期间,中国所有的工业部门都处在当时他们自己认为的经济发展的黄金时期。然而,大战一结束,帝国主义势力很快再次侵入或者扩大他们在一战中暂时放弃的中国市场。[6]黄金时代结束了,新的更为激烈的竞争环境随之形成,诸如吴氏企业这样的资本不足的中国公司纷纷破产。因为吴蕴初的新企业缺乏竞争力,他由此将精力转而投入到生产火柴所用的胶水上。但这一次他还是失败了。1920年,吴蕴初去了上海,与施耕尹建立了炽昌新牛皮胶厂。吴蕴初最初遇到施耕尹的时候,施耕尹是上海兵工厂枪厂的厂长。通过施耕尹,吴蕴初认识了杰出的企业家、火柴制造商刘鸿生。吴蕴初说服了刘鸿生为他打算在上海经营的胶水厂筹措资金。(Wang Pilai and Wang Yu 1994:375)

取代在华日货

大量消费品的引进导致一些变化,这些变化波及了看似坚固无比的中国文化堡垒——厨房。调味粉使菜肴更可口,甚至是最普通的菜都变得美味,这种产品很快被大众所接受。调味品和味精(也称为谷氨酸钠,或简称为MSG)是谷氨酸的水晶钠盐。它由水、钠、谷氨酸组成。谷氨酸是一种氨基酸,它存在于所有含蛋白质的食物中,比如肉类、鱼类、奶酪、牛奶以及各种蔬菜。人体也含有这种氨基酸,谷氨酸对人体新陈代谢和大脑功能有重要作用。谷氨酸钠是一种谷氨酸盐,添加到食物中的味精散发的食物香味与食品中自然产生的谷氨酸相类似。

反帝武装斗争和抵制活动频繁发生,迫使中国消费者寻找国内产品来取代舶来品,并且鼓励中国企业家努力制造同样的商品(参见第三、四章)。然而,国货运动和国民抵制舶来品的活动能为这些新企业做的也就仅此而已。每个行业在利用爱国情感销售"国货"时都会面临各自的问题。比如,食品很快就被吃完了,所以消费者不会长期受社会舆论的影响。然而,如果身着伦敦最新风格的服装招摇过市的话,就会被民众公开指责为不爱国的消费,而在饭菜中加入日本的味之素则不那么容易被人注意。不足为奇的是,即使在最激烈的反帝抵制活动期间,中国人还是继续用类似味之素这样的产品,而不使用国产替代品,这些国产替代品的品质一直到20世纪20年代早期还被认为低于洋货(Yang Dajun 1938, vol. 1, pt. II: 1154-1155; Shanghai tebieshi, Shehuiju 1930: 95-99)。

尽管味精20世纪50年代才开始在美国流行,但东亚的厨师们已经把海藻加入汤料中,利用海藻汁使食物味道更为鲜美,这种方法已经使用一千多年了。然而,一位德国化学家最早于19世纪末合成了谷氨酸钠。不过,日本化学家池田菊苗(1864—1936)1907年才从海藻中成功萃取谷氨酸钠,他是东京大学化学系教授,曾经在德国学习,于1908年通过铃木药品公司开始大量生产该产品。1909年,该产品用味之素的商标开始在日本出售。截止1917年,味之素风靡全世界。[7]吴蕴初既不是第一位也不是唯一一位挑战味之素的人。20世纪20年代初,在上海已经开始制造类似味之素的产品,到20年代末,十多家中国企业都能生产出可与味之素相竞争的产品(参见"味精"调查,NII 1935: 589-594)。到了20世纪20年代晚期,在这些企业家中,吴蕴初已经以"味精大王"而广为人知(Gao shi 1996:118-121)。

根据吴蕴初的民族主义的传记,他的才智和爱国心体现在他挖掘了无限可能的市场潜力,以及他生产出"味之素"的中国替代品所具有的民族意义。的确,数十年后,吴蕴初的女儿为他写的传记就强调她父亲出生在一个日本货在中国占控制地位的时期,她以这样一段话开始——"(我父亲出生时)日货充斥中国市场"(Wu Zhilian, "序", Wang Daliang 1995: 1-2)。20世纪20年代,吴蕴初意识到了日本公司Suzuki Pharmaceuticals以及味之素在中国市场上占据着实质的垄断地位。味之素是一战期间以及一战刚刚结束时进入中国市场的日产廉价消费品之一。这些产品在中国市场迅速扩张是显而易见的,它们的广告在中国各个城市如雨后春笋般涌现,扩展了市场中帝国主义的形象优势。

尽管吴蕴初并不了解味之素是如何生产的,但是他猜测生产过程比较简单。因为添加剂被广泛应用,他知道添加剂的生产具有巨大利润。此外,生产一种替代味之素的中国产品会使得那些原本离不开味之素的中国人加入到抵制运动中来。[8]在家中经过了一年多的大量试验之后,到1922年底,在妻子的帮助下[9],吴蕴初不仅鉴别出了味之素的化学成分,而且掌握了生产味精的技术(关于这一过程的详细描述,参见 Wang Pilai and Wang Yu 1994:355)。

当然,这仅仅是战斗完成了一半。吴蕴初仍需要掌握大量生产以及使它们进入市场的方法。军阀之间的混战造成的动荡局面使获得投资变得特别困难。王东圆是一家酱油厂的销售代表,通过他,吴蕴初认识了拥有十几家酱油连锁店的店主张逸云(生于 1871 年)。吴蕴初说服张逸云来经营公司,并投资 5,000 美元帮助他生产味精。

双方需要解决的首要问题是为他们的产品和公司选择名字。他们为产品起的名字为"味精",这是把汉语中"味、味道"和"精、精华"结合到一起组成了"味精"这个词。然后他们再加上字号"天厨",这是"天上庖厨"的简写形式,这样一来就有了"天厨味精厂"——来自天上庖厨的味道精华,或者简称为"天厨"。为了保护字号和产品,吴蕴初和张逸云在北京农商业部将其注册,获得商标专利权。[10] 1923 年初,味精厂开始运营。厂房是两间租来的房子,工人也只有七八个,规模比较小。一开始每月的生产量只有 500 磅左右,但是,产量很快得到了提高。尽管当时中国经济、政治、军事局面混乱,但在 1924 年,年产量到了 20,000 磅。到 1929 年,"天厨"生产了 140,000 磅味精。[11]

"天厨"的经营者们很快便开始利用国货运动,以"纯粹国货"的名义来宣传他们的产品。最初,王东圆掌管新产品的销售,不久他开始往各个城市张贴广告,并且利用张逸云的酱油店来进行零售。在一段时期,王东圆把卖腌制咸菜专用的手推车进行了一番装修,车上插着旗子,宣传天厨味精要比日本的味之素更为优质。他让人推着小车,走遍街坊四邻,吆喝着味精的名字并让人们亲自品尝体验。(Wang Pilai and Wang Yu 1994:363)

味精这一新产品的市场发展非常迅速,但是"天厨"不得不设法消除消费者最初对该产品的成分和原料的顾虑。早期中国调味粉因为质量令人怀疑而失去了中国消费者的信任。"天厨"公司为了打消消费者的顾虑,在每个标签上都注明了该产品的成分和生产厂址,同时始终强调该产品价格要比日本的味之素低廉(Yang Dajun 1938 vol. 1, pt. II: 1154)。

"天厨"的成功也遭遇了来自许多其他中国公司的竞争。吴蕴初和张逸云采取了一些措施进行回应。通过重组,他们把原来不正式的完全由他们自己拥有和经营的公司改组为股份公司。为了募集必需的资本,他们成立了股份公司,募集了50,000美元(由于吴蕴初缺少必要的资金,他把他对产品的发明权作为一部分股份)。他们还在上海专利局注册了“佛手”商标和产品。利用这些新资金,他们通过台州同乡会租用了原来卷烟厂的一块地方,又购置了十多台机器。尽管与今天的企业标准相比,它的规模很小,但在当时,它已是中国最大的食品添加剂厂。

吴蕴初的日本竞争对手力图破坏“天厨”。比如,铃木药品公司通过日本驻北京大使馆反对“天厨”使用“味精”这个词。铃木狡辩说“味精”就是味之素广告的一般描述——调味精粉——中的第二、三个字(Wang Dongyuan 1928)。他们要求中国专利局取消“天厨”商标。“天厨”的管理者们都担心改变产品的名称会使广大消费者感到困惑,于是派遣他们的市场专家——王东圆前往北京疏通中国官员。中国其他类似产品的生产厂家也代表“天厨”联合请愿。(Wang Pilai and Wang Yu 1994:368;Chen Zhengqing 1992:388)经过一年多,利用昂贵礼物和宴会对中国官员进行疏通,再加上民族主义情感的帮助,日本人意识到他们的努力是无用的,便放弃了诉讼,王东圆赢得了胜利。

爱国产品的限制

国货生产者对国家的义务是什么?管理者对股东的职责是什么?当企业的需要同国家的需要发生冲突时会发生什么?像“天厨”这样的公司不得不在他们的利益和国货运动的要求之间徘徊。确实,国货运动为“天厨”发展市场份额提供了重要机会。1925年5月30日的运动成了该公司的转折点。抵制进口货的活动减少了日本味之素的销售量,结果,使产品价格降低了。同时,“天厨”利用这一局面广泛地为他们的“纯粹国货”做广告,并提醒同胞们应该消费国货。“天厨”还更多地参加国货运动的活动,比如参加展览会(Gao shi 1996:119;参见第五、六章)。例如,该公司在1925年举办的第三届江苏省地方物品展览会上获得奖项。[12]来自全国各地以及海外爱国华侨的订货单源源不断。该产品还在香港市场上获得了立足点,而且发展越来越快。

"天厨"充分利用了国货运动,甚至达到了削弱国货运动目标的程度。反帝抵制活动的兴起以及高潮促使1925年"天厨"产量加倍。尽管如此,生产还是不能满足要求。为了满足更多的要求,"天厨"购买味之素,然后重新包装,以自己的商标出售(Wang Pilai and Wang Yu 1994:367)。这些策略帮助那些"天厨"的投资者从公司获得了大量财富。1925年抵制活动以后,扣除产品成本,每股每半年就会得到17500美元股票分红。

不足为奇的是,吴蕴初和他的同事们积极参与了中华国货维持会等类似的国货运动组织。[13]实际上,由于吴蕴初不断对运动做出贡献,他被收入上海著名的商界政界领导人名录,并被任命为该团体的名誉主席团成员。(ZGWH 1932:"会史" 部分,21)[14]"五卅运动"中,"天厨"也是反日组织(例如上海对日外交市民大会)的主要捐助者(Cao 1925:53)。实际上,甚至在二战之后,吴蕴初和他的公司继续反对舶来品,尤其是日本消费品。[15]

"天厨"味精在国际上的成功——大部分归功于反帝抵制——为公司赢得了信任,从而促进了产品在国内的增长。甚至1925年抵制活动高潮后,公司的运营规模仍然在继续扩大。1926年,吴氏公司开始关注有利可图的西方市场,并准备在随后几年内通过在英国、法国和美国申请专利权,最终挺进西方市场。根据当时吴蕴初的传记所声称的,这些专利权是第一批授予新生的中国化工业产品的国际专利权。

"天厨"分别于1926年和1932年在费城获得了一百五十周年国际展览会奖(见图8.3),并在旧金山博览会获得奖项,这些奖项又进一步为它在国内赢得了信誉。它们帮助"天厨"成功应对了困难:一方面,国货运动迫使中国消费者只选择国货。而与此同时,消费者想消费质量最好的商品,这就自然而然地和进口货产生了联系。"天厨"获得的国际奖项说明他们生产的味精是世界顶级商品,这就再次保证了中国消费者买到的不仅仅是纯粹国货,而且是质量最好的商品。

纯化国货中的外国成分

国货运动给"天厨"施加的多方面约束限制其从根本上改变商业战

图 8.3 通过海外获奖赢来国内地位

(SSD 1992)

1926 年,"天厨"味精在费城获得一百五十周年国际展览会奖。

略,尽管吴蕴初不断地宣称他研制的味精是"纯粹国货",但这并不是事实。从一开始,他就严重依赖进口的原材料。例如,最初他用的是便宜的中国麦麸,它是味精的主要成分。随着销售量的急剧增长,国内已供不应求,公司就开始采用加拿大小麦,这种小麦能出产更多的麸质,这种妥协保证了公司的继续发展和赢利。同时,采用加拿大小麦也给吴氏企业的味精带来了胜过味之素的竞争优势,因为日本的味之素采用的是鱼、大豆以及其他更昂贵的蛋白质来源。

"天厨"采用进口原料的这一策略帮助它把最主要的外国竞争对手赶出了中国市场。几乎整个 20 世纪 20 年代,为了在价格上和日本味之素进行竞争,吴氏企业降低了出产的味精的价格。1928 年,每磅卖到 7 美元,但生产味精的成本才 3.5 美元。后来又有所变动。1928 年,新生的国民党政府企图注册该公司,批准它进行五年的垄断生产。然而,第二年,吴蕴初放弃了国内专利权,按工商部的要求,“我们共同来发展国货”[16]。很快,数十家国内竞争者涌现出来了。[17]尽管新的竞争增加了味精降价压力,但也同时迫使味之素撤离中国市场(除当时日本控制的东北地区以外)。

作为国货运动的支持者,同时也是机敏的商人,社会原因和商业原因要求吴蕴初发现或制造出能够取代进口成分的中国替代品,使得他的国货更为中国化。[18]“天厨”的成功帮助许多附属化工企业在上海地区兴起。实际上,吴蕴初本人在这一发展过程中起了直接作用。味精的生产需要7种原材料:麸质(通常来自于小麦面粉)、氯化氢、烧碱、酒精、碳粉、硫化钠以及碳酸钠,其中大多数原材料都是进口的。最初,公司从上海纺纱厂购买麸质,因为纺纱厂生产淀粉来当作胶料。尽管“天厨”很快用完了这些国内麸质,随后便转而购买进口的加拿大小麦,它还是能够利用这种原料来尽可能满足自身需求。然而,该公司最初曾经从日本厂家购买氯化氢,氯化氢与麸质反应可产生谷氨酸钠。1928年,吴蕴初向“天厨”股东们筹集200,000美元建立了天原化工厂,从此不再需要日本生产的氯化氢了。天原化工厂很快就非常成功,到1933年,它为“天厨”提供了250万磅自产的氯化氢(NII 1935:591)。[19]

随着“天厨”为寻求自身所需原材料而作出其他方面的努力,吴蕴初作为国货生产者名气日盛。公司规模扩大当然与日益高涨的国货运动有关系。1931年“九·一八事变”以及1932年“上海事变”后的抵货运动再一次激起了人们对吴氏企业产品的需求。东南亚华裔的需求量是如此之大,以至于吴氏企业香港代理商不能满足所有的要求。1931年,吴蕴初决定在香港建立一家工厂来满足东南亚华裔的需要,同时也在美国、澳大利亚以及其他地方继续开拓市场。到20世纪30年代中期,吴氏的“天字号”变得非常出名了,因为吴氏企业四个公司名称都是以汉字“天”来开头的。天原化工厂生产氯化氢(一种从玉米淀粉中提取玉米糖浆和葡萄糖的基本成分)、烧碱(用于生产纸张、人造纤维和胶卷等其他物品的原料)、漂白粉(一种标准的漂白试剂,用于漂白或者除去自然色)以及其他的氯化物产品。1932年,“天厨”自己进行了重组,又成立了两家味精厂

图 8.4　“天厨”味精轰炸机

1934 年 3 月 18 日，至少有 3 万人参加了在上海虹桥机场举行的一个典礼。上海许多最有权势的人物聚集在一起，参加吴蕴初（前排左数第三人）捐赠一架轰炸机给国民政府的仪式（上图：Huang Yiting 1934），包括（前排从右往左）市长吴铁城、褚民谊（1884—1946）、吴蕴初、青洪帮头目杜月笙、国货运动领导人王晓籁、（后排）企业家史量才（1879—1934）、商会领导人虞洽卿、记者朱少屏（1881—1942）。为了避免中国的爱国者忘记这架飞机的来由，“天厨”的名字被涂在了飞机的机身上。机场的标语明确地把爱国消费和国防联系在一起：“这些飞机是间接由那些喜欢使用天厨味精的爱国中国人所购买的。”（下图：SSD 1992）（《申报》1934 年 3 月 19 日）

及另外两家生产淀粉和果糖的工厂。同时为了回应国内要求他们制造容器所施加的巨大压力,吴蕴初的"天字号"集团于 1934—1935 年又创办了天盛陶器厂。[20] 最终,在 1935—1936 年,为了充分利用天原化工厂的副产品,比如氢、氨这类副产品,该集团又成立了天利氮气厂。

更广泛的爱国活动

吴蕴初生活中的其他几个方面经常被援引来证明他是一个具有民族主义责任感的人。实际上,他的爱国行为的知名度远远超过了他所生产的化学产品。在那些年,他参加了无数的慈善活动,例如,1929 年他为建立中国工业化学研究所提供资金,并担任第一任所长。研究所成立的目的是为了解决长期以来辅助工业领域缺乏相关知识的问题。另外,吴蕴初想起自己的往事,他帮助建立了一个为贫困学生成立的基金会,并且向全国的学校捐款数十万元。

吴蕴初直接为中国的国防做出了贡献。1932 年"上海事变"后,吴蕴初曾尝试生产毒气,但是他放弃了这些努力,而代之以协助防毒面具的生产(Wang Pilai and Wang Yu 1994:372;Guohuo shiye chubanshe ed., 1934:21)。1933—1934 年,吴蕴初购买了数架飞机,捐献给了国民党军队。这一行动在当时使他受到相当大的压力(见图 8.4)。最后,1937 年抗日战争爆发以后,吴蕴初把他的"天原""天厨",包括香港的分公司迁到了四川省。战争结束以后,他回到了上海。[21] 他待在上海迎接中国共产党的胜利,并在新政府的科学委员会中担任职务。

注　释

〔1〕 这是第 49 个刊登于《机联会刊》的"模范人物的历史",亦可参考 Guohuo shiye chubanshe ed., 1934:221。

〔2〕 例如《天厨味精制造厂史》,见 Kong Xiangxi 1929。

〔3〕 1991 年,中央电视台播放了反映吴蕴初商业事迹的《天字号风云录》系列片。该片高度赞扬了吴蕴初对工业、对国家所做的巨大贡献。

〔4〕 吴蕴初的其他传记也用了类似或同样的语句,例如,参见《晨报》1933:53。那些没有引用该语句的文章也强调了吴氏味精阻止了之前畅销的日货调味粉的流入,例如可参见 Wang Dongyuan 1928 和《吴蕴初先生小事》(1934)。

〔5〕 几乎吴蕴初每本传记都引用这句话，例如，参见《晨报》1933：53，Guohuo shiye chubanshe ed.，1934：21 和《吴蕴初先生小事》。

〔6〕 关于中国、日本和瑞典公司的三方竞争，参见 Cochran 2000：147-176。瑞顿·安德森（Reardon Anderson 1991：168）下结论说：吴蕴初最初的企业是成功的。

〔7〕 二战以后，铃木药品公司易名为味之素有限公司。1999 年该公司已有 60 亿美元的销售额，它仍然是生产谷氨酸钠和其他氨基酸产品的最大厂家，这些产品被用于医药品、食品、饲料添加剂（http：//www. ajinomoto. co. jp/ajinomoto/company/other/ other1. htm，参见 2002 年 4 月 18 日）。该公司的历年纪事，见 http：//www. ajinomoto. co. jp/ajinomoto/company/eajino/history. htm。

〔8〕 根据一些人的观点，除了 4 种基本味道——酸、甜、苦、咸——之外，味精和味之素生产了另外一种味道，日本人称为"旨味"，类似英语中的 savory。

〔9〕 在一些传记中，如 Wang Pilai and Wang Yu 1994：354-355，吴蕴初的妻子吴戴仪尽管"教育程度不高"，但也起到了重要作用。她意识到了与日本竞争，为中国竞争者开拓国内食品添加剂市场对于国家的重要性。

〔10〕 《农商部颁发味精制品合格及章程奖励包装》（1923 年 5 月 24 日），SSD 1992：2。

〔11〕 "天厨"味精从 1923 到 1937 年的生产数据，参见《天厨厂 1923 年至 1937 年历年味精产量表》（1992）。产量从 1923 年的七千磅左右增长到 1937 年的五十多万磅。

〔12〕 《天厨味精获得江苏省第三次地方物品展览会第一等奖奖品》（1925）。

〔13〕 例如，1924 年，吴蕴初在上海工业品展览大厅作了一次报告。参见潘君祥《20 年代中国国货运动开展》，同前，1996：24。

〔14〕 根据行政委员会 1930—1931 年的决议，中华国货维持会聘请中国名流为该组织的名誉主席，授予"大众的榜样"称号。在 82 个提名人物中，有声名狼藉的上海青帮头目杜月笙、著名的经济学家刘大钧（1891—1962，英语名字为 D. K. Lieu），以及许多国民党领导人。

〔15〕 参见 SMA Q38-1-219，吴蕴初 1946 年编写的关于为什么中国不能向日货开放市场的小手册。

〔16〕 《工商部颁发吴蕴初放弃部分味精专利权褒奖令》（1929 年 5 月 16 日），SSD 1992：15-16。

〔17〕 新的中国企业完整名单，参见 Wang Pilai and Wang Yu 1994：370。这些企业的译名、地址、资产总额以及其他信息，参考 NII 1935：590；其生产数据，同上：593—594。

〔18〕 确实,吴蕴初用他的名誉和财富强化了国货运动的目标。1930年底,在写给国民政府成立的工商会议的一份请愿书中,吴蕴初非常清晰地表达了他渴望限制洋货进入中国市场、保护国货市场的愿望。在会议上,吴蕴初递交了他的请愿书,请求限制洋人在中国建立工厂的数量和类型。根据他的请愿书,在中国新近恢复关税自主权之后,外国人已经扩大在华建厂计划,以此来规避过高的新关税。吴蕴初强调当中国工业还处于创始阶段时,应该对中国人进行保护。请愿书的正文,参见《吴蕴初关于抵制外人在华设厂提案》,SSD 1989:153-154。

〔19〕 关于“天原”在第一个四年内的产量回顾,见《天原碘化厂四年来经过情形简明表》(1931—1934),SSD 1989:89。短时期内,该厂产量攀升了332%,从不足2000吨增长到1934年超过6000吨。

〔20〕 在上海之外,运动积极分子认为用日产原料包装的产品一定是日本货,这种想法经常挑战“天字号”商品作为“国货”的真实性。关于“天字号”,在SMA files中包含许多类似争论的参考资料。例如,有关“天原”产品在南昌取得国货生产许可证的努力,参考SMA Q38-2-148。

〔21〕 吴蕴初成为管理中国经济的几个重要国家委员会的成员,包括全国经济委员会、资源委员会和计划委员会。

结　　论

"那你为什么选择为洋人公司工作？难道你不知道洋人对我们从不怀好意吗？他们为经济目的或试图从政治上奴役我们而剥削中国人。只有中国的渣子才为洋人工作，你要知道，你已经获得了在外语学院教英语的工作，但是你宁愿选择为英荷壳牌公司工作，为什么？"

——Nien Cheng 1986:88-89

"跳舞究竟与爱国主义有什么关系？"我确实困惑不堪。

"你在与洋人跳舞，你同洋人跳舞看起来非常快乐，这肯定就是不爱国的。"

——Nien Cheng 1986:264

结　论

国货运动是否成功了？国货运动是否达到了整合民族主义和消费主义的目的？这些问题的答案要取决于成功的标准是什么。考虑到国货运动所面临的巨大障碍，认为它是个失败的观点就会是非常容易理解的了。实际上，当时中国缺少国家管理职能，诸如关税自主权，以及防止外国货对中国进行倾销的真正主权。同样，正如外国货在价格、机械化生产的同一性以及质量方面都有优势一样，舶来品和"时尚/现代"观念之间所具有的强大关联刺激了对洋货的需求。最重要的是，在广大的中国消费者群体中，对民族国家的认同感至少一度是脆弱的，中国的爱国主义者要求消费国货的诉求常常被忽略。进口统计数据证实了这个事实。实际上，国货运动本身不停地恳请不忠的消费者、商人、官员以及其他人注意购买国货的号召，就证明国货运动是一场旷日持久的战争——用它自己的话说，而不仅仅是一次性战斗。

另一方面，就更为细微的文化方面、制度以及观念传播层面上说，国货运动是比较成功的。国货运动使民族主义融入了中国新生的消费文化的方方面面，并且，民族主义和消费主义的这种融合构成了生活在"现代中国"的基础。这些情况在整个中国都可以看到：这既表现在借由晚清民族男性外形和视觉形象的建立，在19世纪越来越强烈的对舶来品的敌意和负面印象方面，也表现在民国时期此起彼伏的反帝抵制活动，以及民族商品展览会的不断发展方面，还表现在性别化的不爱国消费和爱国生产商的代表日益增加的趋势方面。这种民族主义的消费文化影响了中国人的生活，从上层到底层、从政治经济的精英论述到学生个人在学校穿着什么衣服的决定。国货运动还对时尚、商业、外观以及语言产生了立竿见影的影响，其遗产包括不爱国消费和爱国生产的形象，它们一直持续到当下的中国，这种深入人心的文化影响是国货运动的主要成就。民族主义消费的普遍原则如果不经每个人践履执行，很难深深扎根。在这里所描述的国货运动的广度、深度及其创造力使人很难否定国货运动在近代中国民族国家的形成过程中的重要角色。

国货运动的历史反映了中国对外国卷入中国经济长期存有的矛盾心理,20 世纪 70 年代晚期由邓小平决定开始"对外开放",以及允许使用外国私人资本来发展经济,但是,对外国资本深层次的顾虑一直存在。中国仍坚持"自力更生"的方针——尽管这个术语的含义发生了变化(Pearson 1991: esp. chap. 2),而且,它在官方领域之外仍长期具有鲜活的生命力。例如,《中国可以说不》这样的畅销书激情澎湃地为反美抵制活动再次兴起进行辩护,并倡导读者不要乘坐波音飞机(Song Qiang et al. 1996;也见 Wang Xiaodong et al. 1999)。这与 20 世纪 80 年代中期中国出现的抵制日本对中国的"新经济帝国主义"和"第二次占领"遥相呼应。同样,发生在肯德基和国内快餐业竞争者之间的"小鸡大战"号召"中国人要吃中国饭",怎样面对外国在中国经济中扮演的角色,甚至当中国"新中产阶级"经常惠顾这些外国餐馆时,这些"当代国货运动"反映出深层的矛盾情感。[1] 某些国内制造商继续使用民族主义诉求来赢得顾客和政府的支持。[2]

国货运动是如何被推广的?

国货运动是一场全国范围内的努力。然而,在一个拥有 4 亿人口的以农业为主的国家里,"全国范围"是什么意思?本书把地理上的关注点主要集中在上海有三个原因(参见第一章)。其一,外国人和外国资本高度集中在这个城市。事实上,三分之一的外国投资和几乎一半的直接商业投资是给了上海(Remer 1933a: 111-112)。其二,上海拥有国货运动中数量最多和最活跃的组织团体,其中很多组织团体为别的城市提供了范例。[3] 就如上海这个城市一样,这些组织是由来自各个地方的人组成的——那些寄居上海的人成为把国货运动宗旨传播到全国的渠道。[4] 其三,上海是当时中国的好莱坞和华尔街,是中国的魅力之都和工业中心,因而是中国万众瞩目的中心。[5] 正如历史学家卢汉超(Hanchao Lu)观察到的,直到 20 世纪,"高度商业化的城市开始被看作是比小城镇和乡村更好的地方”(1995:5),而上海则是皇冠上的明珠。不仅仅是城市为所有阶层提供了经济机会,而且其中发生的事件、时尚以及习俗也在全国范围内得到普遍宣扬与提倡,因而被整个中国所谈论和仿效。

尽管上海因为在国货运动中的领导角色而成为主要焦点,但国货运动仍是全国范围的。然而,这并不意味着国货运动在整个中国都是一成不变的。对不同城市的国货运动开展情况的初步研究揭示了重大的地方差异,例如,北方城市天津就能成为一个明显案例,天津在金融和工业方面与日本的联系要明显密切一些(参见 Rinbara 1983),同样,像广州那样的主要商业中心无疑有与国家利益相冲突的地方经济利益,尽管这些城市在不同程度上支持了国货运动,并且都积极参与其中。中国和外国的新闻报道、遍及整个中国的日本领事馆的档案、参与反帝主义抵制活动的众多城市和乡镇、从宁夏到广东的民族主义国货展览会的遍地开花以及不同城市间国货运动组织交往联系的档案,凡此种种都有力地证明了国货运动是全国性的。[6]

“中国”这个词在本研究中大体上是有确定意义的。第一,这段历史的参与者清楚地明白他们是代表整个国家在进行活动。就像我们已经看到的,他们的目标是把国货运动同整个民族联系在一起。第二,即使我谈到的过程和事件是发生在“全中国”,也不意味着我认为 20 世纪中期全中国大约 4 亿人甚或全上海的 300 万居民中的每个人(男人、女人以及孩子)都参与了。近代中国历史上的许多主要变化并不必需千百万人,尤其是生活在大中城市之外的 3 亿左右人口知晓。单单旅行报道就证明了旧有习俗和弊端仍然在偏远地区长期顽固存在着。尽管如此,国货运动覆盖了超过 4000 万到 8000 万的城市居民。然而,“城市”这个词容易让人产生误解,使人轻视城市和乡村之间的关联与通讯。第三,我有意使用“中国”这个词,在几十年来国外史学界对近现代中国的分析主要着重于其分割和分歧之后,来思考把“中国”整合为一体的向心力,而“中国”这个词就是一种开始重新聚合中国的方式。毋庸置疑,对整个中国而言,并不存在一个单一的“国货运动”,政治从来都是地方性的,这句格言恰好可以应用到对消费政治学的分析上来。然而,如果与民族主义和国家重建分离开来的话,大多数在此讨论的话题——诸如时尚、抵制以及商品展览会,如果没有首先揭示它们与国家和国际上关于民族国家形成问题的联系,将是很难讨论清楚的。

一场更深层次的运动

国货运动是一个平台,在这个平台上形成、散布以及提供了实践近代中国民族主义的各种方式,它远远超过作为中国社会的一个单一层面的计划或工具的意义,也远远不仅是国民党官员或中国企业家努力的结果。国货运动把这些方面以及其他不同的社会因素——甚至敌对的方面——融合成了一个民族主义的共有规划,这一民族主义把商品转换为中国渴求生存、富裕和强盛的缩影。同样,国货运动最好不要仅仅被理解为本书所讨论的四部分中的任何一部分,而是它们的全体以及许多其他内容的结合。

在中国人生活中的每一部分,都有清楚的证据,或者正如我们在国货运动中广泛使用的词汇暗示的那样,表明国货运动获得了支持。在辨别参与者的时候,很容易找到政治支持者。从民国诞生那些最初的日子开始,政府部门就支持着运动的方方面面。事实上,如第五章和第六章所显示的,国民党对运动尤其是在民族商品展览会的扩展方面承担了很多事情,并随着1920年代晚期国民党地位的上升而得到强化。从财政支持国货展览到主办国货年,国民党看到了与国货运动结盟的作用。然而很清楚的一点是,国货运动绝不仅仅是国民党政府的独创,它可以追溯到晚清以及延伸到国民党兴起之前。

大量的经济赞助也是国货运动整体和传播的重要组成部分。在上海,特别是那些深受外国竞争者打击的中国企业家积极支持运动,并且经常扮演了主要的领导角色。最强大有力的运动组织——中华国货维持会、市民大会以及国货联合会——都主要由这些企业家资助和管理。如果没有这些财力资源、民族主义交流网络以及这些人的政治影响,这么一场有影响的国货运动是很难想象的。

然而,中国的实业家并没有独占国货运动。从1911年的第一个主要组织成立起，领袖就包括了非商业精英。此外，运动迅速演变为诸如学联、共产主义积极分子以及妇女联合会等群众组织的联合。贯穿整个运动，还有其他许多组织也参与了，只是它们通常不那么引人注目并且存在时间较短。例如，十人团以及激进的学生组织，经常在几个星期或几个月里就出现和消失。从基本的角度看，这些激进组织以它们更为保守和鲜明的姿态分享了运动的目标，所有这些组织希望把所有商品都分成中国/外国两个类别。就这个意义而言，它们是并肩作战的同志。然而，与此同时，它们并不总是用同一种方式来使用民族主义消费话语。抵制活动的那些年份的资料显示，"纯粹"国货的概念不仅仅用来与舶来品和"仇货"进行对比，也同时对准那些被认为不够"中国特色的"国内生产商的产品。

国货运动通过开拓市场，为中国制造商提供了立竿见影的好处。国货运动的参与者通过忽略价格和质量这些通常的评价产品的优先标准，敦促他们的同胞把产品国籍作为任何市场选择中唯一最重要的决定因素，并通过质疑那些消费舶来品的人的爱国精神，瓦解了舶来品所代表的时尚和消费潮流。

国家存亡与中国工业的健康发展之间的关联是牢不可破的。在1930年代初期，日本实质上把东北变成了殖民地，并很快把它的控制延伸到了华北。国货运动成为表达民族主义的最普遍的出路，它在中国人的生活中引起共鸣，因为有许多的中国人正在探寻一条在艰难的环境中表达民族主义的途径。实际上，在一本记录有关中国人一天的日常生活的书中就有这样的描述，一个匿名的高中生描绘了日本统治下的东北的外国产品广告和服务，从而从视觉上提醒中国丧失了主权。[8]那种敦促禁止任何日本东西的大众情绪无处不在，尽管中国实际上没有能力实现这样一项禁令。[9]

中国资本家可以要求中国消费者只购买国货，但是，这一相同逻辑也需要应用于资本家本人。从国货批发商到地方店主，中国商人越来越被要求只使用国货的标准，中国的制造商也陷入相同的谴责，而这一标准正是他们自己帮助制定的。正如我们在吴蕴初的个案（第八章）中看到的，坚持国货标准的困难（经常是不可能的）使中国制造商陷入进退维谷的境地,这一国货标准要求生产只用中国的管理、劳动力、原材料和资本的"纯粹"的国货。

那些生产和售卖外国商品的中国人遭到越来越多人的攻击,那些被国家持久不断对日妥协所激怒的学生们谴责那些缺少民族意识、甘心为日货提供市场的商人,学生们认为这些商人至少是为日本在中国的存在提供理由。从最高政治层面来说,国民党对运动提供支持——从商品展览会到反帝主义的抵制活动——来使他们的政权以及他们正式和非正式地向资本家征税的行为合法化。蒋介石在1928年的国货展览会开幕式上的讲话,预示着政府的介入和接管会接踵而至。从上到下,国货运动为中国人提供了一个表达民族主义和反帝主义的有弹性的平台,在这一平台上,中国人以不同方式获得表达自己情绪的权利或为之牺牲。然而,即便是运动话语中最愤世嫉俗的做法也通过再造民族主义消费文化的话语霸权而强化了国货运动。

从北美的视角看民族主义的消费主义

对于那些不是中国人的人来说,民族主义在中国消费文化中的中心地位令人非常难以理解。民族主义或许在每种消费文化中都占据重要地位,包括美国也是这样。可是,尽管从独立战争直到现在仍有许多"购买美货"的运动,在美国却仍存在一些相对不那么民族主义的新近的产品观念。时间改变着民族主义和消费主义的关系。相对于20世纪80年代晚期,现在的美国人似乎不关心每年的贸易赤字,尽管其在2002年创了新高(4840亿美元)。当然,美国人仍继续根据国籍来划分产品,国内的和外国的产品分类仍保持联系。例如,尽管许多人认为波音飞机公司是美国公司,但当美国航空公司决定购买欧洲产的空中客车(airbuses)时,并没有遭到普遍的抗议。同样,一些诸如沃尔玛的零售商迎合"购买美国货"的感情,大声宣扬他们的"美国优先"的政策,并许诺当商品处于同等价格条件下时,优先选择国内供货商。但是,美国政府没有要求沃尔玛这么做。[10]

沃尔玛也没有建议它的顾客应该在相对便宜的进口货面前购买相对较贵的国货。[11]我们或许可以打保票说,个人在买东西的时候,起支配作用的是价格和质量,这常常远远超过国籍。越来越多的其他一些解释在持续挑战价格和质量的至高无上地位,这些概念有“健康人居”“环境友好”和“绝非血汗工厂生产”,等等。但是,美国人很少把国籍当作商品意义中需要优先考虑的。

甚至如果有人想购买“美国货”,那将是件困难的事。全球化的鼓吹者提醒消费者说,国籍对产品来说是个越来越不相干的因素。以底特律为基地的公司可能把一种汽车推向市场,但是那辆汽车也许是由德国工程师设计,使用的是日本发动机,以及是在墨西哥把来自全世界各个地方的零部件组装在一起的。同样,我们该如何分辨一辆丰田车是不是在美国“制造”的呢?如果以德国为基地的戴姆勒(Daimler)汽车购并了克莱斯勒(Chrysler)汽车,那么克莱斯勒(Chrysler)汽车的国籍究竟是哪里?简单的产品似乎情况也并没有好多少。难道美国人把日光灯分为“国产”或者“洋货”吗?美国人难道在使用肥皂或其他千百种日用品的时候,会习惯性地想到这些术语吗?或者说,这些区别难道比价格、质量和个人品位更为重要吗?

在许多国家,喜爱“去国籍产品”和无视产品国籍的全球性消费文化——或者以积极拥抱“外来”作为时尚——是更为新近的和初步的发展。印度、韩国、巴西以及马来西亚是许多后殖民地国家中为数不多的有很强的推动力希望通过物质文化来实现文化和经济自治的几个国家。20世纪90年代中期,当亚洲金融危机爆发时,这些国家很多再一次公开把爱国主义同国货消费联系在一起。报纸上一张令人难忘的照片是韩国学生掰断进口的日本铅笔,而另一张照片显示的是泰国人排队去把黄金和其他硬通货兑换为泰铢。[12]在这些国家,国内/国外的区分依然很重要。政府政策和公众呼吁消费者以爱国消费来帮助国家,因其有深厚的社会历史基础,应者云集。

从民族主义式的消费文化角度思考中国也许会令当代中国的观察家感到不解。中国看上去似乎完全不必担心在其国内市场里廉价的外国货泛滥成灾。但是,美国同中国之间的贸易每年出现数十亿赤字是近来的事情,而在20世纪早期,中国焦急地关注着自己的贸易逆差,并寻求办法来限制舶来品。

正如第一章所解释的,中国不能只是禁止进口了事。19世纪中期,英国通过鸦片战争强迫中国签订条约,保证了其商品得以进入中国市场。不平等条约使得大多数外国人不必理会中国法律,并且把中国关税固定在非常低的税率上,这些特权极大地提升了外国人向中国兜售他们的产品及生活方式的能力。因此,在那个时期无论谁当中国的政治领袖,他们都缺乏禁止洋货消费以及控制西方生活方式渗入的权力。只有到了1949年,强大的新中国宣布建立之后,才拥有这种制定政策的能力。

正如我已经指出的,在1949年之前,抵抗呈现另一种形式:通过国货运动对消费主义构筑文化约束。国货运动期间,消费成为普通中国人每日实践民族主义和反帝主义的一种方式。国货运动产生的社会力量,最后也包括国家机器,都在重新界定和规范消费主义,直至将消费纳入民族意志可以接受的范围。

当代中国的民族主义的消费主义

国货运动从来就没有结束。就像在本章开始所认为的,国货运动的基础——通过产品来判断国家财富与权力以及通过消费评判爱国主义——一直到今天都还在延续。事实上,它的主题仍在塑造中国人、他们的物质文化、对国家的感情这几者之间的互相作用。和民族主义消费相关的内容并没有随着1976年毛泽东的去世而结束,尽管中国加入世界贸易组织(WTO)后自愿削减关税的行为显示出民族主义消费有消亡的可能。不过,仅仅一个条约能否解开中国民族主义和它的消费文化之间的深远联系依然值得怀疑。可能比我们讨论民族主义消费的消亡这个问题更有可能性的是,中国加入WTO或许会赋予这个问题新的生命。中国也许会在短时期内向国际贸易开放国内市场,但是,如果中国不再有庞大的贸易盈余,将会发生什么呢?如果WTO要求中国降低关税,并废除对外国商业和管理的种种非正式限制,中国会怎样反应?

新的利益团体会因为它们自身的原因支持民族主义消费的观念。一旦关税下降,大量廉价舶来品再次威胁中国企业时,在国有企业中的数百万职工无疑会团结起来抵制进口货和外国资本。事实上,中国已经出现对国家同国际资本主义关系越来越强的坦率批评(Fewsmith 2001),这种批评不仅指向传统的进口商品,文化产业也遭受攻击,被认为损害了国内产业。例如,北京大学著名教授和文化批评家戴锦华就哀叹"好莱坞大片的入侵"对"国产电影行业的毁灭性打击"(Jin Bo 2002)。同样,新生代的学生群体继续使用民族主义消费的语言,就像他们在1999年抗议美国轰炸中国驻南斯拉夫大使馆时所做的,他们写的诗中包括这样的语句,如"拒绝美国货从可乐开始,不吃麦当劳,抨击肯德基"(Rosenthal 1999)。但是,他们为抵制美国公司的行动所设计的各种计划很快就烟消云散了(Watson 2000)。然而,这种尝试本身就说明民族主义在中国消费文化里的中心地位开始复兴。

注　释

〔1〕关于肯德基与当地企业在北京快餐市场进行的众所周知的竞争,参见Yunxiang Yan 2000以及Zhao Feng 1994收集的文章。在《常用国货该不该》一文中,一位中国作者再次谴责了那些没有爱国心的消费者的行为,指出应该向韩国的爱国消费者学习。作者认为,当学者们讨论把中国完全开放给外国产品的优点时,甚至当进口货已经被广泛接受时,"每个中国人"都有责任支持国货。(Zhao Feng 1994:171)

〔2〕关于一个1990年代末的例子,参见Zhao Yang 2000。赵杨(Zhao Yang)的个案研究同样表明在中国消费者和进口货之间存在的矛盾关系:"娃哈哈集团决定强调其饮料的本土品格,把自己描述成国内食品饮料行业的忠实守卫者,以对应娃哈哈管理层所称的公众消费的'不良倾向':公众着迷于西方和日本的消费品。"(Zhao Yang 2000: 189)

〔3〕例如,参见《经济绝交的方法与手段》(1928),该文解释了上海两个组织的功能以及它们如何提倡国货、抵制日货。

〔4〕例如,在1940年代,超过70%的上海人是从外地迁居而来的(Wakeman and Yeh 1992a:6)。

〔5〕中国最主要的一些报纸和期刊是在上海创刊或发行的,这些出版物拥有全国性的读者。此外,以其他城市为基地的出版物总是尽可能覆盖上海。上海历史学家熊月之指出:"众多对上海的公开报道在全国许多地方形成一种印象,

认为上海和上海人是将来的榜样。”(1996:103)关于对上海的这种角色的进一步考察,也即认为上海是“现代中国想象”的中心的观点,参见 Yingjin Zhang 1996。当然,上海并非一直是中国时尚的中心。素来享有丝绸之乡美名的邻近城市苏州在较早的一些世纪里扮演了这种角色。(Brook 1998: 221)此外,在各种官场和非正式的时尚潮流方面,全国的精英也曾一度仰慕、效仿北京和帝国朝廷以及那些皇亲国戚和京畿大员的眷妾们。

〔6〕 最后再引用三个不那么正式的证据:第一,发表在国货运动杂志《机联会刊》的抽奖优胜者名单显示他们生活在中国的各个城镇,例如,参见《机联会刊》48期,1931年12月16日: 45—48。第二,国货运动宣传物把运动组织和活动的报道带到其他城市,例如,参见《癸未年头之国货消息》(1935)。第三,全国的组织和个人向国货运动活动的开幕典礼发送贺电,例如,参见重印在 Kong Xiangxi 1929:13 上的类似消息。

〔7〕 在上海市政警察档案里有无数这种传单的例子,例如,参见 SMP Files 3261、3360、3752/21 和 4851。

〔8〕 袁且(笔名):《唐山(河北省)的五月二十一》,见 Cochran and Hsieh 1983: 220。

〔9〕 例如可参见江风《良药》,Cochran and Hsieh 1983: 244。

〔10〕 然而,在特定环境下,美国政府仍然会强加这种限制。在2001年4月,美国侦察机和中国军用飞机相撞之后,美国国防部宣布将召回并“处理”库存的中国产的黑色贝雷帽。发言人公开的说法是对产品国籍并不关心,强调“质量”是决定因素(参见加里·舍夫蒂克《不要中国贝雷帽》,军方新闻社2001年5月2日[Gary Sheftick,“No Chinese Berets”, Army News Service 2001.5.2])。

〔11〕 约瑟夫·卡恩(Joseph Kahn):《抢购中国货,不要考虑贸易账单》,《纽约时报》(*New York Times*) 2000年5月17日:1,12。卡恩采访了在沃尔玛的美国消费者,发现不管多么想购买美国货和避开中国货,很少人愿意支付更多的钱去这么做。

〔12〕 《国际先驱论坛报》(*International Herald Tribune*) 1997.12.27-28: 1;《泰国黄金战役得到24公斤黄金》,《中国邮报》(*China Post*) 1998.1.27: 9. 关于韩国把外国货币兑换为韩元,参见 Andrew Pollack《韩国的节俭是有利还是有害?》,《国际先驱论坛报》(*International Herald Tribune*) 1997.12.19: 11。

参考书目

（为了与参考书目对应以方便检索，正文中引用资料出处为中文文献的，保留了拼音或英文，未作翻译，在参考书目中注明中文版本。）

Abend, Hallett Edward. 1943. *My Life in China, 1926-1941*. New York: Harcourt, Brace & Co.

Abend, Hallett Edward, and Anthony J. Billingham. 1936. *Can China Survive?* New York: Washburn.

A Brief Sketch of the New Life Movement. 1937. Hankou: New Life Movement Headquarters.

Adedeji, Adebayo, ed. 1981. *Indigenization of African Economies*. New York: Africana Publishing Co.

Adshead, Samuel Adrian M. 1997. *Material Culture in Europe and China, 1400-1800: The Rise of Consumerism*. New York: St. Martin's Press.

"Aiyong guohuo fengqi zhi puji" (The spread of an atmosphere of cherishing national products). 1932. *Shangye zazhi* 5, no. 10 (Feb. 1932).《爱用国货风气之普及》,《商业杂志》5卷10期(1932年2月)。

Alford, William P. 1995. *To Steal a Book Is an Elegant Offense: Intellectual Property Law in Chinese Civilization*. Stanford: Stanford University Press.

Allen, G. C., and A. G. Donnithorne. 1954. *Western Enterprise in Far Eastern Economic Development: China and Japan*. New York: Macmillan.

Allman, Norwood F. 1924. *Handbook on the Protection of Trade-marks, Patents, Copyrights, and Trade-names in China*. Shanghai: Kelly & Walsh.

Anderson, Benedict R. 1983. *Imagined Communities: Reflections on the Origin and Spread of Nationalism*. London: Verso.

Appadurai, Arjun. 1986a. "Introduction: Commodities and the Politics of Things." In Appadurai 1986b: 3-63.

Appadurai, Arjun, ed. 1986b. *The Social Life of Things: Commodities in Cultural Perspective*. Cambridge, Eng.: Cambridge University Press.

Atwell, William S. 1977. "Notes on Silver, Foreign Trade, and the Late Ming Economy." *Ch'ing-shih wen-t'i* 3, no. 8: 1-33.

Auslander, Leora. 1996. "The Gendering of Consumer Practices in Nineteenth-Century France." In de Grazia and Furlough 1996: 79-112.

Ayers, William. 1971. *Chang Chih-tung and Educational Reform in China.* Cambridge, Mass.: Harvard University Press.

Ba Ling. 1934a. "Funü guohuo nianzhong zhi fuzhuang wenti" (The clothing problem in the context of the Women's National Products Year). *Jilian huikan* 92 (Apr. 1): 13. 巴玲:《妇女国货年中之服装问题》,《机联会刊》92 期(1934 年 4 月 1 日): 13。

——. 1934b. "Fuzhuang de helihua" (The rationalization of clothing). *Jilian huikan* 92 (Apr. 1): 15-16. 巴玲:《服装的合理化》,《机联会刊》92 期(1934 年 4 月 1 日): 15—16。

——. 1934c. "Zenyang song liwu?" (How to give a present). *Jilian huikan* 98 (July 1): 15-17. 巴玲:《怎样送礼物》,《机联会刊》98 期(1934 年 7 月 1 日): 15—17。

Bai Chenqun, ed. 1933. *Guohuo jian* (National products). Beiping: Beiping gejie tichang guohuo yundong weiyuanhui. 白晨群编:《国货》,北平:北平各界提倡国货运动委员会,1933。

Bailey, Paul J. 1998. *Strengthen the Country and Enrich the People: The Reform Writings of Ma Jianzhong (1848-1900).* Richmond, Eng.: Curzon.

Balabkins, Nicholas. 1982. *Indigenization and Economic Development: The Nigerian Experience.* Greenwich, Conn.: JAI Press.

Ball, J. Dyer. 1911. *The Chinese at Home.* London: Religious Tract Society.

——. 1925. *Things Chinese; Or, Notes Connected with China.* 5th ed. Shanghai: Kelly & Walsh.

Bao Tianxiao. 1973. *Yi shi zhu xing de bainian bianqian* (One hundred years of change in food, clothing, housing, and travel). Hong Kong: Dahua chubanshe. 包天笑:《衣食住行的百年变迁》,香港:大华出版社,1973。

Bard, Emile. 1905. *Chinese Life in Town and Country.* Trans. H. Twitchell. New York: G. P. Putnam's Sons.

Barkai, Avraham. 1989. *From Boycott to Annihilation: The Economic Struggle of German Jews, 1933-1943.* Hanover, N. H.: University Press of New England.

Barnard, Malcolm. 1996. *Fashion as Communication.* New York: Routledge.

Barnett, Robert W. 1941. *Economic Shanghai: Hostage to Politics.* New York: Institute of Pacific Relations.

Barthes, Roland. 1972. *Mythologies.* New York: Hill & Wang.

——. 1977. *Image, Music, Text.* New York: Hill & Wang.

Baudrillard, Jean. 1998. *The Consumer Society: Myths and Structures.* London: Sage.

Bauman, Zygmunt. 1988. *Freedom.* Minneapolis: University of Minnesota Press.

Bayly, C. A. 1986. "The Origins of Swadeshi (Home Industry): Cloth and Indian Society, 1700-1930." In Appadurai 1986b: 285-321.

Bays, Daniel H. 1978. *China Enters the Twentieth Century: Chang Chih-tung and the Issues of a New Age, 1895-1909.* Ann Arbor: University of Michigan Press.

Beahan, Charlotte L. 1975. "Feminism and Nationalism in the Chinese Women's Press, 1902-1911." *Modern China* 1, no. 4: 379-416.

——. 1981. "In the Public Eye: Women in Early Twentieth-Century China." In *Women in China: Current Directions in Historical Scholarship*, ed. R. W. L. Guisso and S. Johannesen, 215-238. Youngstown, N. Y.: Philo Press.

Bean, Susan S. 1989. "Gandhi and Khadi, the Fabric of Indian Independence." In *Cloth and the Human Experience*, ed. Annette B. Weiner and Jane Schneider, 355-376. Washington, D. C.: Smithsonian Institution Press.

Bell-Fialkoff, Andrew. 1993. "A Brief History of Ethnic Cleansing." *Foreign Affairs* 72, no. 3: 110-130.

Belsky, Richard D. 1992. "Bones of Contention: The Siming Gongsuo Riots of 1874 and 1898." *Papers on Chinese History* 1: 56-73.

"Ben guan zuijin yinian zhong zhi gongzuo gaikuang" (An overview of the work of our museum over the previous year). 1931. In Wang Keyou 1931: 5-11.《本馆最近一年中之工作概况》,收入王克宥 1931: 5—11。

Benjamin, Walter. 1979(1935). "Paris, Capital of the Nineteenth Century." In idem, *Reflections*, ed. P. Demetz. New York: Harcourt, Brace, Jovanovich.

Bennett, Tony. 1995. *The Birth of the Museum.* New York: Routledge.

Benson, Carlton. 1999. "Consumers Are Also Soldiers: Subversive Songs from Nanjing Road During the New Life Movement." In Cochran 1999b: 91-132.

"Ben suo gezhong chenlie pin linian xiao zhang mian" (A chart of the rise and fall of each kind of displayed item in this hall by year). 1936. In SSC 1936.《本所各种陈列品历年消涨面》,收入 SSC 1936。

"Ben suo lici juban zhanlanhui zhi jingguo" (The course of each exhibition hosted by this hall). 1936. In SSC 1936.《本所历次举办展览会之经过》,收入 SSC 1936。

Bergère, Marie-Claire. 1986. *The Golden Age of the Chinese Bourgeoisie, 1911-1937.* Cambridge, Eng.: Cambridge University Press.

Billig, Michael. 1995. *Banal Nationalism.* London: Sage.

"Bimu hou zhi Zhonghua guohuo zhanlanhui" (After the close of the Chinese National

Products Exhibition). 1929. *SB*, Jan. 4: 13-14.《闭幕后之中华国货展览会》,《申报》1929 年 1 月 4 日:13—14。

Blue, Gregory. 2000. "Opium for China: The British Connection." In Brook and Wakabayashi 2000b: 31-54.

Bocock, R. 1993. *Consumption.* London: Routledge.

Bodde, Derk, ed. 1936. *Annual Customs and Festivals in Peking.* Beiping: Henri Vetch.

Booker, Edna Lee. 1940. *News Is My Job: A Correspondent in War-Torn China.* New York: Macmillan.

Boorman, Howard L., and Richard C. Howard, eds. 1967-1971. *Biographical Dictionary of Republican China.* 4 vols. New York: Columbia University Press.

Boorstin, Daniel J. 1973. *The Americans: The Democratic Experience.* New York: Random House.

Borthwick, Sally. 1983. *Education and Social Change in China: The Beginnings of the Modern Era.* Stanford: Hoover Institution Press.

Bourdieu, Pierre. 1977. *Outline of a Theory of Practice.* New York: Cambridge University Press.

——. 1984. *Distinction: A Social Critique of the Judgement of Taste.* Cambridge, Mass.: Harvard University Press.

Bourne, Kenneth; Donald Cameron Watt; and Michael Partridge, eds. 1996. *British Documents on Foreign Affairs-Reports and Papers from the Foreign Office Confidential Print.* Frederick, Md.: University Publications of America.

Breen, T. H. 1988. "'Baubles of Britain': The American and Consumer Revolutions of the Eighteenth Century." *Past and Present* 119: 73-104.

Brook, Timothy. 1998. *The Confusions of Pleasure: Commerce and Culture in Ming China.* Berkeley: University of California Press.

Brook, Timothy, and Bob Tadashi Wakabayashi. 2000a. "Introduction: Opium's History in China." In Brook and Wakabayashi 2000b: 1-27.

Brook, Timothy, and Bob Tadashi Wakabayashi, eds. 2000b. *Opium Regimes: China, Britain, and Japan, 1839-1952.* Berkeley: University of California Press.

Brown, Arthur J. *The Chinese Revolution.* New York: Student Volunteer Movement, 1912.

Brown, Judith M. 1989. *Gandhi: Prisoner of Hope.* New Haven: Yale University Press.

Burke, Timothy. 1996. *Lifebuoy Men, Lux Women: Commodification, Consumption, and Cleanliness in Modern Zimbabwe.* Durham, N.C.: Duke University Press.

Bush, Richard C. 1982. *The Politics of Cotton Textiles in Kuomintang China, 1927-1937*. New York: Garland Publishing.

Cai Qian. 1936. *Jin ershi nian lai zhi Zhong Ri maoyi ji qi zhuyao shangpin* (Sino-Japanese trade and trade commodities in the past twenty years[1912-1931]). Shanghai: Shangwu yinshu guan. 蔡谦:《近二十年来(1912—1931)之中日贸易及其主要商品》,上海:商务印书馆,1936。

"Caiyong xialing yongping ge" (The "make use of summer articles" song). 1934. *SB*, June 1.《采用夏令用品歌》,《申报》1934 年 6 月 1 日。

"Canjia zhanlanhui zhi yongyue" (Enthusiasm for participating in the exhibition). 1928. *SB*, Sept. 1: 13.《参加展览会之踊跃》,《申报》1928 年 9 月 1 日:13。

Cao Muguan. 1928. "Lijie guohuo zhanlanhui zhi jinguo" (The ins and outs of successive national product exhibitions). In GSB 1928. 曹慕管:《理解国货展览会之经过》,收入 GSB 1928。

Cao Muguan, ed. 1925. *Shanghai dui Ri waijiao shimin dahui erzhou nian huikan* (Second anniversary volume of the Shanghai Citizens Association on Sino-Japanese Relations). Shanghai: privately published. 曹慕管编:《上海对日外交市民大会二周年会刊》,上海:私人出版物,1925。

Carlson, Ellsworth C. 1957. *The Kaiping Mine (1877-1912)*. Cambridge, Mass.: Harvard University Press.

Catano, James V. 2001. *Ragged Dicks: Masculinity, Steel, and the Rhetoric of the Self-Made Man*. Carbondale: Southern Illinois University Press.

Chan, F. Gilbert, ed. 1981. *Nationalism in East Asia: An Annotated Bibliography of Selected Works*. New York: Garland.

Chan, Wellington K. K. 1977. *Merchants, Mandarins, and Modern Enterprise in Late Ch'ing China*. Cambridge, Mass.: Harvard University Press.

——. 1978. "Government, Merchants and Industry to 1911." In *The Cambridge History of China*, vol. 11, *Late Ch'ing, 1800-1911, Part* 2, ed. J. K. Fairbank and K.-C. Liu, 416-462. New York: Cambridge University Press.

——. 1999. "Selling Goods and Promoting a New Commercial Culture: The Four Premier Department Stores on Nanjing Road, 1917-1937." In Cochran 1999b: 19-36.

Chandra, Bipan. 1966. *The Rise and Growth of Economic Nationalism in India: Economic Policies of Indian National Leadership, 1880-1905*. New Delhi: People's Publishing House.

Chang, Chia-ao. 1943. *China's Struggle for Railroad Development*. New York: John Day Co.

Chang, Eileen. 1943. "Chinese Life and Fashions." *XXth Century* 4, no. 1: 54-61.

Chang, Hsin-pao. 1964. *Commissioner Lin and the Opium War*. Cambridge, Mass.: Harvard University Press.

Chang, John K. 1969. *Industrial Development in Pre-Communist China: A Quantitative Analysis*. Chicago: Aldine Publishing Co.

"Changlian hui canjia Xihu bolanhui" (Association of National Products Manufacturers to visit West Lake Exhibition). 1928. *SB*, Dec. 26: 14.《厂联会参加西湖博览会》,《申报》1928 年 12 月 26 日:14。

Chao, Buwei Yang, and Yuen Ren Chao. 1947. *Autobiography of a Chinese Woman, Buwei Yang Chao*. New York: John Day Co.

Chao, Jonathan T'ien-en. 1986. "The Chinese Indigenous Church Movement, 1919-1927: A Protestant Response to the Anti-Christian Movements in Modern China." Ph. D. diss., University of Pennsylvania.

Chen, Joseph T. 1971. *The May Fourth Movement in Shanghai: The Making of a Social Movement in Modern China*. Leiden: Brill.

Ch'en Li-fu. 1994. *The Storm Clouds Clear over China: The Memoir of Ch'en Li-fu, 1900-1993*. Trans. S. H. Chang and R. H. Myers. Stanford: Hoover Institution Press. 陈立夫:《成败之鉴:陈立夫回忆录,1900—1993》,1994 年。

Chen, Walter Hanming. 1937. *The New Life Movement*. Nanjing: Council of International Affairs.

Chen Zhen, ed. 1957-1961. *Zhongguo jindai gongye shi ziliao* (Materials on the history of modern Chinese industries). 4 vols. Beijing: Sanlian chubanshe. 陈真编:《中国近代工业史资料》(4 卷),北京:三联书店,1957—1961 年。

Chen Zhengqing. 1987. "Shanghai Zhongguo guohuo gongsi zai zhanshi de houfang" (On the China National Products Company of Shanghai behind the frontlines during the Anti-Japanese War). *Dang'an yü lishi*: 64-71. 陈正卿:《上海中国国货公司在战时的后方》,见《档案与历史》1987 年:64—71。

——. 1992. "Tianchu weijing chang de liushiwu nian" (65 years of the Heaven's Kitchen MSG Factory). In SSD 1992. 陈正卿:《天厨味精厂的六十五年》,收入 SSD 1992.

Chen Zhengshu. 1987. "Guohuo yuebao" (National products monthly). In *Xinhai geming shiqi qikan jieshao* (An introduction to periodicals of the 1911 Revolution era), ed. Zhongguo shehui kexue yuan, 5: 362-369. Beijing: Renmin chubanshe. 陈正书:《国货月报》,收入中国社会科学院《辛亥革命时期期刊介绍》,第 5 卷:362—369,北京:人民出版社,1987 年。

Chen Zhenyi. 1928. *Tichang guohuo lun* (An essay on the promotion of national products). Shanghai: Taipingyang shudian. 陈震异:《提倡国货论》,上海:太平洋书店,

1928 年。

Chen, Zhongping. 1998. "Business and Politics: Chinese Chambers of Commerce in the Lower Yangtze Region, 1902-1912." Ph. D. diss., University of Hawaii.

Chenbao, ed. 1933. *Shanghai zhi gongye* (The industry of Shanghai). Shanghai: Chenbao. 晨报编:《上海之工业》,上海:晨报,1933 年。

Cheng Heqiu. 1934. "Rihuo qin Hua zhi xin zhanlüe" (The new strategy for Japanese products' invasion of China). *Jilian huikan* 107 (Nov. 15): 11-15. 程和秋:《日货侵华之新战略》,《机联会刊》107 期(1934 年 11 月 15 日): 11—15。

Cheng, Lin. 1935. *The Chinese Railways: A Historical Survey.* Shanghai: China United Press.

Cheng, Nien. 1986. *Life and Death in Shanghai.* New York: Grove Press.

Cheng, Pei-kai, and Michael Elliot Lestz, with Jonathan D. Spence. 1998. *The Search for Modern China: A Documentary Collection.* New York: Norton.

Cheng Shouzhong and Zhou Jiezhi. 1996. "Guohuo yundong zhong de Shanghai jizhi guohuo gongchang lianhehui" (The Association of Mechanized National Products Manufacturers in the National Products Movement). In Pan Junxiang 1996c: 458-467. 程守中、周节之:《国货运动中的上海机制国货工厂联合会》,收入潘君祥 1996c: 458—467。

Cheng, Weikun. 1998. "Politics of the Queue: Agitation and Resistance in the Beginning and End of Qing China." In *Hair: Its Power and Meaning in Asian Cultures*, ed. A. Hiltebeitel and B. D. Miller, 123-142. Albany: State University of New York Press.

Ch'i, Hsi-sheng. 1976. *Warlord Politics in China, 1916-1928.* Stanford: Stanford University Press.

Chi, Madeleine. 1970. *China Diplomacy, 1914-1918.* Cambridge, Mass.: Harvard University Press.

Chiang Kai-shek. 1934. *Outline of the New Life Movement.* Trans. Madame Chiang Kai-shek. Nanchang, Jiangxi: Association for the Promotion of the New Life Movement. 蒋介石:《新生活运动之要义》,宋美龄译,江西南昌:新生活运动促进会,1934 年。

"Chongxin qiyao hou zhi canguan renshu tongji biao" (A statistical table of visitors since the re-opening). 1923. In Shanghai zong shanghui, Shanghai shangpin chenliesuo. 《重新启钥后之参观人数统计表》,收入上海总商会、上海商品陈列所 1923。

"Chōsho, taisaku ikken, chinjō-sho, oyobi kō-shi dantai hōkoku, kyūmin kyūsai, zatsu" (Miscellaneous documents relating to research papers, opinions concerning countermeasures, petitions, the reports of public and private organizations, measures for the relief of the distressed, etc.). Gaimushō. Meiji-Taishō Documents, file 3.3.8.6-2.

"Choushe gedi guohuo gongsi zhi wojian" (My opinion on preparations to establish national product stores everywhere). 1934. *SB*, Feb. 4.《筹设各地国货公司之我见》,《申报》1934年2月4日。

Chow, Kai-wing. 1997. "Imagining Boundaries of Blood: Zhang Binglin and the Invention of the Han 'Race' in Modern China." In *The Construction of Racial Identities in China and Japan*, ed. Frank Dikötter, 34-52. Honolulu: University of Hawaii Press.

——. 2001. "Narrating Nation, Race, and National Culture: Imagining the Hanzu Identity in Modern China." In *Constructing Nationhood in Modern East Asia*, ed. Kai-wing Chow, Kevin Michael Doak, and Poshek Fu, 47-83. Ann Arbor: University of Michigan Press.

Chow Tse-tsung. 1960. *The May Fourth Movement: Intellectual Revolution in Modern China*. Cambridge, Mass.: Harvard University Press. 周策纵:《五四运动史》,长沙:岳麓书社,1999年。

Chu, Samuel C. 1980. "The New Life Movement Before the Sino-Japanese Conflict: A Reflection of Kuomintang Limitations in Thought and Action." In *China at the Crossroads: Nationalists and Communists, 1927-1949*, ed. F. G. Chan, 37-68. Boulder: Westview Press.

Ch'ü, T'ung-tsu. 1961. *Law and Society in Traditional China*. Paris: Mouton.

Clammer, J. R. 1997. *Contemporary Urban Japan: A Sociology of Consumption*. Oxford: Blackwell Publishers.

Clarke, Alison J. 1999. *Tupperware: The Promise of Plastic in 1950s America*. Washington, D.C.: Smithsonian Institution Press.

Clunas, Craig. 1991. *Superfluous Things: Material Culture and Social Status in Early Modern China*. Urbana: University of Illinois.

Coble, Parks M., Jr. 1980. *The Shanghai Capitalists and the Nationalist Government, 1927-1937*. Cambridge, Mass.: Harvard University, Council on East Asian Studies.

——. 1991. *Facing Japan: Chinese Politics and Japanese Imperialism, 1931-1937*. Cambridge, Mass.: Harvard University, Council on East Asian Studies.

Cochran, Sherman. 1980. *Big Business in China: Sino-Foreign Rivalry in the Cigarette Industry, 1890-1930*. Cambridge, Mass.: Harvard University Press. 高家龙:《中国的大企业:烟草工业中的中外竞争(1890—1930)》,北京:商务印书馆,2001年。

——. 1999. "Transnational Origins of Advertising in Early Twentieth-Century China." In Cochran 1990b: 37-58.

——. 2000. *Encountering Chinese Networks: Western, Japanese, and Chinese*

Corporations in China, 1880-1937. Berkeley: University of California Press. 高家龙:《大公司与关系网——中国境内的西方、日本和华商大企业(1880—1937)》,上海:上海社会科学院出版社,2002 年。

Cochran, Sherman, ed. 1999b. *Inventing Nanjing Road: Commercial Culture in Shanghai, 1900-1945*. Ithaca, N. Y.: Cornell University, East Asia Program.

Cochran, Sherman, and Hsieh, Andrew C. K., with Janis Cochran. 1983. *One Day in China: May 21, 1936*. New Haven: Yale University Press.

Cohen, Lizabeth. 1990. *Making a New Deal: Industrial Workers in Chicago, 1919-1939*. Cambridge, Eng.: Cambridge University Press.

Cohen, Myron L. 1994. "Being Chinese: The Peripheralization of Tradition and Identity." In *The Living Tree: The Changing Meaning of Being Chinese Today*, ed. Weiming Tu, 88-108. Stanford: Stanford University Press.

Cohen, Paul A. 1963. *China and Christianity: The Missionary Movement and the Growth of Chinese Antiforeignism, 1860-1870*. Cambridge, Mass.: Harvard University Press.

——. 1987. *Between Tradition and Modernity: Wang T'ao and Reform in Late Ch'ing China*. Cambridge, Mass.: Harvard University Press. 柯文:《传统与现代性之间:王韬与晚清的改革》,南京:江苏人民出版社,1994 年。

Cohn, Bernard S. 1989. "Cloth, Clothes, and Colonialism: India in the Nineteenth Century." In *Cloth and the Human Experience*, ed. Annette B. Weiner and Jane Schneider, 303-353. Washington, D. C.: Smithsonian Institution Press.

Collins, Leslie. 1976. "The New Woman: A Pyschohistorical Study of the Chinese Feminist Movement from 1900 to the Present." Ph. D. diss., Yale University.

Confucius. 1994. *Lunyu* (Analects of Confucius). Beijing: Huayu jiaoxue chubanshe. 孔子:《论语》,北京:华语教学出版社,1994 年。

Conger, Sarah Pike. 1909. *Letters from China, with Particular Reference to the Empress Dowager and the Women of China*. London: Hodder & Stoughton.

"Cong guohuo shengzhong shuodao ertong wanju" (From hearing about national products to speaking of children's toys). 1933. *SB*, May 18.《从国货声中说到儿童玩具》,《申报》1933 年 5 月 18 日。

Constantine, Stephan. 1981. "The Buy British Campaign of 1931." *Journal of Advertising History* 10, no. 1: 44-59.

Corrigan, Peter. 1997. *The Sociology of Consumption*. London: Sage Publications.

Crapol, Edward P. 1973. *America for Americans: Economic Nationalism and Anglophobia in the Late Nineteenth Century*. Westport, Conn.: Greenwood Press.

CRDS (Central Records of the U. S. Department of State relating to the Internal Affairs of China, 1910-1929). "Record Group 59." Microfilm from the U. S. National Archives.

Creighton, Millie R. 1991. "Maintaining Cultural Boundaries in Retailing: How Japanese Department Stores Domesticate 'Things Foreign.'" *Modern Asian Studies* 25, no. 4: 675-709.

Cross, Gary S. 2000. *An All-Consuming Century: Why Commercialism Won in Modern America.* New York: Columbia University Press.

Crossley, Pamela Kyle. 1999. *A Translucent Mirror: History and Identity in Qing Imperial Ideology.* Berkeley: University of California Press.

Crow, Carl. 1937. *Four Hundred Million Customers.* New York: Harper.

——. 1944. *China Takes Her Place.* New York: Harper.

CWR. Appeared under various names: *Millard's Review of the Far East*, 1917-May 28, 1921; *The Weekly Review of the Far East*, June 4, 1921-July 1, 1922; *The Weekly Review*, July 8, 1922 - June 16, 1923; *The China Weekly Review*, June 23, 1923-Apr. 7, 1947. Shanghai.

Dagong bao. Daily. Tianjin, 1925-1937. 天津《大公报》(日报),1925—1937 年。

Dai Zheming. 1996. "Hunan sheng guohuo chenlieguan" (Hunan Provincial National Products Museum). Reprinted in Pan Junxiang 1996c: 420-422. 戴哲明:《湖南省国货陈列馆》,重刊于潘君祥 1996c:420—422。

Dalby, Liza. 1993. *Kimono.* New Haven: Yale University Press.

Dal Lago, Francesca. 2000. "Crossed Legs in 1930s Shanghai: How 'Modern' the Modern Woman?" *East Asian History* 19: 103-144.

Davidson, James N. 1998. *Courtesans & Fishcakes: The Consuming Passions of Classical Athens.* New York: St. Martin's Press.

Davis, Deborah, ed. 2000. *The Consumer Revolution in Urban China.* Berkeley: University of California Press.

Davis, Fred. 1992. *Fashion, Culture, and Identity.* Chicago: University of Chicago.

Daxia zhoubao. Weekly. Shanghai, 1935. 上海《大夏周报》,1935 年。

Debord, Guy. 1994. *The Society of the Spectacle.* New York: Zone Books.

de Cauter, Lieven. 1993. "The Panoramic Ecstasy: On World Exhibitions and the Disintegration of Experience." *Theory, Culture & Society* 10: 1-23.

Deetz, James. 1996. *In Small Things Forgotten: An Archaeology of Early American Life.* Rev. and exp. ed. New York: Anchor Books.

DeFrancis, John. 1950. *Nationalism and Language Reform in China.* Princeton: Princeton University Press.

de Grazia, Victoria. 1996. "Introduction." In de Grazia and Furlough 1996: 1-10.

de Grazia, Victoria, and Ellen Furlough, eds. 1996. *The Sex of Things: Gender and Consumption in Historical Perspective.* Berkeley: University of California.

Denby, Charles. 1906. *China and Her People.* Boston: L. C. Page & Co.

Dennerline, Jerry. 1981. *The Chia-ting Loyalists: Confucian Leadership and Social Change in Seventeenth-Century China.* New Haven: Yale University Press.

Dernberger, Robert. 1975. "The Role of the Foreigner in China's Economic Development. In *China's Modern Economy in Historical Perspective*, ed. D. H. Perkins, 19-47. Stanford: Stanford University Press.

Des Forges, Alexander. 2000. "Opium/Leisure/Shanghai: Urban Economies of Consumption." In Brook and Wakabayashi 2000b: 167-185.

Dickinson, Frederick R. 1999. *War and National Reinvention: Japan in the Great War, 1914-1919.* Cambridge, Mass.: Harvard University Asia Center.

Dickinson, Gary, and Linda Wrigglesworth. 2000. *Imperial Wardrobe.* Berkeley: Ten Speed Press.

Dikøtter, Frank. 1992. *The Discourse of Race in Modern China.* Stanford: Stanford University Press.

——. 1995. *Sex, Culture, and Modernity in China: Medical Science and the Construction of Sexual Identities in the Early Republican Period.* Honolulu: University of Hawaii Press.

——. 1997. *The Construction of Racial Identities in China and Japan: Historical and Contemporary Perspectives.* Honolulu: University of Hawaii Press.

——. 1998. *Imperfect Conceptions: Medical Knowledge, Birth Defects, and Eugenics in China.* New York: Columbia University Press.

Ding Lanjun and Yu Zuofeng, eds. 1993. *Wu Tingfang ji* (The collected writings of Wu Tingfang). Beijing: Zhonghua shuju. 丁贤俊、喻作凤编:《伍廷芳集》,北京:中华书局,1933 年。

Ding Shouhe and Yin Xuyi. 1979. *Cong Wusi qimeng yundong dao Makesi zhuyi de chuanbo* (From the May Fourth Movement to the spread of Marxism). Beijing: Sanlian shudian. 丁守和、殷叙彝:《从五四启蒙运动到马克思主义的传播》,北京:三联书店,1979 年。

Dingle, Edwin J., and F. L. Pratt, eds. 1921. *Far Eastern Products Manual.* Shanghai: Far Eastern Geographical Establishment.

Dirlik, Arif. 1975. "The Ideological Foundations of the New Life Movement: A Study in

Counterrevolution." *Journal of Asian Studies* 34, no. 4: 945-980.

"Diyi ci zhanlanhui zhi jieshu" (A summary of the first exhibition). 1923. In Shanghai zong shanghui, Shanghai shangpin chenliesuo 1923: 5-6.《第一次展览会之结束》,上海总商会、上海商品陈列所 1923:5—6。

Diyi Jiaotong daxue fan Ri yundong weiyuanhui, Jingji juejiao bu, ed. 1928. *Guohuo Rihuo duizhao lu* (A comparison of national products and Japanese products). Shanghai. 第一交通大学反日运动委员会、经济绝交部编:《国货日报对照录》,上海,1928 年。

Dollar, Robert. 1912. *Private Diary of Robert Dollar on His Recent Visits to China.* San Francisco: W. S. Van Gott & Co.

Dong Keren. 1930. "Shanghai shi guohuo chenlie yingyou zhi sheshi" (The facilities that the Shanghai Municipal National Products Museum should have). In *Shanghai shi guohuo chenlie guan niankan*, 1-4. Shanghai: Shanghai shi guohuo chenlie guan. 董克仁:《上海市国货陈列应用之设施》,《上海市国货陈列馆年刊》1—4 期,上海:上海市国货陈列馆,1930 年。

Dongfang zazhi (Eastern miscellany). Monthly (1904-1919); semi-monthly, 1920-1947. Shanghai, 1904-1948.《东方杂志》,月刊(1904—1919),半月刊(1920—1947),上海,1904—1948 年。

Du Xuncheng. 1991. *Minzu zibenzhuyi yu jiu Zhongguo zhengfu* (National capitalism and the old Chinese government). Shanghai: Shanghai shehui kexue yuan chubanshe. 杜恂诚:《民族资本主义与旧中国政府》,上海:上海社会科学院出版社,1999 年。

"Duanwujie he guohuo" (The Dragon Boat Festival and national products). 1934. *SB*, June 24.《端午节和国货》,《申报》1934 年 6 月 24 日。

Duara, Prasenjit. 1995. *Rescuing History from the Nation: Questioning Narratives of Modern China.* Chicago: University of Chicago Press. 杜赞奇:《从民族国家拯救历史:民族主义话语与中国现代史研究》,北京:社会科学文献出版社,2003 年。

——. 1998. "The Regime of Authenticity: Timelessness, Gender, and National History in Modern China." *History and Theory* 37, no. 3: 287-308.

"Duiyu funümen jiju ni'er zhonggao" (To women, a few sentences of good advice that may be hard to swallow). 1934. *SB*, May 10.《对于妇女们几句逆耳忠告》,《申报》1934 年 5 月 10 日。

Dunstan, Helen. 1996. *Conflicting Counsels to Confuse the Age: A Documentary Study of Political Economy in Qing China, 1644-1840.* Ann Arbor: University of Michigan, Center for Chinese Studies.

Eastman, Lloyd E. 1974. *The Abortive Revolution: China Under Nationalist Rule, 1927-*

1937. Cambridge, Mass.: Harvard University, Council on East Asian Studies.

——. 1976. "The Kuomintang in the 1930s." In *The Limits of Change: Essays on Conservative Alternatives in Republican China*, ed. C. Furth, 191-210. Cambridge, Mass.: Harvard University Press.

——. 1984. "New Insights into the Nature of the Nationalist Regime." *Chinese Republican Studies Newsletter* 9, no. 2: 8-18.

Eckstein, Alexander. 1977. *China's Economic Revolution.* Cambridge, Eng.: Cambridge University Press.

Economic Yearbook of China. 1934-1936. Shanghai: Ministry of Industry.

Edwards, Louise. 2000. "Policing the Modern Woman in Republican China." *Modern China* 26, no. 2: 115-147.

Elias, Norbert. 1994. *The Civilizing Process: The History of Manners and State Formation and Civilization.* Cambridge, Mass.: Blackwell.

"Ertong yu guohuo shizhuang" (Children and national product fashions). 1933. *SB*, May 18.《儿童与国货时装》,《申报》1933 年 5 月 18 日。

Esherick, Joseph. 1976. *Reform and Revolution in China: The 1911 Revolution in Hunan and Hubei.* Berkeley: University of California Press.

Ewen, Stuart, and Elizabeth Ewen. 1982. *Channels of Desire.* New York: McGraw-Hill.

"The Exhibition at Hangchow." 1928. *NCH*, May 12: 231.

Fan, Hong, and J. A. Mangan. 1995. "'Enlightenment' Aspirations in an Oriental Setting: Female Emancipation and Exercise in Early Twentieth-Century China." *International Journal of the History of Sport* 12, no. 3: 80-104.

Fang Xiantang. 1996. "1933 nian guohuo nian" (The 1933 National Products Year). In Pan Junxiang 1996c: 429-436. 方宪堂:《1933 年国货年》,收入潘君祥 1996c: 429—436。

Fang Xiantang, ed. 1989. *Shanghai jindai minzu juanyan gongye* (Shanghai's modern national cigarette industry). Shanghai: Shanghai shehui kexueyuan chubanshe. 方宪堂编:《上海近代民族卷烟工业》,上海:上海社会科学院出版社,1989 年。

Farjenel, Fernand. 1915. *Through the Chinese Revolution.* Trans. Margaret Vivian. London: Duckworth & Co.

Feng Yiyou, ed. 1996. *Lao xiangyan paizi* (Old cigarette cards). Shanghai: Shanghai huabao chubanshe. 冯懿有编:《老香烟牌子》,上海:上海画报出版社,1996 年。

FER. The Far Eastern Review. Monthly. Shanghai, 1904-1941.《远东评论》(月刊)上海,1904—1941 年。

Feuerwerker, Albert. 1958. *China's Early Industrialization: Shen Hsuan-huai*

(*1844-1916*) *and Mandarin Enterprise.* Cambridge, Mass.: Harvard University Press. 费维恺:《中国早期工业化:盛宣怀(1844—1916)和官督商办企业》,北京:中国社会科学出版社, 1990 年。

——. 1968. *History in Communist China.* Cambridge, Mass.: M. I. T. Press.

——. 1969. *The Chinese Economy, ca. 1870-1911.* Ann Arbor: University of Michigan, Center for Chinese Studies.

——. 1976. *The Foreign Establishment in China in the Early Twentieth Century.* Ann Arbor: University of Michigan, Center for Chinese Studies.

——. 1977. *Economic Trends in the Republic of China, 1912-1949.* Ann Arbor: University of Michigan, Center for Chinese Studies.

Feuerwerker, Albert, and S. Cheng. 1970. *Chinese Communist Studies of Modern Chinese History.* Cambridge, Mass.: Harvard University Press.

Fewsmith, Joseph. 1985. *Party, State, and Local Elites in Republican China: Merchant Organizations and Politics in Shanghai, 1890-1930.* Honolulu: University of Hawaii Press.

——. 2001. "The Political and Social Implications of China's Accession to the WTO." *China Quarterly* 167: 573-591.

Field, Margaret. 1957. "The Chinese Boycott of 1905." *Harvard Papers on China* 2: 63-98.

Findling, John E., ed. 1990. *Historical Dictionary of World's Fairs and Exhibitions, 1851-1988.* New York: Greenwood Press.

Finkelstein, Joanne. 1996. *Fashion: An Introduction.* New York: New York University Press.

Fitzgerald, John. 1996. *Awakening China: Politics, Culture, and Class in the Nationalist Revolution.* Stanford: Stanford University Press.

Fogel, Joshua A. 1996. *The Literature of Travel in the Japanese Rediscovery of China, 1862-1945.* Stanford: Stanford University Press.

Fong, H. D. 1975. *Reminiscences of a Chinese Economist at 70.* Singapore: South Seas Press.

Forty, Adrian. 1986. *Objects of Desire.* New York: Pantheon Books.

Foster, Hal, ed. 1988. *Vision and Visuality.* Seattle: Bay Press.

Foster, John W. 1906. "The Chinese Boycott." *Atlantic Monthly* 97, no. 1: 118-127.

Foster, Robert John. 1995a. "Introduction: The Work of Nation Making." In *Nation Making: Emergent Identities in Postcolonial Melanesia*, ed. R. J. Foster, 1-30. Ann Arbor: University of Michigan Press.

——. 1995b. "Print Advertisements and Nation Making in Metropolitan Papua New Guinea." In *Nation Making: Emergent Identities in Postcolonial Melanesia*, ed. R. J. Foster, 151-181. Ann Arbor: University of Michigan Press.

Fox, Richard Wightman, and T. J. Jackson Lears. 1983. *The Culture of Consumption: Critical Essays in American History, 1880-1980*. New York: Pantheon.

Frank, Dana. 1999. *Buy American: The Untold Story of Economic Nationalism.* Boston: Beacon Press.

Frank, Thomas. 2000. *One Market Under God: Extreme Capitalism, Market Populism, and the End of Economic Democracy.* New York: Doubleday.

Friedman, Milton, and Rose D. Friedman. 1982. *Capitalism and Freedom.* Chicago: University of Chicago Press.

Friedman, Monroe. 1999. *Consumer Boycotts: Effecting Change Through the Marketplace and the Media.* New York: Routledge.

"Fu hui zhi tiaogui" (Regulations for attending the exhibition). 1915. *Guohuo yuebao* 2 (Sept. 9): 12-13.《赴会之条规》,《国货月报》2 期(1915 年 9 月 9 日):12—13。

Fujimoto Hirō and Kyōto daigaku, Jinbun kagaku kenkyūjo. 1983. *Nihon shinbun goshi hōdō shiryō shūsei* (Collected materials from Japanese newspapers on the May Fourth Movement). Kyoto: Kyōto daigaku, Jinbun kagaku kenkyūjo.

Funü banyue kan. Semi-monthly. Shanghai, 1938.《妇女半月刊》,上海,1938 年。

"Funü de guohuo biaoyu" (Women's national products slogans). 1935. *SB*, Feb. 21.《妇女的国货标语》,《申报》1935 年 2 月 21 日。

"Funü duiyu guohuonian de zeren" (Women's responsibilty to National Products Year). 1933. *SB*, Mar. 9.《妇女对于国货年的责任》,《申报》1933 年 3 月 9 日。

Funü gongming yuebao. Monthly. Chongqing, 1934-1936.《妇女共鸣月报》,重庆,1934—1936 年。

"Funü guohuo hui choushe Guangzhou fenhui" (The Women's National Products Association prepares to establish a Guangzhou branch). 1930. *Funü gongming* 34 (Aug.): 44.《妇女国货会筹设广州分会》,《妇女共鸣》34 期(1930 年 8 月):44。

"Funü guohuo hui zu guohuo kaocha tuan" (The Women's National Products Association organizes an inspection group). 1934. *Guohuo banyue kan* 8 (Apr. 1): 24.《妇女国货会组国货考察团》,《国货半月刊》8 期(1934 年 4 月 1 日):24。

"Funü guohuo nian hui changwei biaoshi" (Feelings of a member of the Women's National Products Year Committee). 1934. *SB*, Aug. 13.《妇女国货年会常委表示》,《申报》1934 年 8 月 13 日。

"Funü guohuo nian hui chou she linshi shangchang" (The Woman's National Products

Year group plans to establish temporary markets). 1934. *Guohuo banyue kan* 11 (May 15): 30.《妇女国货年会筹设临时商场》,《国货半月刊》11 期(1934 年 5 月 15 日):30。

"Funü guohuo nian hui zhi shixi shangchang kaimu" (The opening of a market by a Women's National Products Year group in west Shanghai). 1934. *Guohuo banyue kan* 12 (June 1): 24-25.《妇女国货年会之市西商场开幕》,《国货半月刊》12 期(1934 年 6 月 1 日):24—25。

"Funü guohuo nian jinri juxing qiche youxing" (The Women's National Products Year hosts an automobile parade today). 1934. *SB*, Jan. 1.《妇女国货年近日举行汽车游行》,《申报》1934 年 1 月 1 日。

"Funü guohuo nian qiche youxing canjia yongyue" (Energetic participation in the Women's National Products Year automobile parade). 1933. *SB*, Dec. 29.《妇女国货年汽车游行参加踊跃》,《申报》1933 年 12 月 29 日。

"Funü guohuo nian yu huazhuangpin" (The Women's National Products Year and cosmetics). 1934. *SB*, Feb. 1.《妇女国货年与化妆品》,《申报》1934 年 2 月 1 日。

"Funü guohuo nian yundong weiyuanhui" (The Women's National Products Year movement committee). 1934. *Guohuo yuebao* 1, no. 8 (Aug.): 52-53.《妇女国货年运动委员会》,《国货月报》1 卷 8 期(1934 年 8 月):52—53。

"Funü guohuo nian zai qiuji" (The Women's National Products Year in the autumn). 1934. *SB*, Oct. 4.《妇女国货年在秋季》,《申报》1934 年 10 月 4 日。

"Funü guohuo nian zhi yingyou gongzuo" (Work that should be done in the Women's National Products Year). 1934. *SB*, Jan. 11.《妇女国货年之应有工作》,《申报》1934 年 1 月 11 日。

"Funü guohuo nianzhong zhi chouhuo qingxiao wenti" (The problem of the dumping of enemy products during the Women's National Products Year). 1934. *SB*, Feb. 8.《妇女国货年中之仇货倾销问题》,《申报》1934 年 2 月 8 日。

"Funü guohuo nianzhong zhi liangdian xiwang" (Two hopes for the Women's National Products Year). 1934. *SB*, Mar. 22.《妇女国货年中之两点希望》,《申报》1934 年 3 月 22 日。

"Funü guohuo xuanchuan dahui" (Women's national products dissemination rally). 1934. *SB*, Jan. 17.《妇女国货宣传大会》,《申报》1934 年 1 月 17 日。

"Funü guohuo yundong dahui" (Women's National Products Movement rally). 1934. *SB*, Jan. 12.《妇女国货运动大会》,《申报》1934 年 1 月 12 日。

"Funüjie yu guohuo" (Women's Day and national products). 1934. *SB*, Mar. 8.《妇女节与国货》,《申报》1934 年 3 月 8 日。

"Funüjie zhi tuixing guohuo tan" (A discussion of the marketing of national products by women's circles). 1934. *SB*, July 12.《妇女节之推行国货谈》,《申报》1934 年 7 月 12 日。

"Funümen! Xingba!" (Women! Wake up!). 1934. *SB*, May 3.《妇女们! 醒吧!》,《申报》1934 年 5 月 3 日。

"Funü shou ma nian" (Women-Get-Cursed Year). 1934. *SB*, Jan. 25.《妇女受骂年》,《申报》1934 年 1 月 25 日。

"Funü tuanti" (The women's group). 1934. *SB*, Apr. 4.《妇女团体》,《申报》1934 年 4 月 4 日。

"Funü tuanti qingzhu dahui" (The women's group celebration rally). 1934. *SB*, Apr. 5.《妇女团体庆祝大会》,《申报》1934 年 4 月 5 日。

"Funü yu dongling yongpin" (Women and winter articles). 1933. *SB*, Dec. 14.《妇女与冬令用品》,《申报》1934 年 12 月 14 日。

"Funü yu zhuangjin" (Women and clothing expenses). 1934. *Jilian huikan* 92 (Apr. 1): 6-7.《妇女与妆锦》,《机联会刊》92 期(1934 年 4 月 1 日):6—7。

Funü zazhi. Monthly. Shanghai, 1915-1931.《妇女杂志》(月刊),上海,1915—1931 年。

Furen huabao. Monthly. Shanghai, 1933-1936.《妇人画报》(月刊),上海,1933—1936 年。

"Furen xiaojie, ni wangjile ma?" (Ladies, have you forgotten?). 1934. *SB*, Feb. 22.《妇人小姐,你忘记了吗?》,《申报》1934 年 2 月 22 日。

Furuya, Keiji. 1981. *Chiang Kai-shek: His Life and Times*. Trans. C. Zhang. Abridged English ed. New York: St. John's University.

"Fuyu: Neizheng buzhang tichang guohuo zhi juti banfa" (Appendix: The Minister of the Interior's concrete ways to promote national products). 1928. *Shangye yuebao* 8, no. 9 (Sept.): 3-7.《富裕:内政部长提倡国货之具体办法》,《商业月报》8 卷 9 期(1928 年 9 月)3—7。

"Fuzhuang jiuguo" (Saving the nation with clothing). 1933. *Jilian huikan* 71 (5. 15): 29-33.《服装救国》,《机联会刊》71 期(1933 年 5 月 15 日): 29—33。

"Gailiang ertong fuzhuang tan" (A discussion on improving children's clothing). 1934. *Jilian huikan* 92 (Apr. 1): 37-39.《改良儿童服装谈》,《机联会刊》92 期(1934 年 4 月 1 日): 37—39。

Gaimushō. 1937. *Shina ni okeru kō-Nichi dantai to sono katsudō* (Anti-Japanese organizations and their activities in China). Tokyo: Gaimushō.

Galbraith, John Kenneth. 1990. *A Tenured Professor: A Novel*. Boston: Houghton Mifflin.

Gamble, Sidney D. 1921. *Peking: A Social Survey*. New York: George H. Doran Co.

Gan Chunquan. "Hunying han songli" (Weddings and giving presents). 1934. *Jilian huikan* 98 (July 1): 36-37. 甘纯权:《婚姻和送礼》,《机联会刊》98 期(1934 年 7 月 1 日): 36—37。

Gan Gu, ed. 1987. *Shanghai bainian mingchang laodian* (A hundred years of famous companies and old stores of Shanghai). Shanghai: Shanghai wenhua chubanshe. 干谷编:《上海百年名厂老店》,上海:上海文化出版社,1987 年。

Gao wu. 1996. "Tianzihao xitong chanpin yu waihuo de douzheng" (The struggle between the products of the Heaven Conglomerate and foreign products). In Pan Junxiang 1996c: 118-121. 高屋:《天字号产品与外货的斗争》,收入潘君祥 1996c: 118—121。

Gao Yuan. 1987. *Born Red: A Chronicle of the Cultural Revolution.* Stanford: Stanford University Press.

Gardella, Robert. 1994. *Harvesting Mountains: Fujian and the China Tea Trade, 1757-1937.* Berkeley: University of California Press.

Garrett, Shirley S. 1970. *Social Reformers in Urban China: The Chinese Y. M. C. A., 1895-1926.* Cambridge, Mass.: Harvard University Press.

Garrett, Valery M. 1987. *Traditional Chinese Clothing.* Hong Kong: Oxford University Press.

——. 1990. *Mandarin Squares: Mandarins and Their Insignia.* Hong Kong: Oxford University Press.

——. 1994. *Chinese Clothing: An Illustrated Guide.* Hong Kong: Oxford University Press.

——. 1995. "The Cheung Sam-Its Rise and Fall." *Costume* 29: 88-94.

"Gedi funü jiji tichang guohuo" (Women throughout China actively promote national products). 1934. *Funü gongming yuebao* 3, no. 11: 52-53.《各地妇女积极提倡国货》,《妇女共鸣月报》3 卷 11 期(1934 年):52—53。

Geisert, Bradley Kent. 1979. "Power and Society: The Kuomintang and Local Elites in Kiangsu Province, China, 1924-1937." Ph. D. diss., University of Virginia.

——. 1982. "Toward a Pluralist Model of KMT Rule." *Chinese Republican Studies Newsletter* 7, no. 2: 1-10.

"Geming hou zhi guohuo yundong" (The National Products Movement since the Revolution). 1928. *SB*, Feb. 24.《革命后之国货运动》,《申报》1928 年 2 月 24 日。

Gibbs-Smith, C. H. 1981. *The Great Exhibition of 1851.* London: Her Majesty's Stationery Office.

Gilfoyle, Timothy J. 1999. "Prostitutes in History: From Parables of Pornography to Metaphors of Modernity." *American Historical Review* 104, no. 1: 117-141.

Gilmartin, Christina Kelly. 1994. "Gender, Political Culture, and Women's Mobilization in the Chinese Nationalist Revolution, 1924-1927." In Gilmartin et al. 1994: 195-225.

——. 1995. *Engendering the Chinese Revolution: Radical Women, Communist Politics, and Mass Movements in the 1920s.* Berkeley: University of California Press.

Gilmartin, Christina Kelly, Gail Hershatter, Lisa Rofel, and Tyrene White, eds. 1994. *Engendering China: Women, Culture, and the State.* Cambridge, Mass.: Harvard University Press.

Glennie, Paul. 1995. "Consumption Within Historical Studies." In *Acknowledging Consumption: A Review of New Studies*, ed. D. Miller, 164-203. New York: Routledge.

Glickman, Lawrence R. 1997. *A Living Wage: American Workers and the Making of Consumer Society.* Ithaca, N. Y: Cornell University Press.

Glickman, Lawrence R., ed. 1999. *Consumer Society in American History: A Reader.* Ithaca: Cornell University Press.

Glosser, Susan L. 1995. "The Contest for Family and Nation in Republican China." Ph. D. diss., University of California at Berkeley.

Godley, Michael R. 1978. "China's World's Fair of 1910: Lessons from a Forgotten Event." *Modern Asian Studies* 12, no. 3: 503-522.

——. 1994. "The End of the Queue: Hair as Symbol in Chinese History." *East Asian History* 8: 53-72.

Golay, Frank H., et al., eds. 1969. *Underdevelopment and Economic Nationalism in Southeast Asia.* Ithaca: Cornell University Press.

Goldstein, Joshua. 1999. "Mei Lanfang and the Nationalization of Peking Opera, 1912-1930." *positions: east asian cultures critique* 7, no. 2: 377-420.

Gongmin jiuguo tuan, ed. 1919. *Guochi tongshi* (A general history of national humiliations). N. p.: n. p. 公民救国团编:《国耻通史》,1919 年。

Gongshang ban yüekan. Semi-monthly. Shanghai, 1929-1933.《工商半月刊》,上海,1929—1933 年。

"Gongshang bu guohuo chenlieguan jishou zhanxing banfa" (How to sell on temporary consignment at the Ministry of Industry and Commerce National Products Museum). 1929. *Gongshang banyue kan* 1, no. 15 (July): 13.《工商部国货陈列馆寄售暂行办法》,《工商半月刊》1 卷 15 期(1929 年 7 月):13。

"Gongshang bu guohuo chenlieguan nishe yongjiu shangchang" (The Ministry of Industry and Commerce National Products Museum plans to establish a permanent marketplace). *Gongshang banyue kan* 1929. 1, no. 20 (Oct.): 2.《工商部国货陈列馆拟设永久商场》,《工商半月刊》1 卷 20 期(1929 年 10 月):2。

"Gongshang bu pai yuan diaocha guohuo" (The Ministry of Industry and Commerce sends staff to investigate national products). 1928. *Shangye zazhi* 3, no. 11 (Nov.).《工商部派员调查国货》,《商业杂志》3 卷 11 期(1928 年 11 月)。

"Gongshang bu yiding zhi guohuo biaozhun yilan" (A look at the National Products Standards determined by the Ministry of Industry and Commerce). 1930. In SSGC 1930.《工商部议定之国货标准一览》,收入 SSGC 1930。

Goodman, Bryna. 1995. *Native Place, City, and Nation: Regional Networks and Identity in Shanghai, 1853-1937*. Berkeley: University of California.

Goto-Shibata, Harumi. 1995. *Japan and Britain in Shanghai, 1925-1931*. New York: St. Martin's Press.

Graham, Gael. 1994. "*The Cumberland* Incident of 1928: Gender, Nationalism, and Social Change in American Mission Schools in China." *Journal of Women's History* 6, no. 3: 35-61.

Greenberg, Cheryl. 1999. "'Don't Buy Where You Can't Work.'" In Glickman 1999: 241-273.

Greenberg, Michael. 1951. *British Trade and the Opening of China, 1800-1842*. Cambridge, Eng.: Cambridge University Press.

Greenhalgh, Paul. 1988. *Ephemeral Vistas: The Expositions Universells, Great Exhibitions and World's Fairs, 1851-1939*. Manchester: Manchester University Press.

Gronewold, Sue. 1985. *Beautiful Merchandise: Prostitution in China, 1860-1936*. New York: Harrington Par Press.

GSB. 1928. Gongshang bu, Zhonghua guohuo zhanlanhui, ed. *Zhonghua guohuo zhanlanhui jinian tekan* (A special commemorative volume for the Chinese National Products Exhibition). Shanghai: Taidong tushuju. 工商部、中华国货展览会编:《中华国货展览会纪念特刊》,上海:泰东图书局,1928 年。

——. 1929. Gongshang bu, ed. *Gongshang bu Zhonghua guohuo zhanlan hui shilu* (A record of the Ministry of Industry and Commerce's Chinese National Products Exhibition). 6 vols. Nanjing: Gongshang bu, Zhonghua guohuo zhanlan hui. 工商部编:《工商部中华国货展览会实录》(6 卷),南京:工商部中华国货展览会。

Gu Bingquan, ed. 1993. *Shanghai fengsu guji kao* (An investigation of Shanghai's traditional customs). Shanghai: Huadong shifan daxue chubanshe. 顾柄权编:《上海风俗古迹考》,上海:华东师范大学出版社,1933 年。

Gu Weicheng. 1996. "Bisheng zhili yu suliao gongye de Gu Zhaozhen" (Gu Zhaozhen's lifetime devotion to the plastics industry). In Pan Junxiang 1996c: 122-166. 顾卫丞:《毕生致力于塑料工业的顾兆祯》,收入潘君祥 1996c: 122—166。

Guangdong jianshe ting, ed. 1930. *Guohuo diaocha baogao* (Reports on national product investigations). Guangzhou: Guangdong jianshe ting. 广东建设厅编:《国货调查报告》,广州:广东建设厅,1930 年。

Guha, Ranajit. 1991. *A Disciplinary Aspect of Indian Nationalism.* Santa Cruz: University of California Santa Cruz, Merrill College.

Guo Feiping. 1994. *Zhongguo minguo jingji shi* (An economic history of the Chinese Republic). Beijing: Renmin chubanshe. 郭飞平:《中国民国经济史》,北京:人民出版社,1994 年。

Guo Xianglin et al. 1995. *Zhongguo jindai zhenxing jingji zhi dao de bijiao* (A comparison of China's modern methods of reviving its economy). Shanghai: Shanghai caijing daxue chubanshe. 郭庠林等:《中国近代振兴经济之道的比较》,上海:上海财经大学出版社,1995 年。

Guochan daobao. Monthly. Shanghai, 1928-1934.《国产导报》(月刊),上海,1928—1934 年。

Guochi jinian xiangqi xinpu. 1916. Shanghai: Shangwu yinshu guan.《国耻纪念象棋新谱》,上海:商务印书馆,1916 年。

Guochi ribao. Daily. Beijing, 1925.《国耻日报》,北京,1925 年。

Guoguang. Weekly. Shanghai, 1928.《国光》(周报),上海,1928 年。

"Guohuo chenlieguan jinxun" (Recent news of the National Products Museum). 1930. *Gongshang banyue kan* 2.5 (Mar.): 5.《国货陈列馆近讯》,《工商半月刊》2 卷 5 期(1930 年 3 月): 5。

"Guohuo de yijiao: women de dianxing" (A perspective on national products: our model). 1934. *SB*, May 24.《国货的一角:我们的典型》,《申报》1934 年 5 月 24 日。

"Guohuo fu Fei zhanlan" (National products attend Philippine exhibition). 1929. *SB*, Jan. 12: 13.《国货赴菲展览》,《申报》1929 年 1 月 12 日:13。

"Guohuo guanggao yu boyin" (National product advertising and broadcasting). 1934. *SB*, Dec. 13.《国货广告与播音》,《申报》1934 年 12 月 13 日。

"'Guohuo' he 'guomin'" (National products and national people). 1933. *SB*, Jan. 1.《"国货"和"国民"》,《申报》1933 年 1 月 1 日。

"Guohuo hui baju zhi weihui ji" (Minutes of the eighth meeting of the executive committee of the National Products Association). 1929. *SB*, June 16: 14.《国货会八聚之委会纪》,《申报》1929 年 6 月 16 日:14。

"Guohuo hui qing nüjie wuyong waihuo" (National Products Association requests that women's circles not use foreign products). 1934. *Guohuo banyue kan* 8 (Apr. 1): 24.《国货会庆女诫勿用外货》,《国货半月刊》8 期(1934 年 4 月):24。

"Guohuo jiating" (National product households). 1933. *SB*, Apr. 20.《国货家庭》,《申报》1933 年 4 月 20 日。

"Guohuo lifu yundong zhi tuijin" (The advancement of the national products formal attire movement). 1935. *Guohuo yuebao* 2, no. 1 (Jan.): 36-38.《国货礼服运动之推进》,《国货月报》2 卷 1 期(1935 年 1 月):36—38。

Guohuo pinglun kan. Monthly. Shanghai, 1925-1931.《国货评论刊》(月刊),上海,1925—1931 年。

Guohuo ribao. Daily. Beiping, 1934-1935.《国货日报》,北平,1934—1935 年。

Guohuo ribao. Daily. Hankou, 1935.《国货日报》,汉口,1935 年。

Guohuo ribao. Daily. Shanghai, 1932.《国货日报》,上海,1932 年。

Guohuo Rihuo duizhao lu (A comparison of national products and Japanese products). 1932. Hangzhou: Zhejiang sheng Hangzhou shi gejie fan Ri jiuguo lianhehui.《国货日货对照录》,杭州:浙江省杭州市各界反日救国联合会,1932 年。

Guohuo shiye chubanshe, ed. 1934. *Zhongguo guohuo shiye xianjin shilüe* (Brief histories of model Chinese national product enterprises). Shanghai: Guohuo shiye chubanshe. 国货实业出版社编:《中国国货实业现今事略》,上海:国货实业出版社,1934。

"Guohuo shizhuang zhanlanhui" (The national products fashion show). 1930. In SSGC 1930: 155-186.《国货时装展览会》,收入 SSGC 1930: 155—186。

"Guohuo tuixiao dao neidi qu" (National products marketed in the interior). 1933. *SB*, June 8.《国货推销到内地区》,《申报》1933 年 6 月 8 日。

Guohuo yangben. 1934. Shanghai: Jizhi guohuo gongchang lianhehui.《国货样本》,上海:机制国货工厂联合会,1934 年。

Guohuo yanjiu yuekan. Monthly. Tianjin, 1932-1933.《国货研究月刊》,天津,1932—1933 年。

Guohuo yuebao. Monthly. Guangzhou, 1934-1937.《国货月报》,广州,1934—1937 年。

Guohuo yuebao. Monthly. Nanjing, 1936.《国货月报》,南京,1936 年。

Guohuo yuebao. Monthly. Shanghai, 1915-1916.《国货月报》,上海,1915—1916 年。

Guohuo yuebao. Monthly. Shanghai, 1924-1925.《国货月报》,上海,1924—1925 年。

Guohuo yuebao. Monthly. Shanghai, 1934-1935.《国货月报》,上海,1934—1935 年。

Guohuo yuekan. Monthly. Changsha, 1933-1937.《国货月刊》,长沙,1933—1937 年。

"Guohuo yu guanggao" (National products and advertising). 1934. *Guohuo yuebao* 1, no. 5/6 (June 15): 21-22.《国货与广告》,《国货月报》1 卷 5、6 期合刊(1934 年 6 月 15 日):21—22。

"Guohuo yu jinü" (National products and prostitutes). 1934. *SB*, June 7.《国货与妓女》,《申报》1934 年 6 月 7 日。

"Guohuo yu modeng funü" (National products and modern women). 1934. *SB*, Jan. 18.《国货与摩登妇女》,《申报》1934 年 1 月 18 日。

"Guohuo yundong dahui taolun gailiang pinzhi huiyi ji" (Notes on the National Products Movement Rally's conference to discuss improving quality). 1928. *Shangye yuebao* 8.8 (Aug.).《国货运动大会讨论改良品质会议纪》,《商业月报》1928 年 8 月 8 日。

"Guohuo yu wuchang" (National products and dancehalls). 1934. *SB*, Nov. 1.《国货与舞场》,《申报》1934 年 11 月 1 日。

"Guohuo zhanlanhui zhong zhi shi zhengfu chenlie shi" (The exhibition room of the municipal government in the National Products Exhibition). 1928. *SB*, Nov. 1.《国货展览会中之市政府陈列室》,《申报》1928 年 11 月 1 日。

"Guohuo zhidao" (National product guidance). 1931. *Jilian huikan* 47 (Dec. 1): 36-38.《国货指导》,《机联会刊》47 期(1931 年 12 月 1 日):36—38。

Guohuo zhiyin (A guide to national products). 1934. Shanghai: n. p.《国货知音》,上海,1934 年。

Guohuo zhoubao. Weekly. Nanjing, 1932.《国货周报》,南京,1932 年。

Guoli lishi bowuguan bianji weiyuanhui, ed. 1988. *Qingdai fushi* (Qing dynasty dress). Taibei: Guoli lishi bowuguan. 国立历史博物馆编辑委员会编:《清代服饰》,台北:"国立"历史博物馆,1988 年。

"Guomin zhengfu Gongshang bu gonghan" (Official letter of the Central Government Ministry of Industry and Commerce). 1929. *SB*, Jan. 9: 14.《国民政府工商部公函》,《申报》1929 年 1 月 9 日:14。

"Guonan zhong funü weiyide zeren" (The only responsibility of women during the National Crisis). 1933. *SB*, June 13.《国难中妇女唯一的责任》,《申报》1933 年 6 月 13 日。

"Guoqing yu guohuo" (National Day and national products). 1935. *SB*, Oct. 10.《国庆与国货》,《申报》1935 年 10 月 10 日。

Guowen zhoubao. Weekly. Shanghai and Tientsin, 1924-1937.《国闻周报》,上海、天津,1924—1937 年。

"Guozhi qiuling yongpin de wojian" (My view on buying autumn articles). 1934. *SB*, Oct. 4.《国之秋令用品的我见》,《申报》1934 年 10 月 4 日。

Gutzlaff, Karl. 1838. *China Opened; or, A Display of the Topography, History, Customs, Manners, Arts, Manufacture, Commerce, Literature, Religion, Jurisprudence, Etc. of the Chinese Empire.* 2 vols. London: Smith, Elder & Co.

Hamashita Takeshi. 1990. *Kindai Chūgoku no kokusaiteki keiki* (The China-centered world order in modern times). Tokyo: Tōkyō daigaku shuppankai.

Hamilton, Gary G., and Chi-kong Lai. 1989. "Consumerism Without Capitalism: Consumption and Brand Names in Late Imperial China." In *The Social Economy of Consumption*, ed. H. J. Rutz and B. S. Orlove, 253-279. Lanham, Md.: University Press of America.

Han Yin. 1996. "Yongli 'Hong sanjiao' guochan chunjian kudou ji" (A record of the struggle to produce Forever Advantageous Red Triangle national product soda ash). In Pan Junxiang 1996c: 111-117. 含茵:《永历"红三角"国产纯碱苦斗记》,收入潘君祥 1996c: 111—117。

Hansson, Harry Anders. 1988. "Regional Outcast Groups in Late Imperial China." Ph. D. diss., Harvard University.

Hao, Yen-p'ing. 1970. *The Comprador in Nineteenth Century China: Bridge Between East and West.* Cambridge, Mass.: Harvard University Press.

——. 1986. *The Commercial Revolution in Nineteenth-Century China: The Rise of Sino-Western Mercantile Capitalism.* Berkeley: University of California Press.

Hardy, E. H. 1905. *John Chinaman at Home.* London: T. Fisher Unwin.

Harrell, Paula. 1992. *Sowing the Seeds of Change: Chinese Students, Japanese Teachers, 1895-1905.* Stanford: Stanford University Press.

Harris, Neil. 1978. "Museums, Merchandising and Popular Taste: The Struggle for Influence." In *Material Culture and the Study of American Life*, ed. I. M. G. Quemby, 140-174. New York: W. W. Norton.

Harrison, Henrietta. 2000. *The Making of the Republican Citizen: Political Ceremonies and Symbols in China, 1911-1929.* New York: Oxford University Press.

Harrison, James. 1969(?). *Modern Chinese Nationalism.* New York: Hunter College of the City of New York, Research Institute on Modern Asia.

Hatsuda Tōru. 1993. *Hyakkaten no tanjō* (The birth of the department store). Tokyo: Sanseidō.

Hazama Naoki et al. 1996. *Dāta de miru Chūgoku kindai shi* (Modern Chinese history through data). Tokyo: Yūhaikaku sensho.

He Yiting. 1989. "Wusa yundong zhong de Shanghai zong shanghui" (The Shanghai General Chamber of Commerce in the May 30th Movement). *Lishi yanjiu* 1: 85-100. 何毅

亭:《五卅运动中的上海总商会》,《历史研究》1989 年 1 期:85—100。

He Yu and Hua Li. 1995. *Guochi beiwanglu: Zhongguo jindai shishang de bu pingdeng tiaoyue* (Memoranda on national humiliations: unequal treaties in Chinese modern history). Beijing: Beijing jiaoyu chubanshe. 何瑜、华立:《国耻备忘录:中国近代史上的不平等条约》,北京:北京教育出版社,1995 年。

"Hebei sheng zhengfu xunling di 1992 hao" (Hebei provincial government order no. 1992). 1928. (Nov. 21). Reprinted in Hu Guangming et al. 1994: 1480-1481.《河北省政府训令底 1992 号》,1928 年 11 月 21 日。胡光明等重印,1994: 1480—1481。

"Helihua de xialing yongpin" (Rationalized summer articles). 1935. *SB*, July 15.《合理化的夏令用品》,《申报》1935 年 7 月 15 日。

Henan sheng difangzhi bianji weiyuanhui, ed. 1983. *Wusi yundong zai Henan* (The May Fourth Movement in Henan). Zhengzhou: Zhongzhou shuhuashe. 河南省地方志编辑委员会编:《五四运动在河南》,郑州:中州书画社,1983 年。

Henriot, Christian. 1993. *Shanghai, 1927-1937: Municipal Power, Locality, and Modernization.* Trans. N. Castelino. Berkeley: University of California Press.

——. 1994. "Chinese Courtesans in Late Qing and Early Republican Shanghai (1849-1925)." *East Asian History* 8: 33-52.

Hershatter, Gail. 1986. *The Workers of Tianjin, 1900-1949*. Stanford: Stanford University Press.

——. 1992. "Regulating Sex in Shanghai: The Reform of Prostitution in 1920 and 1951." In Wakeman and Yeh 1992b: 145-185.

——. 1994. "Modernizing Sex, Sexing Modernity: Prostitution in Early Twentieth-Century Shanghai." In Gilmartin et al. 1994: 147-174.

Hevia, James Louis. 1995. *Cherishing Men from Afar: Qing Guest Ritual and the Macartney Embassy of 1793*. Durham, N. C.: Duke University Press. 何伟亚:《怀柔远人:马戛尔尼使华的中英礼仪冲突》,北京:社会科学文献出版社,2002 年。

Hine, Darlene Clark. 1993. "The Housewives League of Detroit: Black Women and Economic Nationalism." In *Visible Women: New Essays on American Activism*, ed. N. A. Hewitt and S. Lebsock, 223-241. Urbana: University of Illinois Press.

Hinsley, Curtis M. 1990. "The World as Marketplace: Commodification of the Exotic at the World's Columbian Exposition, Chicago, 1893." In *Exhibiting Cultures: The Poetics and Politics of Museum Display*, ed. Ivan Karp and Steven D. Lavine, 344-365. Washington, D. C.: Smithsonian Institution Press.

Hirschmeier, Johannes, and Tsunehiko Yui. 1975. *The Development of Japanese*

Business, *1600-1973*. Cambridge, Mass.: Harvard University Press.

Ho, Virgil Kit-yiu. 1991. "The Limits of Hatred: Popular Attitudes Towards the West in Republican Canton." *East Asian History* 2: 87-104.

Hodgson, James Goodwin. 1933. *Economic Nationalism.* New York: H. W. Wilson Co.

Hollander, Anne. 1980. *Seeing Through Clothes.* New York: Avon.

"Home Products Exhibit at Peking." 1915. *FER*, Oct.: 174.

Hong Buren and Liu Huazhang. 1996. "1936 nian Xiamen guohuo zhanlanhui shimo" (All about the 1936 Xiamen National Products Exhibition). In Pan Junxiang 1996c: 423-428. 洪卜仁、游华章:《1936 年厦门国货展览会始末》,收入潘君祥 1996c: 423—428。

Honig, Emily. 1986. *Sisters and Strangers*: *Women in the Shanghai Cotton Mills*, *1919-1949*. Stanford: Stanford University Press.

Hook, Brian, ed. 1998. *Shanghai and the Yangtze Delta*: *A City Reborn.* New York: Oxford University Press.

Hou, Chi-ming. 1965. *Foreign Investment and Economic Development in China*, *1840-1937*. Cambridge, Mass.: Harvard University Press.

Hsiao, Kung-ch'uan. 1967. *Rural China*: *Imperial Control in the Nineteenth Century.* Seattle: University of Washington Press.

——. 1975. *A Modern China and a New World*: *K'ang Yu-wei*, *Reformer and Utopian*, *1858-1927*. Seattle: University of Washington Press. 萧公权:《近代中国与新世界:康有为变法与大同思想研究》,南京:江苏人民出版社,1997 年。

Hsiao Liang-lin. 1974. *China's Foreign Trade Statistics*, *1864-1949*. Cambridge, Mass.: Harvard University, East Asia Research Center.

Hsü, Immanuel Chung-yueh. 1983. *The Rise of Modern China.* 3rd ed. Oxford: Oxford University Press.

Hu Guangming et al., eds. 1994. *Tianjin shanghui dang'an huibian* (*1928-1937*) (A collection of Tianjin Chamber of Commerce archives), vol. 2. Tianjin: Renmin chubanshe. 胡光明等编:《天津商会档案汇编》(1928—1937)卷 2,天津:天津人民出版社,1994 年。

Hu Jining. 1996. "Guochan xiangliao gongye de xianqu-Shanghai Jianchen xiangliao chang" (The forerunner of the national perfume industry-Shanghai's Jianchen Perfume Factory). In Pan Junxiang 1996c: 136-141. 胡济宁:《国产香料工业的先驱——上海鉴臣香料厂》,收入潘君祥 1996c: 136—141。

Hu Wenben and Tian Geshen, eds. 1980. *Wusi yundong zai Shandong ziliao xuanji* (A selection of materials on the May Fourth Movement in Shandong). Ji'nan: Shandong renmin chubanshe. 胡汶本、田克深编:《五四运动在山东资料选辑》,济南:山东人民出版社,1980 年。

Hu Xiyuan. 1996. "Guohuo dengpao Yapuer zhi meng" (The dream of the national product light bulb Yapuer). In Pan Junxiang 1996c: 178-187. 胡西园:《国货灯泡亚浦耳之门》,收入潘君祥 1996c: 178—187。

Hua Mei. 1989. *Zhongguo fuzhuang shi* (A history of Chinese clothing). Tianjin: Renmin meishu chubanshe. 华梅:《中国服装史》,天津:人民美术出版社,1989 年。

Huang Hanmin. 1996. "Guohuo yundong zhong de Rongjia qiye" (The Rong family enterprises in the National Products Movement). In Pan Junxiang 1996c: 54-64. 黄汉民:《国货运动中的荣家企业》,收入潘君祥 1996c: 54—64。

Huang Nengfu and Chen Juanjuan, eds. 1995. *Zhongguo fuzhuang shi* (A history of Chinese clothing). Beijing: Zhongguo lüyou chubanshe. 黄能馥、陈娟娟编:《中国服装史》,北京:中国旅游出版社,1995 年。

Huang Shilong, ed. 1994. *Zhongguo fushi* (Chinese dress). Shanghai: Shanghai wenhua chubanshe. 黄世龙编:《中国服饰》,上海:上海文化出版社,1994 年。

Huang Yiping and Yu Baotang. 1995. *Beiyang zhengfu shiqi jingji* (The economy during the Northern government). Shanghai: Shanghai shehui kexue yuan. 黄逸平、虞宝棠:《北洋政府时期经济》,上海:上海社会科学院,1995 年。

Huang Yiting, ed. 1934. *Guohuo gongshang daguan* (An overview of national product enterprises). N. p.: n. p. 黄逸亭编:《国货工商大观》,1934 年。

"Huda guohuo zhanlanhui zuori kaimu" (Hujiang University National Products Exhibition opened yesterday). 1928. *SB*, May 30: 14.《沪大国货展览会昨日开幕》,《申报》1928 年 5 月 30 日:14。

Huebner, Jon W. 1988. "Architechure and History in Shanghai's Central District." *Journal of Oriental Studies* 26, no. 2: 209-269.

Huenemann, Ralph William. 1984. *The Dragon and the Iron Horse: The Economics of Railroads in China, 1876-1937*. Cambridge, Mass.: Harvard University, Council on East Asian Studies.

Humm, Maggie. 1995. *The Dictionary of Feminist Theory*. 2nd ed. Columbus: Ohio State University Press.

"Hushi guohuo guanggao mianshui banfa" (How to avoid taxes in Shanghai for national product advertisements). 1930. *Gongshang banyuekan* 2. 10 (Apr.): 18.《沪市国货广告免税办法》,《工商半月刊》2 卷 10 期(1930 年 4 月): 18。

"Hushi guohuo shizhuang zhanlanhui kaimu shengkuang" (Opening ceremonies of the Shanghai Municipal Fashion Exhibition). 1930. *Gongshang banyue kan* 2. 20

(Oct.): 16-19.《沪市国货时装展览会开幕盛况》,《工商半月刊》2 卷 20 期(1930 年 10 月): 16—19。

"Industrial Exhibition in Peking." 1915. *FER* Aug.: 96.

Isaacs, Harold. 1938. *The Tragedy of the Chinese Revolution.* London: Secker & Warburg. Rev. ed., 1951. Stanford: Stanford University Press.

Israel, John. 1966. *Student Nationalism in China, 1927-1937.* Stanford: Hoover Institution Press.

Jang, Sukman. 1998. "The Politics of Haircutting in Korea: A Symbol of Modernity and the 'Righteous Army Movement' (1895-96)." *Review of Korean Studies* 1: 26-52.

Jansen, Marius B. 1975. *Japan and China: From War to Peace, 1894-1972.* Chicago: Rand McNally College Publishing Co.

Jardine, Lisa. 1996. *Worldly Goods: A New History of the Renaissance.* New York: Doubleday.

Jayawardena, Kumari. 1991. *Feminism and Nationalism in the Third World.* New York: St. Martin's Press.

Jhally, Sut. 1990. *The Codes of Advertising: Fetishism and the Political Economy of Meaning in the Consumer Society.* New York: Routledge.

"Jiagongzhong de fendou" (The struggle while being attacked from both flanks). 1934. *Jilian huikan* 90 (Mar. 1): 5-6.《夹功中的奋斗》,《机联会刊》90 期(1934 年 3 月 1 日): 5—6。

Jiang Weiguo. 1995. "Jindai Zhongguo guohuo tuanti chuxi" (Modern Chinese national products organizations). *Minguo dang'an*: 75-83. 蒋伟国:《近代中国国货团体初析》,《民国档案》1995 年:75—83。

"Jiangsu techan zhanlanhui" (Jiangsu specialty products exhibition). 1931. In Wang Keyou 1931: 25-27.《江苏特产展览会》,收入王克宥 1931: 25—27。

"Jianian guohuo zhanlanhui mingri yanqing ge jie" (Jianian National Products Exhibition hosts dinner for various circles). 1929. *SB*, Jan. 10: 14.《嘉年国货展览会明日宴请各界》,《申报》1929 年 1 月 10 日:14。

"Jiating guohuo yundong" (The Household National Products Movement). 1933. *SB*, Feb. 16.《家庭国货运动》,《申报》1933 年 2 月 16 日。

"Jiji choubei zhong zhi funü guohuo nian" (Amidst the busy preparations for the Women's National Products Year). 1933. *SB*, Dec. 31.《积极筹备中之妇女国货年》,《申报》1933 年 12 月 31 日。

Jilian. Semi-monthly. Shanghai, 1930-1952.《机联》(半月刊),上海,1930—1952 年。

Jin Bo. 2002. "Imported Movies: Entertainment or Hegemony?" 2002. *China Daily*,

Apr. 8.

"Jing funü tichang guohuo hui zhuban zhi zhongdeng xuexiao nüsheng jiangyan jingsai hui" (On the secondary schoolgirls' speech contest sponsored by the Women's National Products Association). 1934. *Funü gongming yuebao* 3, no. 5: 49-50.《经妇女提倡国货会主办之中等学校女生讲演竞赛会》,《妇女共鸣月报》3 卷 5 期(1934 年): 49—50。

"Jingji juejiao de fangfa yu shouduan" (The ways and means for severing economic relations). 1928. In Zhongguo guomindang, Hebei sheng dangwu zhidao weiyuanhui 1928: 9-18.《经济绝交的方法与手段》,收入中国国民党河北省党务指导委员会 1928:9—18。

Jiuguo zhoubao. Weekly. Shanghai, 1929.《救国周报》,上海,1929 年。

"Jiu yiba yihou de He furen jiating" (Mrs. He's household after 9-18). 1934. *SB*, Sept. 18.《九一八以后的何夫人家庭》,《申报》1934 年 9 月 18 日。

"Jiu yiba yu jiuchang guohuo shangchang" (The 9-18 nine-factory national products market). 1934. *SB*, Sept. 18.《九一八与九厂国货商场》,《申报》1934 年 9 月 18 日。

Johnson, David G., Andrew J. Nathan, and Evelyn Sakakida Rawski, eds. 1985. *Popular Culture in Late Imperial China*. Berkeley: University of California Press.

Johnson, Linda Cooke. 1995. *Shanghai: From Market Town to Treaty Port, 1074-1858*. Stanford: Stanford University Press.

Jones, Andrew. 1999. "The Gramophone in China." In *Tokens of Exchange: The Problem of Translation in Global Circulations*, ed. Lydia H. Liu, 214-236. Durham, N. C.: Duke University Press.

Jones, William C., trans. 1994. *The Great Qing Code*. Oxford: Clarendon Press.

Jordan, Donald A. 1976. *The Northern Expedition: China's National Unification of 1926-1928*. Honolulu: University Press of Hawaii.

——. 1991. *Chinese Boycotts Versus Japanese Bombs: The Failure of China's 'Revolutionary Diplomacy' 1931-1932*. Ann Arbor: University of Michigan Press.

——. 2001. *China's Trial by Fire: The Shanghai War of 1932*. Ann Arbor: University of Michigan Press.

Judge, Joan. 1996. *Print and Politics: 'Shibao' and the Culture of Reform in Late Qing China*. Stanford: Stanford University Press.

——. 2001. "Talent, Virtue, and the Nation: Chinese Nationalisms and Female Subjectivities in the Early Twentieth Century." *American Historical Review* 106, no. 3: 765-803.

Kaplan, Temma. 1998. "International Women's Day." In *The Reader's Companion to U.*

S. Women's History, ed. W. Mankiller, G. Mink, M. Navarro, B. Smith, and G. Steinem, 281-282. New York: Houghton Mifflin Co.

Karl, Rebecca E. 2002. *Staging the World: Chinese Nationalism at the Turn of the Twentieth Century*. Durham, N. C.: Duke University Press.

Kawakami, Kiyoshi Karl. 1932. *Japan Speaks on the Sino-Japanese Crisis*. New York: Macmillan.

Kellner, Douglas. 1989. *Jean Baudrillard: From Marxism to Postmodernism and Beyond*. Stanford: Stanford University Press.

Kent, Percy Horace. 1912. *The Passing of the Manchus*. London: Edward Arnold.

Kikuchi Takaharu. 1974. *Chūgoku minzoku undō no kihon kōzō: Taigai boikotto no kenkyū* (The historical background of the Chinese national movement: a study of anti-foreign boycotts). Tokyo: Daian.

King, S. T., and D. K. Lieu. 1929. *China's Cotton Industry: A Statistical Study of Ownership of Capital, Output, and Labor Conditions*. Shanghai(?): Institute of Pacific Relations.

Kinmonth, Earl H. 1981. *The Self-Made Man in Meiji Japanese Thought*. Berkeley: University of California Press.

Kirby, William C. 1984. *Germany and Republican China*. Stanford: Stanford University Press.

——. 1992. "The Chinese War Economy." In *China's Bitter Victory: The War with Japan, 1937-1945*, ed. J. C. Hsiung and S. I. Levine, 185-212. Armonk, N. Y.: M. E. Sharpe.

——. 1995. "China Unincorporated: Company Law and Business Enterprise in Twentieth-Century China." *Journal of Asian Studies* 54, no. 1: 43-63.

——. 1997. "The Internationalization of China: Foreign Relations at Home and Abroad in the Republican Era." *China Quarterly* 150: 433-458.

Kirby, William C., and Stephen C. Averill. 1992. "More States of the Field." *Republican China*: 206-255.

Klein, Richard. 1993. *Cigarettes Are Sublime*. Durham, N. C.: Duke University Press.

Ko, Dorothy. 1994. *Teachers of the Inner Chambers: Women and Culture in Seventeenth-Century China*. Stanford: Stanford University Press.

Kong Xiangxi. 1928a. "Guomin zhengfu Gongshang bu ling gongzi di 55 hao" (National Government Ministry of Industry and Commerce order no. 55) (July 8). In Hu Guangming et al. 1994: 1475. 孔祥熙:《国民政府工商部令工字第55号》(7月8日),收入胡光明等1994: 1475。

——. 1928b. "Guomin zhengfu Gongshang bu fagei guohuo zhengmingshu guize" (The "National Products Certification Regulations" of the National Government Ministry of Industry and Commerce) (June). In Hu Guangming et al. 1994: 1475-1476. ——1928b,《国民政府工商部发给国货证明书规则》(6 月),收入胡光明等 1994:1475—1476。

Kong Xiangxi, ed. 1929. *Gongshang bu guohuo chenlieguan kaimu jinian tekan* (Special commemorative volume of the opening of the Ministry of Industry and Commerce's National Products Museum). Nanjing: Gongshang bu. 孔祥熙编:《工商部国货陈列馆开幕纪念特刊》,南京:工商部,1929 年。

Koo, V. K. Wellington. 1932. *Memoranda Presented to the Lytton Commission.* New York: Chinese Cultural Society.

Kramer, Paul. 1999. "Making Concessions: Race and Empire Revisited at the Philippine Exposition, St. Louis, 1901-1905." *Radical History Review* 73: 74-114.

Kubo Toru. 1980. "Nankin seifu no kanzei seisaku to sono rekishiteki igi" (Tariff policy of the Nanjing government and its effect on China's industrial development). *Tochiseido shigaku* 86: 38-55.

Kuhn, Philip A. 1975. "Local Self Government Under the Republic: Problems of Control, Autonomy, and Mobilization." In *Conflict and Control in Late Imperial China*, ed. F. Wakeman and C. Grant, 257-298. Berkeley: University of California Press.

——. 1990. *Soulstealers: The Chinese Sorcery Scare of 1768*. Cambridge, Mass.: Harvard University Press.

——. 2002. *Origins of the Modern Chinese State.* Stanford: Stanford University Press.

Kusamitsu, Toshio. 1980. "Great Exhibitions Before 1851." *History Workshop* 9: 70-89.

Kwong, Luke S. K. 1984. *A Mosaic of the Hundred Days: Personalities, Politics, and Ideas of 1898*. Cambridge, Mass.: Harvard University, Council on East Asian Studies.

Lach, Donald F., and Edwin J. van Kley. 1993. *Asia in the Making of Europe*, vol. III, pt. 4. Chicago: University of Chicago Press.

Laermans, Rudi. 1993. "Learning to Consume: Early Department Stores and the Shaping of the Modern Consumer Culture (1860-1914)." *Theory, Culture & Society* 10: 79-102.

La Fargue, Thomas E. 1937. *China and the World War.* Stanford: Stanford University Press.

——. 1942. *China's First Hundred.* Pullman: State College of Washington.

Lai, Chi-kong. 1994. "Li Hung-chang and Modern Enterprise: The China Merchant's

Company, 1872-1885." In *Li Hung-chang and China's Early Modernization*, ed. S. C. Chu and K. C. Liu, 216-247. Armonk, N. Y.: M. E. Sharpe.

Latourette, Kenneth Scott. 1929. *A History of Christian Missions in China.* New York: Macmillan.

Lauer, Robert H., and Jeanette C. Lauer. 1981. *Fashion Power: The Meaning of Fashion in American Society.* Englewood Cliffs, N. J.: Prentice Hall.

Leach, William. 1993. *Land of Desire: Merchants, Power, and the Rise of a New American Culture.* New York: Vintage.

Lee, Chae-Jin. 1994. *Zhou Enlai: The Early Years.* Stanford: Stanford University Press.

Lee, En-han. 1977. *China's Quest for Railway Autonomy, 1904-1911: A Study of the Chinese Railway-Rights Recovery Movement.* Singapore: Singapore University Press.

Lee, Leo Ou-fan. 1999. *Shanghai Modern: The Flowering of a New Urban Culture in China, 1930-1945.* Cambridge, Mass.: Harvard University Press.

Lee, Leo Ou-fan, and Andrew J. Nathan. 1985. "The Beginnings of Mass Culture: Journalism and Fiction in the Late Ch'ing and Beyond." In D. Johnson et al. 1985: 360-395.

Lee, Yok-shiu F., and Alvin Y. So, eds. 1999. *Asia's Environmental Movements: Comparative Perspectives.* Armonk, N. Y.: M. E. Sharpe.

Lensen, G. A., ed. 1966. *Korea and Manchuria Between Russia and Japan.* Tallahassee: Diplomatic Press.

Levenson, Joseph Richmond. 1965. *Confucian China and Its Modern Fate: A Trilogy.* Berkeley: University of California Press. 列文森:《儒教中国及其现代命运》,北京:中国社会科学出版社,1981 年。

Lewis, Russell. 1983. "Everything Under One Roof: World's Fairs and Department Stores in Paris and Chicago." *Chicago History* 12, no. 3: 28-47.

Li Daofa. 1996. "Quanli canyu guohuo yundong de Sanyou shiyeshe" (The Three Friends Enterprises wholehearted participation in the National Products Movement). In Pan Junxiang 1996c: 65-70. 李道发:《全力参与国货运动的三友实业社》,收入潘君祥 1996c: 65—70。

Li Jianhong. 1925a. "Beitong de huigu" (A retrospective on sorrow). In Cao Muguan 1925: 27-30. 李剑虹:《悲痛的回顾》,收入曹慕管 1925: 27—30。

——. 1925b. "Women zenma qu quxiao zhe guochi" (How we can abolish this national humiliation). In Cao Muguan 1925: 36-38.《我们怎么去取消这国耻》,收入曹慕管 1925: 36—38.

Li, Lillian M. 1981. *China's Silk Trade: Traditional Industry in the Modern World,*

1842-1937. Cambridge, Mass.: Harvard University, Council on East Asian Studies.

Li Maosheng. 1992. *Kong Xiangxi zhuan* (A biography of Kong Xiangxi). Beijing: Zhongguo guangbo dianshi chubanshe. 李茂盛:《孔祥熙传》,北京:中国广播电视出版社,1992 年。

Li Shaobing. 1994. *Minguo shiqi de xishi fengsu wenhua* (Western customs and culture in the Republican period). Beijing: Beijing shifan daxue chubanshe. 李少兵:《民国时期的西式风俗文化》,北京:北京师范大学出版社,1994 年。

Li Wenhai and Liu Qingdong. 1991. *Taiping tianguo shehui fengqing* (Taiping social customs). Taibei: Yunlong chubanshe. 李文海、刘仰东:《太平天国社会风情》,台北:云龙出版社,1991 年。

Li, Yu-ning. 1971. *The Introduction of Socialism into China*. New York: Columbia University Press.

Li Yushu. 1966. *Zhong Ri ershiyi tiao jiaoshe* (Sino-Japanese negotiations over the Twenty-One Demands). Taibei: Academia Sinica, Institute of Modern History. 李毓澍:《中日二十一条交涉》,台北:"中研院"近代史研究所,1996 年。

Lian, Xi. 1997. *The Conversion of Missionaries: Liberalism in American Protestant Missions in China, 1907-1932*. University Park: Pennsylvania State University Press.

Liang Xiaohong. 1934. "Guohuo shang de yangzi-shifou biyao?" (Foreign letters on national products-is it necessary?). *SB*, July 12. 梁晓宏:《国货上的样子——是否必要?》,《申报》1934 年 7 月 12 日。

Liao Heyong. 1987. *Wan-Qing ziqiang yundong junbei wenti zhi yanjiu* (A history of the issue of armaments in the late Qing Self-Strengthening Movement). Taibei: Wenshizhe chubanshe. 廖和永:《晚清自强运动军备问题之研究》,台北:文史哲出版社,1987 年。

Liao, Kuang-sheng. 1984. *Anti-foreignism and Modernization in China, 1860-1980*. Hong Kong: Chinese University Press.

Lieu, D. K. (Liu Dajun). 1927. "China's Industrial Development." *Chinese Economic Journal*, July: 654-674.

——. 1936. *Growth and Industrialisation of Shanghai*. Shanghai: n. p.

——. 1937. *Zhongguo gongye diaocha baogao* (Research reports on Chinese industries). 3 vols. Nanjing.《中国工业调查报告》(3 卷),南京,1937 年。

Lin Kanghou, ed. 1935. *Zhongguo guohuo nianjian* (China national products yearbook). Shanghai: Guohuo shiye chubanshe. 林康侯编:《中国国货年鉴》,上海:国货事业出版社,1935 年。

Lin Man-houng. 1991. "'A Time in Which Grandsons Beat Their Grandfathers': The

Rise of Liberal Political-Economic Ideas During the Monetary Crisis of Early Nineteenth-Century China." *American Asian Review* 9, no. 4: 1-28.

Li Qinfang. 1996. "Shiye bu Guohuo chenlieguan yu guohuo yundong" (The Ministry of Industry's National Products Museum and the National Products Movement). In Pan Junxiang 1996c: 412-419. 李琴芳:《实业部国货陈列馆与国货运动》,收入潘君祥 1996c: 412—419。

Lin Zhimao. 1928. "Lun woguo yi nonggongshangye liguo jiying pushe guohuo chenlieguan" (In using agriculture, industry, and commerce to build the nation, our country should quickly and widely establish national product museums). In GSB 1928. 林质茂:《论我国以农工商业立国应亟设国货陈列馆》,收入 GSB 1928。

Liu Dajun, see Lieu, D. K.

Liu, Kwang-Ching. 1962. *Anglo-American Steamship Rivalry in China, 1862-1874.* Cambridge, Mass.: Harvard University Press.

Liu, Lydia H. 1995. *Translingual Practice: Literature, National Culture, and Translated Modernity-China, 1900-1937.* Stanford: Stanford University Press.

Liu, Ta-Chung and Kung-Chia Yeh. 1965. *The Economy of the Chinese Mainland: National Income and Economic Development, 1933-1959.* Princeton: Princeton University Press.

Lodwick, Kathleen L. 1995. *Educating the Women of Hainan: The Career of Margaret Moninger in China, 1915-1942.* Lexington: University Press of Kentucky.

——. 1996. *Crusaders Against Opium: Protestant Missionaries in China, 1874-1917.* Lexington: University Press of Kentucky.

Loh, Pichon Pei Yung. 1955. "The Popular Upsurge in China: Nationalism and Westernization, 1919-1927." Ph. D. diss., University of Chicago.

Loomba, Ania. 1998. *Colonialism/Postcolonialism.* New York: Routledge.

Lou Dexing. 1996a. "Huasheng dianshan zai guohuo yundong zhong feisu fazhan" (China Survival Electric Fans' rapid development in the National Products Movement). In Pan Junxiang 1996c: 172-177. 楼德型:《华生电扇在国货运动中飞速发展》,收入潘君祥 1996c: 172—177。

——. 1996b. "Huacheng yan gongsi zai guohuo yundong zhong fazhan" (China Success Cigarette Company's impressive development in the National Products Movement). In Pan Junxiang 1996c: 213-218. 楼德型:《华成烟公司在国货运动中发展》,收入潘君祥 1996c: 213—218。

Lu Baiyu. 1931. "Guonan shengzhong wuren yingyou zhi juewu" (The awareness that we should have during the national crisis). *Jilian huikan* 44 (Oct. 16): 12-14. 陆柏

雨:《国难声中吾人应有之觉悟》,《机联会刊》44 期(1931 年 10 月 16 日):12—14。

Lu Guiliang. 1915. "Riben guochan huowu jiangli an" (The Japanese plan for promoting nationally produced products). *Dongfang* zazhi 12, no. 9 (Sept.): 30-33. 卢贵良:《日本国产货物奖励案》,《东方杂志》12 卷 9 期(1915 年 9 月):30—33。

Lu, Hanchao. 1999. *Beyond the Neon Lights: Everyday Shanghai in the Early Twentieth Century*. Berkeley: University of California Press. 卢汉超:《霓虹灯外:20 世纪初日常生活中的上海》,上海:上海古籍出版社,2004 年。

Lü Meiyi and Zheng Yongfu. 1990. *Zhongguo funü yundong (1840-1921)* (China's women's movement). Zhengzhou: Henan renmin chubanshe. 吕美颐、郑永福:《中国妇女运动(1840—1921)》,郑州:河南人民出版社,1990 年。

Lu Qing. 1932. "Tuixiao guohuo yingcong shei shixing qi" (With whom should the promotion of national products begin?). *Jilian huikan* 59 (Oct. 1): 33-35. 鲁卿:《推销国货应从谁实行起?》,《机联会刊》59 期(1932 年 10 月 1 日):33—35。

Lu Shouqian. "Tichang guohuo zhi yuanyin" (The reasons for promoting national products). *Zhongguo shiye jie* 2, no. 6 (1915. 6. 10). 鲁守谦:《提倡国货之原因》,《中国实业界》2 卷 6 期 (1915 年 6 月 10 日)。

Luo Jialun, ed. 1968. *Zhonghua minguo shiliao congbian* (A collection of historical materials on the Chinese Republic). Taibei: Zhongguo Guomindang zhongyang weiyuanhui. 罗家伦编:《中华民国史料丛编》,台北:中国国民党中央委员会,1968 年。

Luo Jiping. 1997. "Ji quanguo jingpin kai kongqian shenghui: Xihu bolanhui" (Collecting the nation's best goods, launching an unprecedentedly magnificent fair: the West Lake Exhibition). In *Minguo shiqi Hangzhou* (Hangzhou during the Republican era), ed. Zhou Feng, 503-511. Hangzhou: Zhejiang renmin chubanshe. 罗吉平:《集全国精品开空前盛会:西湖博览会》,收入周峰编《民国时期杭州》,第 503—511 页,杭州:浙江人民出版社,1997 年。

Luo Zhiping. 1996. *Qingmo minchu Meiguo zai Hua de qiye touzi (1818-1937)* (American foreign direct investment in China during the late Qing and early Republic). Taibei: Guoshiguan. 罗志平:《清末民初美国在华的企业投资(1818—1937)》,台北:"国史馆",1996 年。

Luo Zhufeng, ed. 1990. *Hanyu dacidian* (Chinese dictionary). 12 vols. Shanghai: Hanyu dacidian chubanshe. 罗竹风编:《汉语大词典》(12 卷),上海:汉语大词典出版社,1990 年。

Lust, John. 1964. "The Su-pao Case." *Bulletin of the School of Oriental and African Studies* 27, no. 2: 408-429.

Lynn, Hyung Gu. Forthcoming. "Distinguishing Dress: Clothing and Identity in Colonial Korea, 1910-1945." In *East Asia and Fashion Theory*, ed. Lise Skov. Honolulu: University of Hawaii Press.

Lynn, Jermyn Chi-hung. 1928. *Social Life of the Chinese in Peking.* Tianjin: Tiantsin Press.

Ma Bingrong. 1996a. "Yongyu duiwai kaituode Meiya zhichou chang" (Meiya Silk Weaving Factory's courageous expansion abroad). In Pan Junxiang 1996c: 71-76. 马炳荣:《勇于对外开拓的美亚织绸厂》,收入潘君祥 1996c: 71—76。

——. 1996b. "Fang Yexian yu Zhongguo huaxue gongye she" (Fang Yexian and the China Chemical Industries Company). In Pan Junxiang 1996c: 99-110. 马炳荣:《方液仙与中国化学工业社》,收入潘君祥 1996c: 99—110。

——. 1996c. "Qianbi puxia de guohuo songge" (A national product ode composed in pencil). In Pan Junxiang 1996c: 225-232. 马炳荣:《铅笔谱下的国货颂歌》,收入潘君祥 1996c: 225—232。

Ma Bohuang, ed. 1992. *Zhongguo jindai jingji sixiang shi* (A history of Chinese modern economic thought), vol 3. Shanghai: Shehui kexue yuan chubanshe. 马伯煌编:《中国近代经济思想史》卷 3,上海:社会科学院出版社,1992 年。

Ma Gengcun. 1995. *Zhongguo jindai funü shi* (A history of modern Chinese women). Qingdao: Qingdao chubanshe. 马庚存:《中国近代妇女史》,青岛:青岛出版社,1995 年。

Ma Guangren, ed. 1996. *Shanghai xinwen shi (1850-1949)* (A history of the Shanghai press). Shanghai: Fudan daxue chubanshe. 马光仁编:《上海新闻史(1850—1949)》,上海:复旦大学出版社,1996 年。

Ma Min. 1995. *Guanshang zhijian: shehui jubianzhong de jindai shenshang* (Between mandarins and merchants: modern gentry-merchants in a rapidly changing society). Tianjin: Renmin chubanshe. 马敏:《官商之间:社会剧变中的近代绅商》,天津:人民出版社,1995 年。

MacKinnon, Stephen R. 1980. *Power and Politics in Late Imperial China: Yuan Shi-kai in Beijing and Tianjin, 1901-1908.* Berkeley: University of California Press.

MacPherson, Kerrie L., ed. 1998. *Asian Department Stores.* Surrey, Eng.: Curzon.

MacPherson, W. J. 1987. *The Economic Development of Japan, 1868-1941.* Cambridge, Eng.: Cambridge University Press.

Mandell, Richard D. 1967. *Paris, 1900: The Great World's Fair.* Toronto: University of Toronto Press.

Mann, Susan. 1987. *Local Merchants and the Chinese Bureaucracy, 1750-1950.* Stanford: Stanford University Press.

Mao Zedong. 1990. *Report from Xunwu.* Trans. Roger R. Thompson. Stanford: Stanford University Press.

Maritime Customs, Statistical Series, Annual Reports on Trade.

Marshall, Byron K. 1967. *Capitalism and Nationalism in Prewar Japan: The Ideology of the Business Elite, 1868-1941.* Stanford: Stanford University Press.

Martin, Luther H., Huck Gutman, and Patrick H. Hutton, eds. 1988. *Technologies of the Self: A Seminar with Michel Foucault.* Amherst: University of Massachusetts Press.

Marx, Karl. 1967. *Capital: A Critique of Political Economy.* 3 vols. New York: International Publishers.

Mathews, R. H., M. Y. Wang, Yuen Ren Chao, China Inland Mission, and Harvard-Yenching Institute. 1966. *Mathews' Chinese-English Dictionary.* Cambridge, Mass.: Harvard University Press.

Matsumoto Shigeharu. 1933. *The Historical Development of Chinese Boycott, Book 1, 1834-1925.* Tokyo: Institute of Pacific Relations, Japanese Council.

Matsumoto Tadao, comp. 1908-1923. *Matsumoto bunko Chūgoku kankei shimbun kirinukishū* (A collection of newspaper clippings on China from the Matsumoto collection). Microfilm. Tokyo: Yūshōdō shoten, 1967.

McCracken, Grant David. 1988. *Culture and Consumption: New Approaches to the Symbolic Character of Consumer Goods and Activities.* Bloomington: Indiana University Press.

McDonald, Angus W. 1978. *The Urban Origins of Rural Revolution: Elites and the Masses in Hunan Province, China, 1911-1927.* Berkeley: University of California Press.

McDowell, Colin. 1992. *Hats: Status, Style and Glamour.* New York: Rizzoli.

McKee, Delber L. 1986. "The Chinese Boycott of 1905-1906 Reconsidered: The Role of Chinese Americans." *Pacific Historical Review* 55, no. 2: 165-191.

McKendrick, Neil, John Brewer, and J. H. Plumb. 1982. *The Birth of a Consumer Society: The Commercialization of Eighteenth-Century England.* Bloomington: Indiana University Press.

Medley, Margaret. 1982. *The Illustrated Regulations for Ceremonial Paraphernalia of the Ch'ing Dynasty.* London: Han-Shan Tang.

Meirokusha. 1976. Meiroku Zasshi: *Journal of the Japanese Enlightenment.* Issues 1-43. Trans. William Reynolds Braisted. Cambridge, Mass.: Harvard University Press.

Meng, C. Y. W. 1929. "'Waking Up' Industrial China." *CWR*, Sept. 21.

Mi rucheng. 1980. *Diguo zhuyi yu Zhongguo tielu* (Imperialism and Chinese railroads). Shanghai: Shanghai remin chubanshe. 宓汝成:《帝国主义与中国铁路》,上海:上海人民出版社,1980 年。

Miller, Daniel. 1994. "Artefacts and the Meaning of Things." In *Companion Encyclopedia of Anthropology*, ed. T. Ingold, 396-419. New York: Routledge.

——. 1995a. "Consumption and Commodities." *Annual Review of Anthropology* 24: 141-161.

——. 1995b. "Consumption as the Vanguard of History." In Miller 1995c: 1-57.

——. 1998. "Why Some Things Matter." In *Material Cultures: Why Some Things Matter*, ed. D. Miller, 3-21. Chicago: University of Chicago Press.

Miller, Daniel, ed. 1995c. *Acknowledging Consumption: A Review of New Studies.* New York: Routledge.

Miller, Michael B. 1981. *The Bon Marché: Bourgeois Culture and the Department Store, 1869-1920.* London: George Allen & Unwin.

Mills, Sara. 1997. *Discourse.* London: Routledge.

Misra, O. P. 1995. *Economic Thought of Gandhi and Nehru: A Comparative Analysis.* New Delhi: M D Publications.

Mitchell, Timothy. 1988. *Colonising Egypt.* Berkeley: University of California Press.

Mitter, Rana. 2000. *The Manchurian Myth: Nationalism, Resistance, and Collaboration in Modern China.* Berkeley: Univeristy of California Press.

"Modeng funü: juewu ba!" (Modern women: wake up!). 1934. *SB*, Aug. 2.《摩登妇女:觉悟吧!》,《申报》1934 年 8 月 2 日。

"Modeng fuzhuang de tiaojian" (The prerequisites of modern clothing). 1934. *Jilian huikan* 92 (Apr. 1): 55.《摩登服装的条件》,《机联会刊》92 期(1934 年 4 月 1 日):55。

"Modeng nüzi han maoduan nüzi" (Modern gals and bobbed-hair gals). 1934. *SB*, Sept. 1.《摩登女子和毛短女子》,《申报》1934 年 9 月 1 日。

Moore, Barrington, Jr. 1966. *Social Origins of Dictatorship and Democracy: Lord and Peasant in the Making of the Modern World.* Boston: Beacon Press.

Morgan, Evan. 1930. *A New Mind, and Other Essays.* Shanghai: Kelly & Walsh.

Morley, James William, ed. 1974. *Japan's Foreign Policy, 1868-1941.* New York: Columbia University Press.

Morse, Hosea Ballou. 1910. *The International Relations of the Chinese Empire.* London: Longmans Green & Co.

Morse, Hosea Ballou, F. L. Hawks Pott, and A. T. Piry. 1908. *The Trade and Administration of the Chinese Empire.* Shanghai: Kelly & Walsh.

Mui Hoh-cheong, and Lorna Mui. 1984. *The Management of Monopoly: A Study of the English East India Company's Conduct of Its Tea Trade, 1784-1833*. Vancouver: University of British Columbia Press.

Murphey, Rhoads. 1970. *The Treaty Ports and China's Modernization: What Went Wrong?* Ann Arbor: University of Michigan, Center for Chinese Studies.

Myers, Ramon H. 1989. "The Principle of People's Welfare: A Multidimensional Concept." In *Sun Yat-sen's Doctrine in the Modern World*, ed. Chu-yuan Cheng, 225-243. Boulder: Westview Press.

Nakai Hideki. 1996. *Chō Ken to Chūgoku kindai kigyō* (Zhang Jian and Chinese modern enterprise). Sapporo: Hokkaidō daigaku tosho kankōkai.

Namikata Shōichi, ed. 1997. *Kindai Ajia no Nihonjin keizai dantai* (Japanese business groups in modern Asia). Tokyo: Dōbunkan.

Naquin, Susan, and Evelyn S. Rawski. 1987. *Chinese Society in the Eighteenth Century.* New Haven: Yale University Press.

"National Products Exhibition." 1928. *NCH*, Nov. 3: 189.

"A National Products Exhibition." 1928. *American Chamber of Commerce Bulletin*, no. 158 (Nov.): 5.

"The National Products Exhibition." 1929. *Chinese Economic Journal* 4, no. 1 (Jan.): 1-20.

"National Products Week." 1928. *NCH*, July 14: 60.

Navarro, Marysa. 1998. "International Feminism." In *The Reader's Companion to U. S. Women's History*, ed. W. Mankiller, G. Mink, M. Navarro, B. Smith, and G. Steinem, 209-210. New York: Houghton Mifflin Company.

NCH. 1895-1937. *North-China Herald and Supreme Court and Consular Gazette.* Shanghai.

"Neidi sheli guohuo shangdian zhi guanjian" (My humble opinion on setting up national product stores in the interior). 1925. *SB*, Oct. 12.《内地设立国货商店之关键》,《申报》1925 年 10 月 12 日。

Nelson, Laura C. 2000. *Measured Excess: Status, Gender, and Consumer Nationalism in South Korea.* New York: Columbia University Press.

NII (National Industrial Investigation), ed. 1935. *China Industrial Handbook: Kiangsu.* Shanghai: Ministry of Industry, Bureau of Foreign Trade.

Nissenbaum, Stephen. 1997. *The Battle for Christmas.* New York: Vintage Books.

NJ. Number Two Historical Archives. Nanjing.

Nongshang bu shangpin chenliesuo yi lan (A look at the Ministry of Agriculture and Commerce's Commercial Products Exhibition Hall). 1918. Beijing: Nongshang bu. 《农商部商品陈列所一览》,北京:农商部,1918 年。

"Nüjie tichang guohuo shengkuang-guohuo shizhuang zhanlanhui" (A glorious occasion in the promotion of national products by women's circles-the national products fashion show). 1930. *Funü gongming* 36: 35-36.《女界提倡国货盛况——国货时装展览会》,《妇女共鸣》36 期(1930 年):35—36。

Nüsheng. Semi-monthly. Shanghai, 1932-1937.《女生》(半月刊),上海,1932—1937 年。

Nüzi yuekan. Monthly. Shanghai, 1933-1937.《女子月刊》,上海,1933—1937 年。

Ohnuki-Tierney, Emiko. 1993. *Rice as Self: Japanese Identities Through Time*. Princeton: Princeton University Press.

——. 1995. "Structure, Event and Historical Metaphor: Rice and Identities in Japanese History." *Journal of the Royal Anthropological Institute* 1, no. 2: 227-253.

Ono Shinji. 1994. *Jiuguo shirentuan yundong yanjiu* (A study of the national salvation ten-person group movement). Trans. Yin Xuyi and Zhang Yunhou. Beijing: Zhongyang bianyi chubanshe. 小野信尔:《救国十人团运动研究》,殷叙彝、张允侯译,北京:中央编译出版社,1994 年。

Orchard, Dorothy J. 1930. "China's Use of the Boycott as a Political Weapon." *Annals of the American Academy of Political and Social Science* 152: 252-261.

Orliski, Constance Ilene. 1998. "Reimagining the Domestic Sphere: Bourgeois Nationalism and Gender in Shanghai, 1904-1918." Ph. D. diss., University of Southern California.

Orlove, Benjamin S., ed. 1997. *The Allure of the Foreign: Imported Goods in Postcolonial Latin America*. Ann Arbor: University of Michigan Press.

Orlove, Benjamin S., and Arnold J. Bauer. 1997. "Giving Importance to Imports." In Orlove 1997: 1-29.

Ōsaka shōgyō kaigisho. 1928. *Shina ni okeru hai-Nichi undō* (The anti-Japan movement in China). Osaka: Ōsaka shōgyō kaigisho.

Ōsaka shōkō kaigisho, ed. 1931. *Summary of Political and Economic Relations Between Japan and China*. Osaka: Osaka Chamber of Commerce and Industry.

Pan Junxiang. 1989. "Guohuo yundong zhong de Shanghai minzu zichan jieji" (Shanghai's national capitalist class during the National Products Movement). *Dang'an yü lishi* 1: 55-63. 潘君祥:《国货运动中的上海民族资产阶级》,《档案与

历史》1989 年 1 期:55—63。

——. 1996a. "Guohuo yundong pingjia de ruogan wenti" (Several issues in assessing the National Products Movement). In Pan Junxiang 1996c: 577-81. 潘君祥:《国货运动评价的若干问题》,收入潘君祥 1996c: 577—581。

——. 1996b. "Shanghai zong shanghui shangpin chenliesuo" (The Shanghai Commercial Products Display Hall). In Pan Junxiang 1996c: 391-402. 潘君祥:《上海总商会商品陈列所》,收入潘君祥 1996c: 391—402。

Pan Junxiang, ed. 1996c. *Zhongguo jindai guohuo yundong* (China's modern National Products Movement). Beijing: Zhongguo wenshi chubanshe. 潘君祥编:《中国近代国货运动》,北京:中国文史出版社,1996 年。

——. 1998. *Jindai Zhongguo guohuo yundong yanjiu* (A study of modern China's National Products Movement). Shanghai: Shanghai shehui kexueyuan chubanshe. 潘君祥:《近代中国国货运动研究》,上海:上海社会科学院出版社,1998 年。

Pan Yangmang. 1933. "Ertong yu guohuo" (Children and national products). *SB*, Apr. 6. 潘仰莽:《儿童与国货》,《申报》1933 年 4 月 6 日。

Park, Soon-Won. 1999. *Colonial Industrialization and Labor in Korea: The Onoda Cement Factory.* Cambridge, Mass.: Harvard University Asia Center.

Payne, Robert. 1969. *Chiang Kai-shek.* New York: Weybright & Talley.

Paystrup, Patricia. 1996. "Plastics as a 'Natural Resource': Perspective by Incongruity for an Industry in Crisis." In *The Symbolic Earth: Discourse and Our Creation of the Environment*, ed. J. G. Cantrill and C. L. Oravec, 176-197. Lexington: University Press of Kentucky.

Peake, Cyrus H. 1932. *Nationalism and Education in Modern China.* New York: Columbia University Press.

Pearson, Margaret M. 1991. *Joint Ventures in the People's Republic of China: The Control of Foreign Direct Investment Under Socialism.* Princeton: Princeton University Press.

Pei Ji. 1934. "Helihua de songli" (Rationalized gift-giving). *Jilian huikan* 98 (July 1): 38-39. 培基:《合理化的送礼》,《机联会刊》98 期(1934 年 7 月 1 日): 38—39。

Pei Yunqing. 1936. "Jingji qinlüe zhongguoren ying you de juewu" (Chinese should be aware of the economic invasion). In SSC 1936. 裴云清:《经济侵略中国人应有的觉悟》,收入 SSC 1936。

Perkins, Dwight Heald. 1969. *Agricultural Development in China, 1368-1968.* Chicago: Aldine.

Perry, Elizabeth J. 1993. *Shanghai on Strike: The Politics of Chinese Labor.* Stanford:

Stanford University Press.

Peterson, Willard J. 1994. "What to Wear? Observation and Participation by Jesuit Missionaries in Late Ming Society." In *Implicit Understandings: Observing, Reporting, and Reflecting on the Encounters Between Europeans and Other Peoples in the Early Modern Era*, ed. S. B. Schwartz, 403-421. Cambridge, Eng.: Cambridge University Press.

Polachek, James M. 1992. *The Inner Opium War.* Cambridge, Mass.: Harvard University, Council on East Asian Studies.

Pomerantz-Zhang, Linda. 1992. *Wu Tingfang (1842-1922): Reform and Modernization in Modern Chinese History.* Hong Kong: Hong Kong University Press.

Pomeranz, Kenneth. 2000. *The Great Divergence: Europe, China, and the Making of the Modern World Economy.* Princeton: Princeton University Press. 彭慕兰:《大分流:欧洲、中国及现代世界经济的发展》,南京:江苏人民出版社,2003 年。

Pong, David. 1985. "The Vocabulary of Change and Reformist Ideas of the 1860s and 1870s." In *Idea and Reality: Social and Political Change in Modern China, 1860-1949*, ed. D. Pong and E. S. K. Fung, 2-61. New York: University Press of America.

Pott, F. L. Hawks. 1913. *The Emergency in China.* New York: Missionary Education Movement.

Pusey, James Reeve. 1983. *China and Charles Darwin.* Cambridge, Mass.: Harvard University, Council on East Asian Studies.

Qin Shaode. 1993. *Shanghai jindai baokan shilun* (A history of the Shanghai modern press). Shanghai: Fudan daxue chubanshe. 秦绍德:《上海近代报刊史论》,上海:复旦大学出版社,1933 年。

Qin Xiaoyi. 1981. *Zhonghua minguo wenhua fazhan shi* (The history of cultural development in Republican China), vol. 4. Taibei: Jindai Zhongguo chubanshe. 秦孝仪:《中华民国文化发展史》卷 4,台北:近代中国出版社,1981 年。

Qiu Zongzhong. 1936, 1938. "Bianzi jing" (The passing of the queue). 2 pts. Miaojing, Oct. 20, 1936: 17-20; Sept. 5, 1938: 11-13. 秋宗章,1936 年,1938 年,《辫子经》,2 部分,《逸经》,1936 年 10 月 20 日:17—20;1938 年 9 月 5 日:11—13。

"Qiuji guohuo yongpin" (Autumn national product articles). 1934. *SB*, Oct. 4.《秋季国货用品》,《申报》1934 年 10 月 4 日。

"Qiuling de yiliang yongpin wenti" (The question of autumn clothing and food articles). 1934. *SB*, Oct. 4.《秋令的衣粮用品问题》,《申报》1934 年 10 月 4 日。

"Quanshi gejie relie jinian ertong jie" (Circles from the entire city to celebrate Children's

Day warmly). 1934. *SB*, Apr. 4.《全市各界热烈纪念儿童节》,《申报》1934 年 4 月 4 日。

Quanye chang. Daily. Shanghai, 1918.《劝业场》(日刊),上海,1918 年。

Quanye huibao. Daily. 1909-1910.《劝业会报》(日刊),1909—1910 年。

Rankin, Mary Backus. 1971. *Early Chinese Revolutionaries: Radical Intellectuals in Shanghai and Chekiang, 1902-1911.* Cambridge, Mass.: Harvard University Press.

——. 1990. "The Origins of a Chinese Public Sphere." *Etudes chinoises* 9, no. 2: 13-60.

Rawski, Evelyn Sakakida. 1998. *The Last Emperors: A Social History of Qing Imperial Institutions.* Berkeley: University of California Press.

Rawski, Thomas G. 1989. *Economic Growth in Prewar China.* Berkeley: University of California Press.

Reardon-Anderson, James. 1991. *The Study of Change: Chemistry in China, 1840-1949.* New York: Cambridge University Press.

Reinsch, Paul S. 1922. *An American Diplomat in China.* London: George Allen & Unwin.

Remer, Charles F. 1933a. *Foreign Investments in China.* New York: Macmillan.

——. 1933b. *A Study of Chinese Boycotts, with Special Reference to Their Economic Effectiveness.* Baltimore: John Hopkins Press.

Ren Bingdao. 1996. "Jiji canyu guohuo yundong de Wuhe zhizao chang" (Five Cordials Textile Plant's active participation in the National Products Movement). In Pan Junxiang 1996c: 77-81. 任秉道:《积极参与国货运动的五和织造厂》,收入潘君祥 1996c: 77—81。

Ren Dai. 1936. *The Status of Women in China.* Nanjing: Council of International Affairs.

Renmin chubanshe ditu shi, ed. 1997. *Jindai Zhongguo bainian guochi ditu* (Maps of one hundred years of modern Chinese national humiliations). Beijing: Renmin chubanshe. 人民出版社地图室编:《近代中国百年国耻地图》,北京:人民出版社,1997 年。

"The Resources of China: The Work of the Newly-Created Commercial and Industrial Commission." 1915. *FER*, July: 53-56.

Reynolds, Douglas R. 1993. *China, 1898-1912: The Xinzheng Revolution and Japan.* Cambridge, Mass.: Harvard University, Council on East Asian Studies.

Rhoads, Edward J. M. 1975. *China's Republican Revolution: The Case of Kwangtung, 1895-1913.* Cambridge, Mass.: Harvard University Press.

——. 2000. *Manchus & Han: Ethnic Relations and Political Power in Late Qing and*

Early Republican China, 1861-1928. Seattle: University of Washington Press.

Ribeiro, Aileen. 1988. *Fashion and the French Revolution.* New York: Holmes & Meier.

"Riben de tichang guohuo fangfa" (Japanese methods of promoting national products). 1936. *Guohuo xunkan* 2 (July 1): 47.《日本的提倡国货方法》,《国货旬刊》2 期(1936 年 7 月 1 日):47。

Richards, Thomas. 1990. *The Commodity Culture of Victorian England: Advertising and Spectacle, 1851-1914*. Stanford: Stanford University Press.

Rigby, Richard W. 1980. *The May 30 Movement.* Canberra: Australian National University Press.

Rimmington, Don. 1998. "History and Culture." In Hook 1998: 1-29.

Rinbara Fumiko. 1983. *Sō Sokkyu to Tenshin no kokka teishō undō* (Song Zejiu and Tianjin's Promote National Products Movement). Kyoto: Dōhōsha.

Roberts, Claire. 1997a. "The Way of Dress." In C. Roberts 1994: 12-25.

Roberts, Claire, ed. 1997b. *Evolution & Revolution: Chinese Dress, 1700s-1990s.* Sydney: Powerhouse.

Roberts, Mary Louise. 1994. *Civilization Without Sexes: Reconstructing Gender in Postwar France, 1917-1927*. Chicago: University of Chicago Press.

Robinson, Michael Edson. 1988. *Cultural Nationalism in Colonial Korea, 1920-1925*. Seattle: University of Washington Press.

Rofel, Lisa. 1994. "Liberation Nostalgia and a Yearning for Modernity." In Gilmartin et al. 1994: 226-249.

Rosenthal, Elisabeth. 1999. "Chinese Students Are Caught up by Nationalism." *New York Times*, May 12: 1, A13.

Rossabi, Morris. 1997. "The Silk Trade in China and Central Asia." In *When Silk Was Gold: Central Asian and Chinese Textiles*, ed. J. Watt and A. Wardwell, 7-19. New York: Metropolitan Museum of Art.

Rowe, William T. 1984. *Hankow: Commerce and Society in a Chinese City, 1796-1889*. Stanford: Stanford University Press.

Rowling, Nick. 1987. *Commodities: How the World Was Taken to Market.* London: Free Association Books.

Rydell, Robert W. 1984. *All the World's a Fair.* Chicago: University of Chicago Press.

——. 1993. *World of Fairs: The Century-of-Progress Expositions.* Chicago: University of Chicago Press.

Ryū Kaori. 1990. *Danpatsu: Kindai higashi Ajia no bunka shōtotsu* (Haircuts: cultural conflict in modern East Asia). Tokyo: Asahi shinbunsha.

Sanetō Keishū. 1939. *Chūgokujin Nihon ryūgaku shi* (A history of Chinese studying in Japan). Tokyo: Nikka gakkai.

Sarkar, Sumit. 1973. *The Swadeshi Movement in Bengal, 1903-1908*. Cambridge, Eng.: Cambridge University Press.

SB (*Shenbao*). Daily. Shanghai. 1898-1937.《申报》(日刊),上海,1898—1937 年。

Scanlon, Jennifer, ed. 2000. *The Gender and Consumer Culture Reader.* New York: New York University Press.

Schafer, Edward H. 1963. *The Golden Peaches of Samarkand: A Study of T'ang Exotics.* Berkeley: University of California Press.

Schlesinger, Arthur Meier. 1957 (1918). *The Colonial Merchants and the American Revolution, 1763-1776*. New York: Frederick Ungar Publishing.

Schmidt, Leigh Eric. 1995. *Consumer Rites: The Buying and Selling of American Holidays.* Princeton: Princeton University Press.

Schneider, Laurence A. 1976. "National Essence and the New Intelligentsia." In *The Limits of Change: Essays on Conservative Alternatives in Republican China*, ed. C. Furth, 57-89. Cambridge, Mass.: Harvard University Press.

Schrecker, John E. 1971. *Imperialism and Chinese Nationalism: Germany in Shantung.* Cambridge, Mass.: Harvard University Press.

Schwantes, Robert S. 1974. "Japan's Cultural Foreign Policies." In *Japan's Foreign Policy, 1868-1941*, ed. J. W. Morley, 153-183. New York: Columbia University Press.

Schwartz, Benjamin Isadore. 1964. *In Search of Wealth and Power: Yen Fu and the West.* Cambridge, Mass.: Harvard University Press. 史华慈:《寻求富强:严复与西方》,南京:江苏人民出版社,1989 年。

Scott, A. C. 1960. *Chinese Costume in Transition.* New York: Theatre Arts Books.

"Senden yō sensu" (Fans used for propaganda). 1924-1925. Gaimushō. Meiji-Taishō Documents, file 3.3.8.6-3.

Shandong sheng guohuo chenlieguan, ed. 1936. *Shandong sheng guohuo chenlieguan guohuo niankan* (The national products yearbook of the Shandong Provincial National Products Museum). Ji'nan: Shandong sheng guohuo chenlieguan. 山东省国货陈列馆编:《山东省国货陈列馆国货年刊》,济南:山东省国货陈列馆,1936 年。

Shanghai baihuo gongsi et al., eds. 1988. *Shanghai jindai baihuo shangye shi* (A history of Shanghai's modern department stores). Shanghai: Shanghai shehui kexueyuan chubanshe. 上海百货公司等编:《上海近代百货商业史》,上海:上海社会科学院出版社,1988 年。

Shanghai fazheng daxue xuesheng hui, ed. 1925. *Xuechi tekan* (Cleanse the humiliation special edition). 上海法政大学学生会编:《雪耻特刊》,1925 年。

"Shanghai guohuo shizhuang zhanlan huiji" (Notes from the Shanghai National Products Fashion Show). 1930. *Shangye zazhi*, 5, no. 7.《上海国货时装展览会纪》,《商业杂志》5 卷 7 期(1930 年)。

"Shanghai guohuo yundong zhou zhi shengkuang" (Grand events of the Shanghai National Products Movement Week). 1928. *Shangye zazhi* 3, no. 9 (Aug.): 4-5.《上海国货运动周之盛况》,《商业杂志》3 卷 9 期(1928 年 8 月):4—5。

Shanghai Hualian shangsha dang wei, ed. 1991. *Shanghai Yong'an gongsi zhigong yundong shi* (A history of the Shanghai Yong'an Company's workers movement). Beijing: Zhonggongdang shi chubanshe. 上海华联商厦党委编:《上海永安公司职工运动史》,北京:中共党史出版社,1991 年。

Shanghai jizhi guohuo gongchang lianhehui, ed. 1937. *Shinian lai zhi jilianhui* (A decade of the Association of Mechanized National Products Manufacturers). Shanghai: Shanghai hongxing huiji yinshuasuo. 上海机制国货工厂联合会编:《十年来之机联会》,上海:上海鸿兴会纪印刷所,1937 年。

Shanghai shangye zazhi, ed. 1928. *Shanghai tebieshi guohuo yundong dahui jinian kan* (Commemorative volume for the Shanghai Municipal National Products Movement Rally). Shanghai: Taidong tushuju. 上海商业杂志编:《上海特别市国货运动大会纪念刊》,上海:泰东图书局,1928 年。

Shanghai shehui kexueyuan, ed. 1981. *Xinhai geming zai Shanghai shiliao xuanji* (A selection of historical materials on the Revolution of 1911). Shanghai: Renmin chubanshe. 上海社会科学院编:《辛亥革命在上海史料选辑》,上海:人民出版社,1928 年。

Shanghai shehui kexueyuan, Lishi yanjiusuo, ed. 1960. *Wusi yundong zai Shanghai shiliao xuanji* (A selection of materials on the May Fourth Movement in Shanghai). Shanghai: Renmin chubanshe. 上海社会科学院历史研究所编:《五四运动在上海史料选辑》,上海:人民出版社,1960 年。

——. 1986. *Wusa yundong shiliao* (Materials on the May Thirtieth Movement), vol. 2. Shanghai: Renmin chubanshe. 上海社会科学院历史研究所编:《五卅运动史料》卷 2,上海:人民出版社。

"Shanghai shi guohuo chenlieguan guicheng" (Bylaws of the Shanghai Municipal National Products Museum). 1930. In SSGC 1930: 125-127.《上海市国货陈列馆规程》,收入 SSGC 1930: 125—127。

"Shanghai shi guohuo chenlieguan shencha chupin guize" (Regulations for investigating products for the Shanghai Municipal National Products Museum). 1930. In SSGC 1930: 130-133.《上海市国货陈列馆审查出品规则》,收入 SSGC 1930: 130—133。

"Shanghai shi guohuo chenlieguan shoupin guize" (Regulations for products sold at the Shanghai Municipal National Products Museum). 1930. In SSGC 1930: 134-135.《上海市国货陈列馆售品规则》,收入 SSGC 1930: 134—135。

"Shanghai shi guohuo chenlieguan zhengji chupin guize" (Regulations for collecting products for the Shanghai Municipal National Products Museum). 1930. In SSGC 1930: 127-130.《上海市国货陈列馆征集出品规则》,收入 SSGC 1930: 127—130。

Shanghai shimin bao. 1931.《上海市民报》,1931 年。

"Shanghai shimin tichang guohuo hui huizhang" (Bylaws of the Shanghai Citizens Association for the Promotion of National Products). 1934. *Guohuo banyue kan* 5 (Feb. 15).《上海市民提倡国货会会章》,《国货半月刊》5 期(1934 年 2 月 15 日)。

Shanghai shi zhengfu, Shehuiju, ed. 1933. *Jin shiwu nian lai Shanghai zhi bagong tingye* (Strikes and lockouts in the past fifteen years in Shanghai). Shanghai: Shanghai shi zhengfu. 上海市政府社会局编:《近十五年来上海之罢工停业》,上海:上海市政府,1933 年。

"Shanghai shi zhengfu tichang guohuo shiyong shixing banfa" (Methods for implementing the promotion of national products of the Shanghai Municipal government). 1930. In SSGC 1930: 165-166.《上海市政府提倡国货使用实行办法》,收入 SSGC 1930: 165—166。

Shanghai tebieshi guohuo yundong dahui huikan (The Shanghai Municipal National Products Movement Rally). 1929. Shanghai.《上海特别市国货运动大会会刊》,1929 年。

Shanghai tebieshi, Shehuiju, ed. 1930. *Shanghai zhi gongye* (The industries of Shanghai). Shanghai: Zhonghua shuju. 上海特别市社会局编:《上海之工业》,上海:中华书局,1930 年。

"Shanghai zhi huazhuangpin gongye" (Shanghai's cosmetics industry). 1933. *SB*, Apr. 20.《上海之化妆品工业》,《申报》1933 年 4 月 20 日。

Shanghai zong shanghui, Shanghai shangpin chenliesuo, ed. 1923. *Shanghai zong shanghui Shanghai shangpin chenlie suo dier ci baogao shu* (The second report of the Shanghai Chamber of Commerce Commercial Products Display Hall). Shanghai: Shanghai jiaotong yinshuasuo. 上海总商会、上海商品陈列所编:《上海总商会上海商品陈列所第二次报告书》,上海:上海交通印刷所,1923 年。

——. 1924. *Shanghai zong shanghui Shanghai shangpin chenliesuo disan ci baogao shu* (The third report of the Shanghai Chamber of Commerce Commercial Products Display

Hall). Shanghai: Shanghai jiaotong yinshua gongsi. 上海总商会、上海商品陈列所编:《上海总商会上海商品陈列所第三次报告书》,上海:上海交通印刷公司,1924 年。

Shanghai zong shanghui yuebao. Monthly. Shanghai, 1921-1927.《上海总商会月报》,上海,1921—1927 年。

"Shangpin chenliesuo zhangcheng" (Commodity display hall regulations). 1914. *Zhengfu gongbao*, Sept. 25: 859. Reprinted in Zhao Ninglu 1986: 665-666.《商品陈列所章程》,《政府公报》1914 年 9 月 25 日:859。重印于赵宁渌,1986: 665—666。

Shanhai Nippon shōgyō kaigisho, ed. 1915. *Hainichinetsu to Nikka haiseki no eikyō* (Anti-Japanese mania and the effects of the Japanese boycott), vol. 1. Shanghai: Shanhai Nippon shōgyō kaigisho.

She Ying. 1930. "Nüjie you tichang waihuo zhi kekai." *Funü gongming* 25: 1-2. 社英:《女界犹提倡外货之可慨》,《妇女共鸣》1930 年 25 期:1—2。

Shen Zuwei. 1989. "Jin jinian guonei jindai Zhongguo zichan jieji yanjiu shuping" (A survey of recent studies of the Chinese bourgeoisie in modern China). *Lishi yanjiu* 2: 87-102. 沈祖炜:《近几年国内近代中国资产阶级研究述评》,《历史研究》1989 年 2 期: 87—102。

"Shengdan laoren de liwu" (Presents from Santa Claus). 1934. *SB*, Sept. 20.《圣诞老人的礼物》,《申报》1934 年 9 月 20 日。

"Shengdan laoren yu funü guohuonian" (Santa Claus and the Women's National Products Year). 1934. *SB*, Dec. 3.《圣诞老人与妇女国货年》,《申报》1934 年 12 月 3 日。

Sheridan, James E. 1975. *China in Disintegration: The Republican Era in Chinese History, 1912-1949*. New York: Free Press.

Shi Pu. 1934. "Funü guohuo nian zhi zhanwang" (The prospects for the Women's National Products Year). *Guohuo banyue kan* 3 (Jan. 15): 1-5. 石浦:《妇女国货年之展望》,《国货半月刊》3 期(1934 年 1 月 15 日): 1—5。

Shih Min-hsiung. 1976. *The Silk Industry in Ch'ing China.* Trans. E-tu Zen Sun. Ann Arbor: University of Michigan, Center for Chinese Studies.

Shimada Tomiko. 1962. "Clothing Habits." *Japan Quarterly* 9, no. 3: 352-363.

"Shina ni oite teikoku shōhin dōmei haiseki ikken" (Documents relating to the boycott of Japanese goods in China). Gaimushō. Meiji-Taishō Documents, file 3. 3. 8. 7.

Shiratori Kurakichi. 1929. "The Queue Among the Peoples of North Asia." *Memoirs of the Tōyō Bunko* 4: 1-69.

Shiyebu. 1933. *Riben zai Hua jingji nuli* (The economic efforts of Japan in China). Shanghai: Zhonghua shuju yinshuasuo. 实业部:《日本在华经济努力》,上海:中华

书局印刷所,1933 年。

Shiyebu, Guohuo chenlieguan, ed. 1931. *Shiyebu Guohuo chenlieguan er zhounian baogao* (Second anniversary report of the Ministry of Industry's National Products Museum). Nanjing: Shiyebu, Guohuo chenlieguan. 实业部国货陈列馆编:《实业部国货陈列馆二周年报告》,南京:实业部国货陈列馆,1931 年。

"Shiyebu shencha hege fagei guohuo zhengmingshu zhi guohuo yi lan biao" (A brief list of national products that the Ministry of Industries investigated, found up to standard, and gave national product certifications). 1931. In Hu Guangming et al. 1994: 1483-1491.《实业部审查合格发给国货证明书之国货一览表》,1931 年,收入胡光明等 1994: 1483—1491。

"Shizhuang zhenyi" (The true meaning of fashion). 1933. *SB*, May 11.《时装真意》,《申报》1933 年 5 月 11 日。

Shoudu guohuo daobao. Semi-monthly. Nanjing, 1935-1937.《首都国货导报》(半月刊),南京,1935—1937 年。

"Shoudu tichang guohuo yundong xuanchuan zhou" (The Capital [Nanjing] Promotes the National Products Movement Week). 1931. In Wang Keyou 1931: 20-25.《首都提倡国货运动宣传周》,收入王克宥 1931: 20—25。

"Shuangshijie yu guohuo yundong" (Double Ten Day and the National Products Movement). 1935. *SB*, Oct. 10.《双十节与国货运动》,《申报》1935 年 10 月 10 日。

Silverberg, Miriam. 1991. "The Modern Girl as Militant." In *Recreating Japanese Women, 1600-1945*, ed. G. L. Bernstein, 239-266. Berkeley: University of California Press.

Skinner, G. William. 1965. "Marketing and Social Structure in Rural China, Part II." *Journal of Asian Studies* 24: 195-228.

Skotnes, Andor. 1994. "'Buy Where You Can Work': Boycotting for Jobs in African American Baltimore, 1933-1934." *Journal of Social History* 27: 735-762.

Slater, Don. 1997. *Consumer Culture and Modernity*. Oxford: Polity Press.

SMA (Shanghai Municipal Archives). Shanghai, China.

Smith, Anthony D. 1991. *National Identity*. Reno: University of Nevada Press.

——. 1998. *Nationalism and Modernism: A Critical Survey of Recent Theories of Nations and Nationalism*. New York: Routledge.

Smith, Arthur H. 1894. *Chinese Characteristics*. New York: Fleming H. Revell.

——. 1901. *China in Convulsion*. New York: Fleming H. Revell.

SMP (Shanghai Municipal Police [International Settlement]) Files. Microfilm from the U.S. National Archives.

Snow, Edgar. 1968. *Red Star over China.* rev. rev. and enl. ed. New York: Grove Press. 埃德加·斯诺:《红星照耀中国》,石家庄:河北人民出版社,1992 年。

Sokusha, ed. 1929. *Anti-Foreign Teachings in New Text-books of China.* Tokyo: Sokusha.

Song Feifu, ed. 1994. *Hunan tongshi: xiandai juan* (A general history of Hunan province: the contemporary period). Changsha: Hunan chubanshe. 宋斐夫:《湖南通史:现代卷》,长沙:湖南出版社,1994 年。

"Song funü guohuo nian" (Closing out the Women's National Products Year). 1934. *SB*, Dec. 27.《颂妇女国货年》,《申报》1934 年 12 月 27 日。

Song Qiang, Zhang Zangzang, and Qiao Bian. 1996. *Zhongguo keyi shuo bu* (China can also say no). Beijing: Zhonghua gongshang lianhe chubanshe. 宋强、张藏藏、乔边:《中国可以说不》,北京:中华工商联合出版社,1996 年。

Speer, William. 1870. *The Oldest and the Newest Empire: China and the United States.* Hartford: S. S. Scranton and Co.

Spence, Jonathan D. 1992. *Chinese Roundabout: Essays in History and Culture.* New York: W. W. Norton. 史景迁:《中国纵横:一个汉学家的学术探索之旅》,上海:上海远东出版社, 2005 年。

——. 1999. *Mao Zedong.* New York: Viking.

SSC (Shanghai shangpin chenliesuo), ed. 1936. *Shanghai shi shanghui shangpin chenliesuo shiwu zhou jinian tekan* (The fifteenth anniversary commemorative volume of the Shanghai Municipal Chamber of Commerce Commercial Products Display Hall). Shanghai: Shanghai shangpin chenliesuo. 上海商品陈列所编:《上海市商会商品陈列所十五周纪念特刊》,上海:上海商品陈列所,1936 年。

SSD (Shanghai shi dang'anguan), ed. 1989. *Wu Yunchu qiye shiliao: Tianyuan huagong chang* (Historical materials on Wu Yunchu's business enterprises: The Tianyuan Electrochemical Factory). Shanghai: Dang'an chuban. 上海市档案馆编:《吴蕴初企业史料:天原化工厂》,上海:档案出版,1989 年。

——. 1992. *Wu Yunchu qiye shiliao: Tianchu weijing chang* (Historical materials on Wu Yunchu's business enterprises: The Heaven's Kitchen MSG Factory). Shanghai: Dang'an chuban. 上海市档案馆编:《吴蕴初企业史料:天厨味精厂》,上海:档案出版,1992 年。

SSGC (Shanghai shi guohuo chenlieguan), ed. 1930. *Shanghai shi guohuo chenlieguan niankan* (Yearbook of the Shanghai Municipal National Products Museum). Shanghai: Shanghai shi guohuo chenlieguan. 上海市国货陈列馆编:《上海市国货陈列馆年刊》,上海:上海市国货陈列馆,1930 年。

——. 1933. *Shanghai shi guohuo zhanlan dahui jinian kan* (Commemorative volume for the Shanghai Municipal National Products Exhibition). Shanghai: Shanghai shi guohuo chenlieguan. 上海市国货陈列馆编:《上海市图货展览大会纪念刊》,上海:上海市国货陈列馆,1933 年。

Stapleton, Kristin. 2000. *Civilizing Chengdu: Chinese Urban Reform, 1895-1937*. Cambridge, Mass.: Harvard University Asia Center.

Strasser, Susan. 1989. *Satisfaction Guaranteed: The Making of the American Mass Market.* New York: Pantheon Books.

Struve, Lynn. 1984. *The Southern Ming, 1644-1662*. New Haven: Yale University Press.

"Suimo niantou zhi guohuo xiaoxi" (National products news from the end and beginning of the year). 1935. *Guohuo yuebao* 2, no. 1 (Jan.): 49-51.《岁末年头之国货消息》,《国货月报》2 卷 1 期 (1935 年 1 月): 49—51。

Sun Changwei. 1997. *Cai Jiemin xiansheng yuanpei nianpu* (A chronicle of Mr. Cai Yuanpei). Taibei: Yuanliu chuban gongsi. 孙常炜:《蔡孑民先生元培年谱》,台北:远流出版公司,1997 年。

Shanghai, eds. 1991. *Minguo shi da cidian* (An encyclopedia of Republican history). Beijing: Zhongguo guangbo dianshi chubanshe. 尚海等主编:《民国史大词典》,北京:中国广播电视出版社,1991 年。

Sun, Lung-kee. 1997. "The Politics of Hair and the Issue of the Bob in Modern China." *Fashion Theory* 1, no. 4: 353-366.

Sun Mengren. 1933. "Shei shi lixiangzhong de qizi?" (Who is the ideal wife?). *Jilian huikan* 80 (Oct. 1): 33-35. 孙梦人:《谁是理想中的妻子?》,《机联会刊》80 期 (1933 年 10 月 1 日): 33—35。

Sun Yutang, ed. 1957. *Zhongguo jindai gongye shi ziliao, 1840-1895* (Materials on the history of Chinese modern industries). 2 vols. Beijing: Wenhai chubanshe. 孙毓棠编:《中国近代工业史资料 1840—1895》(2 辑),北京:文海出版社,1957 年。

Sun Zhendong, ed. 1982. *Zhongguo jinian jieri shouce* (A handbook of Chinese anniversaries and holidays). Taibei: Cuijin caise yinshua gongsi. 孙镇东编:《中国纪念节日手册》,台北:翠锦彩色印刷公司,1982 年。

Suzhou Wusi, Wusa yundong ziliao xuanji (A selection of historical materials on Suzhou's May Fourth and May Thirtieth Movements). 1984. Suzhou: Suzhou shi dang'an ju.《苏州五四、五卅运动资料选辑》,苏州:苏州市档案局,1984 年。

SZMA (Suzhou Municipal Archives). Collection 2. 1: Suzhou zong shanghui quanzong (Suzhou General Chamber of Commerce). 苏州市档案馆,卷 2. 1:苏州总商会全宗。

Tagore, Rabindranath. 1931. *The Home and the World.* London: Macmillan.

Takamura Naosuke. 1982. *Kindai Nihon mengyō to Chūgoku* (The modern Japanese cotton industry and China). Tokyo: Tōkyō daigaku.

T'ang, Leang-Li. 1930. *Inner History of the Chinese Revolution.* London: Routledge.

Tang Shunqing. 1937. "Jinnian sanbajie funü duiyu tichang guohuo de zeren" (The responsibility of women for the promotion of national products on this year's Women's Day). *Shoudu guohuo daobao* 38: 9-12. 唐舜卿:《今年三八节妇女对于提倡国货的责任》,《首都国货导报》1937 年 38 期: 9—12。

Tang Weikang and Huang Yixuan, eds. 1991. *Sun Zhongshan zai Shanghai* (Sun Yatsen in Shanghai). Shanghai: Shanghai renmin meishu chubanshe. 汤伟康、黄一翾编:《孙中山在上海》,上海:上海人民美术出版社,1991 年。

Tao Leqin. 1936. "Shangpin chenliesuo zhi quanwei" (The authority of the Commercial Products Hall). In SSC 1936. 陶乐沁:《商品陈列所之权威》,收入 SSC 1936。

Tarlo, Emma. 1996. *Clothing Matters: Dress and Identity in India.* Chicago: University of Chicago Press.

Teng, Ssu-yü, and John K. Fairbank, eds. 1954. *China's Response to the West: A Documentary Survey, 1839-1923.* Cambridge, Mass.: Harvard University Press.

Tenorio-Trillo, Mauricio. 1996. *Mexico at the World's Fairs: Crafting a Modern Nation.* Berkeley: University of California Press.

Thomas, James A. 1931. *Trailing Trade a Million Miles.* Durham, N. C.: Duke University Press.

Thompson, Roger R. 1995. *China's Local Councils in the Age of Constitutional Reform, 1898-1911.* Cambridge, Mass.: Harvard University, Council on East Asian Studies.

Thomson, John. 1873-1874. *Illustrations of China and Its People in Early Photographs.* 4 vols. London: Sampson Low, Marston, Low, and Searle.

Thomson, John Stuart. 1913. *China Revolutionized.* London: T. Werner Laurie.

"Tianchu chang 1923 nian zhi 1937 nian linian weijing chanliang biao" (A table of the Heaven's Kitchen Factory's yearly MSG production from 1923 to 1937). In SSD 1992: 83.《天厨厂 1923 年至 1937 年历年味精产量表》,收入 SSD 1992: 83。

"Tianchu wei chang jing" (The essence of the Heaven's Kitchen MSG Factory). 1936. *Jilian huikan* 153 (Oct. 15): 9-12.《天厨味厂经》,《机联会刊》153 期(1936 年 10 月 15 日): 9—12。

"Tianchu weijing huode Jiangsu sheng disanci difang wupin zhanlanhui diyi dengjiang jiangping" (Heaven's Kitchen's MSG receives top prize at the Third Jiangsu Provincial Local Commodity Exhibition). 1925. In SSD 1992: 43.《天厨味精获得江苏省第三次地方物品展览会第一等奖奖品》,1925 年,收入 SSD 1992: 43。

Tianjin lishi bowuguan and Nankai daxue, Lishixi, eds. 1980. *Wusi yundong zai Tianjin: lishi ziliao xuanji* (The May Fourth Movement in Tianjin: a selection of historical materials). Tianjin: Renmin chubanshe. 天津历史博物馆、南开大学历史系编:《五四运动在天津:历史资料选辑》,天津:人民出版社,1980 年。

Tichang guohuo hui huikan. Monthly. Changsha, 1932.《提倡国货会会刊》(月刊),长沙,1932 年。

"Tichang guohuo juti banfa" (Concrete ways to promote national products). 1934. *Guochan daobao* 160: 10-11.《提倡国货具体办法》,《国产导报》1934 年 160 期: 10—11。

"Tichang guohuo ying cong ertong zuoqi" (Promoting national products should begin with children). 1933. *Jilian huikan* 84 (Dec. 1): 15-17.《提倡国货应从儿童做起》,《机联会刊》84 期 (1933 年 12 月 1 日): 15—17。

Tichang guohuo zhoukan. Weekly. Changsha, 1929.《提倡国货周刊》,长沙,1929 年。

Tien, Hung-mao. 1972. *Government and Politics in Kuomintang China, 1927-1937.* Stanford: Stanford University Press.

Tobin, Joseph Jay. 1992a. "Introduction: Domesticating the West." In Tobin 1992b: 1-41.

Tobin, Joseph Jay, ed. 1992b. *Re-Made in Japan: Everyday Life and Consumer Taste in a Changing Society.* New Haven: Yale University Press.

"Tonggao ge guohuo gongchang" (Notice to all national product manufacturers). 1937. In Shanghai jizhi guohuo gongchang lianhehui 1937: 162-163.《通告各国货工厂》,收入上海机制国货工厂联合会 1937:162—163。

Townsend, James. 1996. "Chinese Nationalism." In Unger 1996: 1-30.

"Trade Exposition in Hankow." 1928. *NCH*, Nov. 24: 304.

"Trade Exposition in Peking." 1928. *NCH*, Dec. 29: 523.

Tsou Mingteh. 1996. "Christian Missionary as Confucian Intellectual: Gilbert Reid (1857-1927) and the Reform Movement in the Late Qing." In *Christianity in China: From the Eighteenth Century to the Present*, ed. Daniel Bays, 73-90. Stanford: Stanford University Press.

Tyau, Min-ch'ien T. Z. 1922. *China Awakened.* New York: Macmillan.

Tyau, Min-ch'ien T. Z., ed. 1930. *Two Years of Nationalist China.* Shanghai: Kelly & Walsh.

Unger, Jonathan, ed. 1996. *Chinese Nationalism.* Armonk, N.Y.: M. E. Sharpe.

van de Ven, Hans J. 1996a. "Recent Studies of Modern Chinese History." *Modern Asian Studies* 30, no. 2: 225-269.

——. 1996b. "War in the Making of Modern China." *Modern Asian Studies* 30, no. 4: 737-756.

——. 1997. "The Military in the Republic." *China Quarterly* 150: 352-374.

van Dorn, Harold Archer. 1932. *Twenty Years of the Chinese Republic.* New York: Alfred A. Knopf.

Varg, Paul A. 1968. *The Making of a Myth: The United States and China, 1897-1912.* East Lansing: Michigan State University Press.

Vollmer, John. 1977. *In the Presence of the Dragon Throne: Ch'ing Dynasty Costume (1644-1911) in the Royal Ontario Museum.* Toronto: Royal Ontario Museum.

Wakeman, Frederic E., Jr. 1966. *Strangers at the Gate: Social Disorder in South China, 1839-1861.* Berkeley: University of California Press. 魏斐德:《大门口的陌生人:1839—1861 年间华南的社会动乱》,北京:中国社会科学出版社,1988 年。

——. 1985. *The Great Enterprise: The Manchu Reconstruction of Imperial Order in Seventeenth-Century China.* 2 vols. Berkeley: University of California Press. 魏斐德:《洪业:清朝开国史》,南京:江苏人民出版社,1992 年。

Wakeman, Frederic E., Jr., and Wen-hsin Yeh. 1992a. "Introduction." In Wakeman and Yeh 1992b: 1-14.

Wakeman, Frederic E., Jr., and Wen-hsin Yeh, eds. 1992b. *Shanghai Sojourners.* Berkeley, Calif.: Institute of East Asian Studies.

Waldron, Arthur. 1993. "War and the Rise of Chinese Nationalism." *Journal of Military History* 57: 87-104.

Walker, John A., and Sarah Chaplin. 1997. *Visual Culture.* Manchester: Manchester University Press.

Walshe, W. Gilbert. 1906. *Ways That are Dark: Some Chapters on Chinese Etiquette and Social Procedure.* Shanghai: Kelly & Walsh.

Walton, Whitney. 1992. *France at the Crystal Palace: Bourgeois Taste and Artisan Manufacture in the Nineteenth Century.* Berkeley: University of California Press.

Wang Daliang. 1995. *Weijing dawang Wu Yunchu* (The MSG king: Wu Yunchu). Beijing: Jiefangjun chubanshe. 王大亮:《味精大王吴蕴初》,北京:解放军出版社,1995 年。

Wang Dongyuan. 1928. "Tianchu weijing zhizao chang" (The Heaven's Kitchen MSG Factory). In Shanghai shangye zazhi 1928: "Changhao fazhan xiaoshi" (Brief histories of industrial developments) section. 王东园:《天厨味精制造厂》,收入《上海商业杂志》1928:"厂号发展小史"部分。

Wang Ermin. 1981. "Duanfa yifu gaiyuan: bianfa lunzhi xiangzheng zhiqu" (Cutting queues, replacing clothing, and changing reigns: the symbolic objectives of constitutional reform discussions). In *Zhongguo jindaide weixin yundong-bianfa yu lixian taojihui* (China's modern reform movement: a conference on political reform and constitutionalism), ed. Zhongguo jindai de weixin yundong, bianfa yu lixian yantaohui, 59-73. Taibei: Academia Sinica, Institute of Modern History. 王尔敏:《断发易服改元:辫发论旨象征旨趣》,收入中国近代的维新运动、变法与立宪研讨会编《中国近代的维新运动——变法与立宪研讨会论文集》,第59—73页,台北:"中研院"近代史研究所,1981年。

——. 1995. "Shangzhan guannian yu zhengshang sixiang" (The concept of commercial warfare and the ideology of emphasizing commerce). In idem, *Zhongguo jindai sixiang shilun* (Essays on modern Chinese thought), 233-381. Taibei: Taibei shangwu yinshu guan. 王尔敏:《商战观念与重商思想》,收入《中国近代思想史论》,第233—381页,台北:台北商务印书馆,1955年。

Wang Guanhua. 1995. "Media, Intellectuals, and the Ideology of the 1905 Anti-Exclusion Boycott." *Chinese Historians* 15: 1-48.

——. 2001. *In Search of Justice: The 1905-1906 Chinese Anti-American Boycott.* Cambridge, Mass.: Harvard University Asia Center.

Wang Hanqiang, ed. 1915. *Guohuo diaocha lu* (Records of national product investigations). 3rd ed. Shanghai: Zhonghua guohuo weichi hui. 王汉强编:《国货调查录》(第3版),上海:中华国货维持会,1915年。

Wang Jingming. 1934. "Women yinggai xiaofa Yue wang Goujian tichang guohuo" (We should learn from King Goujian of Yue and promote national products). *Funü gongming yuebao* 3, no. 5: 36-39. 王镜明:《我们应该效法越王勾践提倡国货》,《妇女共鸣月报》3卷5期(1934年):36—39。

Wang Jingyu, ed. 1957. *Zhongguo jindai gongye shi ziliao, 1895-1914* (Materials on China's modern industries). 2 vols. Beijing: Kexue chubanshe. 汪敬虞编:《中国近代工业史资料(1895—1914)》(2卷),北京:科学出版社,1957年。

Wang Keyou, ed. 1931. *Chuangdao jieyue tuixing guohuo wei Zhongguo dangqian zhi jiwu* (Take the lead in economizing and promoting national products in order to aid China in its current crisis). N. p. 王克宥编:《创导节约推行国货为中国当前之急务》,1931年。

Wang, Peter Chen-main. 1996. "Contextualizing Protestant Publishing in China: The Wenshe, 1924-1928." In *Christianity in China: From the Eighteenth Century to the Present*, ed. Daniel Bays, 292-306. Stanford: Stanford University Press.

Wang Pilai and Wang Yu. 1994. "Dongfang weijing dawang Wu Yunchu" (Wu Yunchu, the king of the East's MSG)." In Zhao Yunsheng 1994: 343-451. 王丕来、王钰:《东方味精大王吴蕴初》,收入赵云声 1994: 343—451。

Wang Xiang. 1986. "Minchu 'Fuzhi gaige' dui Suzhou si shiye de yingxiang" (The effects of "Dress Reform" on the Suzhou silk industry in the early years of the Republic). *Lishi yanjiu* 4: 36-48. 王翔:《民初"服制改革"对苏州丝实业的影响》,《历史研究》1986 年 4 期: 36—48。

——. 1992. "Jindai sichou shengchan fazhan yu Jiangnan shehui bianqian" (The development of modern silk production and social change in Jiangnan). *Jindaishi yanjiu* 4: 1-20. 王翔:《近代丝绸生产发展与江南社会变迁》,《近代史研究》1992 年 4 期: 1—20。

Wang Xiaodong, Fang Ning, and Song Qiang, eds. 1999. *Quanqiuhua yinyingxia de Zhongguo zhilu* (China's road under the shadow of globalization). Beijing: Zhongguo shehui kexue chubanshe. 王小东、房宁、宋强编:《全球化阴影下的中国之路》,北京:中国社会科学出版社,1999 年。

Wang Xing. 1992. *Bainian fushi chaoliu yu shibian* (One hundred years of dress fashions and changes). Hong Kong: Shangwu yinshuguan. 王星:《百年服饰潮流与世变》,香港:商务印书馆,1992 年。

Wang, Y. C. 1966. *Chinese Intellectuals and the West, 1872-1949*. Chapel Hill: University of North Carolina Press.

Wang, Zheng. 1999. *Women in the Chinese Enlightenment: Oral and Textual Histories.* Berkeley: University of California Press.

"Wanyu ertong zuo zai shifu relie qingzhu ertong jie" (Over 10,000 children gathered at City Hall yesterday to warmly celebrate Children's Day). 1934. *SB*, Apr. 5.《万余儿童坐在市府热烈庆祝儿童节》,《申报》1934 年 4 月 5 日。

Warra, Carrie. 1999. "Invention, Industry, Art: the Commercialization of Culture in Republican Art Magazines." In Cochran 1999b: 61-89.

Wasserstrom, Jeffrey N. 1991. *Student Protests in Twentieth-Century China: The View from Shanghai.* Stanford: Stanford University Press.

Watson, James L. 1985. "Standardizing the Gods: The Promotion of T'ian Hou ('Empress of Heaven') Along the South China Coast, 960-1960." In D. Johnson et al. 1985: 292-324.

——. 2000. "China's Big Mac Attack." *Foreign Affairs*, May/June 2000.

Weale, Putnam. 1926. *Why China Sees Red.* London: Macmillan and Company.

Wen Zhengyi. 1996. "Dizhi Rihuo, tichang guohuo zai Yichang" (Boycotting Japanese products, promoting national products in Yichang). In Pan Junxiang 1996c:444-451.

文正宜:《抵制日货,提倡国货在宜昌》,收入潘君祥 1996c: 444—451。

"The Westlake Exposition of China Products." 1929. *CWR*, July 27: 378-386.

White, Trumbull. 1897. *Glimpses of the Orient, or, The Manners, Customs, Life and History of the People of China, Japan and Corea.* Philadelphia: P. W. Ziegler & Co.

Wilbur, C. Martin. 1983. *The Nationalist Revolution in China, 1923-1928*. Cambridge, Eng.: Cambridge University Press.

Williams, C. A. S. 1933. *Manual of Chinese Products.* Shanghai: Kelly & Walsh.

Williams, Edward Thomas. 1923. *China Yesterday and To-day.* London: George G. Harrap & Co.

——. 1927. "The Status of Women." *Current History* 26, no. 3: 420-425.

Williams, Rosalind H. 1982. *Dream Worlds: Mass Consumption in Late Nineteenth-Century France.* Berkeley: University of California Press.

Williamson, Judith. 1995. *Decoding Advertisements: Ideology and Meaning in Advertising.* London: Boyars.

Witke, Roxane. 1980. "Women in Shanghai of the 1930s." In *La donna nella Cina imperiale e nella Cina repubblicana*, ed. L. Lanciotti, 95-122. Florence: L. S. Olschki.

"Wo duiyu fuzhuang shang de sanbu zhiyi" (My "three no" principles regarding clothing). 1934. *Jilian huikan* 92 (Apr. 1): 48-49.《我对于服装上的三不主义》,《机联会刊》92 期(1934 年 4 月 1 日): 48—49。

"Wo jia de riyongpin" (Daily necessities in my house). 1932. *Jilian huikan* 49 (Jan. 1): 22-23.《我家的日用品》,《机联会刊》49 期(1932 年 1 月 1 日): 22—23。

Wolman, Paul. 1992. *Most Favored Nation: The Republican Revisionists and U.S. Tariff Policy, 1897-1912*. Chapel Hill: University of North Carolina Press.

"Womende kouhao" (Our slogans). 1931. In Wang Keyou 1931: supplemental section, 13.《我们的口号》,1931 年,收入王克宥 1931: 附录部分,13。

Wong, J. Y. 1998. *Deadly Dreams: Opium, Imperialism, and the Arrow War (1856-1860) in China.* Cambridge, Eng.: Cambridge University Press.

Wong, Jan. 1996. *Red China Blues: My Long March from Mao to Now.* New York: Anchor Books.

Wong, Sin-kiong. 1995. "The Genesis of Popular Movements in Modern China." Ph. D. diss., Indiana University.

Wong, Young-tsu. 1989. *Search for Modern Nationalism: Zhang Binglin and Revolutionary China.* New York: Oxford University Press.

Woodhead, Henry G. W. 1935. *Adventures in Far Eastern Journalism: A Record of Thirty-Three Years' Experience.* Tokyo: Hokuseido Press.

Wright, Mary C. 1957. *The Last Stand of Chinese Conservatism: The T'ung-chih Restoration, 1862-1874.* Stanford: Stanford University Press. 芮玛丽:《同治中兴:中国保守主义的最后抵抗》,北京:中国社会科学出版社,2002 年。

Wright, Mary C., ed. 1968. *China in Revolution: The First Phase, 1900-1913.* New Haven: Yale University.

Wright, Stanley F. 1938. *China's Struggle for Tariff Autonomy, 1843-1938.* Shanghai: Kelly & Walsh.

——. 1950. *Hart and the Chinese Customs.* Belfast: Wm. Mullan & Son.

Wright, Tim. 1984. *Coal Mining in China's Economy and Society, 1895-1937.* Cambridge, Eng.: Cambridge University Press.

——. 1993. "'The Spiritual Heritage of Chinese Capitalism': Recent Trends in the Historiography of Chinese Enterprise Management." In *Using the Past to Serve the Present: Historiography and Politics in Contemporary China*, ed. J. Unger, 205-238. Armonk, N. Y.: M. E. Sharpe.

Wu Baiheng. 1996. "Jingying Baihao lianru chang de huiyi" (Reminiscences on managing the Hundred Happiness Condensed Milk Factory). In Pan Junxiang 1996c: 160-171. 吴百亨:《经营百好炼乳厂的回忆》,收入潘君祥 1996c: 160—171。

Wu, Chang-chuan. 1974. "Cheng Kuan-Ying: A Case Study of Merchant Participation in the Chinese Self-Strengthening Movement (1878-1884)." Ph. D. diss., Columbia University.

Wu Chengming. 1958. *Diguo zhuyi zai jiu Zhongguo de touzi* (Imperialist investment in old China). Beijing: Renmin chubanshe. 吴承明:《帝国主义在旧中国的投资》,北京:人民出版社,1958 年。

Wu Jinyun. 1934. "Duiyu guohuo yundong yingyou de renshi" (The consciousness one should have toward the National Products Movement). *Funü gongming yuebao* 3, no. 6: 29-32. 吴锦芸:《对于国货运动应有的认识》,《妇女共鸣月报》3 卷 6 期(1934 年): 29—32。

Wu Kangling, ed. 1994. *Sichuan tongshi* (A general history of Sichuan), vol. 6. Chengdu: Sichuan daxue chubanshe. 吴康玲编:《四川通史》卷 6,成都:四川大学出版社,1994 年。

Wu Linsi. 1996. "1928 nian Gongshang bu Zhonghua guohuo zhanlan hui jishi" (A record of the 1928 Ministry of Industry and Commerce's Chinese National Products Exhibition). In Pan Junxiang 1996c: 403-411. 伍麟思:《1928 年工商部中华国货展览

会纪实》,收入潘君祥 1996c: 403—411。

Wu Ou. 1931. "Tianjin Shehuiju xunling" (Tianjin Social Affairs Bureau order). May 7. In Hu Guangming et al. 1994: 1482. 吴鸥:《天津社会局训令》,1931 年 5 月 7 日,收入胡光明等 1994: 1482。

Wu Tiecheng. 1969. *Wu Tiecheng huiyilu* (The memoirs of Wu Tiecheng). Taibei: Sanmin shuju. 吴铁城:《吴铁城回忆录》,台北:三民书局,1969 年。

Wu Tingfang. 1914. *America through the Spectacles of an Oriental Diplomat.* New York: Stokes.

——. 1915. *Zhonghua minguo tuzhi chuyi* (My humble opinion on the Chinese republic). Shanghai: Shangwu yinshu guan. 伍廷芳:《中华民国图治刍议》,上海:商务印书馆,1915 年。

"Wuhan guo zhanhui daibiao zhaodai gejie tongzhi" (Wuhan National Products Exhibition representatives host various circles). 1929. *SB*, Jan. 5: 14.《武汉国展会代表招待各界同志》,《申报》1929 年 1 月 5 日: 14。

"Wu Yunchu xiansheng xiaoshi" (A brief history of Mr. Wu Yunchu). 1934. *Guohuo niankan*: 3-4.《吴蕴初先生小史》,《国货年刊》1934 年:3—4。

Xia Dongyuan. 1985. *Zheng Guanying zhuan* (Biography of Zheng Guanying). Shanghai: Huadong shifan daxue chubanshe. 夏东元:《郑观应传》,上海:华东师范大学出版社,1985 年。

Xia Dongyuan, ed. 1995. *Ershi shiji Shanghai dabolan* (Compendium on twentieth-century China). Shanghai: Wenhui chubanshe. 夏东元编:《二十世纪上海大博览》,上海:文汇出版社,1995 年。

"Xialing yongpin zhanlanhui" (Summer articles exhibition). 1933. *SB*, June 15.《夏令用品展览会》,《申报》1933 年 6 月 15 日。

Xiang Kangyuan. 1936. "Tichang guohuo yu guohuo zhanlan" (Promoting national products and national product exhibits). In SSC 1936. 项康元:《提倡国货与国货展览》,收入 SSC 1936。

Xiang Zenan. 1996. "Xianshen guohuo shiye de Xiang Songmao" (Xiang Songmao's dedication to national product enterprises). In Pan Junxiang 1996c: 149-159. 项泽南:《献身国货事业的项松茂》,收入潘君祥 1996c: 149—159。

"Xiangcun tongbao de xialing guohuo yongpin" (The summer national product articles of village compatriots). 1933. *SB*, June 29.《乡村同胞的夏令国货用品》,《申报》1933 年 6 月 29 日。

"Xianluo Huahuo chenlieguan zhengji guohuo" (Thailand Chinese Products Museum collects national products). 1928. *SB*, Nov. 4: 13.《暹逻华货陈列馆征集国货》,《申

报》1928 年 11 月 4 日：13。

Xiao, Yanming. 1999. "State and Industrial Development in Early Republican China." Ph. D. diss., Harvard University.

"Xiaoxue jiaoshi zeren jiazhongle" (The responsibility of primary school teachers has become great). 1934. *SB*, Apr. 12.《小学教师责任加重了》,《申报》1934 年 4 月 12 日。

Xie Guoxiang, ed. 1996. *Beiyang junfa shiliao* (Historical materials on the Beiyang warlords). Tianjin: Tianjin guji chubanshe. 谢国祥编：《北洋军阀史料》，天津：天津古籍出版社，1996 年。

Xie Wenhua. 1994. "'Maiban yanjiu' zhi huigu yu zhanwang" (A retrospective and prospects for research on "compradores"). *Lishi xuebao* 22: 391-412. 谢文华：《"买办研究"之回顾与展望》,《历史学报》1994 年 22 期：391—412。

Xihu bolanhui canguan bixie (Essentials to take to the West Lake Exhibition). 1929. Shanghai: Shangwu yinshu guan.《西湖博览会参观必携》，上海：商务印书馆，1929 年。

Xihu bolanhui rikan. Daily. Hangzhou, 1929.《西湖博览会日刊》，日刊，杭州，1929 年。

Xin Ping, Hu Zhenghao, and Li Xuechang. 1991. *Minguo shehui daguan* (An overview of Republican society). Fuzhou: Fujian renmin chubanshe. 忻平、胡正豪、李学昌：《民国社会大观》，福州：福建人民出版社，1991 年。

"Xingzheng yuan guanyu banxing quanguo juban wupin zhanlanhui tongze de cheng" (The Executive Yuan on the petition to promulgate the general rules governing the hosting of article exhibitions across China). 1991. In ZDLDG 1991: 720-722.《行政院关于颁行全国举办物品展览会通则的呈》，收入 ZDLDG 1991：720—722。

"Xin shenghuo zhifu yu guohuo" (New Life uniforms and national products). 1934. *SB*, Apr. 12.《新生活制服与国货》,《申报》1934 年 4 月 12 日。

Xiong Yuezhi. 1996. "The Image and Identity of the Shanghainese." In *Unity and Diversity: Local Cultures and Identities in China*, ed. T. T. Liu and D. Faure, 99-106. Hong Kong: Hong Kong University Press.

Xiong Zongren. 1986. *Wusi Yundong zai Guizhou* (The May Fourth Movement in Guizhou). Guiyang: Guizhou remin chubanshe. 熊宗仁：《五四运动在贵州》，贵阳：贵州人民出版社，1986 年。

Xiongdi guohuo yuekan. Monthly. Beiping, 1934.《兄弟国货月刊》，北平，1934 年。

Xu Dingxin and Qian Xiaoming. 1991. *Shanghai zong shanghui shi (1902-1929)* (A history of the Shanghai Chamber of Commerce). Shanghai: Shanghai shehui kexueyuan chubanshe. 徐鼎新、钱小明：《上海总商会史(1902—1929)》，上海：上海社会科学

院出版社,1991 年。

Xu, Xiaoqun. 2001. *Chinese Professionals and the Republican State: The Rise of Professional Associations in Shanghai, 1912-1937*. Cambridge, Eng.: Cambridge University Press.

Xu Youqun, ed. 1991. *Minguo renwu da cidian* (A biographical dictionary of the Republic). Shijiazhuang: Hebei renmin chubanshe. 徐友春编:《民国人物大词典》,石家庄:河北人民出版社,1991 年。

Xuechi zhoukan. Weekly. Guangzhou, 1928.《雪耻周刊》,广州,1928 年。

XWB (*Xinwen bao*). Daily. Shanghai.《新闻报》(日刊),上海。

Yamane Yukio et al., eds. 1996. *Kindai Nitchū kankeishi kenkyū nyūmon* (An introduction to the study of modern Sino-Japanese relations). Rev. ed. Tokyo: Kenbun shuppan.

Yan Changhong. 1992. *Zhongguo jindai shehui fengsu shi* (A history of Chinese modern social customs). Hangzhou: Zhejiang renmin chubanshe. 严昌洪:《中国近代社会风俗史》,杭州:浙江人民出版社,1992 年。

Yan Ruli, ed. 1919(1915). *Wangguo jian fu guochi lu* (A warning on extinguished nations with a supplement on national humiliations). Shanghai: Taidong tushuju. 殷汝骊编:《亡国鉴覆国耻录》,上海:泰东图书局,1919 年。

Yan, Yunxiang. 2000. "Of Hamburgers and Social Space: Consuming McDonald's in Beijing." In D. Davis 2000: 201-225.

Yan Zhongping, ed. 1955. *Zhongguo jindai jingji shi tongji ziliao xuanji* (A selection of statistics on China's modern economic history). Beijing: Kexue chubanshe. 严中平编:《中国近代经济史统计资料选辑》,北京:科学出版社,1955 年。

Yang Chengqi. 1996. "Zhanghua maofang chang de 'Jiu yiba' bo biji" (Zhanghua Wool Factory's November Eighteenth serge). In Pan Junxiang 1996c: 91-93. 杨承祈:《章华毛纺厂的"九一八"薄哔叽》,收入潘君祥 1996c: 91—93。

Yang Dajin, ed. 1933. *Jindai Zhongguo shiye tongzhi* (Compendium on modern Chinese industry). N. p. 杨大金编:《近代中国实业通志》,上海:商务印书馆,1933 年。

——. 1938. *Xiandai Zhongguo shiye zhi: zhizaoye* (A record of contemporary Chinese industry: manufacturers). Shanghai: Shangwu yinshu guan. 杨大金编:《现代中国实业志:制造业》,上海:商务印书馆,1938 年。

Yang, Lien-sheng. 1970. "Government Control of Urban Merchants in Traditional China." *Tsing Hua Journal of Chinese Studies* 8, no. 1-2: 186-206.

Yang Quan. 1923. *Wushi nian lai zhi Zhongguo jingji* (The Chinese economy during the past 50 years). Shanghai: Shenbao guan. 杨铨:《五十年来之中国经济》,上海:申

报馆,1923 年。

Yang Shufan. 1982. *Zhongguo wenguan zhidu shi* (A history of the Chinese civil service). 2 vols. Taibei: Liming wenhua shiye. 杨树藩:《中国文官制度史》(2 卷),台北:黎明文化事业,1982 年。

Yang Tianliang. 1991a. "Guohuo yundong he guohuo tuanti" (National products and national product groups). In *Minguo shehui daguan*, ed. Xin Ping, Hu Zhenghao, and Li Xuechang. Fuzhou: Fujian renmin chubanshe. 杨天良:《国货运动和国货团体》,收入忻平、胡正豪、李学昌编《民国社会大观》,福州:福建人民出版社,1991 年。

——. 1991b. "Shanghai sida baihuo gongsi" (Shanghai's four great department stores). In *Minguo shehui daguan*, ed. Xin Ping, Hu Zhenghao, and Li Xuechang. Fuzhou: Fujian remin chubanshe. 杨天良:《上海四大百货公司》,收入忻平、胡正豪、李学昌编《民国社会大观》,福州:福建人民出版社,1991 年。

Yang Yonggang, ed. 1997. *Zhongguo jindai tielu shi* (China's modern railroads). Shanghai: Shanghai shudian chubanshe. 杨勇刚编:《中国近代铁路史》,上海:上海书店出版社,1997 年。

Ye Kezhen. 1935. "Aiguo de xiao Maomao" (Patriotic little Maomao). *Guohuo yuebao* 2, no. 1 (Jan.): 82-84. 叶克蓁:《爱国的小毛毛》,《国货月报》2 卷 1 期(1935 年 1 月): 82—84。

Yeh, Catherine Vance. 1997. "The Life-Style of Four *Wenren* in Late Qing Shanghai." *Harvard Journal of Asiatic Studies* 57: 419-470.

Yeh, Wen-Hsin. 1990. *The Alienated Academy: Culture and Politics in Republican China, 1919-1937*. Cambridge, Mass.: Harvard University, Council on East Asian Studies.

——. 1996. *Provincial Passages: Culture, Space, and the Origins of Chinese Communism*. Berkeley: University of California Press.

——. 1997. "Shanghai Modernity: Commerce and Culture in a Republican City." *China Quarterly* 150: 375-394.

Yi Bin, ed. 1995. *Lao Shanghai guanggao* (The advertisements of old Shanghai). Shanghai: Shanghai huabao chubanshe. 益斌编:《老上海广告》,上海:上海画报出版社,1995 年。

Yi Ding. 1996. "Guohuo yundong yu Nanyang shichang" (The National Products Movement and the South Pacific market). In Pan Junxiang 1996c: 376-385. 益丁:《国货运动与南洋市场》,收入潘君祥 1996c: 376—385。

"Yi erba guohuo yundong zhou" (1-28 National Products Movement Week). 1934. *SB*, Jan. 23.《一二八国货运动周》,《申报》1934 年 1 月 23 日。

Yinhang zhoubao. Weekly. Shanghai, 1917-1950.《银行周报》,上海,1917—1950 年。

"Yinian nei canguan renshu tongji biao" (A statistical table of visitors during the year). 1924. In Shanghai zong shanghui, Shanghai shangpin chenliesuo 1924.《一年内参观人数统计表》,收入上海总商会、上海商品陈列所 1924。

Yip, Ka-che. 1980. *Religion, Nationalism, and Chinese Students: The Anti-Christian Movement of 1922-1927*. Bellingham: Western Washington University, Center for East Asian Studies.

Yoji, Akashi. 1963. "The Boycott and Anti-Japanese National Salvation Movement of the Nanyang Chinese, 1908-1941." Ph. D. diss., Georgetown University.

Yoshimi Shun'ya. 1992. *Hakurankai no seijigaku: manazashi no kindai* (The politics of exhibitions: a look at modernity). Tokyo: Chūkō shinsho.

"You 'jiu yiba' xiangdaole Gandi" (From September 18 to thoughts of Gandhi). 1934. *SB*, Sept. 18.《由"九一八"想到了甘地》,《申报》1934 年 9 月 18 日。

"You zi" (The son away from home). 1934. *Jilian huikan* 92 (Apr. 1): 63-64.《游子》,《机联会刊》92 期(1934 年 4 月 1 日):63—64。

Young, Ernest P. 1977. *The Presidency of Yuan Shih-k'ai: Liberalism and Dictatorship in Early Republican China*. Ann Arbor: University of Michigan Press.

Young, Louise. 1999. "Marketing the Modern: Department Stores, Consumer Culture, and the New Middle Class in Interwar Japan." *International Labor and Working-Class History* 55: 52-70.

Young, Marilyn Blatt. 1968. *The Rhetoric of Empire: American China Policy, 1895-1901*. Cambridge, Mass.: Harvard University Press.

Yu Heping. 1995. *Shanghui yu Zhongguo zaoqi xiandaihua* (Chambers of commerce and China's early modernization). Taibei: Dongda tushu. 虞和平:《商会与中国早期现代化》,台北:东大图书,1995 年。

Yu, Ningping. 1999. "Manufacturing Images: Four Chinese Travelers and Their Writings About America." Ph. D. diss., University of Iowa.

Yu Qiacheng, "Pan Gongzhan furen" (Mrs. Pan Gongzhan). 1934. *SB*, Mar. 24. 余恰澄:《潘公展夫人》,《申报》1934 年 3 月 24 日。

Yü Ying-shih. 1967. *Trade and Expansion in Han China: A Study of the Structure of Sino-Barbarian Economic Relations*. Berkeley: University of California Press.

Yu Zuoting. 1935. "Guohuo jiuguo" (National products save the nation). *Guohuo yuebao* 2, no. 1: 7. 俞佐廷:《国货救国》,《国货月报》2 卷 1 期(1935 年):7。

Yue Qingping. 1994. *Zhongguo minguo xisu shi* (A history of customs in the Chinese Republic). Beijing: Renmin chubanshe. 岳庆平:《中国民国习俗史》,北京:人民出版

社,1994 年。

Yuval-Davis, Nira, and Floya Anthias, eds. 1989. *Women, Nation, State.* New York: St. Martin's Press.

"Zai Shi gaijin hai Nichi sendō no ken" (Documents relating to anti-Japanese agitation by foreigners in China). Gaimushō. Meiji-Taishō Documents, File 3.3.8.6-1.

Zarrow, Peter. 1988. "He Zhen and Anarcho-Feminism in China." *Journal of Asian Studies* 47: 796-813.

Zdatny, Steven. 1997. "The Boyish Look and the Liberated Woman: The Politics and Aesthetics of Women's Hairstyles." *Fashion Theory* 1, no. 4: 367-398.

ZDLDG (Zhongguo di'er lishi dang'an guan), ed. 1991. *Zhonghua minguo shi dang'an ziliao huibian, diwu ji, diyi bian caizheng jingji (ba)* (A collection of archival materials on the Chinese Republic). Nanjing: Jiangsu guji chubanshe. 中国第二历史档案馆编:《中华民国史档案资料汇编》第五辑第一编"财政经济(八)",南京:江苏古籍出版社,1991 年。

——. 1992. *Wusi yundong zai Jiangsu* (The May Fourth Movement in Jiangsu). Nanjing: Jiangsu guji chubanshe. 中国第二历史档案馆编:《五四运动在江苏》,南京:江苏古籍出版社,1992 年。

ZGWH (Zhonghua guohuo weichi hui), ed. 1912. *Zhonghua guohuo weichi hui zhangcheng wendu huilu* (Organizational materials of the National Products Preservation Association). Shanghai: Zhonghua guohuo weichi hui. 中华国货维持会编:《中华国货维持会章程文牍汇录》,上海:中华国货维持会,1912 年。

——. 1932. *Zhonghua guohuo weichi hui ershi zhounian jinian kan* (A twentieth year commemorative volume of the National Products Preservation Association). Shanghai. 中华国货维持会编:《中华国货维持会二十周年纪念刊》,上海,1932 年。

ZGZZW (Zhongguo Guomindang, Zhongyang zhixing weiyuanhui, Xuanchuan bu). 1929a. *Tichang guohuo yundong xuanchuan gangyao* (Essential propaganda for promoting the National Products Movement). N. p.: Zhongguo Guomindang, Zhongyang zhixing weiyuanhui, Xuanchuan bu. 中国国民党中央执行委员会宣传部:《提倡国货运动宣传纲要》,1929 年。

ZGZZW, ed. 1929b. *Qixiang yundong xuanchuan gangyao* (Essential propaganda for the Seven Movements). Nanjing: Zhongguo Guomindang. 中国国民党中央执行委员会宣传部编:《七项运动宣传纲要》,南京:中国国民党,1929 年。

"Zhabei guohuo liudong zhanlanhui bimu" (Zhabei National Products Exhibition closes). 1929. *SB*, Jan. 15: 14.《闸北国货流动展览会闭幕》,《申报》1929 年 1 月 15 日:14。

"Zhabei guohuo zhanlanhui san ri ji" (Notes from three days of the Zhabei National Products Exhibition). 1929. *SB*, Jan. 4: 14.《闸北国货展览会三日记》,《申报》1929年1月4日:14。

Zhang Jian and Wu Linwu. 1996. "1934 nian funü guohuo nian" (The 1934 Women's National Products Year). In Pan Junxiang 1996c: 437-443. 张健、吴麟伍:《1934年妇女国货年》,收入潘君祥1996c: 437—443。

Zhang Mingdong. 1934. "Cong fuyong guohuo shuodao fuxing minzu" (From using national products to reviving the nation). *Funü gongming yuebao* 3, no. 5: 40-42. 张鸣冬:《从服用国货说到复兴民族》,《妇女共鸣月报》3卷5期(1934年):40—42。

Zhang Xiaobo. 1995. "Merchant Associational Activism in Early Twentieth-Century China: The Tianjin General Chamber of Commerce, 1904-1928." Ph. D. diss., Columbia University.

Zhang Yinghui and Gong Xiangzheng, eds. 1981. *Wusi yundong zai Wuhan shiliao xuanji* (A selection of materials on the May Fourth Movement in Wuhan). Wuhan: Hubei renmin chubanshe. 张影辉、孔祥征编:《五四运动在武汉史料选辑》,武汉:湖北人民出版社,1981年。

Zhang, Yingjin. 1996. *The City in Modern Chinese Literature & Film: Configurations of Space, Time, and Gender.* Stanford: Stanford University Press.

Zhang Yufa. 1992. *Jindai Zhongguo gongye fazhan shi (1860-1916)* (A history of the development of modern Chinese industry). Taibei: Guiguan tushu. 张玉法:《近代中国工业发展史(1860—1916)》,台北:桂冠图书,1992年。

Zhang Zhongli, ed. 1990. *Shanghai chengshi yanjiu* (Studies of Shanghai). Shanghai: Renmin chubanshe. 张仲礼编:《上海城市研究》,上海:人民出版社,1990年。

"Zhanlankuang Riben" (Exhibition-mad Japan). 1931. *Jilian huikan* 34 (May 16): 10-11.《展览狂日本》,《机联会刊》34期(1931年5月16日):10—11。

Zhao Feng, ed. 1994. *Guohuo, yanghuo ni ai shei* (National products or foreign products: which do you cherish). Tianjin: Renmin chubanshe. 赵丰编:《国货、洋货、你爱谁》,天津:人民出版社,1994年。

Zhongguo dier lishi dang'an guan ed. 1986. *Zhonghua minguo shangye dang'an ziliao huibian* (A collection of archival materials on China's Republican industries), vol. 2, *Zhongguo shangye jingji yanjiu congshu* (Research series on the Chinese commercial economy). Nanjing: Zhongguo shangye chubanshe. 中国第二历史档案馆编:《中华民国商业档案资料汇编》卷2,《中国商业经济研究丛书》,南京:中国商业出版社,1986年。

Zhao Yang. 2000. "State, Children, and the Wahaha Group of Hangzhou." In *Feeding*

China's Little Emperors: Food, Children, and Social Change, ed. Jing Jun, 185-198. Stanford: Stanford University Press.

Zhao Yizao. 1932. "Wei shenma yao gou yong guohuo?" (Why should you purchase and use national products?). *Jilian huikan* 58 (Sept. 16): 38-40. 赵亦藻:《为什么要购用国货?》,《机联会刊》58 期(1932 年 9 月 16 日):38—40。

Zhao Yunsheng, ed. 1994. *Zhongguo da zibenjia zhuan* 5: *Gongshang dawang juan* (Biographies of major Chinese capitalists, no. 5: captains of industry). Changchun: Shidai wenyi chubanshe. 赵云声编:《中国大资本家传 5:工商大王卷》,长春:时代文艺出版社,1994 年。

Zhao Zizhen. 1996. "Dongya maoni fangzhi gufen youxian gongsi kaiban qianhou" (The East Asia Wool Textile Company around the time of its start). In Pan Junxiang 1996c: 82-90. 赵子贞:《东亚毛呢纺织股份有限公司开办前后》,收入潘君祥 1996c: 82—90。

Zhejiang jianshe ting. 1931. *Xihu bolanhui zong baogaoshu* (Complete report of the West Lake Exhibition). 6 vols. Hangzhou: Xihu bolanhui. 浙江建设厅:《西湖博览会总报告书》(6 卷),杭州:西湖博览会,1931 年。

Chen Pei'ai. 1997. *Zhongwai guanggao shi: zhan zai dangdai shijiao de quanmian huigu* (A history of Sino-foreign advertising: a retrospective from a contemporary viewpoint). Beijing: Zhongguo wujia chubanshe. 陈培爱:《中外广告史:站在当代视角的全面回顾》,北京:中国物价出版社,1997 年。

Zheng Guanying. 1998 (ca. 1893). *Shengshi weiyan* (Warnings to a prosperous age). Zhengzhou: Zhongzhou guji chubanshe. 郑观应:《盛世危言》,郑州:中州古籍出版社,1998 年。

Zheng Yougui. 1939. *Woguo guanshui zizhu hou jinkou shuilü shuizhun zhi bianqian* (Guidelines for import duties since our country recovered tariff autonomy). Changsha: n. p. 郑友揆:《我国关税自主后进口税率水准之变迁》,长沙,1939 年。

"Zhenjiang pin'er fufantuan juxing fanmai guohuo kaimu yishi" (Zhenjiang orphan peddler teams hold Sell National Products inauguration ceremony). 1919. *Minguo ribao*, Oct. 13. Reprinted in ZDLDG 1992: 233.《镇江贫儿赴贩团举行贩卖国货开幕仪式》,《民国日报》1919 年 10 月 13 日,重印于 ZDLDG 1992:233。

"Zhenzhengde modeng funü" (Authentic modern women). 1934. *SB*, Feb. 4.《真正的摩登妇女》,《申报》1934 年 2 月 4 日。

Zhichi hui, ed. 1915. *Guochi* (National humiliation). 2 vols. N. p. 知耻会编:《国耻》(2 卷),1915 年。

Zhonggong, Sichuan sheng wei, Dangshi gongzuo weiyuanhui, ed. 1989. *Wusi yundong zai Sichuan* (The May Fourth Movement in Sichuan). Chengdu: Sichuan daxue chubanshe. 中共四川省委党史工作委员会编:《五四运动在四川》,成都:四川大学出版社,1989 年。

Zhonggong, Tianjin shi wei, Dangshi ziliao zhengji weiyuanhui, ed. 1987. *Wusa yundong zai Tianjin* (The May Thirtieth Movement in Tianjin). Beijing: Zhonggong dangshi ziliao chubanshe. 中共天津市委党史资料征集委员会编:《五卅运动在天津》,北京:中共党史资料出版社,1987 年。

Zhongguo bowuguan xiehui, ed. 1936. *Zhongguo bowuguan yilan* (A survey of Chinese museums). Beiping: Zhongguo bowuguan xiehui chubanshe. 中国博物馆协会编:《中国博物馆一览》,北平:中国博物馆协会出版社,1936 年。

Zhongguo guohuo gongsi huoming huilu (China National Products Company product names catalog). 1934. Shanghai: Zhongguo guohuo gongsi.《中国国货公司货名汇录》,上海:中国国货公司,1934 年。

Zhongguo guohuo lianhe yingye gongsi, ed. 1947. *Zhongguo guohuo lianhe yingye gongsi shizhou jinian kan* (Tenth anniversary commemorative volume of the China National Products Company). Shanghai: Tongwen yinwuju. 中国国货联合营业公司编:《中国国货联合营业公司十周纪念刊》,上海:同文印务局,1947 年。

Zhongguo Guomindang, Hebei sheng dangwu zhidao weiyuanhui, ed. 1928. *Dui Ri jingji juejiao* (Severing economic relations with Japan). N. p.: Huamei yinshua. 中国国民党河北省党务指导委员会编:《对日经济绝交》,华美印刷,1928 年。

"Zhongguo huo xianyao Zhongguoren ziji yong qilai" (Chinese should be the first to use Chinese products). 1935. *SB*, Aug. 12.《中国货先要中国人自己用起来》,《申报》1935 年 8 月 12 日。

Zhongguo shehui kexueyuan, Jindai shi yanjiusuo, ed. 1959. *Wusi aiguo yundong ziliao* (Materials on the May Fourth Patriotic Movement). Beijing: Zhongguo shehui kexueyuan chubanshe. 中国社会科学院近代史研究所编:《五四爱国运动资料》,北京:中国社会科学院出版社,1959 年。

——. 1979. *Ju E Yundong, 1901-1905* (The Resist Russia Movement). Beijing: Zhongguo shehui kexueyuan chubanshe. 中国社会科学院近代史研究所编:《拒俄运动,1901—1905》,北京:中国社会科学院出版社,1979 年。

Zhonghua guohuo weichi hui. 1912. *Dazongtong gongbu Canyiyuan yijue Zhonghua minguo fuzhi tu* (Illustrations of the Republic of China's clothing regulations issued by the president and passed by the Provisional Council of Provincial Representatives). Shanghai: Zhonghua guohuo weichi hui. 中华国货维持会:《大总统公布参议院议决中华民国服制图》,上海:中华国货维持会,1912 年。

“Zhonghua guohuo weichi hui zuzhi quanguo guohuo zhanlanhui canguantuan xuanyanshu ji zhangcheng”(Announcement and regulations for the All-China National Products Exhibition tour group organized by the National Products Preservation Association). 1915. *Guohuo yuebao* 1 (Aug. 15): 6-11.《中华国货维持会组织全国国货展览会参观团宣言书及章程》,《国货月报》1 期(1915 年 8 月 15 日):6—11。

“Zhonghua guohuo zhanlanhui changweihui jiyao”(Summary of the Chinese National Products Exhibition ordinary committee meeting). 1928. *SB*, Aug. 9: 13.《中华国货展览会常委会纪要》,《申报》1928 年 8 月 9 日:13。

“Zhonghua guohuo zhanlanhui choubei ji”(Chinese National Products Exhibition preparatory records). 1928. *Shangye zazhi* 3, no. 9 (Sept.): 1-5.《中华国货展览会筹备纪》,《商业杂志》3 卷 9 期(1928 年 9 月):1—5。

“Zhonghua guohuo zhanlanhui kaimu shengkuang”(Chinese National Products Exhibition grand opening ceremonies). 1928. *Shangye zazhi* 3, no. 12 (Dec.): 1-4.《中华国货展览会开幕盛况》,《商业杂志》3 卷 12 期 (1928 年 12 月): 1—4。

“Zhonghua guohuo zhanlanhui zuori kaimu shengkuang”(Festive events surrounding the opening ceremonies yesterday of the Chinese National Products Exhibition). 1928. *SB*, Nov. 2: 13-14.《中华国货展览会昨日开幕盛况》,《申报》1928 年 11 月 2 日: 13—14。

Zhonghua jiuguo shiren tuan lianhehui tekan. Monthly. 1921-1922.《中华救国十人团联合会特刊》(月刊),1921—1922 年。

Zhou Shouyi. 1923. “Dui Ri jingji juejiao genben ce”(The basic strategy for severing economic relations with Japan). *Dongfang zazhi* 20, no. 13: 33-43. 周守义:《对日经济绝交根本策》,《东方杂志》20 卷 13 期(1923 年):33—43。

Zhou Xibao. 1996. *Zhongguo gudai fushi shi* (A history of dress in ancient China). Beijing: Zhongguo xiju chubanshe. 周锡保:《中国古代服饰史》,北京:中国戏剧出版社,1996 年。

Zhou Xiuluan. 1958. *Diyici shijie dazhan shiqi Zhongguo minzu gongye de fazhan* (The development of Chinese national industries during World War I). Shanghai: Renmin chubanshe. 周秀鸾:《第一次世界大战时期中国民族工业的发展》,上海:人民出版社,1958 年。

Zhu Boyuan. 1936. “Guohuo biaozhun”(National products standards). In SSC 1936: 13-15. 朱伯原:《国货标准》,收入 SSC 1936: 13—15。

Zhu Chengliang, ed. 1997. *Lao zhaopian: Fushi shishang* (Old photographs: clothing and fashion). Nanjing: Jiangsu meishu chubanshe. 朱成梁编:《老照片:服饰时尚》,南京:江苏美术出版社,1997 年。

Zhu Gongjing, ed. 1932. *Benguo jinianri shi* (A history of Chinese commemoration dates). 4th ed. Shanghai. 朱公振编:《本国纪念日史》(第4版),上海,1932年。

Zhu Hanguo, ed. 1993. *Zhongguo jindai guochi quanlu* (A complete record of China's modern national humiliations). Taiyuan: Shanxi renmin chubanshe. 朱汉国编:《中国近代国耻全录》,太原:山西人民出版社,1933。

Zhu Peide. 1996. "Wei tichang guohuo zhizhang zuochu gongxian de Zhu Meixian" (Zhu Meixian's contributions to the promotion of national product paper). In Pan Junxiang 1996c: 233-237. 竺培德:《为提倡国货纸张做出贡献的竺梅先》,收入潘君祥1996c: 233—237。

Zhu Ying. 1991a. "Wan Qing shangren minzu zhuyi aiguo sixiang de mengfa ji qi yingxiang" (The nascent sense of nationalism and patriotic thought among merchants in the late Qing period). *Shixue yuekan* 3: 64-72. 朱英:《晚清商人民族主义爱国思想的萌发及其影响》,《史学月刊》1991年3期:64—72。

——. 1991b. *Xinhai geming shiqi xinshi shangren shetuan yanjiu* (A study of new-style merchant organizations during the Revolution of 1911). Beijing: Renmin daxue chubanshe. 朱英:《辛亥革命时期新式商人社团研究》,北京:人民大学出版社,1991年。

Zhuanji wenxue (Biographical literature). Taibei, 1962 to present.《传记文学》,台北,1962至今。

"Zhufu zenma quandao zhangfu fuyong guohuo?" (How can housewives persuade their husbands to use national products?). 1934. *SB*, May 3.《主妇怎么劝导丈夫服用国货?》,《申报》1934年5月3日。

Zou Yiren. 1980. *Jiu Shanghai renkou bianqian de yanjiu* (A study of population change in old Shanghai). Shanghai: Renmin chubanshe. 邹依仁:《旧上海人口变迁的研究》,上海:上海人民出版社,1980年。

Zumoto, Motosada. 1932. *Sino-Japanese Entanglements, 1931-1932*. Tokyo: Herald Press.

"Zuzhi guohuo xuanchuandui de jianyi" (A proposal for organizing national products dissemination teams). 1934. *SB*, Nov. 12.《组织国货宣传队的建议》,《申报》1934年11月12日。